武经七书新译

李兴斌　刘庆　黄朴民　宫玉振等　译注

齐鲁书社

普及类古籍整理图书专项资助项目

出版说明

《武经七书》是我国古代官方校刊颁行的一部著名的兵书选本，也是中国历史上第一部军事教科书。

北宋元丰三年(1080年)四月，宋神宗为适应军事教学和训练的需要，诏命国子监司业朱服、武学博士何去非等人“校定《孙子》《吴子》《六韬》《司马法》《三略》《尉缭子》《李靖问对》等书，镂板行之”。校定后的七部兵书，起初并不是一部书，也不称“武经”，而是到南宋时才被正式以“武经七书”称之，并且逐渐被看作是一部书，此后历元、明、清而长期不变。

然而，令人颇感遗憾的是，我国古代另一部著名兵书——《孙膑兵法》，却因失传过早而未能被收入“武经”系列。据研究，《孙膑兵法》大约在东汉末年即已失传，并且从《隋书·经籍志》开始不再见于历代著录。直至1972年4月，此书才与《孙子兵法》《尉缭子》《六韬》等在山东临沂银雀山的一座汉墓中同时被发现。我们知道，在中国古代军事领域，孙膑与《孙膑兵法》的地位都是非常高的，故司马迁在《史记》中特地将孙膑与孙武及战国时期另一位著名军事家吴起合为一传，即《孙子吴起列传》。此外，孙膑不仅是一位有实战经验和理论著述的大军事家，而且是一位颇具传奇色彩的历史人物。比如，他所指挥的桂陵之战、马陵之战和关于他的著名故事学道鬼谷、孙庞斗智、田忌赛马等，至今仍广为流传并脍炙人口。所以，假如北宋时《孙膑兵法》没有失传，那么《武经七书》很可能就不叫“武经七书”了，而变成“武经八书”了。

不过，无论怎么说，《武经七书》基本集中了我国古代兵书的精华，所以被自宋以后的历代统治者视为武学经典。至于宋以后的历代名将、军事家和学者，更将《武经七书》视为必读必研之书，而为之作注或疏解者竟达六十余家，其中最具代表性的有宋施子美的《武经七书讲义》，明刘寅的《武经七书直解》、黄献臣的《武经开宗》、张居正的《武经七书》、李贽的《七书参同》，以及清朱墉的《武经七书汇解》等。这一现象，说明《武经七书》对中国古代军事思想的发展产生了重要影响。

《武经七书》北宋刊本已不可见，现存南宋孝宗或光宗时刻本，原藏清季湖州陆心源皕宋楼，后流入日本；国内有张元济等人编印的《续古逸丛书》影宋本。宋本《武经七书》校勘精审，极有版本价值。

为方便读者阅读和理解原著，本社于 1998 年特约请部分知名学者，以《续古逸丛书》影宋本《武经七书》为底本，并参考其他版本，对原书进行了精心的整理和注译。各书之排列顺序，依成书年代早晚而略有调整。注译时，除《唐太宗李卫公问对》因篇幅太长而按段注段译的体例处理外，其余一律按篇注篇译的体例处理。原书中明显的讹误之处，由整理者依据其他版本做了改正。

本书注译精审准确，编校质量上乘，所以出版后深得读者好评，2000 年荣获华东地区古籍优秀图书奖。此次再版，作者在原有基础上又进行了认真细致的校勘和修订，从而使之从形式到内容进一步臻于完善。

齐鲁书社

2018 年 5 月

总 目

目 录

孙 子

吴 子

司马法

尉缭子

六 韬

黄石公三略

唐太宗李卫公问对

孙　子

[周]孙　武　撰

李兴斌　注译

《孙子》(又名《孙子兵法》)是我国古代一部最著名的兵书，也是现存最早、最完整的一部兵书，其作者是春秋末期吴将孙武。据司马迁《史记》记载，孙武本为齐人，“以兵法见于吴王阖庐”，“阖庐知孙子能用兵，卒以为将”。由是，吴“西破强楚，入郢，北威齐晋，显名诸侯”。

《孙子》舍事言理，词约义丰，内容宏富、深刻。全书虽仅五六千言，但举凡与古代军事有关的问题，如战争与政治、战争与经济、军队的训练与管理、将帅与士卒的关系、战争指挥与军事谋略等，作者都有论述。所以，此书在军事理论方面成就巨大，被后世兵家奉为“兵学圣典”，享有“天下第一兵书”的美誉。此外，《孙子》一书充满了朴素的唯物主义和辩证法思想。作者能从客观存在的实际情况出发去研究战争问题，而不相信天命和鬼神。作者认为，决定战争胜负的不是天意，不是鬼神，而是双方政治、经济、军事、天时、地利以及将帅才能等客观因素。在唯物主义认识论基础上，作者提出了一系列军事辩证法思想，系统论述了战争胜负与各种因素之间的辩证关系，提出并详细分析了战争中存在的种种对立统一的矛盾现象，如胜负、攻守、进退、众寡、强弱、奇正、虚实、利害、勇怯等。所以，此书在哲学方面也有着不可低估的价值。

《孙子》奠定了我国古代军事理论的基础。它的出现，使我国古代军事思想的发展达到了一个空前绝后的高峰。此书问世之初，即在社会上广为流传，并在以后的历史长河中影响了一代又一代的军事家和学者。在中国,《孙子》不仅有汉文本,而且还有西夏文、蒙古文、满文等少数民族文本。在世界上,《孙子》流传也极为广泛。其自唐代传入日本,18 世纪传入欧洲,至今已有英、法、德、俄等二三十种文字的译本传世。

今本《孙子》共十三篇,这与《史记·孙子吴起列传》的记载以及 1972 年山东临沂银雀山汉墓出土竹简本《孙子》、青海大通县上孙家寨汉墓出土木简《孙子》佚文在篇数上是一致的,但《汉书·艺文志》著录为"《吴孙子兵法》八十二篇,图九卷",惜其已佚。

现存最早的《孙子》书是山东临沂银雀山汉墓出土的竹简《孙子》,其次是宋本《孙子兵法》。宋本《孙子兵法》主要有两大系统,即《武经七书》系统和十一家注本系统。本书以《续古逸丛书》影宋本《武经七书·孙子》为底本,并参照银雀山汉墓竹简本和十一家注本等对原书进行了校勘。注译者对原书中明显的错讹之处做了改正,并对原书中与其他版本的重要不同处在注释时做了说明;有所增补,均以"[ ]"作为标志。

卷上

始计[1]第一

孙子曰:兵[2]者,国之大事,死生之地,存亡之道[3],不可不察也。

故经之以五事[4],校之以计而索其情[5]。一曰道[6],二曰天,三曰地,四曰将,五曰法。道者,令民与上同意[7],可与之死,可与之生,而不畏危[8]也。天者,阴阳[9]、寒暑、时制[10]也。地者,远近、险易、广狭、死生[11]也。将者,智、信、仁、勇、严也。法者,曲制[12]、官道[13]、主用[14]也。凡此五者,将莫不闻[15],知[16]之者胜,不知者不胜,故校之以计而索其情。曰:主孰[17]有道?将孰有能?天地孰得?法令孰行?兵众孰强?士卒孰练?赏罚孰明?吾以此知胜负矣。

将[18]听吾计,用之必胜,留之。将不听吾计,用之必败,去之。

计利以听[19],乃为之势[20],以佐其外[21]。势者,因利而制权[22]也。

兵者,诡道[23]也。故能而示之不能,用而示之不用,近而示之远,远而示之近,利而诱之,乱而取之,实而备之,强而避之,怒而挠之[24],卑而骄之,佚而劳之,亲而离之。攻其无备,出其不意。此兵家之胜,不可先传也[25]。

夫未战而庙算[26]胜者,得算多也;未战而庙算不胜者,得算少也。多算胜,少算不胜,而况于无算乎!吾以此观之,胜负见[27]矣。

【注释】

[1]始计:银雀山汉墓竹简本(以下作“简本”)与十一家注本均无“始”字,“始”字衍。计,本义是计算,引申为谋划、制定(作战计划)和计谋之意。古代兵家慎战重计,强调“先计而后战”,即战前对彼己双方综合国力进行比较,对胜负得失做出分析预测,故此处之“计”为计算之意,与后文的“庙算”义同,可参见。

[2]兵:本义为兵器,引申为军事、战争、士兵等。这里指战争。

[3]死生之地,存亡之道:关系到民众的生死和社稷的存亡。张预注:“民之死生兆于此,则国之存亡见于彼。然死生曰地、存亡曰道者,以死生在胜负之地,而存亡系得失之道也,得不重慎审察乎?”甚确。

[4]故经之以五事:指从道、天、地、将、法五个方面分析、考察战争胜负的可能性。故,所以、因此;经,衡量、量度。简本“经”作“轻”,“五”下无“事”字。

[5]校之以计而索其情:指从彼己双方“主孰有道”等七个方面条件(俗称“七计”)的比较中,探求战争胜负的实际情形。校,通“较”;计,即下文之“七计”。

[6]道:本义为道路,引申为道理、规律等。这里指统治者的为政状况。

[7]令民与上同意:使民众与国君同心一意。

[8]不畏危:不怕危险。简本此句为“民弗诡也”。诡,违反、违抗。

[9]阴阳:古代哲学尤其是数术学的重要概念之一。所指不一,如:前为阳,后为阴;明为阳,暗为阴;日为阳,月为阴;公开为阳,秘密为阴;等等。此处指天时之昼夜、晴晦变化等。兵家有“阴阳”一派,特点是“顺时而发,推刑德,随斗击,因五胜,假鬼神而为助者也”(见《汉书·艺文志》),但此处恐与其并无关系。

[10]时制：指四时之季节更替。简本此句下有"顺逆，兵胜也"一语。

[11]死生：指有利与不利的地形。死，指死地，即易攻难守、不利于部队生存的地形；生，指生地，即易守难攻、有利于部队生存的地形。

[12]曲制：指军队的组织编制及有关制度。

[13]官道：部队各级将吏的设置与管理制度。

[14]主用：疑指军资费用的掌理与制度。

[15]闻：知道、了解。

[16]知：懂得、知晓。这里含有深切理解并通晓的意思。

[17]孰：谁。这里指哪一方。

[18]将：一说作助动词解，读作 jiāng，意为将要、快要。一说读作 jiàng，指一般将领。不过，无论作何解，"将听吾计……去之"一语都有两种解读法：一是"吾去"或"吾留"，一是"将(jiàng)去"或"将(jiàng)留"。

[19]计利以听：谋划的结果有优势并且计策已被采纳。以，通"已"。

[20]乃为之势：于是造成有利的态势。势，这里指态势，详解见《兵势第五》。

[21]以佐其外：用来辅佐战场上的军事行动。佐，辅助、辅佐；外，似与"庙算"场所庙堂(内)相对的地方，但主要指军队活动的场所——战场。

[22]因利而制权：根据利之所在而采取相应的行动。因，根据、凭依；制，操纵、控制；权，本指秤砣，引申为权衡、权变。这里是形象地说明要像操纵秤砣称量物体轻重那样，根据是否有利而采取相应的权变行动。

[23]诡道：诡诈之术。曹操注："兵无常形，以诡诈为道。"甚是。道，见注[6]。

[24]怒而挠之：敌人若易怒，就设法挑逗激怒他们。挠，挑逗、扰乱。

[25]此兵家之胜，不可先传也：这些都是军事家用兵取胜的奥妙所在，不可事先进行具体规定。胜，奥妙、佳妙；传，传授、规定。

[26]庙算：古代出兵作战之前，一般要在庙堂中举行会议，分析利弊得失，谋划作战方略，预测战争胜负。算，本为"筭"，为计数用的筹码，多用竹子制成，这里是计算之义。古人所说的算、筹、策，均为计算工具，又

可引申为计算、运筹、决策之义。

[27]胜负见矣:胜负结果就显而易见了。见,同“现”,显现。

【译文】

孙子说:战争是国家的大事,关系到民众的生死和社稷的存亡,不可不认真考察和研究。

因此,要从五个方面进行考察和分析,比较双方的各种条件,以探求未来战争的情势:一是道,二是天,三是地,四是将,五是法。所谓“道”,就是要让民众与国君同心一意,这样就可以让他们在战争中出生入死而不怕危险。所谓“天”,是指昼夜、晴晦、冬寒暑热和四季变化。所谓“地”,是指道路的远近、地势的险易、战场的广狭和地形是否有利于部队的进退攻守。所谓“将”,是指将帅是否有智慧才能、是否赏罚有信、是否宽厚仁爱、是否勇敢无畏、是否执法严明。所谓“法”,是指部队的组织编制、各级将佐的设置及管理、军资费用的掌理及制度是否合理与健全。这五个方面,一般说将帅没有不知道的,但只有深切了解并且全部通晓的才能打胜仗,否则就不可能取胜。所以,要从下述七个方面分析比较,以探求战争胜负的情形。就是说,哪一方的国君贤明有道?哪一方的将帅有才能?哪一方得天时地利?哪一方的法令能得到贯彻执行?哪一方的军队强大?哪一方的士兵训练有素?哪一方赏罚严明?我根据这些,就可以判断谁胜谁负了。

将帅听从并采纳我的计谋,必定获得胜利,我就留下;将帅不听从我的计谋而自行其是,必定失败,我就离去。

谋划的结果有优势且计谋已被采纳,然后就要造成有利的态势,用以辅佐战场上的军事行动。所谓“势”,就是要像操纵秤砣称量物体轻重那样,根据利之所在而采取相应的措施。

军事行为,是以诡诈为规律和法则的。所以,本来能打却装作不能打,本来要用兵却装作不用兵,本来要从近处进攻却装作要从远处进攻,本来要从远处进攻却装作要从近处进攻,敌人贪利就以小利引诱他们,敌人混乱就乘机战胜他们,敌人力量充实就加意防备他们,敌人强大就避开他们,敌人易怒就故意挑逗他们,敌人谨慎卑怯就设法使他们骄傲起来,敌人安逸就设法使他们疲劳,敌人亲密团结就设法离间他们。攻其无备,出其不意。这是兵家克敌制胜的奥妙所在,不可能事先具体加以规定。

未战之前"庙算"就胜过敌人的,是因为筹划周密并且获胜的条件充分;反之,是因为筹划不周密且获胜条件不充分。筹划周密且获胜的条件多就能赢得胜利,筹划不周密且获胜的条件少就不能赢得胜利,更何况不筹划且根本没有获胜条件呢!我根据这些来看,谁胜谁负就很清楚了。

作战第二

孙子曰:凡用兵之法,驰车千驷[1],革车千乘[2],带甲[3]十万,千里馈粮[4],内外之费,宾客[5]之用,胶漆[6]之材,车甲之奉[7],日费千金,然后十万之师举矣。

其用战也,胜久则钝兵挫锐[8],攻城则力屈[9],久暴师[10]则国用不足。夫钝兵挫锐、屈力殚货[11],则诸侯乘其弊[12]而起,虽有智者,不能善其后矣。故兵闻拙速,未睹巧之久也[13]。夫兵久而国利者,未之有也。故不尽知用兵之害者,则不能尽知用兵之利也。

善用兵者,役不再籍[14],粮不三载[15],取用于国[16],因[17]粮于敌,故军食可足也。

国之贫于师者远输,远输则百姓贫;近师者贵卖[18],贵卖则百姓财竭,财竭则急于丘役[19]。力屈中原[20],内虚于家。百姓之费,十去其七。公家之费,破车罢[21]马,甲胄矢弓,戟楯矛橹[22],丘牛[23]大车,十去其六。故智将务食于敌:食敌一钟[24],

当吾二十钟；萁秆[25]一石[26]，当吾二十石。

故杀敌者，怒也；取敌之利者，货也[27]。车战，得车十乘以上，赏其先得者，而更其旌旗[28]，车杂[29]而乘之，卒善[30]而养之，是谓胜敌而益强。

故兵贵胜，不贵久。

故知兵之将，民之司命[31]，国家安危之主也。

【注释】

[1]驰车：战车，亦称轻车或攻车。周、秦间，战车为四马挽曳，上有甲士三人，左主射，右任格斗，中为驭手；后有徒兵十人。其后，徒兵逐渐增加，至春秋末期每车已增至七十二人。驷：原指驾一车的四匹马，后称四马拉一车为一驷。

[2]革车：指重车，又称守车或辎车，主要用于运载粮草和兵械等军需物资。乘：音 shèng，辆。

[3]带甲：披甲戴盔的士卒。这里泛指军队。

[4]馈粮：运送粮草。馈，赠、送。

[5]宾客：各诸侯国的使节。

[6]胶漆：古时用以制作、维护弓矢等军械的材料。

[7]车甲之奉：指武器装备的保养、补充。

[8]胜久则钝兵挫锐：用兵过久，最终虽能取胜，也会使部队遭受严重损失，锐气挫伤。钝，简本作“顿”，二字通。

[9]力屈：力量耗尽。屈，竭、尽。

[10]暴师：部队在外作战称“暴师”。暴，音 pù，“曝”之本字，露的意思。

[11]屈力殚货：力量耗尽，经济枯竭。殚，竭、尽。

[12]弊：疲困。这里指危机。

[13]兵闻拙速，未睹巧之久也：用兵打仗只听说宁拙而求速胜的，没见有因求巧而久拖不决的。拙，笨拙；速，速决速胜。

[14]役不再籍：兵员不再征集。役，兵役；籍，本义为名册，这里作动

词用，为登记、征集之意。

［15］粮不三载：粮食不必从国内多次运送。三，虚数，意为多次。

［16］取用于国：指武器装备等要从国内取用。

［17］因：依靠。

［18］近师者贵卖：靠近军队驻扎的地区物价腾贵。师，简本作“帀”，即古之“师”字，往往写作“帀”。“帀”“市”形近，故有误作“市”者。

［19］丘役：古代以丘为单位征集的赋役。丘，古代一级地方组织的名称。据《周礼》记载，古时国都以外的地域分为乡、遂和都鄙三部分，都鄙在最外层，又分为六级，即九夫一井，四井一邑，四邑一丘，四丘一甸，四甸一县，四县一都。

［20］力屈中原：力屈，简本作“屈力”，十一家注本后有“财殚”二字。中原，一说指国内，一说指原野，似以后者为确。

［21］罢：音 pí，同“疲”。

［22］戟楯矛橹：泛指各种兵器械具。戟，一种兼有戈、矛功能的兵器；楯，同“盾”，即盾牌；橹，古时攻城用的大盾牌。十一家注本“矢弓”作“矢弩”，“矛橹”作“蔽橹”。

［23］丘牛：以丘为单位征集的牛。

［24］钟：古时容量单位，一钟等于六十四斗。

［25］萁秆：农作物的秸秆。

［26］石：音 dàn，古时容量单位。一石等于四钧，一钧等于三十斤。

［27］取敌之利者，货也：要想夺取敌人的资财就首先要奖赏士卒。货，财货，这里指用财货奖赏士卒的意思。

［28］更其旌旗：指将缴获之敌方车辆上的旌旗换成我方的旌旗。

［29］杂：掺杂、混合。

［30］善：善待、优待。简本“善”作“共”。

［31］司命：星名。这里借指民众命运的掌握者。

【译文】

孙子说：凡用兵打仗，一般的规律是，不仅要出动战车千辆、辎重车千辆、部队十万人，并且还要越境千里运送粮草。如此一来，前方后方的费用，使节往来的开支，各种物资的供应，武器装备的保养和补充，每天的耗费要达千金，然后十万大军才能出动。

用这样庞大的军队作战，如果拖的时间过久，即使最终能够获胜，也会使部队遭受严重损失，锐气挫伤；强攻城池，会使力量消耗殆尽；部队长期暴露在外，会使国家财政紧张。而士卒疲惫、锐气挫伤、兵力消耗殆尽、国家财力枯竭，其他诸侯国就会乘机来攻。到那时，即使有智慧出众的人，也无法挽回危局了。所以，用兵打仗只听说宁拙而求速胜的，却未见有为求巧而久拖不决的。长期用兵而对国家有利，这种事从来没有。所以，不能完全懂得用兵的危害的人，也就不能完全懂得用兵的好处。

善于用兵的人，兵役不一再征集，粮草不多次运送，武器装备由国内供应，军需给养在敌国解决。如此，军队所需粮秣就可以充足供给了。

国家因用兵而导致贫困，主要是由于远道运输；远道运输，百姓就必然贫穷。靠近大军驻扎的地方会物价腾贵，物价腾贵则会导致百姓财源枯竭；财源枯竭，又会急于加征赋役。兵力耗尽于外，财力空虚于内，百姓的资产十去其七；公家的财产——车辆破敝，马匹疲惫，兵器械具，辎重牛、车——十去其六。所以，明智的将帅总是力求在敌国解决粮草供应问题：在敌国补给粮食一钟，等于从本国运送二十钟；在敌国征用草料一石，等于从本国运送二十石。

所以，要使士卒奋勇杀敌，必须激起他们对敌人的愤恨；要想夺取敌人的军资，必须借助物质奖励。车战中，缴获敌方战车十辆以上者，应当奖赏最先夺得战车的士卒，更换车上的旗帜，并且要将缴获的敌方战车混合编入我方车阵中，善待被俘的敌方士卒。这就是说，要通过战胜敌人而使自己变得愈加强大。

用兵作战贵在速胜，而不宜久拖。

所以，精通用兵之法的将帅，是民众命运的掌握者，是国家安危的主宰者。

谋攻第三

孙子曰：夫用兵之法，全国为上，破国次之[1]；全军为上，破军次之；全旅为上，破旅次之；全卒为上，破卒次之；全伍为上，破伍次之[2]。是故百战百胜，非善之善者[3]也；不战而屈人之兵，善之善者也。

故上兵伐谋[4]，其次伐交[5]，其次伐兵[6]，其下攻城。攻城之法，为不得已。修橹轒辒[7]，具器械[8]，三月而后成；距堙[9]，又三月而后已。将不胜其忿而蚁附[10]之，杀士卒三分之一而城不拔者，此攻之灾也。故善用兵者，屈人之兵而非战[11]也，拔人之城而非攻[12]也，毁人之国而非久[13]也，必以全争于天下，故兵不顿[14]而利可全：此谋攻之法也。

用兵之法，十则围之，五则攻之，倍则分之[15]，敌则能战之[16]，少则能逃之，不若则能避之。故小敌之坚，大敌之擒[17]也。

夫将者，国之辅[18]也，辅周[19]则国必强，辅隙[20]则国必弱。故君之所以患[21]于军者三：不知军之不可以进而谓之进，不知军之不可以退而谓之退，是谓縻军[22]；不知三军之事而同三军之政[23]，则军士惑矣；不知三军之权[24]而同三军之任[25]，则军士疑矣。三军既惑且疑，则诸侯之难至矣，是谓乱军引胜[26]。

故知胜有五：知可以与战不可以与战者胜，识众寡之用[27]者胜，上下同欲[28]者胜，以虞[29]待不虞者胜，将能而君不御[30]

者胜。此五者,知胜之道也。

故曰:知彼知己,百战不殆[31]。不知彼而知己,一胜一负。不知彼不知己,每战必败。

【注释】

[1]全国为上,破国次之:迫使敌国完整地降服为上策,通过交战攻破敌国就次一等。国,本指国都,后代指整个国家,这里即属此义。

[2]军、旅、卒、伍:古代军队的编制单位。西周时军队的最高编制单位本是师,但自东周以后军逐渐成为各诸侯国军队的最高编制单位,不过军下仍有师,且卒下有两。据《周礼·地官·小司徒》郑玄注所记,军一万二千五百人,师二千五百人,旅五百人,卒百人,两二十五人,伍五人。实际上,春秋以后各国军队编制并不完全一样。

[3]善之善者:好中最好的。

[4]伐谋:靠智谋取胜。一说指破坏敌方的谋划和打算。

[5]伐交:破坏敌方的外交,使之陷于孤立。一说指通过炫耀武力迫使敌方军队刚一接触即行撤退。《左传·文公十二年》:"……乃皆出战,交绥。"杜预注:"古名退军为绥。"

[6]伐兵:以武力胜敌,春秋时特指野战。

[7]修橹轒辒:整治攻城用的楼橹和四轮车。橹,一种攻城械具,非指《作战第二》中所说之大盾牌;轒辒:音 fénwēn,亦为一种攻城械具,以木制成,外蒙牛皮,下装四轮,可容十余人。

[8]具器械:准备攻城用的器械。具,准备。

[9]距堙:准备土山。距,据杨炳安《孙子会笺》,"距"与"拒"通,故有备、治之义;堙,音 yīn,土山。十一家注本"堙"作"闉"。

[10]蚁附:形容像蚂蚁一样爬梯攻城。

[11]非战:不用交战。

[12]非攻:不必硬攻。

[13]非久:不需要持久用兵。

[14]顿:同"钝",指部队遭受损失,锐气受挫。

[15]倍则分之:兵力两倍于敌时,应设法分散敌人,以造成局部上的优势。

[16]敌则能战之:兵力与敌人相当时,也应当敢于与之交战。敌,匹敌、相当。

[17]小敌之坚,大敌之擒:兵力过于弱小的军队,虽有坚强的战斗力,也会成为强大敌人的俘虏。一说,弱小的军队,如能集中兵力,也可以打败强大的敌人。从语言环境看,此说恐不符合《孙子》本义:“倍”尚且要“分之”,“敌”虽应“能战之”,恐更需“分之”,此时才能谈到集中兵力问题。至于“少”和“不若”,则应“逃之”与“避之”。如此,孙子怎会主张弱小之敌与强大之敌对抗呢?事实上,“小敌”再“坚”,且即使集中兵力,也将难逃厄运。李陵以五千“荆楚勇士奇材剑客”北伐匈奴之事,即可看作是孙子此言的极好佐证。

[18]辅:辅佐。这里引申为助手。

[19]辅周:辅佐严密周详。

[20]辅隙:辅佐不周密,有疏漏。

[21]患:危害。

[22]縻军:牵制、束缚军队。縻,音 mí,羁縻、束缚。

[23]三军之政:军队的行政事务。三军,泛指军队。

[24]权:权变、机变。

[25]任:指挥、统率。

[26]乱军引胜:扰乱军队,失却胜机。引,避开、退却,引申为失去、失却。一说“引”为引导、导致之意,则“引胜”为导致敌人胜利。

[27]识众寡之用:懂得如何根据兵力多少采取正确的策略。简本“识”作“知”。

[28]同欲:同心、齐心。

[29]虞:音 yú,预料、准备。

[30]御:本义为驾驭,引申为牵制、控制、制约的意思。

[31]殆:危险。这里是失败的意思。

【译文】

孙子说：用兵的一般原则是：迫使敌人完整地举国降服为上策，而以武力将其击破就差一等；迫使敌人完整地举“军”降服为上策，而通过交战将其击破就差一等；迫使敌人完整地举“旅”降服为上策，而通过交战将其击破就差一等；迫使敌人完整地成“卒”降服为上策，而通过交战将其击破就差一等；迫使敌人完整地成“伍”降服为上策，而通过交战将其击破就差一等。因此，百战百胜，不是好中最好的；不通过交战即能使敌人屈服，才是好中最好的。

所以，用兵的上策是以谋略克敌制胜，其次是通过外交途径克敌制胜，其次是以武力经过野战克敌制胜，最下策是强攻敌人的城邑。攻城的做法，是不得已而为之。修造楼橹和轒辒车，准备各种器械，需要三个月才能完成。堆积、构筑土山，又需要三个月才能完成。将帅控制不住自己愤怒的情绪，驱使士卒像蚂蚁一样爬梯而上，士卒虽死伤三分之一，而城邑仍不能攻克，这便是攻城所造成的灾难。善于用兵的人，使敌人屈服而不必通过野战，拔取敌人的城邑而不必依靠强攻，毁灭敌人的国家而不必长期用兵，一定要本着“全胜”的原则争胜于天下，这样自己的军队就不会遭受损失，利益也能圆满获得：这就是以智谋克敌制胜的方法。

用兵的一般原则是：兵力十倍于敌就包围歼灭他们，兵力五倍于敌就进攻他们，兵力两倍于敌就设法分散他们，兵力与敌相当时也要敢于与之交战，兵力少于敌人时要主动退却，兵力太弱、对比过于悬殊时要避免与敌接触。所以，兵力过于弱小的军队，即使战斗力很强，[如果硬打]也会成为强大敌人的俘虏。

将帅是国君的辅佐，辅佐得严密周详国家就强盛，辅佐出现缺陷疏漏国家就衰弱。所以，国君可能给军队造成危害的情况有三种：不知道军队不可以进攻而硬要军队进攻，不知道军队不可以退却而硬要军队退却，这叫作牵制军队；不了解军队的事务却要参与军队的行政管理，将士们就会感到迷惑；不懂得军事上的机宜权变却要参与军队的作战指挥，将士们就会感到疑虑。三军将士既迷惑又疑虑，各诸侯国乘机举兵来犯的灾难就要到了。这就是所谓的自己扰乱自己而把胜利送给敌人。

所以，判断、预知胜利的根据有五种：明白什么情况下可以与敌人作战、什么情况下不可以与敌人作战的，能获胜；懂得如何根据兵力多少采取正确策略的，能获胜；上下意愿一致、齐心协力的，能获胜；以有准备对付无准备的，能获胜；将领有才能而国君不掣肘、不牵制的，能获胜。这五条，是判断并预知胜利的根本所在。

所以说，既了解敌方又了解己方，就会常胜不败；不了解敌方而只了解己方，就会有胜有负；既不了解敌方又不了解己方，就会每战必败。

军形[1]第四

孙子曰：昔之善战者，先为不可胜，以待敌之可胜。不可胜在己，可胜在敌。故善战者，能为不可胜，不能使敌之必可胜。故曰：胜可知，而不可为。不可胜者，守也。可胜者，攻也。守则不足，攻则有余[2]。善守者，藏于九地[3]之下；善攻者[4]，动于九天[5]之上。故能自保而全胜也。

见胜不过众人之所知，非善之善者也；战胜而天下曰善，非善之善者也。故举秋毫[6]不为多力，见日月不为明目，闻雷霆不为聪耳。古之所谓善战者，胜于易胜者也。故善战者之胜也，无智名，无勇功。故其战胜不忒[7]。不忒者，其所措胜[8]，胜已败者也。故善战者，立于不败之地，而不失敌之败也。是故胜兵先胜而后求战，败兵先战而后求胜。善用兵者，修道而保法，故能为胜败之政[9]。

兵法：一曰度，二曰量，三曰数，四曰称，五曰胜[10]。地生度，度生量，量生数，数生称，称生胜。故胜兵若以镒称铢[11]，败兵若以铢称镒。

胜者之战[12]，若决积水于千仞[13]之谿[14]者，形也。

【注释】

[1]军形：简本和十一家注本均无“军”字，“军”字衍。形，含有形象、形体等义，指战争中可见的、客观的、相对稳定的各种与实力有关的因素。本篇所论，主要是物质条件和物质准备对战争的决定性影响问题，故以“形”名之。又，“形”与下篇所论之“势”系一对对立统一的矛盾概念，二者相依相存、相辅相成而含义有别。

[2]守则不足，攻则有余：简本作“守则有余，攻则不足”。

[3]九地：与下文之“九天”相对，形容地之极深处。一说，指对应于按九宫划分之天宇的星野分区，也叫“九野”。如此，则所指非深而是广了。

[4]善攻者：此三字简本无。

[5]九天：形容天之极高处。一说，指按九宫划分之天宇。

[6]秋毫：鸟兽秋天长出的绒毛，因其极细小，故常用以比喻分量轻微。

[7]不忒：没有差错。忒，音 tè，差错。

[8]其所措胜：十一家注本“胜”前有“必”字。

[9]故能为胜败之政：此句简本作“故能为胜败正”。“政”与“正”通，均为主宰的意思。

[10]度、量、数、称、胜：度，计算、量度，引申为土地面积的大小，故下文曰“地生度”。量，数量、容量，指物质资源的数量，因其由国土面积大小决定，故曰“度生量”。数，数目、员额，这里指兵员的众寡。因其直接受物质资源充足与否影响，甚至决定于物质资源的充足与否，故曰“量生数”。称，比较、衡量，指对敌我双方力量强弱优劣的比较和权衡。因其直接决定于兵员众寡，故曰“数生称”。胜，指战争胜负之可能。因其决定于双方军事实力之比较，故曰“称生胜”。

［11］以镒（yì）称铢（zhū）：比喻以绝对优势兵力而对处于劣势之敌。镒、铢，均为古代重量单位，一镒为二十四两（一说为二十两），一两为二十四铢，二者之比为576∶1。

［12］胜者之战：十一家注本后有“民也”二字。

［13］千仞：形容极高。仞，古代长度单位，一仞为八尺（一说为七尺）。

［14］谿：同“溪”。

【译文】

孙子说：从前善于用兵打仗的人，会首先做到不可被敌人战胜，然后等待敌人出现可以被战胜的机会。己方之不可被战胜全在于自己，而敌方之可以被战胜则决定于敌人。所以，善于用兵打仗的人，能创造不被敌人战胜的条件，却不能使敌人必定被我方战胜。所以说，胜利可以预知，却不可以强求。要想不被敌人战胜，就要善加防守；当敌人出现了可以被战胜的机会时，就要及时发动进攻。取守势，是由于兵力不足；取攻势，是因为兵力有余。善于防守的人，好像藏于九地之下［，使敌人无法找到］；善于进攻的人，好像自九天而降［，让敌人猝不及防］。所以，他们既能够保全自己，又能够取得全胜。

预见胜利超不过普通人的见识，不能算是最高明的；战而胜敌，天下人都叫好，不能算是最高明的。所以，能举起秋毫算不上力大，能看见日月算不上眼明，能听见雷霆算不上耳聪。古时候所说善于用兵的人，都是在容易取胜的情况下获胜的。所以，善于用兵的人获胜之后，既无智慧的名声，又无勇武的战功。但其战胜敌人、取得胜利，总是不出差错。不出差错，是由于他采取的措施已经使敌人处于失败的地位，己方必胜无疑。善于用兵打仗的人，总是使自己立于不败之地，却不放过导致敌人失败的机会。所以，能打胜仗的军队，是先有了胜利的把握才去寻求与敌人决战；而打败仗的军队，却是先与敌人开战，然后才去寻找获胜的条件。善于用兵的人，总是修明政治，加强内部团结，确保各项法令制度的贯彻执行，所以能够成为胜负的主宰。

兵法上判断胜负的根据有五个方面：一是“度”，二是“量”，三是“数”，四是“称”，五是“胜”。敌我双方国土幅员的不同，产生大小不同的土地面积；大小不同的土地面积，产生丰乏不同的物质资源数量；丰乏不同的物质资源数量，产生众寡不同的兵员数额；众寡不同的兵员数额，产生强弱不同的军事实力；强弱不同的军事实力，产生胜负不同的战争结果。所以，能够赢得胜利的军队与对手之间好比是以镒去称量铢，而注定要失败的军队与对手之间则好比是用铢去称量镒。

处于胜利地位的军队作战，就像千丈之高的悬崖上决开山涧的积水一样，这就是所谓的“形”啊。

兵势[1]第五

孙子曰：凡治众如治寡，分数[2]是也。斗众如斗寡，形名[3]是也。三军之众，可使必[4]受敌而无败者，奇正[5]是也。兵之所加，如以碫[6]投卵者，虚实[7]是也。

凡战者，以正合，以奇胜。故善出奇者，无穷如天地，不竭如江海。终而复始，日月是也。死而更生，四时是也。声不过五，五声[8]之变，不可胜听也。色不过五，五色[9]之变，不可胜观也。味不过五，五味[10]之变，不可胜尝也。战势不过奇正，奇正之变，不可胜穷也。奇正相生，如循环之无端，孰能穷之哉？

激水之疾，至于漂石者，势也。鸷鸟[11]之疾，至于毁折者，节[12]也。故善战者，其势险，其节短，势如彍弩[13]，节如发机[14]。

纷纷纭纭，斗乱而不可乱。浑浑沌沌，形圆而不可败。乱生于治，怯生于勇，弱生于强。治乱，数也。勇怯，势也。强弱，形也。

故善动敌者，形之，敌必从之；予之，敌必取之。以利动之，以本[15]待之。故善战者，求之于势，不责于人，故能择人而任势[16]。任势者，其战人也，如转木石。木石之性，安则静，危则动，方则止，圆则行。

故善战人之势，如转[木]石[17]于千仞之山者，势也。

【注释】

[1]兵势：简本和十一家注本均无“兵”字，“兵”字衍。势，态势，指战争中由“形”之质与量及其所处之不同位置、不同状态而决定的潜在、易变、随机和能动的力量因素。可参见《军形第四》注[1]。

[2]分数：指军队的组织编制，亦即《始计第一》所说的“曲制”。分，指军队编制的层级划分，如军、师、旅、卒、两、什、伍；数，指军队各级编制的定员数，如伍五人、什十人、两二十五人等。曹操注：“部曲为分，什伍为数。”

[3]形名：古代军队的指挥号令，主要指旗帜和金鼓。曹操注：“旌旗曰形，金鼓曰名。”

[4]必：简本作“毕”。

[5]奇正：古代重要兵学术语。一般说来，就兵力部署而言，正面当敌为正，侧面进攻为奇；担任牵制、警戒任务者为正，实施机动、突袭者为奇。就作战方式而言，从明处公开与敌交战为正，从暗处包抄偷袭为奇；按一般原则以常规手段与敌交战为正，而不循常规行事采用特殊战法者为奇。二者相辅相成，变化无穷。

[6]碫：音 duàn，磨刀石，泛指极坚硬的石头。

[7]虚实：古代重要兵学术语，含义十分广泛。一般以强大、有备、集中、勇敢、饱逸为实，反之为虚。《武经七书汇解》引三国吴沈友云：“虚者，怯、弱、乱、饥、劳、寡、不虞也；实者，勇、强、治、饱、佚、众、有备也。”

[8]五声：指宫、商、角、徵、羽五个音阶。

[9]五色:指青、黄、赤、白、黑五种颜色。

[10]五味:指酸、甜、苦、辣、咸五种味道。

[11]鸷(zhì)鸟:鹰、雕、鹫之类凶猛的鸟。

[12]节:节制、节奏。

[13]彍(guō)弩:张满待发之弩。彍,把弓拉满的意思。

[14]发机:触发弩机。机,弩机,古代兵器弩上控制箭矢射出的机件,类似枪械之扳机。

[15]本:其他版本均作"卒",也有分析其应为"诈"者。本,指部队主力;卒,泛指部队。

[16]择人而任势:一说,意为放弃人而依赖"势","择"应训为"释"。一说,意为量才选人、利用有利的态势,"择"即拣选、选择的意思。这里依前说。

[17]木石:底本无"木"字,但此处承上文应有"木"字,故补之。十一家注本补"圆"字似不确。

【译文】

孙子说:管理众多士兵如同管理少量士兵一样,靠的是部队组织编制的健全。指挥众多士兵作战如同指挥少量士兵作战一样,靠的是部队指挥信号的联系。整个部队,可以使其虽遭敌人攻击而从不溃败,靠的是对奇正之术的恰当运用。我方兵锋所向,如同以石击卵,靠的是对敌方虚实的准确把握。

一般说来,凡与敌人交战,总是以正兵当敌,而以奇兵取胜。所以,善于出奇制胜的人,其战法运用犹如天地之变化无穷无尽,犹如江海之涌流奔腾不息。终而复始的,是日月的运行。去而又来的,是四季的更替。音阶不过五个,然而五个音阶的变化能奏出听不完的音乐。颜色不过五种,然而五种颜色的变化能绘出看不完的色彩。味道不过五种,然而五种味道的变化能调出尝不完的美味。作战的基本态势不过是"奇"与"正",然而"奇"与"正"的变化是无法穷尽的。"奇"与"正"相生,好像沿着圆环转动一样没有始终,谁又能把它穷尽呢?

湍急的流水飞速奔涌，以致能漂起巨石，这是靠了水势的缘故。凶猛的鸟类疾速飞行，以致能搏杀禽兽，靠的是俯冲时对节奏的准确把握。所以，善于指挥作战的人，他所造成的态势是险峻的，他在发动攻击时的节奏是短促而急骤的：态势之险峻，犹如张满待发的弩箭；节奏之短促与急骤，犹如触发弩机。

战旗纷纭，人马杂乱，在混乱的战斗中要使自己保持不乱。浑沌迷蒙，敌情不明，阵势布成圆形方能不被打败。须知混乱可以由严整转化，怯懦可以由勇敢转化，弱小可以由强大转化。严整或混乱，决定于组织编制如何。勇敢或怯懦，决定于战场态势如何。强大或弱小，决定于军事实力如何。

所以善于调动敌人的人，示形于敌，敌人就会听从调动；以利诱敌，敌人就必然抢夺。用小利调动敌人，而以主力待机歼灭敌人。所以，善于用兵的人，求之于有利的态势，而不是去责备部属，所以能不依赖人而善于利用“势”。所谓善于利用“势”，其指挥部属作战，就好像转动滚木和圆石。木头和石块的特性，放在平坦的地方就静止，放在险峻的地方就滚动，方形的就停下，圆形的就滚向前去。

所以，善于指挥士兵作战的人所造成的态势，好像把滚木和圆石运到千丈高的山上再滚动下来一样，这就是“势”啊！

卷 中

虚实[1]第六

孙子曰:凡先处战地而待敌者佚,后处战地而趋战者劳。故善战者,致人而不致于人[2]。能使敌人自至者,利之也。能使敌人不得至者,害之也。故敌佚能劳之,饱能饥之,安能动之[3]。

出其所不趋[4],趋其所不意[5]。行千里而不劳者,行于无人之地也。攻而必取者,攻其所不守也。守而必固者,守其所不攻[6]也。故善攻者,敌不知其所守;善守者,敌不知其所攻。微乎微乎,至于无形;神乎神乎,至于无声:故能为敌之司命。

进而不可御者,冲其虚也。退而不可追者,速[7]而不可及也。故我欲战,敌虽高垒深沟,不得不与我战者,攻其所必救也。我不欲战,虽画地而守[8]之,敌不得与我战者,乖其所之[9]也。故形人而我无形,则我专而敌分。我专为一,敌分为十,是以十攻其一也,则我众敌寡。能以众击寡者,则吾之所与战者约[10]矣。吾所与战之地不可知,不可知则敌所备者多;敌所备者多,则吾所与战者寡矣。故备前则后寡,备后则前寡,备左则右寡,备右则左寡,无所不备则无所不寡。寡者,备人者也。众者,使人备己者也。

故知战之地,知战之日,则可千里而会战。不知战地,不知战日,则左不能救右,右不能救左,前不能救后,后不能救前,而况远者数十里、近者数里乎？以吾度[11]之，越人[12]之兵虽多，亦奚[13]益于胜哉？故曰：胜可为[14]也。敌虽众，可使无斗。

故策之[15]而知得失之计，作之[16]而知动静之理，形之[17]而知死生之地，角之[18]而知有余不足之处。故形兵之极，至于无形。无形则深间不能窥，智者不能谋。因形而措胜于众，众不能知，人皆知我所以胜之形，而莫知吾所以制胜之形。故其战胜不复[19]，而应形于无穷。

夫兵形象水。水之形避高而趋下，兵之形避实而击虚。水因地而制流，兵因敌而制胜。故兵无常势，水无常形，能因敌变化而取胜者，谓之神。

故五行[20]无常胜，四时无恒位，日有短长[21]，月有死生[22]。

【注释】

[1]虚实：简本作“实虚”。见《兵势第五》注[7]。

[2]致人而不致于人：调动敌人而不被敌人所调动。致，使人至，引申为调动。杜牧注：“致，令敌来就我，我当蓄力待之；不就敌人，恐我劳也。”

[3]安能动之：此句简本无。

[4]出其所不趋：简本及《太平御览》《长短经》所引“不”均作“必”，论者以为如此文意似更顺。但联系下文“行千里而不劳者，行于无人之地也”一语，似仍以用“不”为佳。若所出为敌必趋之地，则岂能“趋其所不意”？岂能“行千里而不劳”？又怎能说是“行于无人之地”呢？

[5]趋其所不意：此句简本及《太平御览》所引均无。

[6]守其所不攻：简本及《太平御览》所引“不”均作“必”。论者以为，所守为敌所不攻之处，则在军事上便无意义。此说是。不过，若“不攻”为无法攻取之意，则亦通。

[7]速：简本及《太平御览》所引“速”均作“远”。

[8]画地而守：指不假城池、不必设防即可守住，比喻极其容易。

[9]乖其所之:调动敌人,将其引往错误的方向。乖,简本作“膠”,“膠”古通“谬”。“乖”“谬”互训,意近。曹操注:“乖,戾也。戾其道,示以利害,使敌疑也。”

[10]约:少、寡。此处之“约”亦可解作“简单”。

[11]度:音 duó,推断、忖度、分析。

[12]越人:越国人。其时吴、越为敌国。

[13]奚:音 xī,疑问词,“何”的意思。

[14]胜可为:指胜利是可以争取到的。孙子在《军形第四》中说“胜可知,而不可为”,这里又说“胜可为”,二者是否矛盾呢?答曰:并不矛盾。不仅不矛盾,而且其中包含朴素的辩证法思想。说“胜可知,而不可为”,是说胜利可以预知,但必须具备一定的客观条件,不可全凭主观愿望去强求。说“胜可为”,是说在具备了一定的客观条件之后,将帅只要肯于和善于发挥主观能动性,胜利便是可以争取到的。

[15]策之:根据客观情况对敌人的行动计划进行分析判断。策,策划、测算。

[16]作之:挑动敌人,使之动作。作,动作,引申为挑动。

[17]形之:示形于敌。

[18]角之:与敌较量一番。这里指为了解敌人兵力部署情况而进行的试探性进攻。

[19]战胜不复:指作战方式灵活多变,每次取胜的方法都不重复。

[20]五行:指金、木、水、火、土。古人认为,“五行”是组成物质的最基本的要素,并认为五行相生,即木生火、火生土、土生金、金生水、水生木;后又有“五行相胜”说,即水胜火、火胜金、金胜木、木胜土、土胜水;同时,还有“五行不常胜”说,如《墨子·经下》云:“五行毋常胜,说在宜。”这里的“五行无常胜”与墨家学说相近,当系后人所附益。

[21]日有短长:白昼因季节变化而有短有长,如冬至日最短,夏至日最长。

[22]月有死生:指月亮因晦朔而有盈亏晦明之变化,如农历每月末日为晦、月尽(死),初一为朔、月生。

【译文】

孙子说：凡是先到达战场而等待敌人前来交战的就安逸、主动，后到达战场而前去仓促交战的就疲劳、被动。所以，善于用兵的人，调动敌人而不被敌人所调动。能使敌人自动前去的，是利益的引诱；能使敌人无法前去的，是故意的妨害。所以敌人安逸能让他疲劳，粮足能让他挨饿，安静能让他躁动。

要朝敌人所不去的方向出动，要直捣敌人意料不到的地方。行军千里而不疲劳，是因为行进在没有敌人袭扰的地域。进攻就必定夺取，是因为攻击的是敌人没有严加防守的地方。防御就必定坚固，是因为扼守的是敌人无法攻破的地方。所以，善于进攻的人，能使敌人不知道究竟应该防守哪里才好；善于防守的人，能使敌人不知道究竟应该从哪里进攻才对。微妙啊，微妙啊，以至于到了不露形迹的程度！神奇呀，神奇呀，以至于到了无声无息的程度！这样，才能成为敌人命运的主宰。

前进而敌人无法抵御，是因为冲击的是敌人的空虚之处；退却而敌人无法追击，是因为行动迅速使敌人追赶不上。所以，我要交战，敌人即使高垒深沟，也不得不与我交战，是因为我方打击了他必须救应的地方；我不想交战，哪怕是画地而守，敌人也无法与我交战，是因为我方设法改变了敌人的行动方向。所以诱使敌人暴露形迹而我却不露形迹，就会使我方兵力集中而敌人兵力分散。我方的兵力集中到一处，敌人的兵力分散到十处，我方就是以十倍的兵力攻击敌人之一部，如此就会形成我方兵力雄厚而敌方兵力寡弱的局面。能以众击寡，那么我所要与之交战的敌人就少了。我所要与之交战的地点敌人无法知道，无法知道则敌人要设防的地方就多；敌人设防的地方多，则我要与之交战的敌方人数就少。所以，防备了前面，后面的兵力就会薄弱；防备了后面，前面的兵力就会薄弱；防备了左边，右边的兵力就会薄弱；防备了右边，左边的兵力就会薄弱；到处设防，就会到处兵力薄弱。兵力薄弱的，是防备别人的；兵力众多的，是使别人防备自己的。

所以，能事先知道交战的地点，事先知道交战的日期，就可以长驱千里而参加会战。不能事先知道交战地点，不能事先知道交战日期，就会左翼救不了右翼，右翼救不了左翼，前队救不了后队，后队救不了前队，更何况远的数十里、近的数里呢！据我判断，越人的兵力虽多，但对于取胜是不会有什么帮助的！所以说：胜利是可以争取的。敌人兵力虽多，但可以使他们无法战斗。

所以，通过对敌情的分析判断，可以了解敌人在谋划上的得失；通过挑动敌人并使之行动，可以发现敌人活动的规律；通过示形而诱敌暴露形迹，可以观察敌人所据地形的险易；通过与敌人的小规模较量，可以掌握敌人兵力配备上的虚实强弱。所以，佯动示形达到了极致，就可以使自己不露任何形迹。不露任何形迹，则隐藏再深的间谍也无法窥见我方的企图，再聪明的人也没有办法对付我们。根据具体形势而克敌制胜，并将这胜利摆在众人面前，众人也无法了解其中的奥妙。人们都知道我所以能战胜敌人的具体方式，却不知道我为什么用这种方式能战胜敌人。所以，每次战胜敌人的办法都不再重复，而要根据具体形势的不断变化作无穷的变化。

用兵作战的规律像流水。流水的规律是避高而向下，用兵作战的规律是避实而击虚。流水因为地形的制约而确定流向，用兵根据敌情的变化而采取制胜的方法。所以，军事上没有一成不变的形势，而流水也从来没有固定不变的形态，能根据敌情变化而取胜的，就是用兵如神。

所以，五行相生相克没有哪一个能保持常胜，四时交互代替没有哪一个能保持常位，白昼有短有长，月亮有晦有明。

军争[1]第七

孙子曰：凡用兵之法，将受命于君，合军聚众，交和而舍[2]，莫难于军争。军争之难者，以迂为直，以患为利。故迂其途而诱之以利，后人发，先人至，此知迂直之计者也。

军争为利，军[3]争为危。举军而争利则不及，委军[4]而争利则辎重捐。是故卷甲[5]而趋，日夜不处，倍道兼行，百里而争利，则擒三将军[6]；劲者先，疲者后，其法十一而至。五十里而争利，则蹶[7]上将军，其法半至。三十里而争利，则三分之二至。是故军无辎重则亡，无粮食则亡，无委积[8]则亡。

故不知诸侯之谋者，不能豫交[9]；不知山林、险阻、沮泽之形者，不能行军；不用乡导者，不能得地利。故兵以诈立，以利动，以分合为变者也。故其疾如风，其徐如林，侵掠如火，不动如山，难知如阴，动如雷震。掠乡分众[10]，廓地分利[11]，悬权而动[12]，先知迂直之计者胜，此军争之法也。

《军政》[13]曰："言不相闻，故为之金鼓；视不相见，故为之旌旗。"夫金鼓旌旗[14]者，所以一人之耳目也。人既专一，则勇者不得独进，怯者不得独退，此用众之法也。故夜战多金鼓[15]，昼战多旌旗，所以变人之耳目也。

三军可夺气，将军可夺心。是故朝气锐，昼气惰，暮气归。善用兵者，避其锐气，击其惰归，此治气[16]者也。以治待乱，以静待哗，此治心[17]者也。以近待远，以佚待劳，以饱待饥，此治力[18]者也。无邀正正之旗，勿击堂堂之陈[19]，此治变[20]者也。

故用兵之法，高陵勿向，背丘勿逆[21]，佯北勿从，锐卒勿攻，饵兵勿食[22]，归师勿遏，围师必阙[23]，穷寇勿迫[24]，此用兵之法也。

【注释】

[1]军争：两军争夺作战的有利条件，亦即争夺先机之利、争夺战场主动权的意思。

[2]交和而舍：两军对垒而处。交，接触，引申为相对。和，指军门，古代称军门为和门。曹操注："两军相对为交和。"舍，止、宿。

[3]军：底本作"众"，依十一家注本改。

[4]委军：丢下装备辎重而轻军前进。委，放弃、舍弃。

[5]卷甲：将铠甲收卷起来不穿。

[6]三将军：三军将领。一说，指春秋时分别统率上、中、下（或左、中、右）三个军的将领。

[7]蹶：音 jué，倒下、跌倒，引申为挫折、损失。

[8]委积：指物资储备。

[9]豫交：与之结交。豫，通"与"。一说，指预为结交，豫系"预"的本字。

[10]掠乡分众：指分兵数路抄掠敌国之乡邑。一说，掠取敌之资财，要分给部众以作奖赏。

[11]廓地分利：指开土拓地，要分兵扼守有利的地形。一说，开土拓地，要分赏有功者。

[12]悬权而动：根据对利弊得失的权衡而采取行动。权，本义指秤砣，这里用以比喻对利弊得失的衡量、权衡。参见《始计第一》注[22]。

[13]《军政》：古兵书，已失传。

[14]金鼓旌旗：古代军队作战时主要的指挥工具。金，即金钲，鸣金表示收兵；鼓，即战鼓，擂鼓表示进攻；旌旗，泛指旗帜，用以分辨部伍并指挥、调动部队。

[15]金鼓：十一家注本作"火鼓"。简本作"鼓金"，且无"所以变人之耳目也"一句。

[16]治气：指掌握和运用部队士气之变化。

[17]治心：指掌握和利用将帅心理之变化。

[18]治力：指掌握和利用部队体力之变化。

[19]陈：同"阵"，下同。

[20]治变：指掌握并实施机动应变。

[21]背丘勿逆：敌若背靠山丘险阻，则我方不应从正面进攻。逆，

迎、迎击。

［22］饵兵勿食：敌人若以小利诱我，则不要理睬他们。此句简本无。

［23］归师勿遏，围师必阙：对正在退返本国的敌人，不要从正面进行阻截；包围敌人之后，应留有缺口，以防敌作困兽之斗。遏，拦截、阻截、遏制；阙，同“缺”。简本此二语前后顺序与此相反，且“遏”作“谒”、“必阙”作“遗阙”。

［24］穷寇勿迫：此句简本无。

【译文】

孙子说：一般说用兵的法则，将帅接受国君的命令之后，从征集兵员、组编军队，到和敌人对阵，这当中没有比“军争”更困难的了。而“军争”中最难的，是以迂远为近直，变不利为有利。所以，一方面要故意走迂远的道路以麻痹敌人，一方面又要利诱敌人以使其上当，如此才能晚于敌人出发，而先于敌人到达，这就叫作懂得以迂为直的计谋。

“军争”既有有利的一面，又有危险的一面。如果全军携带所有的装备和辎重去争利，就会由于行动迟缓而来不及；如果丢掉装备和辎重去争利，那么后勤补给又成了问题。所以，卷起铠甲疾速前进，日夜不停，倍道兼行，走上百里路而争利，三军将领就会被擒；体力强的赶在前面，体力弱的落在后面，其结果是只有十分之一的人员能够到达目的地。走五十里路去争利，就会折损上将军，其结果是只有一半的人员能够到达目的地。走三十里路去争利，则会有三分之二的人员能够到达目的地。所以，军队没有辎重就会败亡，没有粮食就会败亡，没有物资储备就会败亡。

不了解各诸侯国的计谋，就不能与其结交；不熟悉山林、险阻、沼泽等各种地形，就无法行军；不用向导，就不能得到地形上的便利。所以，用兵打仗是靠诡诈之道获取成功、看是否有利决定如何行动、以分散或集中作为机变手段的。部队迅速时要像疾风，徐缓时要像森林，进攻时要像烈火，不动时要像山岳，隐蔽时要像黑夜，行动时要像雷霆。抄掠敌国乡邑时要分兵前往，开疆拓土后要扼守要害，权衡利弊得失，伺机采取行动，首先掌握了迂直之计奥妙的就能获得胜利:这就是“军争”的法则。

《军政》说:“言语互相听不到,所以用金鼓;眼睛互相看不到,所以用旌旗。”金鼓和旌旗,是用来统一将士们行动的。将士们的行动统一了,勇敢的便不能独自前进,怯懦的也不能独自后退:这是指挥众多兵力作战的法则。所以,夜间作战多用金鼓,白天作战多用旌旗,目的是为了适应人的视听特点。

对敌方部队,可以打击其士气;对敌方将领,可以动摇其信心。所以,对于一支军队来说,早晨士气最盛,白天士气低落,傍晚士气衰竭。善于用兵的人,要避开敌人士气旺盛之时,打击敌人士气低落衰竭、人心思归之时,这是掌握和利用部队士气变化的原则。以我之严整对敌之混乱,以我之安静对敌之喧哗,这是掌握和利用部队心理变化的原则。以我之近捷对敌之迂远,以我之安逸对敌之疲劳,以我之饱食对敌之饥饿,这是掌握和利用部队体力变化的原则。不要迎击旗帜整齐的敌人,不要进攻阵容强大的敌人,这是掌握和实施机变的原则。

所以,用兵的法则是:对占领高地的敌人不要仰攻,对背靠丘陵的敌人不要从正面迎击,对佯装败退的敌人不要尾追,对精锐的敌人不要攻打,对敌人的利诱不要上当,对撤退回国的敌人不要拦截,对被包围的敌人一定要留出缺口,对无路可走的敌人不要逼迫太甚。这些都是用兵的原则。

九变[1]第八

孙子曰:凡用兵之法,将受命于君,合军聚众,圮地[2]无舍,衢地[3]合交,绝地[4]无留,围地[5]则谋,死地[6]则战。途有所不由,军有所不击,城有所不攻,地有所不争,君命有所不受。

故将通于九变之利者，知用兵矣。将不通九变之利，虽知地形，不能得地之利矣。治兵不知九变之术，虽知五利[7]，不能得人之用矣。

是故智者之虑，必杂于利害。杂于利，而务可信[8]也；杂于害，而患可解也。是故屈诸侯者以害，役诸侯者以业[9]，趋诸侯者以利。故用兵之法，无恃其不来，恃吾有以待之；无恃其不攻，恃吾有所不可攻也。

故将有五危：必死[10]可杀，必生[11]可虏，忿速[12]可侮，廉洁可辱，爱民可烦[13]。凡此五者，将之过也，用兵之灾也。覆军杀将，必以五危，不可不察也。

【注释】

[1]九变：多变的意思。这里"九"乃泛指，是虚数。一说，指九地之变。

[2]圮地：指山林、险阻、沼泽等一切难于通行的地域。《九地第十一》："山林、险阻、沮泽，凡难行之道者，为圮地。"圮，音 yí，应系"圮"(pǐ)之误。圮，毁坏、坍塌之意。又，《太平御览》所引及简本《九地》"圮"分别作"氾"和"泛"。"氾"与"泛"通。

[3]衢地：数国交界、四通八达之地。衢，音 qú，《说文》："四达谓之衢。"《九地第十一》："诸侯之地三属、先至而得天下之众者，为衢地。"

[4]绝地：难以生存的地域。《九地第十一》："去国越境而师者，绝地也。"

[5]围地：进途狭隘，退路迂远，敌人可以少量兵力击我众多兵力的地域。《九地第十一》："所由入者隘、所从归者迂、彼寡可以击吾之众者，为围地。"

[6]死地：指走投无路、非死战无以求生之地。《九地第十一》："疾战则存、不疾战则亡者，为死地。"

[7]五利：一说，指"途有所不由，军有所不击，城有所不攻，地有所不

争，君命有所不受”五事之利。一说，指圮、衢、绝、围、死五地之利。本书从前说。

[8]信：信心。一说，“信”通“伸”，指进行、发展的意思。

[9]业：一说指事业，一说指己方实力，一说指危险的事情。这里从前说。

[10]必死：指轻于生死、勇于决斗。

[11]必生：指贪生怕死、但求保命。

[12]忿速：指性格易于气愤、激动且急于求成。

[13]爱民可烦：对于爱民的将帅，可以用一些暴行烦扰之，使之顾此失彼，穷于应付。

【译文】

孙子说：用兵的一般法则是：将领从国君那里领受了命令，调集兵员，组成军队，[出发后]遇“圮地”不要宿营，遇“衢地”要与邻国结交，遇“绝地”不要停留，陷于“围地”要善用计谋，陷于“死地”要殊死搏斗。有的道路不要通过，有的敌军不要打击，有的城邑不要进攻，有的地方不要争夺，有的君命不必接受。

所以，将帅通晓“九变”之利的，就算懂得用兵了。将帅如果不通晓“九变”之利，即使了解地形，也不能获得地理方面的便利。治理军队却不懂“九变”之法，即使懂得“五利”，也不能充分发挥将士的作用。

所以，聪明人考虑问题，必定兼顾利与害两个方面。在不利的情况下仔细分析有利的因素，可以树立起必胜的信心；在有利的情况下认真分析不利的因素，隐患就可以预先化解。要想使诸侯屈服于我，可以用各种手段去损害他；要想使诸侯为我所役使，可以诱使他从事各种劳民伤财的事业；要想使诸侯为我所调动，可以用某种利益去引诱他。所以，用兵的法则是：不要寄希望于敌人不来，而应依靠自己的充分准备；不要寄希望于敌人不进攻，而应依靠自己有强大力量，使敌人无法进攻。

所以，将帅有五种致命弱点：轻于生死，勇于决斗，就可能被敌人设计诱杀；一味贪生怕死，就可能被敌人生俘；急躁易怒，就可能中敌故意激怒之的奸计；廉洁自爱，就可能中敌故意污辱之的圈套；爱护民众，就可能被敌人故意采取的种种暴行所烦扰。以上五点，是有些将帅在性格上的缺陷，也是用兵的巨大灾难。军队覆灭，将帅被杀，必定是由这五种危险所导致的，因而不可不高度重视，详加考察。

行军第九

孙子曰：凡处军相敌[1]，绝山[2]依谷，视生处高[3]，战隆无登[4]。此处山之军也。绝水[5]必远水；客绝水而来，勿迎之于水内，令半济而击之，利；欲战者，无附于水而迎客；视生处高，无迎水流。此处水上之军也。绝斥泽[6]，唯亟去无留；若交军于斥泽之中，必依水草而背众树。此处斥泽之军也。平陆处易，右背高，前死后生[7]。此处平陆之军也。凡此四军之利，黄帝[8]之所以胜四帝[9]也。

凡军好高而恶[10]下，贵阳而贱阴，养生处实[11]，军无百疾，是谓必胜。丘陵堤防，必处其阳而右背之，此兵之利、地之助也。上雨，水沫至，欲涉者，待其定也。凡地有绝涧[12]、天井[13]、天牢[14]、天罗[15]、天陷[16]、天隙[17]，必亟去之，勿近也。吾远之，敌近之；吾迎之，敌背之。军旁有险阻、潢井[18]、蒹葭[19]、林木蘙荟[20]者，必谨覆索之，此伏奸之所也。

近而静者，恃其险也；远而挑战者，欲人之进也；其所居易者，利也；众树动者，来也；众草多障者，疑也；鸟起者，伏也；兽骇者，覆[21]也；尘高而锐者，车来也；卑而广者，徒来也；散而条达[22]者，樵采也；少而往来者，营军也；辞卑而益备者，进也；辞强而进驱者，退也；轻车[23]先出居其侧者，陈也；无约而请和者，谋也；奔走而陈兵者，期也；半进半退者，诱也；杖而立[24]者，饥也；汲[25]而先饮者，渴也；见利而不进者，劳也；鸟集者，虚也；夜呼者，恐也；军扰者，将不重也；旌旗动者，乱也；吏怒者，倦也；杀马肉食者，军无粮也；悬缶不返其舍者，穷寇也[26]；谆谆谕谕[27]，徐与人言者，失众也；数赏者，窘也；数罚者，困也；先暴而后畏其众者，不精之至[28]也；来委谢[29]者，欲休息也。兵怒而相迎，久而不合，又不相去，必谨察之。

兵非贵益多[30]，唯无武进[31]，足以并力、料敌、取人而已。夫唯无虑而易敌者，必擒于人。

卒未亲附而罚之，则不服，不服则难用。卒已亲附而罚不行，则不可用。故令之以文，齐之以武[32]，是谓必取[33]。令素行以教其民，则民服。令不素行以教其民，则民不服。令素行者，与众相得也。

【注释】

[1]处军：指行军、宿营、作战时处置军队。处，处置、部署。相敌：指观察、判断敌情。相，看、视、观察的意思。

[2]绝山：越山。绝，越过、横渡。

[3]视生处高：指面南向阳、居于高地的意思。视，看、观察，这里是面向的意思。生，生地，这里指向阳地带。曹操注："生者，阳也。"高，高地。处高，居于高地。

[4]战隆无登：指在高地作战，不应仰攻。隆，指高地；登，攀登、仰攻。

[5]绝水：指横渡江河。

[6]斥泽：指盐碱、沼泽地带。斥，盐碱地。

[7]前死后生：前有天然障碍，为死地；后面开阔平坦，为生地。

[8]黄帝:我国古史传说中的五帝之首,后被尊为中原各族的共同祖先。相传黄帝曾打败炎帝和蚩尤,结束了各部落间频繁的战争。

[9]四帝:指四方之帝,即周边部族联盟的首领。一般泛指炎帝、蚩尤等人。简本《黄帝伐赤帝》:"(南伐赤帝)……东伐(青)帝……北伐黑帝……西伐白帝。……已胜四帝,大有天下。"

[10]恶:音 wù,厌恶。

[11]养生处实:指军队要驻扎在便于生活、生存和军需物资供应便利的地方。养生,指物产丰富、便于生存的地方;实,指物资供应方便的地域,一说指地势较高的地方。

[12]绝涧:指两岸陡峭、水流其间的险恶地形。

[13]天井:指四周高峻、中间低洼的地形。

[14]天牢:险山环绕、易进难出、形如牢狱的地形。

[15]天罗:指荆棘丛生、有如罗网、不易通过的地形。

[16]天陷:指地势低洼、泥泞易陷的地形。

[17]天隙:指两山之间狭窄难行的谷地。

[18]潢井:指低洼积水之地。潢,音 huáng。

[19]蒹葭:音 jiānjiā,芦苇。这里指水草丛生之地。

[20]翳荟:音 yìhuì,草木长得很茂盛。

[21]覆:倾覆、覆没,引申为敌军铺天盖地、大举来袭。

[22]散而条达:指尘土散漫细长,时断时续。条达,王皙注:"纤微断续之貌。"

[23]轻车:指驰车。见《作战第二》注[1]。

[24]杖而立:指倚着兵器站立。杖,同"仗",扶、倚的意思。

[25]汲:从井中打水。

[26]从"杀马肉食者"至"穷寇也",十一家注本作"粟马肉食,军无悬缻,不返其舍者,穷寇也"。悬缶不返其舍:指敌人抛弃炊具,不回营舍,意欲决一死战。缶,古代盛水器具,这里指炊具。

[27]谆谆諭諭:恳切和顺、絮絮不休的意思。諭,音 xī,和舒貌。

[28]不精之至:太不精明。

［29］委谢：馈赠礼物，谢罪、道歉。

［30］兵非贵益多：简本作"兵非多益"，十一家注本作"兵非益多也"。

［31］武进：迷信武力，恃勇轻进。

［32］令之以文，齐之以武：用政治、道义教育部众，用军纪军法整饬部众。文，指政治、道义。齐，规范、整饬、统一。武，指军纪、军法。简本作"故合之以交，济之以［武］"，今本"令"当为"合"之讹，简本"交"当为"文"之讹。

［33］必取：必定取胜。

【译文】

孙子说：凡是指挥、处置军队，观察、判断敌情，［必须遵照下述原则：］跨越山岭，要沿着谷底行进；停军宿营，要居于向阳高地；山地作战，不要仰攻占据高地的敌人。这是在山地行军作战时处置军队的原则。渡过江河之后，要迅速远离江河；敌人渡河来攻，不要在水中迎击，而要乘其渡过一半的时候发起进攻，这样最为有利；要想与敌人交战，不要紧靠水边排兵布阵迎击敌人；部队在江河地带驻扎，要部署在进退有据、高而向阳的地方，切不可部署在敌人的下游。这是在江河地带行军作战时处置军队的原则。部队路过盐碱、沼泽地带，要迅速通过，切勿停留；如果在盐碱、沼泽地带与敌人交战，必须旁依水草而背靠树林。这是在盐碱、沼泽地带行军作战时处置军队的原则。在平原地带驻军，要居于平坦开阔的地方，且应右侧依托高地，前有天然障碍系敌死地，后方补给方便利我生存。这是在平原上行军作战时处置军队的原则。上述四种处置军队的原则所带来的好处，是黄帝之所以能战胜四帝的重要原因。

大凡行军作战，力争占据高地，力避居于洼地，重视向阳干燥之地，不住阴暗潮湿之地，驻地物产丰富、军需供应方便、利于生存，这样将士们就会百病不生，而且必胜无疑。驻地如有丘陵堤防，一定要居其向阳之处，并且要将其作为右后侧的依托，这些对用兵作战有好处的措施，实际上是对有利地形的借助。上游如果下雨，就会有山洪下来，要想涉水过河，必须等其平稳下来。凡遇到"绝涧""天井""天牢""天罗""天陷""天隙"

等地形，一定要迅速离开，不要靠近。我军远离它们，而让敌人靠近它们；我军面向它们，而让敌人背靠他们。军队旁边如果有障碍险阻之地、低洼沼泽之地以及芦苇、树林和杂草丛生之地，一定要仔细地反复搜索，因为这些地方容易隐藏伏兵和奸细。

敌人离我虽近而仍能保持镇静，是因为他们自恃占据着险要地形；敌人离我虽远却主动前来挑战，是想引诱我军前进；敌人占领平坦之地而放弃险要，他们肯定是自认为有利可图；树丛摇曳摆动，表明敌人正向我隐蔽前进；草丛之中障碍很多，是敌人故意设下的疑兵之计；鸟雀受惊飞起，表明其下定有伏兵；群兽惊骇奔逃，表明敌人正大举来袭；飞尘高而尖锐，表明敌人的战车正向我驰来；飞尘低而宽广，表明敌人的步兵正向我攻来；飞尘细长而分散，是敌人正在打柴；飞尘少而来回飘荡，是敌人正在安营扎寨；敌之使者言辞谦卑而敌人却又在加紧备战，表明敌人正准备向我进攻；敌之使者言辞强硬且敌军在向我进逼，表明敌人实际是准备撤退；敌之轻车先出居于两翼，表明敌人是要排兵布阵；敌人事先没有约定而突然派人前来讲和，表明其必有阴谋；敌人频繁调动并摆开战车，是期望与我决战；敌若半进半退，是企图引诱我军；敌人若拄着兵器站立，是饥饿的表现；敌人若打了水自己先喝，是干渴的表现；敌人明知有利却不前进，这是疲劳的表现；敌营中飞鸟聚集，表明这是一座空营；敌军夜间惊呼，这是恐惧的表现；敌军惊扰混乱，说明其将领没有威严；敌军旌旗乱动，表明其队伍混乱；敌军官佐动辄发怒，是疲倦厌战的表现；敌军杀马食肉，说明其已无粮食；敌军抛弃炊具，不回营舍，说明其已成为打算死战突围的穷寇；敌将恳切和顺、絮絮叨叨地与人讲话，表明其已经失掉部众的拥护；敌军频繁地赏赐，表明其已经陷入窘境；敌军不断地处罚，表明其已经陷入困境；对部众先是粗暴，后是畏惧，是将领最不精明的表现；敌人前来赔礼谢罪，是希望暂时休兵罢战；敌军怒气冲冲地与我对阵，却老是既不肯交锋，又不撤退，则必须审慎地观察其意图。

兵力并不是越多越好，只要不专恃武力、轻举妄动，能够集中兵力、判明敌情、战胜敌人就可以了。那种既不深思熟虑而又轻敌的人，势必成为敌人的俘虏。

士卒尚未亲附就施以惩罚，他们就会不服，不服就难以使用；士卒已经亲附而惩罚却得不到执行，这样的士卒同样无法使用。所以，平时对士卒既要用道义和赏赐来教育他们、团结他们，又要用纪律和法度来统一他们、整饬他们，这样才能战则必胜。平时能严格执行命令，并以此教育部众，部众就会养成服从命令的习惯；平时不能严格执行命令，并且不能以此教育部众，部众就无法养成服从命令的习惯。平时命令能够得到严格执行的，表明将领与士卒之间相互信赖、相处融洽。

卷下

地形第十

孙子曰：地形有通者，有挂者，有支者，有隘者，有险者，有远者。我可以往，彼可以来，曰通。通形[1]者，先居高阳，利粮道，以战则利。可以往，难以返，曰挂。挂形[2]者，敌无备，出而胜之；敌若有备，出而不胜，难以返，不利。我出而不利，彼出而不利，曰支。支形[3]者，敌虽利我，我无出也；引而去之，令敌半出而击之，利。隘形[4]者，我先居之，必盈[5]之以待敌；若敌先居之，盈而勿从，不盈而从之。险形者，我先居之，必居高阳以待敌；若敌先居之，引而去之，勿从也。远形者，势均难以挑战，战而不利。凡此六者，地之道也，将之至任[6]，不可不察也。

故兵有走[7]者，有弛[8]者，有陷[9]者，有崩[10]者，有乱者，有北[11]者。凡此六者，非天地之灾，将之过也。夫势均以一击十，曰走。卒强吏弱，曰弛。吏强卒弱，曰陷。大吏[12]怒而不服，遇敌怼[13]而自战，将不知其能，曰崩。将弱不严，教道不明，吏卒无常，陈兵纵横，曰乱。将不能料敌，以少合众，以弱击强，兵无选锋[14]，曰北。凡此六者，败之道也，将之至任，不可不察也。

夫地形者，兵之助也。料敌制胜，计险阨[15]远近，上将[16]之道也。知此而用战者必胜，不知此而用战者必败。故战道[17]必胜，主曰无战，必战可也；战道不胜，主曰必战，无战可也。故进不求名，退不避罪，唯民是保，而利于主，国之宝也。

视卒如婴儿，故可与之赴深谿。视卒如爱子，故可与之俱死。爱而不能令，厚而不能使[18]，乱而不能治，譬如骄子，不可用也。

知吾卒之可以击，而不知敌之不可击，胜之半也。知敌之可击，而不知吾卒之不可以击，胜之半也。知敌之可击，知吾卒之可以击，而不知地形之不可以战，胜之半也。故知兵者，动而不迷[19]，举而不穷[20]。故曰：知彼知己，胜乃不殆[21]；知天知地，胜乃可全[22]。

【注释】

[1]通形：指四通八达、平坦便利的地形。

[2]挂形：指复杂多碍、易进难退的地形。

[3]支形：指双方有险可凭、先出者不利的地形。

[4]隘形：指两侧高山耸峙、中有深谷可通的地形。

[5]盈：充盈、充满。这里指配备充足的兵力。杜佑注："盈，满也，以兵陈满隘形，欲使敌不得进退也。"

[6]至任：最为重要的责任。

[7]走：败走、逃走。

[8]弛：涣散、松弛之意。

[9]陷：陷没。

[10]崩：溃败、崩溃。

[11]北：败北。《荀子·议兵》："遇敌处战则必北。"杨倞注："北者，乖背之名，故以败走为北也。"

[12]大吏：古代军中偏裨将佐。曹操注："大吏，小将也。"

[13]怼：音 duì，怨恨。这里有意气用事的意思。

[14]选锋：古时以勇敢善战的士卒组成的用来冲锋陷阵的部队。

[15]阨：同"隘"。

[16]上将：古时军中将之最尊者，非指上军之将。一说，指高明、贤

能之将。

[17]战道:战争的规律或法则。

[18]此处十一家注本“厚而不能使”在“爱而不能令”前。

[19]动而不迷:有所行动不迷惑。迷,迷惑、狐疑、犹豫不决。

[20]举而不穷:举措自如,变化无穷。

[21]不殆:没有危险。殆,危险。

[22]胜乃可全:十一家注本作“胜乃不穷”。

【译文】

孙子说:地形有“通”“挂”“支”“隘”“险”“远”六种。我可以往、敌可以来的地域,叫“通形”。在这种地形上作战,要先敌占领开阔向阳的高地,并确保粮道通畅,交战才有利。可以前往、难以返回的地形,叫“挂形”。在这种地形上作战,如果敌人没有防备,我军可以出击并战而胜之,如果敌人已有防备,我军出击不胜,便难以返回,那样就很不利了。我军出击不利、敌军出击也不利的地形,叫“支形”。在这样的地形上作战,敌人虽然以利诱我军,我军也不可出战,而应率军假装撤退,诱使敌人出动一半时再回击,如此才有利。在险隘的地形上作战,我军应先敌占领隘口,并配备足够的兵力以等待敌人来犯;如果敌人先我占领隘口且以重兵守之,则我军不可硬攻,如其并无重兵防守,则我军仍可进攻。在险要的地形上作战,如果我军先敌到达,一定要占领开阔向阳的高地,以等待敌人来犯;如果敌人先我占领了要害之地,则我军应主动撤走,而不可进攻。在敌我相距甚远的地形上作战,双方势均力敌,难以挑战,勉强出战就会陷于不利的地位。上述六点,是作战时运用地形的原则。掌握这些原则,是将帅的重大责任,因而不可不认真加以考察和研究。

军队作战会出现“走”“弛”“陷”“崩”“乱”“北”六种情况。这些情况,不是上天降下的灾害,而是将领自身的过错造成的。敌我力量相当,却以一击十,叫作“走”。士卒强悍,将吏懦弱,[管理松懈,]叫作“弛”。将吏强悍,士卒懦弱,[作战不肯用命,]叫作“陷”。偏裨将领易怒,不服从指挥,遇敌怨愤,擅自出战,主将又不了解其能力,叫作“崩”。将帅软弱，缺乏威严，管理、教育无方，军吏和士卒没有纪律约束，阵容不整，叫作“乱”。将帅不能准确判断敌情，以寡击众，以弱击强，又没有精锐士卒做前锋，叫作“北”。这六种情况，都是导致失败的原因。了解这些，是将帅的重大责任，所以不可不认真加以考察和研究。

地形是用兵作战的辅助条件。准确地了解、判断敌情，积极创造获胜的条件，研究地形的险厄，计算道路的远近，这些都是贤能将帅的职责。懂得这些道理而用以指挥作战的，必定能胜利；不懂得这些道理而指挥作战的，必定失败。所以，从战争的规律看必定能获胜时，即使国君说不要打，也应该坚决地打；从战争的规律看不能获胜时，即使国君说要打，也应该坚决地不打。所以，进不求名，退不避罪，唯一的目的是保护民众、利于君主，[这样的将领]对国家来说才是最可宝贵的。

对待士卒像对待自己的婴儿一样，所以才可以率领他们赴汤蹈火；对待士卒像对待自己的爱子一样，所以才可以与他们同生共死。但是，如果一味溺爱而指挥不动他们，一味厚待而驱使不了他们，他们违法乱纪而得不到惩治，就像骄纵惯了的孩子，是不能用来作战的。

知道自己的部队可以打，但不知道敌人不可以打，获胜的可能只有一半；知道敌人可以打，但不知道自己的部队不可以打，获胜的可能只有一半；既知道敌人可以打，又知道自己的部队可以打，但不知道地形不可以打，获胜的可能也只有一半。所以，懂得用兵的人，行动果断而不迷惑，举措得当且变化无穷。所以说，既了解敌人，又了解自己，才能获胜而没有危险；既懂天时，又懂地利，胜利才能万无一失。

九地第十一

孙子曰：用兵之法，有散地，有轻地，有争地，有交地，有衢地,有重地,有圮地,有围地,有死地。诸侯自战其地者,为散地[1]。入人之地而不深者,为轻地[2]。我得亦利、彼得亦利者,为争地[3]。我可以往、彼可以来者,为交地[4]。诸侯之地三属[5]、先至而得天下之众者,为衢地[6]。入人之地深、背城邑多者,为重地。山林、险阻、沮泽,凡难行之道者,为圮地[7]。所由入者隘、所从归者迂、彼寡可以击吾之众者,为围地。疾战则存、不疾战则亡者,为死地。是故散地则无战,轻地则无止,争地则无攻,交地则无绝,衢地则合交,重地则掠,圮地则行,围地则谋,死地则战[8]。

古之善用兵者,能使敌人前后不相及,众寡[9]不相恃,贵贱[10]不相救,上下不相收[11],卒离而不集,兵合而不齐。合于利而动,不合于利而止。敢问:敌众整而将来,待之若何?曰:先夺其所爱,则听矣。兵之情主速,乘人之不及,由不虞[12]之道,攻其所不戒也。

凡为客[13]之道,深入则专,主人[14]不克,掠于饶野,三军足食,谨养而勿劳,并气积力,运兵计谋,为不可测。投之无所往,死且不北,死焉不得,士人尽力。兵士甚陷则不惧,无所往则固,入深则拘[15],不得已则斗。是故其兵不修而戒,不求而得,不约而亲,不令而信,禁祥去疑[16],至死无所之。吾士无余财,非恶货也;无余命,非恶寿也。令发之日,士卒坐者涕[17]沾襟,偃卧者涕交颐。投之无所往,诸、刿[18]之勇也。

故善用兵者,譬如率然[19]。率然者,常山[20]之蛇也,击其首则尾至,击其尾则首至,击其中则首尾俱至。敢问:[兵][21]可使如率然乎?曰:可。夫吴人与越人相恶也,当其同舟济而遇风,其相救也如左右手。是故方马埋轮[22],未足恃也;齐勇若一,政之道也;刚柔皆得,地之理也。故善用兵者,携手若使一人,不得已也。

将军之事，静以幽，正以治[23]，能愚士卒之耳目，使之无知；易其事，革其谋[24]，使人无识；易其居，迂其途，使人不得虑。帅与之期，如登高而去其梯。帅与之深入诸侯之地，而发其机[25]，若驱群羊，驱而往，驱而来，莫知所之。聚三军之众，投之于险，此将军之事也。九地之变，屈伸之利[26]，人情之理，不可不察也。

凡为客之道，深则专，浅则散。去国越境而师者，绝地也。四通者，衢地也。入深者，重地也。入浅者，轻地也。背固前隘者，围地也。无所往者，死地也[27]。是故散地吾将一其志，轻地吾将使之属，争地吾将趋其后，交地吾将谨其守，衢地吾将固其结，重地吾将继其食，圮地吾将进其途，围地吾将塞其阙，死地吾将示之以不活。故兵之情，围则御，不得已则斗，过则从[28]。

是故不知诸侯之谋者，不能豫交；不知山林、险阻、沮泽之形者，不能行军；不用乡导者，不能得地利[29]。四五[30]者，一不知，非霸王[31]之兵也。夫霸王之兵，伐大国，则其众不得聚；威加于敌，则其交不得合。是故不争天下之交，不养天下之权[32]，信己之私[33]，威加于敌，故其城可拔，其国可隳[34]。施无法之赏，悬[35]无政之令，犯[36]三军之众，若使一人。犯之以事，勿告以言。犯之以利，勿告以害。投之亡地然后存，陷之死地然后生。夫众陷于害，然后能为胜败。故为兵之事，在顺详[37]敌之意，并敌一向，千里杀将，是谓巧能成事。

是故政举之日，夷关折符[38]，无通其使，厉[39]于廊庙之上，以诛[40]其事。敌人开阖[41]，必亟入之，先其所爱，微与之期[42]，践墨随敌[43]，以决战事。是故始如处女，敌人开户；后如脱兔，敌不及拒。

【注释】

[1]散地：在自己领土上作战，士卒危急时因有处可逃而易溃散，故

称这样的地域为“散地”。

[2]轻地:进入敌境不深,士卒可以轻易返回,故称这样的地域为“轻地”。

[3]争地:我得亦利、彼得亦利则必争夺,故这类地域被称为“争地”。

[4]交地:指地势平坦、道路纵横、交通便利的地域。

[5]三属:指几个诸侯国国土相接。三,泛指众多;属,音 zhǔ,毗邻、连接。

[6]衢地:见《九变第八》注[3]。

[7]圮地:见《九变第八》注[2]。简本“圮地”前无“险阻”二字。

[8]围地则谋,死地则战:底本作“围地则说,戎地则战”,依简本和十一家注本改。

[9]众寡:此处指同一方之大部队与小部队,亦即各个部分。

[10]贵贱:指旧时军队内部之军官与士兵、高层军官与下层军官。

[11]上下不相收:指部队建制被打乱,上下失去联系,不能收拢、聚集。

[12]虞:预料。

[13]客:古时称主动前往进攻的一方和在国外作战的军队为“客军”。

[14]主人:与客相对,指处于防守的一方和在自己国土上作战的军队。

[15]入深则拘:指军队进入敌境深,则军心易于凝聚。拘,拘束、束缚。

[16]禁祥去疑:禁止谈论和预卜吉凶祸福,以消除军中疑虑和谣言。祥,古时指吉凶祸福预兆。

[17]涕:底本作“沸”,误,依十一家注本改。

[18]诸、刿:诸,指春秋时勇士专诸,公元前515年为吴公子光刺杀吴王僚,自己也当场被杀。刿,底本作“岁”,即曹刿,又作曹沫,春秋时鲁国勇士,曾在齐、鲁柯地(今山东阳谷东北阿城镇)会盟时劫持齐桓公,迫其与鲁国订立盟约,归还所侵占鲁国土地。

［19］率然：古时传说中的一种蛇。《神异经·西荒经》："西方山中有蛇，头尾差大，有色五彩。人、物触之者，中头则尾至，中尾则头至，中腰则头尾并至，名曰率然。"

［20］常山：简本作"恒山"，即五岳中之北岳，在今山西浑源南，西汉时为避汉文帝刘恒讳，改称"常山"。

［21］兵：底本无此字，依十一家注本添。

［22］方马埋轮：把马并列拴在一起，把车轮埋起来。这是古代作战时一种固结军心的办法。方，并列。

［23］静以幽，正以治：安详沉静而幽深莫测，严明公正而使部队整治不乱。以，同"而"。

［24］易其事，革其谋：改变正在做的事情，变更已经确定的计谋。易，改变。革，变革、改变。

［25］发其机：扣动弩机。这里指将帅统率部队进入敌境之后，就像扣动弩机射出箭矢一样，使部队一往无前。十一家注本于此后尚有"焚舟破釜"四字。

［26］屈伸之利：指进攻退守之利。屈伸，屈曲与伸展，引申为进攻与退守。

［27］这里对"九地"只提到了"衢地""重地""轻地""围地""死地"而未及"交地""争地""圮地""散地"，却多出了"绝地"，且其对"绝地"的解释是"去国越境而师者"。根据前文的解释可知，"去国越境而师者"，"不深"则为"轻地"，"深"则为"重地"，并无"绝地"之说。所以，此处很可能有错简或讹误。

［28］过则从：指士卒陷入危险境地就容易听从指挥。过，这里指深陷危境。

［29］是故不知诸侯之谋者……不能得地利：此句已见《军争第七》，疑系衍文。

［30］四五：所解非一。一说，四、五相加得九，系指前述九地而言；一说，泛指前述各事。一说，有的版本此句作"三者不知其一，非霸王之兵也"，"三者"即上述敌情、地形、乡导三事，如此才符合孙子本意，故"四

五”当系“三者”之误。这里权取第一说。

[31]霸王：简本作“王霸”。古时诸侯的共主称“王”，诸侯中因强大而成为首领者称“霸”。此处“王”“霸”并称，泛指强大者。

[32]不争天下之交，不养天下之权：不必争着与各国结交，不必在各国中培植自己的势力。一说，“不”为“必”之误，则此句便为“必争天下之交，必养天下之权”，其义正相反。

[33]信己之私：相信和依靠自己的力量，不求助于他国。一说，伸张自己的战略意图。

[34]隳：同“堕”，均读 huī，意为毁灭。

[35]悬：悬挂，引申为颁发、颁布。

[36]犯：驱使、使用。

[37]顺详：顺察、慎察。顺，通“慎”；详，详悉、知悉。

[38]夷关折符：封锁关口，废除通行凭证。夷，削平、毁灭，引申为封锁；符，古代的通行凭证。

[39]厉：磨砺，引申为讨论、研究。

[40]诛：治理，可引申为筹划。

[41]开阖：开门，引申为敌人露出破绽、有隙可乘。阖，门扇、门板；亦通“合”。

[42]微与之期：不事先与敌约期交战。微，无、毋。《经传释词》：“微，无也。”

[43]践墨随敌：指实施作战方案时要随敌情变化而变化。践，实行、践履；墨，木工制作器物时所画之墨线，引申为既定之计划。

【译文】

孙子说：根据用兵原则，战地可分为“散地”“轻地”“争地”“交地”“衢地”“重地”“圮地”“围地”“死地”九种。诸侯在自己国土上作战的地域，叫“散地”。进入敌国境内不深的地域，叫“轻地”。我军占领了有利、敌军占领了也有利的地域，叫“争地”。我军可以去、敌军也可以去的地域，叫“交地”。几个诸侯国相互毗邻、先到达就可以得到各国援助的地域，叫“衢地”。进入敌方境内深、背后有众多敌方城邑的地域，叫“重地”。山林、险阻、沼泽等难以通行的地域，叫“圮地”。进路狭窄险隘、退路迂远曲折、敌人可以用少量兵力打击我方众多兵力的地域，叫“围地”。迅速奋战就能生存、不迅速奋战就将全军覆灭的地域，叫“死地”。因此，在“散地”不要作战，在“轻地”不要停留，在“争地”不要强攻，在“交地”不要断绝联系，在“衢地”要设法与诸侯们结交，在“重地”要掠取敌方的物资，遇到“圮地”要迅速通过，处于“围地”要巧于谋划，陷入“死地”要殊死搏斗。

从前善于用兵的人，能使敌军前队后队无法照应，各部之间难以相互依恃，官兵之间不能相互救应，上下之间无法聚集合拢，士卒离散而难以集中，即使集中起来阵形也难以整齐、行动也难以一致。至于己方，有利就行动，不利就停止。试问：敌人多而严整，将要向我方发起进攻，用什么办法对付他们呢？回答是：先打击、夺取其最为重视的要害之地，他们就会听从我们的摆布了。用兵的道理，贵在神速，乘敌人来不及防备之机，由敌人想不到的路径，攻击其没有戒备的地方。

进入敌国境内作战的一般规律是：我军深入敌国境内，军心就会专一、坚定，而使敌人无法胜我军；在敌人丰饶的原野上掠取粮草，三军的给养也就有了保障。要注意休养士卒，不使其过于疲劳，激励士气，蓄积力量，部署兵力，巧设计谋，使敌人无法判断我军之意图。把部队置于无路可走的绝境，士卒就会即使战死也不后退；战死已成求之不得的愿望，士卒就一定会竭尽全力。士卒深陷危境，心里反而会不再恐惧；无路可走，军心就会稳固；进入敌境深，军队就不会涣散；到了迫不得已的时候，就会殊死搏斗。所以，这样的军队不待管理就会自动戒备，不待要求就会拼死效力，不待约束就会互相团结，不待申令就会遵守纪律，禁绝迷信，消除疑虑，他们至死也不会逃走。我军士卒没有多余的财物，并不是他们厌恶财物；不顾虑生命危险，并不是他们厌恶长寿。当命令发布之日，坐着的士卒涕沾衣襟，躺着的士卒泪流满面。然而，一旦把他们置于无路可走的绝境，他们就会像专诸和曹刿一样勇敢。

善于用兵的人，指挥部队就像“率然”一样灵活。所谓“率然”，就是常山的一种蛇。这种蛇,打它的头,尾就来救应;打它的尾,头就来救应;打它的腰,头和尾会一齐来救应。试问可以使部队像“率然”一样灵活吗?回答是可以。吴国人和越国人是互相仇视的,但当同船渡河遇上大风时,他们互相救援会像左手与右手协调一致、密切配合一样。所以,想用并缚战马、深埋车轮的办法来稳定军心,是靠不住的。使士卒齐心协力奋勇作战如同一人,才是统驭军队应当遵循的原则;要想使强者和弱者都发挥作用,就必须懂得恰当运用各种不同地形的道理。所以,善于用兵的人,指挥三军就好像使用一个人,这是因为他把军队置于不得不如此的境地。

作为一位统率军队指挥作战的将军,应当沉着镇静而幽深莫测,严明公正而有条不紊。要能够蒙蔽士卒的耳目,使他们对什么事都毫无所知。要不断地变动部署,改变计划,使人无法识破己方的计谋和策略。要不时地更换驻地,故意使行军路途变得迂远,以使人无法判断己方的真正意图。将帅向部下布置作战任务,要像让其登高而去掉梯子一样,使他们有进无退。将帅统率军队深入诸侯的国土之后,要像扣动扳机射出弩箭一样使他们有去无回,就好像驱赶着一群羊,赶过去,赶过来,他们却不知道究竟要到哪里去。集中三军兵力,把他们投入危险境地,迫使他们拼死战斗,这是将军必须做到的事情。各种地形不同特点的变化,进退攻守究竟何者有利,部队情绪变化的规律,不可不认真考察和研究。

出国作战的一般规律是:进入敌国境内越深,军心就越是稳固专一;进入敌国境内越浅,军心就越是容易涣散。离开本国,越过边境,深入敌国领土作战的地区,叫“绝地”;四通八达的地区,叫“衢地”;进入敌国境内深的地区,叫“重地”;进入敌国境内浅的地区,叫“轻地”;背后地势险要、前面进路狭隘的地区,叫“围地”;无可走的地区,叫“死地”。所以,在“散地”,要注意统一部队的意志;在“轻地”,要注意加强各部之间的联系;在“争地”,要挥兵直奔敌人的后方;在“交地”,要注意严加防守;在“衢地”,要注意巩固与各诸侯国的联盟;在“重地”,要注意保障部队的给养;在“圮地”,要指挥部队迅速通过;在“围地”,要注意堵住缺口;在“死地”,要表示出必死的决心。士卒的心理是:被敌人包围就会坚决抵抗,迫不得已就会殊死搏斗，陷入绝境就会听从指挥。

因此，不了解各诸侯国的计谋和意图，就不能与其结交；不熟悉山林、险阻、沼泽等各种地形的具体特点，就不能行军作战；不用向导，就不能得到地形上的便利。对前述有关“九地”的种种情况一点都不了解，就不能算是强大的军队。凡是强大的军队，攻伐大国，能使其民众和部队来不及集中；威势加到敌人的头上，能使其盟国不敢配合和策应。所以，没有必要争着与诸侯们结交，没有必要在别的诸侯国中培养自己的势力。要相信自己的力量和智慧，把兵威压到敌人的头上，就能攻拔其城邑、摧毁其国都。施行超出惯例的奖赏，颁布打破常规的法令，指挥三军将士就像指使一个人一样。向部下布置任务，却不告诉他们其中的意图；只告诉他们有利的条件，却不告诉他们不利的条件。将部队投于绝地，才能使部队得以保全；将部队陷于死地，才能使部队得以生存。这是因为，军队只有陷于危亡境地，才能转败为胜。所以，用兵打仗，关键在于谨慎地观察敌人的意图，然后集中兵力，攻其一点，千里奔袭而擒杀其将领。这就是所谓的巧于用兵而能完成作战任务。

所以，当决定对敌作战时，要封锁各处关卡，废除通行凭证，不准敌国使者往来，而在庙堂之上反复谋划，以求做出战略决策。一旦敌人有隙可乘，务必迅速乘虚而入。要首先夺取敌人的战略要地，却不轻易地与敌约期决战。要既遵照计划，又因敌制变，灵活地决定作战行动。开始要像处女那样沉静，敌人一旦放松戒备，就要像逃脱的野兔那样迅速地出击，使敌人措手不及、无法抵抗。

火攻第十二

孙子曰：凡火攻有五：一曰火人，二曰火积，三曰火辎，四曰火库，五曰火队[1]。行火必有因，烟火必素具。发火有时，起火有日。时者，天之燥也。日者，月在箕、壁、翼、轸[2]也。凡此四宿者，风起之日也。

凡火攻，必因五火之变而应之[3]。火发于内，则早应之于外。火发而其兵静者，待而勿攻，极其火力，可从则从之，不可从则止。火可发于外，无待于内，以时发之。火发上风，无攻下风。昼风久，夜风止。凡军必知五火之变，以数[4]守之。故以火佐攻者明，以水佐攻者强。水可以绝，不可以夺。

夫战胜攻取而不修其功[5]者凶，命曰费留[6]。故曰：明主虑之，良将修之。非利不动，非得不用，非危不战。主不可以怒而兴师，将不可以愠[7]而致战。合于利而动，不合于利而止。怒可以复喜，愠可以复说[8]，亡国不可以复存，死者不可以复生。故明主慎之，良将警之，此安国全军之道也。

【注释】

[1]火队：一说，“队”同“隧”，通“路”，故“火队”即焚烧敌之运输设施，如车船、桥梁、栈道等。贾林注：“烧绝粮道及转运也。”一说，指焚烧敌军队伍。杜牧注：“焚其行伍，因乱而击之。”一说，“队”指攻城的冲锋队或地道，具体可参看《墨子·备城门》。这里权取第一说。

[2]箕、壁、翼、轸：古代二十八宿中四座星宿的名称。古代天文学家认为，当月亮运行经过这四座星宿的时候，就会起风。

[3]凡火攻，必因五火之变而应之：此句简本无。

[4]数：指前述月亮运行经过箕、壁、翼、轸时的准确日期。

[5]不修其功：一说，指不能巩固胜利成果。一说，指不能及时论功行赏以巩固胜利成果。一说，指不能建立“战胜攻取”的功业。一说，指“战胜攻取”之后不能适可而止。四说有接近处，有不同处。这里取第一说。

[6]费留：指耗费钱财、淹留不归。一说，指白费的意思。曹操注：

"若水之留(流),不复还也。"

[7]愠:音 yùn,怨愤、恼怒。

[8]说:同"悦"。

【译文】

孙子说:火攻有五种方式:一是焚烧敌军人马,二是焚烧敌军储备,三是焚烧敌军辎重,四是焚烧敌军仓库,五是焚烧敌军运输设施。实施火攻必须具备一定的条件,放火的器材必须平时备好。发动火攻还要看天时,纵火要选准日期。所谓天时,是指气候干燥的季节。所谓日期,是指月亮运行经过箕、壁、翼、轸四星宿位置的时候。因为凡是月亮行经这四个星宿的时候,就是有风的日子。

凡用火攻,还必须根据上述五种火攻形式的变化而调动兵力进行策应。若是从敌军内部放火,就要事先派兵从外部策应。火已烧起,而敌军依然镇静,这时就要等待一下,不可立即发动进攻;待火势烧得猛烈时,再根据情况采取行动:可以进攻就进攻,不可以进攻就不要进攻。火攻也可以从敌军外部发动,但这样就不必等待内应,只要抓住适当的时机放火就行了。火攻要从上风发起,但不要从下风进攻。一般说,白天风刮得时间长,而夜间风容易停住。军队必须懂得五种火攻方式的变化,并能灵活地加以运用。以火辅助进攻效果显著,以水辅助进攻威力强大。但是,水只能将敌人隔绝开来,却不能彻底击败敌人。

战胜攻取而不能巩固胜利成果的,叫作"费留",其结果是很危险的。所以,明智的君主会慎重地考虑这个问题,优秀的将帅会严肃地对待这个问题。没有利处不要行动,没有获胜把握不要用兵,不到危急关头不要轻易开战。国君不可因一时的恼怒而兴兵,将帅不可因一时的怨恨而交战。符合我方的利益就行动,不符合我方的利益就停止。这是因为,恼怒可以再变得欢喜,怨恨可以再变得高兴;而灭亡的国家不可能再存在,人死了不可能再活过来。所以,明智的君主对战争一定要慎重,优秀的将帅对战争一定要警惕,这是安定国家和保全军队的根本原则。

用间第十三

孙子曰：凡兴师十万，出征千里，百姓之费，公家之奉[1]，日费千金；内外骚动，怠[2]于道路，不得操事者，七十万家[3]。相守数年，以争一日之胜，而爱爵禄百金，不知敌之情者，不仁之至也，非人之将也，非主之佐也，非胜之主也。故明君贤将，所以动而胜人，成功出于众者，先知也。先知者，不可取于鬼神，不可象于事[4]，不可验于度[5]，必取于人，知敌之情者也。

故用间有五：有因间，有内间，有反间，有死间，有生间。五间俱起，莫知其道，是谓神纪[6]，人君之宝也。因间者，因其乡人而用之。内间者，因其官人而用之。反间者，因其敌间而用之。死间者，为诳事于外，令吾间知之，而传于敌间也。生间者，反报也。故三军之事，莫亲于间，赏莫厚于间，事莫密于间。非圣智不能用间，非仁义不能使间，非微妙不能得间之实。微哉，微哉！无所不用间也。间事未发而先闻者，间与所告者皆死。

凡军之所欲击，城之所欲攻，人之所欲杀，必先知其守将、左右、谒者[7]、门者[8]、舍人[9]之姓名，令吾间必索知之。必索敌间之来间我者，因而利之，导而舍之，故反间可得而用也。因是而知之，故乡间、内间可得而使也。因是而知之，故死间为诳事，可使告敌[10]。因是而知之，故生间可使如期。五间之事，主必知之，知之必在于反间，故反间不可不厚也。

昔殷[11]之兴也，伊挚[12]在夏[13]；周之兴也，吕牙[14]在殷。

故明君贤将,能以上智为间者,必成大功。此兵之要,三军所恃而动也。

【注释】

[1]奉:同“俸”,指战争费用。

[2]怠:疲惫、懈怠。

[3]不得操事者,七十万家:据说,按古代井田制规定,八家为一个生产单位,一家有人应征,其余七家都要供给其费用,故兴师十万,就会使七十万家不能正常安排农事。这里是用以形容战争对正常农事影响之大。曹操注:“古者八家为邻,一家从军,七家奉之。言十万之师举,不事耕稼者七十万家。”

[4]不可象于事:一般认为,此句的意思是:不可以相似的事物进行类比,“象”指比较、类比、比拟。李零先生认为,此句的意思是:不可依靠象数占筮,“象事”指易筮的“象数之学”,并引《易·系辞下》“吉事有祥,象事知器,占事知来”为证。这里取后说。

[5]不可验于度:不可靠观察日月星辰运行的位置来验证。度,日月星辰在天空中运行的度数(位置)。

[6]神纪:神妙莫测的办法。纪,办法、原则、法度。

[7]谒者:负责传达情况的官员。

[8]门者:负责守门的官员。

[9]舍人:主将的门客、幕僚。

[10]可使告敌:底本作“主必曰敌”,今依简本改。

[11]殷:公元前17世纪商汤灭夏后建立的奴隶制国家,都亳(今河南商丘北),史称商。后来,商王盘庚迁都到殷(今河南安阳小屯),所以商亦称殷。

[12]伊挚:伊尹。本为夏桀大臣,后归商汤,商汤用他为相,遂灭夏桀。

[13]夏:夏朝,禹之子启建立,我国历史上第一个奴隶制国家,传十七世至夏桀而亡。

[14]吕牙:周之开国功臣姜尚,又名吕尚、姜子牙,俗称姜太公。本殷纣王之臣,后被周武王用为“师”,遂助周灭商。

【译文】

孙子说:凡是动用十万兵力,千里征战,百姓的费用,公室的开支,每天要花费千金,而且举国动荡不安,民夫要疲惫地在途中奔走,不能正常从事耕作生产的能达到七十万家。与敌人相持数年,目的是争一日之胜,却又吝啬爵禄和金钱,不肯重用间谍,以致对敌人的情况一无所知,实在是最不仁慈的了。这种人既不配做军队的统帅,也不配做国君的助手,更不会成为胜利的主宰者。英明的国君和贤能的将帅,所以能出兵就克敌制胜,功业超出众人,在于他们能事先掌握敌情。要事先掌握敌情,不能靠求神问鬼,不能靠占卜算卦,不能靠察看天象,必须求之于人,即从了解敌情的人那里去获得情报。

使用间谍有五种形式,即“因间”“内间”“反间”“死间”“生间”。这五种用间形式同时运作起来,没有人能知道其中的奥妙,这就是所谓的“神法”,它是国君制胜的法宝。所谓“因间”,是指利用敌方的当地人充当间谍。所谓“内间”,是指利用敌方的官员充当间谍。所谓“反间”,是指利用敌方的间谍充当我方的间谍。所谓“死间”,是指故意制造并散布假情报,让我方间谍知道,然后由我方间谍传给敌间,敌人一旦上当受骗,真情败露,间谍将难免一死。所谓“生间”,就是间谍能活着回来报告敌情。所以,在军中的所有事务中,论与主帅关系的亲密程度没有超过间谍的,论奖赏的丰厚程度没有超过间谍的,论事情的秘密程度没有超过间谍的。不是贤圣睿智的人不能使用间谍,不是仁厚义气的人不能指使间谍,不是精细巧妙的人不能得到间谍的真实情报。微妙啊,微妙啊,简直时时处处都可以使用间谍!用间的事还没有开始行动,秘密却已经泄露,间谍和知情的人都要被处死。

凡是军队要对敌人进行打击,或者要夺取其城邑,或者要杀掉其有关人员,必须首先了解对方的将领、左右亲信、负责传达信息的官员、守门官吏和门客幕僚的姓名,务必令我方间谍把这些情况打探清楚。必须查出敌方派来侦察我方情况的间谍，并加以收买，再对其进行诱导，然后放他回去，这样他就成为反间而为我所用了。通过反间掌握了敌情，因而乡间、内间也就同时可以利用起来了。通过反间掌握了敌情，因而死间传播的假情报就可以让他去告诉敌人。通过反间掌握了敌情，因而就可以使生间按预定时间返回来报告敌情。关于如何使用五种间谍的事情，国君必须熟悉，而其中的关键在于如何使用反间，所以对反间不可不给予优厚的待遇。

从前殷商所以能兴起，是由于伊挚曾经长期在夏桀那里；周朝所以能兴起，是由于吕牙曾经长期在殷纣王那里。所以，明智的国君和贤能的将帅，凡能用最有智慧的人做间谍的，必定能成就大功业。这是用兵方面最为关键最为重要的事情，全军上下都要依靠他们提供的情报来决定如何行动。

吴　子

[周]吴　起　撰

刘　庆　注译

《吴子》是中国古代著名兵书,《武经七书》之一,被历代兵学家奉为与《孙子兵法》并提的兵学经典,史称“孙吴兵法”。

吴起(? —前 381 年),战国时卫国左氏(今山东定陶西)人,早年在鲁国为将,后来又到魏国当了将军,守卫西河地区,与诸侯国军队大小战数十次,屡屡获胜,拓土千里。魏武侯在位时,吴起受奸臣攻讦,被迫投奔楚国。楚悼王任命他为令尹,主持变法,他使楚国很快富强起来,南平百越,北拒三晋,西伐秦国,战功卓著。可惜楚悼王一死,反对变法的旧贵族就起来反对吴起,将他乱箭射死。

吴起在兵学上造诣很深。反映其思想的《吴子》一书早在战国时即已流传。《汉书·艺文志》著录“《吴起》四十八篇”,后多佚失。《隋书·经籍志》《新唐书·艺文志》均载一卷。《宋史·艺文志》著录有《吴子》二卷、三卷。今有《续古逸丛书》影宋《武经七书》本、明清刊本多种传世,但仅存《图国》《料敌》《治兵》《论将》《应变》《励士》六篇,近五千字。清代以来,有学者提出《吴子》系西汉中叶或六朝时人伪托,理由是该书“辞义浅屑”,并有青龙、白虎、朱雀、玄武等名目。经考察,这些论据均不能成立。目前学术界普遍的看法是:今本《吴子》虽然很可能没有包括《史记》《汉书》中所著录的《吴起兵法》(或称《吴起》)的全部内容,仅是其中的部分内容,但基本上反映了战国时期的战争特点与吴起的兵学思想。

今本《吴子》对战争的起因和战争的分类皆有论述,并指出战争分两类：禁暴救乱的正义之战“举顺天人”，得到人民拥护；行不合道、举不合义的非正义之战，即使能暂时得利，也终将遭到失败。它把政治和军事紧密结合在一起，主张“内修文德，外治武备”，以“道、义、礼、仁”治理军队和民众，使其内部和睦安定，一致对外。它强调“安国家之道，先戒为宝”，主张对战争要慎重，不可穷兵黩武。在治兵方面，它主张“以治为胜”“教戒为先”，认为兵不在多寡，但要组建起一支军纪良好、上下团结、勇于冲锋陷阵的军队，就要循序渐进地进行军事训练、精心护养军马装备、重赏有功将士，并要抚恤慰问牺牲将士的家属，以固结军心，使之乐死乐战。在作战指导上，它强调避实击虚、因情用兵，根据敌人不同的政治、经济、军事、地理、民情采取不同的作战方针和具体战法。它还具体阐述了击强、击众、谷战、水战、围城等特殊战法。这些思想深刻地总结了战国前期丰富的军事斗争经验，深化并发展了古代军事理论，对当时和后世都有深刻的影响。

本书以《续古逸丛书》影宋本《武经七书·吴子》为底本，并参校其他各本而成。

卷上

图国第一

吴起儒服以兵机见魏文侯[1]。文侯曰:“寡人不好军旅之事。”起曰:“臣以见[2]占隐,以往察来,主君何言与心违?今君四时使斩离皮革,掩以朱漆,画以丹青,烁以犀象。冬日衣之则不温,夏日衣之则不凉。为长戟[3]二丈四尺,短戟一丈二尺。革车奄户[4],缦轮笼毂[5],观之于目则不丽,乘之以田则不轻,不识主君安用此也!若以备进战退守,而不求能用者,譬犹伏鸡之搏狸,乳犬之犯虎,虽有斗心,随之死矣。昔承桑氏[6]之君,修德废武,以灭其国。有扈氏[7]之君,恃众好勇,以丧其社稷[8]。明主鉴兹,必内修文德,外治武备。故当敌而不进,无逮于义矣;僵尸而哀之,无逮于仁矣。”

于是文侯身自布席,夫人捧觞[9],醮[10]吴起于庙,立为大将,守西河[11]。与诸侯大战七十六,全胜六十四,余则钧[12]解。辟土四面,拓地千里,皆起之功也。

吴子曰:“昔之图国家者,必先教百姓而亲万民。有四不和:不和于国,不可以出军;不和于军,不可以出陈[13];不和于陈,不可以进战;不和于战,不可以决胜。是以有道之主,将用其民,先和而造大事。不敢信其私谋,必告于祖庙,启于元龟[14],参之天时,吉乃后举。民知君之爱其命,惜其死,若此之至,而与之临难，则士以尽死为荣，退生为辱矣。”

吴子曰：“夫道者，所以反本复始。义者，所以行事立功。谋者，所以违害就利。要者，所以保业守成。若行不合道，举不合义，而处大居贵，患必及之。是以圣人绥之以道，理之以义，动之以礼，抚之以仁。此四德者，修之则兴，废之则衰。故成汤讨桀而夏民喜悦，周武伐纣而殷人不非。举顺天人，故能然矣。”

吴子曰：“凡制国治军，必教之以礼，励之以义，使有耻也。夫人有耻，在大足以战，在小足以守矣。然战胜易，守胜难。故曰：天下战国，五胜者祸，四胜者弊，三胜者霸，二胜者王，一胜者帝。是以数胜得天下者稀，以亡者众。”

吴子曰：“凡兵之所起者有五：一曰争名，二曰争利，三曰积恶[15]，四曰内乱，五曰因饥。其名又有五：一曰义兵，二曰强兵，三曰刚兵，四曰暴兵，五曰逆兵。禁暴救乱曰义，恃众以伐曰强，因怒兴师曰刚，弃礼贪利曰暴，国乱人疲、举事动众曰逆。五者之数，各有其道，义必以礼服，强必以谦服，刚必以辞服，暴必以诈服，逆必以权服。”

武侯[16]问曰：“愿闻治兵、料人[17]、固国之道。”

起对曰：“古之明王，必谨君臣之礼，饰上下之仪，安集吏民，顺俗而教，简募良材，以备不虞。昔齐桓[18]募士五万，以霸诸侯；晋文[19]召为前行四万，以获其志；秦缪[20]置陷陈三万，以服邻敌。故强国之君，必料其民。民有胆勇气力者，聚为一卒；乐以进战效力，以显其忠勇者，聚为一卒；能逾高超远、轻足善走者，聚为一卒；王臣失位而欲见功于上者，聚为一卒；弃城去守，欲除其丑者，聚为一卒。此五者，军之练锐也。有此三千人，内出可以决围，外入可以屠城矣。”

武侯问曰：“愿闻陈必定、守必固、战必胜之道。”

起对曰：“立见且可，岂直闻乎！君能使贤者居上，不肖者处下，则陈已定矣；民安其田宅，亲其有司，则守已固矣；百姓皆是吾君而非邻国，则战已胜矣。”

武侯尝谋事，群臣莫能及，罢朝而有喜色。起进曰：“昔楚庄王[21]尝谋事，群臣莫能及，退朝而有忧色。申公[22]问曰：‘君有忧色，何也？’曰：‘寡人闻之，世不绝圣，国不乏贤，能得其师者王，得其友者霸。今寡人不才，而群臣莫及者，楚国其殆矣。’此楚庄王之所忧，而君说[23]之，臣窃惧矣。”于是武侯有惭色。

【注释】

[1]魏文侯：战国时期魏国的建立者。姓姬，名斯，公元前445年至公元前396年在位。

[2]见：同“现”。

[3]戟：先秦时期盛行的一种戈、矛相结合的兵器。

[4]革车：古代用以装载辎重和当作军垒屯守的一种重型军车。此处泛指战车。奄：覆盖。户：古时同“护”。

[5]缦轮：缺乏纹彩的车轮。笼毂：用皮革包裹车轮中间的圆木。

[6]承桑氏：传说中神农时代的一个部落。

[7]有扈氏：传说中夏禹时代的一个部落。

[8]社稷：土神和谷神，古时用作国家的代称。

[9]觞：盛有酒的爵（古代的盛酒具）。

[10]醮：主人向客人敬酒，客人无须回敬。

[11]西河：通常认为在今陕西东部，黄河西岸地区。

[12]钧：同“均”。

[13]陈：同“阵”，下同。

[14]元龟：大龟。古时出兵打仗前，常先以龟甲占卜吉凶。

[15]积恶：底本作“积德恶”，“德”当是衍文，依宋施子美《武经七书讲义》（以下简称为《讲义》）删。

[16]武侯：魏文侯之子魏击，公元前395年至公元前370年在位。

[17]料人：料民，清查户口。

[18]齐桓:齐桓公,齐国国君,姓姜,名小白,春秋五霸之一。

[19]晋文:晋文公,晋国国君,姓姬,名重耳,春秋五霸之一。

[20]秦缪:秦穆公,秦国国君,姓嬴,名任好,春秋五霸之一。

[21]楚庄王:春秋时楚国国君,姓芈,名旅,春秋五霸之一。

[22]申公:《武经七书汇解》(以下简称为《汇解》)认为是楚国大夫申叔时。

[23]说:同“悦”。

【译文】

吴起身着儒生服装,为了陈述用兵谋略,进见魏文侯。魏文侯说:“我不喜欢治军用兵的事。”吴起说:“我从表面现象推测内心的想法,从过去察看未来,主君您为什么要言不由衷呢?现在您一年到头派人宰杀兽畜,剥皮制革,涂上红漆,绘以油彩,烙上犀牛和大象的图案。冬天穿上它不保暖,夏天穿上它不凉爽。制造的长戟长二丈四尺,短戟长一丈二尺。又用皮革把战车蒙护起来,车轮不加装饰,车轴用皮革包裹,这看在眼里并不显得雍容华贵,乘坐它去打猎也不轻便快捷,不知主君您将用来干什么!如果说用来准备进攻或防御,但又不寻求善于使用它的人,这就好比孵雏的母鸡去和野猫搏斗,吃奶的小狗去进犯老虎,虽然有拼斗的决心,随之而来的却必然是死亡。从前承桑氏的君主只讲文德而废弛武备,因而导致亡国;有扈氏的君主仗着人多势众,恃勇好战,结果使社稷沦丧。贤明的君主有鉴于此,必须对内修明文德,对外做好战争准备。所以说,面对敌人而不能进战,这谈不上是义;看着阵亡将士的尸体而悲伤,也说不上是仁。”

于是魏文侯亲自设席,由夫人捧酒,在祖庙宴请吴起,任命他为大将,主持西河防务。后来吴起与各诸侯国大战七十六次,全胜六十四次,其余十二次不分胜负。魏国四面开辟疆土,获得土地上千里,这都是吴起的功劳。

吴起说:“以往谋求治理国家的人,必须先教诲贵族并且亲近民众。有四种不协调的情形[需要注意]:国内意志不统一,不可以出兵;军队内部不团结，不可以上阵；临战阵势不整齐，不可以进战；作战行动不协调，不可能获胜。所以，贤明的君主要想使他的民众作战，必须先搞好团结，然后进行战争。他不敢相信自己计谋的正确，必须祭告祖庙，占卜吉凶，参看天时，如果吉利才能行动，以使民众知道君主爱护他们的生命，怜惜他们的死亡。若是这样周到备至，然后率领他们奔赴战场，他们就会以尽力效死为光荣、退缩偷生为耻辱了。”

吴起说：“所谓‘道’，是用来恢复事物本原的。所谓‘义’，是用来建功立业的。所谓‘谋’，是用来避害趋利的。所谓‘要’，是用来保全基业的。如果行为不符合‘道’，举动不符合‘义’，而执掌大权，身居显贵，必定祸患临头。所以，圣人用‘道’来安抚天下，用‘义’来治理国家，用‘礼’来动员民众，用‘仁’来抚慰民众。这四项美德发扬光大则国家兴盛，抛弃废弛则国家衰亡。所以，成汤讨伐夏桀而夏朝的民众高兴，周武王讨伐殷纣而殷商的民众并不反对。这是因为他们的举措顺天理、合人心，所以才能这样。”

吴起说：“凡是管理国家、治理军队，必须用‘礼’来教化民众，用‘义’来激励人心，使民众懂得羞耻。民众有了羞耻之心，力量强大可以出战，力量弱小也足以坚守。然而取得胜利容易，巩固胜利困难。所以说，天下从事战争的国家，五战五胜的，会招来祸患；四战四胜的，将使国力凋敝；三战三胜的，可以称霸；二战二胜的，可以称王；一战而胜的，可以成就帝业。所以，靠多次战争胜利取得天下的少，亡国的却很多。”

吴起说：“战争的起因有五种：一是争名，二是争利，三是积仇，四是内乱，五是饥馑。所发动的战争又有五种：一是义兵，二是强兵，三是刚兵，四是暴兵，五是逆兵。禁暴除乱、拯救危难的叫‘义兵’，恃仗兵将众多征伐别国的叫‘强兵’，以怨愤兴兵的叫‘刚兵’，背弃礼义、贪图小利的叫‘暴兵’，不顾国乱民疲兴师动众的叫‘逆兵’。对付这五种战争，各有不同的方法。对义兵必须以礼来折服，对强兵必须用谦让来悦服，对刚兵必须用言词来说服，对暴兵必须用计谋来制服，对逆兵必须以威力来压服。”

魏武侯问道：“我愿意听听治理军队、统计人口、巩固国家的道理。”

吴起回答说：“古代贤明的君主，一定谨守君臣间的礼法，讲求上下间的礼仪，安抚、团结官吏民众，按习俗进行教化，选募优秀人才以防不测。从前齐桓公招募五万勇士，赖以称霸诸侯；晋文公召集四万勇士作为前锋，实现了他的宏大志向；秦穆公组建了三万人的军队去冲锋陷阵，制服了邻近的敌国。所以，欲使国家强盛的君主必须普查自己的民众人口，把勇敢强壮的人编为一队，把愿意作战效力以显示其忠勇的人编为一队，把能攀高跳远、身轻善走的人编为一队，把因罪罢官而想立功报效的人编为一队，把曾经弃城失地而想洗刷耻辱的人编为一队。这五队都是军中精锐。有这样三千人，由城内出击可以突破敌人的包围，由城外进攻可以摧毁敌人的城邑。”

魏武侯问：“我愿意听听布阵必能稳定、守御必能坚固、作战必能胜利的道理。”

吴起回答说：“立即看到成效都可以，岂止听一听呢！主君能让有贤德的人担任重要职务，没有贤德的人处于低下地位，那么阵势就稳定了；民众安居乐业，亲近官吏，那么守御就坚固了；贵族们都拥护自己的国君而反对邻国，那么战争就胜利了。”

魏武侯曾经和群臣商议国事，大臣们的见解都不如他，他退朝以后面有喜色。吴起进谏说：“从前楚庄王曾经和群臣商议国事，群臣都不如他，他退朝后面有忧色。申公问他：‘您为什么面有忧色呢？’楚庄王说：‘我听说世上不缺少圣人，国内也不乏贤人，能够得到他们做老师，可以称王，能够得到他们做朋友，可以称霸。现在我没有才能，群臣还赶不上我，楚国真是危险了。’这种楚庄王所忧虑的事，您却感到高兴，我私下深感忧惧。”于是武侯脸上现出惭愧的神色。

料敌第二

武侯谓吴起曰：“今秦胁吾西，楚带吾南，赵冲吾北，齐临吾东，燕绝吾后，韩据吾前，六国兵四守，势甚不便，忧此奈何？”

起对曰：“夫安国家之道，先戒为宝。今君已戒，祸其远矣。臣请论六国之俗：夫齐陈重而不坚，秦陈散而自斗，楚陈整而不久，燕陈守而不走，三晋[1]陈治而不用。

“夫齐性刚，其国富，君臣骄奢而简于细民，其政宽而禄不均，一陈两心，前重后轻，故重而不坚。击此之道，必三分之，猎其左右，胁而从之，其陈可坏。秦性强，其地险，其政严，其赏罚信，其人不让，皆有斗心，故散而自战。击此之道，必先示之以利而引去之，士贪于得而离其将，乘乖猎散，设伏投机，其将可取。楚性弱，其地广，其政骚，其民疲，故整而不久。击此之道，袭乱其屯，先夺其气，轻进速退，弊而劳之，勿与战争，其军可败。燕性悫[2]，其民慎，好勇义，寡诈谋，故守而不走。击此之道，触而迫之，陵[3]而远之，驰而后之，则上疑而下惧，谨我车骑必避之路，其将可虏。三晋者，中国[4]也，其性和，其政平，其民疲于战、习[5]于兵、轻其将、薄其禄，士无死志，故治而不用。击此之道，阻陈而压之，众来则拒之，去则追之，以倦其师。此其势也。

“然则一军之中，必有虎贲[6]之士，力轻扛鼎，足轻戎马，搴旗斩将，必有能者。若此之等，选而别之，爱而贵之，是谓军命。其有工用五兵[7]，材力健疾，志在吞敌者，必加其爵列，可以决胜。厚其父母妻子，劝赏畏罚，此坚陈之士，可与持久。能审料此，可以击倍。”

武侯曰：“善！”

吴子曰：“凡料敌有不卜而与之战者八：一曰疾风大寒，早兴寤迁[8]，刊木济水，不惮艰难；二曰盛夏炎热，晏兴无间，行驱饥渴，务于取远；三曰师既淹久，粮食无有，百姓怨怒，祆祥数起，上不能止；四曰军资既竭，薪刍既寡，天多阴雨，欲掠无所；五曰徒众不多，水地不利，人马疾疫，四邻不至；六曰道远日暮，士众劳惧，倦而未食，解甲而息；七曰将薄吏轻，士卒不固，三军[9]数惊，师徒无助；八曰陈而未定，舍而未毕，行阪[10]涉险，半隐半出。诸如此者，击之勿疑。

“有不占而避之者六：一曰土地广大，人民富众；二曰上爱其下，惠施流布；三曰赏信刑察，发[11]必得时；四曰陈功居列，任贤使能；五曰师徒之众，兵甲之精；六曰四邻之助，大国之援。凡此不如敌人，避之勿疑。所谓见可而进，知难而退也。”

武侯问曰：“吾欲观敌之外以知其内，察其进以知其止，以定胜负，可得闻乎？”

起对曰：“敌人之来，荡荡无虑，旌旗烦乱，人马数顾，一可击十，必使无措。诸侯未会[12]，君臣未和，沟垒未成，禁令未施，三军匈匈[13]，欲前不能，欲去不敢，以半击倍，百战不殆。”

武侯问敌必可击之道。

起对曰：“用兵必须审敌虚实而趋其危。敌人远来新至，行列未定，可击；既食未设备，可击；奔走，可击；勤劳，可击；未得地利，可击；失时不从，可击；旌旗乱动，可击；涉长道，后行[14]未息，可击；涉水半渡，可击；险道狭路，可击；陈数移动，可击；将离士卒，可击；心怖，可击。凡若此者，选锐冲之，分兵继之，急击勿疑。”

【注释】

[1]三晋：公元前403年由晋国分裂而成的韩、赵、魏三国。此处仅指韩、赵二国。

[2]悫：音 què，朴实、忠厚。

[3]陵：同“凌”，侵犯、欺侮。

[4]中国：中原地区的诸侯国。

[5]习：鄙视、厌恶。

[6]虎贲：古代对勇士的称呼。

［7］五兵：泛指各种兵器。

［8］宿迁：夜间行军。

［9］三军：此处泛指军队。

［10］阪：山坡。

［11］发：举动。此处指处理政务。

［12］未会：底本作“大会”，今从《汇解》校改。

［13］匈匈：同“汹汹”。

［14］后行：后续部队。

【译文】

魏武侯对吴起说：“现在秦国从西面威胁着我国，楚国围绕在我国南面，赵国面对着我国北面，齐国从东面逼近我国，燕国阻绝了我国的背后，韩国据守在我国的前面，六国军队从四面包围我们，形势极为不利，我十分担忧，该怎么办呢？”

吴起回答说：“保证国家安全的办法，预有戒备至关重要。现在您已有戒备，就离祸患远了。臣下请求谈一谈六国的情况：齐国军阵庞大但不坚固，秦国阵势分散但能各自为战，楚国阵势严整但不能持久，燕国军队善守但不善于机动，韩、赵两国阵势整齐却不能投入实战。

“齐国人性情刚强，国家富裕，君臣骄横奢侈，轻视体察民情，政令松懈，俸禄不均，军阵之中人心不齐，前阵兵力强，后阵兵力弱，所以阵势庞大却不坚固。攻击这种军阵的办法，必须兵分三路，侧击其左右，并趁势正面攻击，它的阵势便可攻破。秦国人性情强悍，地形险要，政令严厉，赏罚有信，士卒作战时并不退让，都有战斗的决心，所以分散孤立时能各自为战。攻击这种阵势的方法，必须首先以利引诱，士卒们贪利而脱离将领指挥后，趁其队伍分散攻击散兵游勇，并设置伏兵，待机取胜，也能擒获他们的将领。楚国人性情柔弱，土地广阔，政令紊乱，民众疲困，其阵势整齐但不能持久。攻击这种阵势的办法，要袭扰它的驻地，挫伤它的锐气，以小股部队速战速退，让它疲惫并不断被消耗，不要与它决战，它的军队就可以被打败。燕国人性情忠厚，民众谨慎，好勇尚义，缺乏诈谋，所以善于守而不善于机动作战。攻击这种军阵的方法，是一交兵就要胁迫它，打一下便迅速远撤，奔袭它的后方，这样它的将领生疑，士卒惧怕，谨慎防备我们的车骑埋伏在他们退却的道路上，如此敌人的将领就可以俘获。韩、赵二国地处中原，人们性格温和，国家政令平稳，民众疲于战争，厌倦军事，轻视将领，鄙薄俸禄，士无决死之志，所以阵势虽然整齐但不能用于实战。攻击这种军阵的方法，必须以坚强的军阵来迫近它，众兵来攻时加以阻拒，退却时则进行追击，以疲惫它的军队。这就是六国的大概形势。

“然而在军队之中，必定有‘虎贲’勇士，气力之大足以轻松地举鼎，步履轻捷能追上战马，作战时拔除敌旗斩杀敌将，必定有具有这样能力的人。像这样一些人，拣选出来分别使用，爱惜并器重他们，这就是三军的命脉。其中善于使用各种兵器、身体强壮、动作敏捷、志在杀敌的人，一定要增加他们的爵位，这样才可以用他们来决战取胜。优待他们的父母妻子，激励他们立功受赏，警诫他们退缩受罚，使他们成为坚守军阵的战士，从而可以持久作战。能够清楚地知道这些问题，便可以打击成倍于我的敌人了。”

魏武侯说：“讲得很好。”

吴起说：“通常判断敌情，不必占卜就可以与敌人交战的情况有八种：一是在大风严寒中，昼夜行军，伐木渡河，不顾士卒艰难困苦的敌军；二是冒着盛夏炎热，不正常休息和行动，驱使士卒行军，又饥又渴，还一定要走很远路程的敌军；三是出师已久，粮食用尽，百姓怨怒，诡异的谣言时有传播，将领不能制止的敌军；四是军需物资耗尽，柴草已经很少，天气又多阴雨，无处可去掠夺的敌军；五是兵力不多，水土不服，人马疫病流行，四邻援军不至的敌军；六是长途跋涉已近傍晚，士卒疲劳惊惧，虽困倦却还没有吃东西，纷纷解甲休息的敌军；七是将领官吏缺乏威信，军心不稳，军队屡屡惊恐不安，而又孤立无援的敌军；八是阵形未定，宿营未毕，翻山越险只过了一半的敌军。遇到这类情况时，都可以毫不迟疑地发起攻击。

“不必占卜就应当避免与之交战的情况有六种：一是土地广大，人口众多富裕；二是国君将吏爱护民众和士卒，普遍施以恩惠；三是赏罚严明，施政及时；四是论功叙位，任用贤能；五是兵员众多，武器装备精良；六是有四周邻国的帮助和诸侯大国的支援。凡是在这些方面不如敌人,就毫无疑问要避免与之交战。这就是说,发觉可以获胜就应进攻,知道难以败敌就应退却。"

魏武侯问:"我想通过观察敌人外部表现来了解其内部虚实,观察他们的行动便可知道他们的企图,从而判定战争胜负,可有什么方法讲出来听听吗?"

吴起回答说:"敌人来的时候,行动散漫毫无顾忌,军旗凌乱,人马东张西望,对这样的军队可以以一击十,打得他们措手不及。诸侯没有会合,君臣间不和睦,作战工事未修好,禁令未能实施,三军哄嚷,想前进不能,想后退不敢,对这样的军队以半击倍,可以百战而遇不到危险。"

魏武侯问在什么情况下,一定可以攻击敌人。

吴起回答道:"用兵必须查明敌人的虚实而攻击他们的弱点。远来刚到,战斗队形未曾排定的,可以攻击;正在吃饭,未加戒备的,可以攻击;慌乱奔走的,可以攻击;疲劳的,可以攻击;尚未占领有利地形的,可以攻击;不遵从有利气候时机的,可以攻击;军旗紊乱的,可以攻击;长途跋涉,后续部队未得到休息的,可以攻击;渡河刚渡了一半的,可以攻击;正在通过险道隘路的,可以攻击;阵势屡屡移动的,可以攻击;将领脱离士卒的,可以攻击;军心动摇恐惧的,可以攻击。凡是遇到上述情形,选派精锐部队发起冲击,然后分别派遣后续部队投入战斗,急速攻击,不可迟疑。"

治兵第三

武侯问曰:"进兵之道何先?"

起对曰:"先明四轻[1]、二重、一信。"

曰:"何谓也?"

对曰："使地轻马，马轻车，车轻人，人轻战。明知险易[2]，则地轻马。刍秣以时，则马轻车。膏锏[3]有余，则车轻人。锋锐甲坚，则人轻战。进有重赏，退有重刑，行之以信。审能达此[4]，胜之主也。"

武侯问曰："兵何以为胜？"

起对曰："以治为胜。"

又问曰："不在众寡？"

对曰："若法令不明，赏罚不信，金[5]之不止，鼓之不进，虽有百万，何益于用？所谓治者，居则有礼，动则有威，进不可当，退不可追，前却有节，左右应麾[6]，虽绝成陈，虽散成行。与之安，与之危，其众可合而不可离，可用而不可疲。投之所往，天下莫当，名曰父子之兵。"

吴子曰："凡行军之道，无犯进止之节，无失饮食之适，无绝人马之力。此三者，所以任其上令。任其上令，则治之所由生也。若进止不度，饮食不适，马疲人倦而不解舍[7]，所以不任其上令。上令既废，以居则乱，以战则败。"

吴子曰："凡兵战之场，立尸之地。必死则生，幸生则死。其善将者，如坐漏船之中，伏烧屋之下，使智者不及谋，勇者不及怒，受敌可也。故曰，用兵之害，犹豫最大；三军之灾，生于狐疑。"

吴子曰："夫人常[8]死其所不能，败其所不便。故用兵之法，教戒为先。一人学战，教成十人；十人学战，教成百人；百人学战，教成千人；千人学战，教成万人；万人学战，教成三军。以近待远，以佚待劳，以饱待饥。圆而方之，坐而起之，行而止之，左而右之，前而后之，分而合之，结而解之。每变皆习，乃授其兵。是谓将事。"

吴子曰："教战之令，短者持矛戟，长者持弓弩，强者执旌旗，勇者持金鼓，弱者给厮养[9]，智者为谋主。乡里相比[10]，什伍[11]相保。一鼓整兵，二鼓习陈，三鼓趋食，四鼓严辨，五鼓就行。闻鼓声合，然后举旗。”

武侯问曰：“三军进止，岂有道乎？”

起对曰：“无当天灶，无当龙头。天灶者，大谷之口。龙头者，大山之端。必左青龙[12]，右白虎[13]，前朱雀[14]，后玄武[15]，招摇[16]在上，从事于下。将战之时，审候风所从来。风顺致呼而从之，风逆坚陈以待之。”

武侯问曰：“凡畜卒骑，岂有方乎？”

起对曰：“夫马，必安其处所，适其水草，节其饥饱。冬则温厩[17]，夏则凉庑。刻剔毛鬣[18]，谨落四下[19]。戢其耳目，无令惊骇。习其驰逐，闲其进止。人马相亲，然后可使。车骑之具，鞍勒衔辔，必令完坚。凡马不伤于末，必伤于始。不伤于饥，必伤于饱。日暮道远，必数上下。宁劳于人，慎无劳马。常令有余，备敌覆我。能明此者，横行天下。”

【注释】

[1]轻：便利。

[2]险易：底本作“阴阳”，今依《讲义》改。

[3]膏：油脂。锏：战车车轴上的部件。

[4]审能达此：底本作“令制远此”，今依《讲义》改。

[5]金：指钲。古时的一种金属音响器材，鸣之则部队停止行动。

[6]麾：同“挥”。

[7]解舍：解甲休息。

[8]常：底本作“当”，今依《讲义》改。

[9]厮：养马的人。养：做饭的人。

[10]比：周代最小的地方基层组织，五家为一比。

[11]什伍：古代军队编制十人为什，五人为伍。

[12]青龙:绘有龙的青色军旗,为左军使用。

[13]白虎:绘有虎的白色军旗,为右军使用。

[14]朱雀:绘有鸟的红色军旗,为前军使用。

[15]玄武:绘有龟蛇的黑色军旗,为后军使用。

[16]招摇:绘有北斗七星的黄色军旗,是中军的指挥旗。

[17]厩:底本作“烧”,今依《讲义》改。

[18]鬣:马的鬃毛。

[19]落:削去。四下:四蹄。

【译文】

魏武侯问道:“部队行军作战的方法中什么是首要的?”

吴起回答说:“先要懂得‘四轻’‘二重’‘一信’。”

魏武侯问:“这是什么意思呢?”

吴起回答说:“[‘四轻’]就是选择便于战马奔驰的地形,战马便于驾车,车便于载人,人便于战斗。熟悉地形的险易,就可以选择便于驰骋的道路。及时喂养战马,马就便于驾车。车轴部位经常有润滑油脂,车就便于载人。兵器锋利,甲胄坚固,人就便于作战。[‘二重’]就是进战有重赏,退缩有重罚。[‘一信’]就是赏罚必信。确实能做到这些,就具备了胜利的主要条件了。”

魏武侯问道:“军队靠什么夺取胜利呢?”

吴起回答说:“靠严格治军取胜。”

魏武侯又问:“不在于兵力多少吗?”

吴起回答说:“如果法令不严明,赏罚无信用,鸣金不能收兵,擂鼓不能前进,虽然有百万之众,又有什么用处呢?所谓治理好军队,就是驻守时讲纪律,行动时很威武,前进时敌人不能阻挡,撤退时敌人不能追击。前进后退有秩序,左右移动听指挥。队伍虽然被隔断,但仍能恢复阵形;将士虽然被冲散,但仍能恢复行列。将帅士卒能同安乐,共患难,这样的军队就能团结一致而不会分离,投入战斗而不会疲倦。无论把它派到哪里,任何敌人也不能抵挡,这就叫‘父子之兵’。”

吴起说："通常行军的原则，不能打乱前进和停止的节奏，不要耽误饮食的时间，不要耗尽人马的体力。这三条就是使军队服从上级命令的前提。军队服从上级命令，这是治理好军队的根本。如果前进停止毫无节奏，饮食无法适时供给，人马疲惫不能休息，军队就不能听从上级指挥。上级命令既然行不通，军队驻守时必然混乱，作战时必定失败。"

吴起说："凡是两军交锋的战场，都是流血牺牲的地方，抱必死的决心作战则有生路，侥幸贪生就会死亡。善于领兵作战的将领，要使部队如同坐在漏水的船上、伏在燃烧着的房子下面一样，使有智谋的人来不及出谋划策，勇敢的人来不及使怒发威，这样的军队就可以迎敌作战了。所以说，犹豫是用兵打仗最大的祸害，军队的灾难往往生于多疑。"

吴起说："将士常常死于缺乏作战的本领，败于不会娴熟作战的方法。所以用兵的方法，首先在于教育训练。一个人学会作战本领，可以教会十人。十个人学会，可以教会百人。一百个人学会，可以教会千人。一千个人学会，可以教会万人。一万个人学会打仗的本领，可以教会三军。以近待远，以逸待劳，以饱待饥。圆阵变方阵，坐姿变立姿，前进变停止，向左变向右，向前变向后，分散变集结，集结变分散。各种变化都熟悉了，才授以兵器。这就是所谓将领应该做的事。"

吴起说："军事训练的法则，就是身材矮小的手持矛和戟，身材高大的使用弓和弩，身强力壮的扛大旗，作战勇敢的操金鼓，体质弱的担负后勤给养，有智谋的充当谋士。把同乡同里的人编组在一起，让同什同伍的在遵守军纪方面相互作保。打一通鼓时，检查整理兵器。打二通鼓时，练习列阵。打三通鼓时，迅速吃饭。打四通鼓时，整装待发。打五通鼓时，排好队列。听到鼓声齐响，然后举旗指挥大军行动。"

魏武侯问道："军队开进和驻止，难道有什么规则吗？"

吴起回答说："不要对着'天灶'扎营，不要在'龙头'上驻兵。所谓'天灶'，就是大山的谷口。所谓'龙头'，就是大山的峰巅。[军队指挥时，]必须左军用青龙旗，右军用白虎旗，前军用朱雀旗，后军用玄武旗，中军用招摇旗在高处指挥，部队在下面闻令而动。要打仗时，观察风从哪里吹来，顺风时鼓噪呐喊乘势进攻，逆风时坚守阵势，待机破敌。"

魏武侯问道："驯养军马，有什么方法吗？"

吴起回答说："马匹必须安置在适当的处所，适时饮水喂草，饥饱要有节制。冬天马厩要温暖，夏天马棚要凉爽。要经常剪刷鬃毛，细心铲蹄钉掌。训练它熟悉各种颜色和声音，不至于惊骇不已。练习驰驱，娴熟掌握前进停止的动作，做到人马熟稔，然后才可能使用。挽马和乘马的马具，如马鞍、笼头、嚼子、缰绳，必须使其完整耐用。通常马不是伤于使用结束之时，就是伤于开始使用之时。不是伤于饥饿，就是伤于过饱。如果天色已晚，道路又很遥远，一定要乘马与步行交替进行。宁可让人疲劳，也不要让战马疲劳。要经常使战马体力有余，以防备敌军袭击我军。能明白这些道理，便可无敌于天下了。"

卷下

论将第四

吴子曰："夫总文武者，军之将也。兼刚柔[1]者，兵之事也。凡人论将，常观于勇，勇之于将，乃数分之一尔。夫勇者，必轻合[2]。轻合而不知利，未可也。故将之所慎者五：一曰理，二曰备，三曰果，四曰戒，五曰约。理者，治众如治寡。备者，出门如见敌。果者，临敌不怀生。戒者，虽克如始战。约者，法令省而不烦。受命而不辞，敌破而后言返，将之礼也。故师出之日，有死之荣，无生之辱。"

吴子曰："凡兵有四机[3]：一曰气机，二曰地机，三曰事机，四曰力机。三军之众，百万之师，张设[4]轻重，在于一人，是谓气机。路狭道险，名山大塞，十夫所守，千夫不过，是谓地机。善行间谍，轻兵往来，分散其众，使其君臣相怨，上下相咎，是谓事机。车坚管辖[5]，舟利橹楫，士习战陈，马闲[6]驰逐，是谓力机。知此四者，乃可为将。然其威、德、仁、勇，必足以率下安众，怖敌决疑。施令而下不[敢][7]犯，所在[而][8]寇不敢敌；得之国强，去之国亡：是谓良将。"

吴子曰："夫鼙鼓金铎，所以威耳；旌旗麾帜，所以威目；禁令刑罚，所以威心。耳威于声，不可不清；目威于色，不可不明；心威于刑，不可不严。三者不立，虽有其国，必败于敌。故曰：将之所麾，莫不从移；将之所指，莫不前死。”

吴子曰：“凡战之要，必先占其将而察其才。因形用权，则不劳而功举。其将愚而信人，可诈而诱；贪而忽名，可货而赂；轻变无谋，可劳而困；上富而骄，下贫而怨，可离而间；进退多疑，其众无依，可震而走；士轻其将而有归志，塞易开险，可邀而取；进道易，退道难，可来而前[9]；进道险，退道易，可薄而击；居军下湿，水无所通，霖雨数至，可灌而沈[10]；居军荒泽，草楚幽秽，风飙数至，可焚而灭；停久不移，将士懈怠，其军不备，可潜而袭。”

武侯问曰：“两军相望，不知其将，我欲相[11]之，其术如何？”

起对曰：“令贱而勇者，将轻锐以尝之。务于北[12]，无务于得，观敌之来。一坐一起[13]，其政以理，其追北佯为不及，其见利佯为不知，如此将者，名为智将，勿与战矣。若其众谨哗，旌旗烦乱，其卒自行自止，其兵或纵或横，其追北恐不及，见利恐不得，此为愚将，虽众可获。”

【注释】

[1]刚柔：此处指有勇有谋。

[2]合：合兵、交兵。

[3]机：古代弩上的发射机关。此处指事物的关键。

[4]张设：安排、掌握。

[5]管辖：车轴两旁的铁插销。

[6]闲：同“娴”。

[7]敢：底本无，今从《讲义》增补。

[8]而：底本无，今从《讲义》增补。

[9]前：同“翦”，消灭。

[10]沈：同“沉”。

[11]相：观察、了解。

[12]北：败北。

[13]一坐一起:这里是停止和前进之意。

【译文】

吴起说:“文武兼备的人,才能担任军队的将领。刚柔并用,才可以统兵作战。一般人评论将领时,往往只着眼于勇敢,其实勇敢对将领来说,只是应具备的若干条件之一而已。仅凭勇敢的将领必定会轻率与敌人交战。轻率交战而不考虑利害得失,是不行的。所以将领应当注意的有五件事:一是‘理’,二是‘备’,三是‘果’,四是‘戒’,五是‘约’。理,就是治理庞大的军队如治理人数很少的军队一样。备,就是军队一出动就如同遇见敌人一样。果,就是临战对敌时不怀有生还的念头。戒,就是虽然打败了敌人仍如同战斗刚刚开始一样。约,就是法令简明而不烦琐。接受命令就不推辞,打败敌人以后才提出班师,这是将领应遵守的规范。所以从出征那天起,便应决心光荣战死,决不忍辱偷生。”

吴起说:“用兵有四个关键:一是掌握士气,二是利用地形,三是运用谋略,四是提高战斗力。三军人马,百万大军,掌握士气的盛衰,全在于一个人,这就是掌握士气的关键。路狭道险,高山要塞,十人防守,千人难以通过,这就是利用地形的关键。善于用间,派遣小股部队活动,分散敌人兵力,使他们君臣相怨,上下责难,这就是运用谋略的关键。战车的轮轴坚固,战船的橹桨轻便,士卒熟悉阵法,战马娴于驰骋,这就是提高战斗力的关键。通晓这四个关键,才可以出任将领。然而他的威望、品德、仁爱、勇敢,一定要足以表率部下,安抚士众,威震敌人,决断疑难。发布的命令属下不敢冒犯,所到之处敌人不敢抵挡;国家得到这样的将领就强盛,失去这样的将领则危亡:这才是所说的良将。”

吴起说:“鼙鼓金铎,是通过声音刺激听觉来号令军队的;旌旗麾帜,是通过色彩刺激视觉来号令军队的;禁令刑罚,是用来统一将士军心的。耳朵通过声音来听命令,所以金鼓之声不可不清楚;眼睛通过颜色来辨识命令,所以旗帜颜色不可不鲜明;军心靠刑罚来束缚,所以刑罚不可不严厉。这三条不确立,即使有国家强大的人力物力支持,都必败无疑。所以说,将领的令旗一举,士卒没有不依令而行的;将领所指向的地方,士卒没有不拼死向前的。”

吴起说：“一般说来，作战中最重要的，是必须首先探知敌将的情况并了解他的才能。根据敌人情况，采用适当的权谋，就可以不费多大力气取得成功。敌将愚昧而轻信于人的，可以用欺骗手段来诱惑；贪图私利而不顾名誉的，可以用财物来收买；轻率改变主意而缺乏智谋的，可以用骚扰的办法使他疲困；上级富有而骄横，下级贫穷而怨恨的，可以利用矛盾来离间；进退迟疑不定，队伍无所适从的，可以用威势来吓跑；士卒轻视将领并想急于回家的，把大道堵塞，把险路让开，可以用截击的战法取胜；敌人进路平易，退路艰难，可以引诱他们前来予以消灭；敌人进路艰难，退路平坦，可以迫近予以攻击；敌人处于低洼潮湿的地方，积水无处排泄，大雨连绵，就可以灌水淹没他们；敌人处于荒芜的沼泽地，杂草丛生，经常刮狂风，就可以用火攻来消灭他们；敌人久居一地而不转移，将士懈怠，部队疏忽无备，就可以偷袭他们。”

魏武侯问道：“两军对阵，不知敌将情况，我想察知他的才能，用什么方法呢？”

吴起回答说：“命令勇敢的下级军官，带领轻兵锐卒去试攻。只许败，不准胜，以观察敌人前来的行动。[如果敌人]每次前进和停止，都指挥得有条不紊，追击败军假装追不上，看见战利品假装没看见，像这样的将领，叫作‘智将’，不要与他交战。如果敌军喧哗吵闹，军旗纷乱，士卒自由行动，兵器横七竖八，追击败兵唯恐追不上，这就是‘愚将’，敌军虽多也可以把他俘获。”

应变第五

武侯问曰：“车坚马良，将勇兵强，卒[1]遇敌人，乱而失行，则如之何?”

起对曰:“凡战之法,昼以旌旗幡麾[2]为节[3],夜以金鼓笳[4]笛为节。麾左而左,麾右而右;鼓之则进,金之则止;一吹而行,再吹而聚,不从令者诛。三军服威,士卒用命,则战无强敌,攻无坚陈矣。”

武侯问曰:“若敌众我寡,为之奈何?”

起对曰:“避之于易,邀之于阨[5]。故曰:以一击十,莫善于阨;以十击百,莫善于险;以千击万,莫善于阻。今有少卒[6]卒起,击金鸣鼓于阨路,虽有大众,莫不惊动。故曰:用众者务易,用少者务隘。”

武侯问曰:“有师甚众,既武且勇,背大险阻,右山左水,深沟高垒,守以强弩,退如山移,进如风雨,粮食又多,难与长守,[则如之何][7]?”

[起][8]对曰:“大哉问乎!非此车骑之力,圣人之谋也。能备千乘万骑,兼之徒步,分为五军,各军一衢。夫五军五衢,敌人必惑,莫之所加。敌人若坚守以固其兵,急行间谍以观其虑。彼听吾说,解之而去。不听吾说,斩使焚书,分为五战。战胜勿追,不胜疾归。如是佯北,安行疾斗,一结[9]其前,一绝其后,两军衔枚[10],或左或右,而袭其处。五军交至,必有其力,此击强之道也。”

武侯问曰:“敌近而薄我,欲去无路,我众甚惧,为之奈何?”

[起][11]对曰:“为此之术,若我众彼寡,各分而乘之;彼众我寡,以方[12]从之,从之无息,虽众可服。”

武侯问曰:“若遇敌于谿谷之间,傍多险阻,彼众我寡,为之奈何?”

起对曰:“诸丘陵、林谷、深山、大泽,疾行亟去,勿得从容。若高山深谷,卒然相遇,必先鼓噪而乘之,进弓与弩,且射且虏[13]，审察其政，乱则击之勿疑。”

武侯问曰：“左右高山，地甚狭迫，卒遇敌人，击之不敢，去之不得，为之奈何？”

起对曰：“此谓谷战，虽众不用。募吾材士与敌相当，轻足利兵以为前行，分车列骑隐于四旁，相去数里，无见其兵，敌必坚陈，进退不敢。于是出旌列旆，行出山外营之，敌人必惧。车骑挑之，勿令得休。此谷战之法也。”

武侯问曰：“吾与敌相遇大水之泽，倾轮没辕，水薄车骑，舟楫不设，进退不得，为之奈何？”

起对曰：“此谓水战，无用车骑，且留其旁。登高四望，必得水情，知其广狭，尽其浅深，乃可为奇以胜之。敌若绝水，半渡而薄之。”

武侯问曰：“天久连雨，马陷车止，四面受敌，三军惊骇，为之奈何？”

起对曰：“凡用车者，阴湿则停，阳燥则起，贵高贱下。驰其强车，若进若止，必从其道。敌人若起，必逐其迹。”

武侯问曰：“暴寇卒来，掠吾田野，取吾牛羊，则如之何？”

起对曰：“暴寇之来，必虑其强，善守勿应。彼将暮去，其装必重，其心必恐，还退务速，必有不属[14]。追而击之，其兵可覆。”

吴子曰：“凡攻敌围城之道，城邑既破，各入其宫[15]，御[16]其禄秩，收其器物。军之所至，无刊其木、发其屋、取其粟、杀其六畜、燔其积聚，示民无残心。其有请降，许而安之。”

【注释】

[1]卒：同“猝”。

[2]幡麾：古代用来指挥军队的旗帜。

[3]节:节制。此处指号令。

[4]笳:古时用于指挥军队的一种吹奏乐器。

[5]阨:同"隘"。

[6]少卒:底本为"少年",今依《讲义》改。

[7]则如之何:底本无此句,今从《讲义》增补。

[8]起:底本无此字,今从《讲义》增补。

[9]结:此处为牵制之意。

[10]衔枚:古代行军为了让士卒保持肃静而在嘴里含有筷子状物。

[11]起:底本无此字,今从《讲义》增补。

[12]方:集合、靠拢。

[13]且射且虏:一面射箭一面俘虏敌人。《通典》作"且备且虑",指一面戒备一面考虑计谋。

[14]属:联系、统属。

[15]官:居屋。此处指官府。

[16]御:驾驭、控制。

【译文】

魏武侯问道:"战车坚固,马匹优良,将领勇敢,士卒强壮,突然遭遇敌人,乱得不成行列,怎么办?"

吴起回答说:"通常作战的方法,白天用旌旗幡麾来指挥,夜间用金鼓笳笛来指挥。指挥向左就向左,指挥向右就向右;擂鼓就前进,鸣金就停止;第一次吹笳笛队伍就前进,第二次吹笳笛队伍就集合,不服从命令者就要诛杀。三军畏服威严,士卒执行命令,打起仗来就没有强大的敌人,进攻时也没有攻不破的坚强阵势了。"

魏武侯问道:"如果敌众我寡,怎么办呢?"

吴起回答说:"在平坦的地形上避免与他们作战,在狭隘的地形上截击他们。所以说:以一击十,最好是在狭窄隘路上;以十击百,最好是在险要地形上;以千击万,最好是在阻塞地带。现在如果有少数士兵突然出现,在狭隘道路上击鼓鸣金,敌人虽然众多,莫不惊惶失措。所以说：使用众多兵力，一定要选择平坦地形；使用少数兵力，一定要选择险要地形。”

魏武侯问道：“敌人兵多势众，训练有素，作战勇敢，背靠高山，前临险要，右依山，左靠水，挖有很深的壕沟，筑有很高的壁垒，派强大的弩兵防守，后退稳如山移，前进疾如风雨，粮食又很充足，很难与他们长期相持，怎么办呢？”

吴起回答说：“您提的问题很大呀！这不能单凭车骑的力量，而要靠圣人的计谋才能取胜。若能准备战车千辆、骑兵万人，加上相应的步兵，编为五支军队，每支军队为一路。五支军队分成五路行动，敌军必然疑惑，不知我们将攻击其什么地方。敌人如果坚守阵势，稳定他们的部队，便应立即派出使者去了解他们的意图。若敌人听从我们劝说，我们即撤兵退回。若敌人不听劝告，杀我使者，烧我书信，就军分五路与敌交战。打胜了不追击，打败了迅速撤回。像这样假装败退，要行动稳妥，作战迅速，以一支军队从正面牵制，一支军队截抄后路，两支军队隐蔽行动，从左右两侧袭击敌人据守的地方。五军合力，必然形成有利态势，这就是攻击强敌的方法。”

魏武侯问道：“敌军逼近我，想撤退又没有路，军心非常恐惧，怎么办呢？”

吴起回答说：“对付这种情况的方法是：如果我众敌寡，就分兵包围他们；如果敌众我寡，就集中兵力进攻他们，不断进行袭扰，敌军虽多也可以制服。”

魏武侯问道：“如果与敌军在溪谷之地遭遇，两旁地势险峻，而且敌众我寡，怎么办呢？”

吴起回答说：“遇到丘陵、森林、谷地、深山、大泽等不利地形，必须迅速通过，不要显得从容不迫。如果在高山深谷间突然与敌人相遇，必须先擂鼓呐喊，乘势攻击敌人，派弓弩手向前推进，一面射箭一面俘虏敌人，观察敌人的阵容是否混乱，如果慌乱惊恐，就毫不迟疑地发起攻击。”

魏武侯问道：“左右都是高山，地形十分狭窄，突然遭遇敌人，既不敢进攻，又不能退走，怎么办呢？”

吴起回答说:“这叫‘谷战’,兵力虽多却无法施展。我们应当挑选精兵锐卒与敌对抗,以轻捷善走的士卒手持锐利兵器为前队,把战车、骑兵分别隐蔽在四周,相距数里,不要暴露自己的兵力,敌人必然固守阵势,不敢前进,也不敢后退。这时我们便亮出排列整齐的军旗,走出山外安营扎寨,敌人一定惧怕。再用车兵、骑兵向敌人挑战,使其不得休息。这就是谷战的战法。”

魏武侯问道:“我军在大湖沼泽之地与敌人相遇,车轮倾陷,车辕被淹没,大水逼近车兵、骑兵,又没有准备船只,进退两难,怎么办?”

吴起回答说:“这叫水战,车兵、骑兵无法使用,暂且留在湖沼的旁边。登高四面观察,一定要掌握水的情况,知道水域宽窄,查清水的深浅,于是就能出奇制胜。敌军如果渡水,就乘其渡了一半时攻击他们。”

魏武侯问道:“阴雨连绵,车马陷入泥坑不能行动,四面被敌人所威胁,三军惊恐不已,怎么办呢?”

吴起回答说:“凡是使用战车,阴雨泥泞就停下来,天晴地干就行动,选择高处,避开低洼。让坚固的战车驰行,无论前进还是停止,都必须顺着道路。敌人如果行动,一定要沿着他们的车迹追逐。”

魏武侯问道:“强暴的敌人突然来袭,掠夺我的庄稼,抢劫我的牛羊,怎么办呢?”

吴起回答说:“强暴的敌人来犯,必须考虑到他们很强大,应好好防守,不与其交战。天黑时敌人将退却,其行装必定沉重,军心必然惶恐,只想尽快撤走,将士一定会不相统属。这时进行追击,就可以歼灭他们。”

吴起说:“通常攻敌围城的办法,就是城邑攻破后,军队分别进驻敌国官府,控制他们的官吏和贵族,收缴器皿和财物。但军队到达之处,应规定不准砍伐树木、毁坏房屋、抢劫粮食、宰杀牲畜、焚烧储存物资,以表明对民众没有残暴之心。他们中间有请求投降的,应当准许并予以安抚。”

励士第六

武侯问曰:“严刑明赏,足以胜乎?”

起对曰:“严明之事,臣不能悉。虽然,非所恃也。夫发号布令而人乐闻,兴师动众而人乐战,交兵接刃而人乐死:此三者,人主之所恃也。”

武侯曰:“致之奈何?”

对曰:“君举有功而进飨[1]之,无功而励之。”

于是武侯设坐庙廷,为三行飨士大夫[2]。上功坐前行,肴[3]席兼重器、上牢[4]。次功坐中行,肴席器差减。无功坐后行,肴席无重器。飨毕而出,又颁赐有功者父母妻子于庙门外,亦以功为差。有死事之家,岁遣[5]使者劳赐其父母,著不忘于心。

行之三年,秦人兴师,临于西河。魏士闻之,不待吏令,介胄而奋击之者以万数。

武侯召吴起而谓曰:“子前日之教行矣。”

起对曰:“臣闻人有短长,气有盛衰。君试发无功者五万人,臣请率以当之。脱其不胜,取笑于诸侯,失权于天下矣。今使一死贼,伏于旷野,千人追之,莫不枭[6]视狼顾。何者?忌其暴起而害己[7]。是以一人投命,足惧千夫。今臣以五万之众而为一死贼,率以讨之,固难敌矣。”

于是武侯从之,兼车五百乘,骑三千匹,而破秦五十万众,此励士之功也。

先战一日，吴起令三军曰："诸吏士当从受敌[8]。车、骑与徒，若车不得车，骑不得骑，徒不得徒，虽破军皆无功[9]。"故战之日，其令不烦而威震天下。

【注释】

[1]飨：宴请。

[2]士大夫：指当时的将士。

[3]肴：荤菜。

[4]上牢：太牢，古时祭祀或宴席上整只的牛、羊、猪三牲。

[5]遣：底本作"被"，今从《汇解》改。

[6]枭：猫头鹰。

[7]己：底本作"已"，疑误，今改作"己"。

[8]敌：底本作"驰"，今从《讲义》改。

[9]功：底本作"易"，今从《讲义》改。

【译文】

魏武侯问道："严刑明赏，就足以打胜仗吗？"

吴起回答说："严刑明赏的事情，我不能详尽地说明。虽然它很重要，但不能完全依靠它。发号施令而人们乐意听从，出兵打仗而军队乐意作战，两军交锋而将士乐意效死：这三条才是君主可以依靠的。"

魏武侯问道："怎样才能做到这三条呢？"

吴起回答说："君主选拔有功人员，宴请他们，对没有立功的人进行激励。"

魏武侯便在祖庙设宴，分三排座位宴请将士。立上等功绩的坐在前排，上荤菜，用贵重器皿，并且牛、羊、猪三牲齐全。立次等功绩的坐在中排，荤菜和器皿较为差些。没有功绩的坐后排，也上荤菜，却无贵重器皿。宴会结束后，魏武侯又在庙门外赏赐有功将士的父母妻子，也按功绩大小有所区别。对阵亡将士的家庭，每年都派人慰问、赏赐他们的父母，表明没忘记他们。

这样过了三年，秦人出兵逼近魏国的西河地区，魏国的士卒听到这一消息，不等官吏下令，就有上万人自动披甲戴盔奋起抗敌。

魏武侯召见吴起，对他说："您以前的指教，如今已见到成效了。"

吴起回答说："我听说人才能有长短，士气有盛衰。君主试派五万名没有立过战功的人，由我率领去抵抗秦军。[当然，]如不能打胜，就会被诸侯取笑，在天下人面前丧失威信。譬如，一个亡命徒隐伏在旷野里，上千人追捕他，没有一个人不瞻前顾后。为什么呢？因为怕他突然出来伤害自己。所以，一人拼命，足以使上千人恐惧。现在，我使五万人都像亡命之徒一样，率领他们去征讨敌人，敌人当然就很难抵挡了。"

魏武侯采纳了吴起的意见，加派了五百辆战车、三千匹战马，打败了五十万秦国大军，这就是激励士气的功效。

作战的前一天，吴起号令三军说："众将士都要跟我去迎击敌军。无论车兵、骑兵还是步兵，如果车兵不缴获敌人的战车，骑兵不擒获敌人的骑兵，步兵不俘获敌人的步兵，虽然打败敌人也不算立功。"所以，作战那天，他发布的命令不多，却能威名震动天下。

司马法

旧题[周]司马穰苴　撰
黄朴民　注译

《司马法》是我国古代的一部重要兵书。司马迁曾经指出："自古王者而有《司马法》，穰苴能申明之。"但这类兵书到战国时已多有散佚。现在我们所能见到的《司马法》一书，大约编成于战国时期。

据《史记·司马穰苴列传》记载："齐威王使大夫追论古者《司马兵法》而附穰苴于其中，因号曰《司马穰苴兵法》。"这可以看成是《司马法》一书在形式上辑次成书的一个具体标志。据考证，《司马法》的基本内容大致由三个部分组成：第一，古代王者的《司马兵法》，即西周时期供武官学习或遵循的法典性兵学著作，这是全书的主体。第二，春秋时期齐国的著名军事家司马穰苴的兵学观点以及他对古代王者《司马兵法》的诠释诸内容。第三，战国中期齐威王统治时的稷下大夫们在追论古《司马兵法》之时，根据战国时期新的战争特点而加入的一些兵家语言。从这个意义上讲，我们认为《司马法》是一部以古为主、综述古今的混合型兵书。

《司马法》在汉代刘歆《七略》中入于兵家类，在班固《汉书·艺文志》中则著录于《六艺略·礼部》，共计一百五十五篇，名为《军礼司马法》。《隋书·经籍志》以下，各代史书的《经籍志》《艺文志》和公私目录书均将其列入子部兵家类。其书历代散佚严重，到北宋时仅存残本五篇，这就是我们今天所见到的今本《司马法》。大略而言，《仁本》《天子之义》较多地反映了春秋中期以前的军事思想，而《定爵》《严位》《用众》较多地体现了战国军事思想的时代特征。此外,还有一定数量的《司马法》佚文,散见于《文选》注、《通典》和《太平御览》等典籍中。

《司马法》一书的内容非常丰富,其重要军事学术价值,集中体现在三个方面:第一,它是我国现存兵书中,反映殷商、西周、春秋以前军事思想、作战方式、军事制度实际情况最为充分的兵学典籍,堪称“早期战争观念及其特征的历史缩影”“上古军制与战术的渊薮”,从而为我们把握中国古代战争史、军事思想史的嬗递轨迹提供了线索。如“逐奔不过百步,纵绥不过三舍”“军旅以舒为主……徒不趋,车不驰,逐奔不逾列”等记载,就使我们看到了三代战争的某些基本原则和作战要领。第二,它提出了一系列具有超越时空意义的重要命题,如“以战止战,虽战可也”“故国虽大,好战必亡;天下虽安,忘战必危”等,都接触到对待战争的根本态度问题,是战争观认识上的理性升华,受到后人的普遍推崇。第三,《司马法》及其佚文所记载的大量军礼、军制、军令方面的内容,为我们研究先秦史,尤其是先秦军事史提供了弥足珍贵的文献资料。

今据《续古逸丛书》影宋本《武经七书》对《司马法》全书进行逐录、注释和翻译,底本的明显错讹衍脱处,则据《武经七书汇解》《武经七书讲义》《武经七书直解》(以下分别简称《汇解》《讲义》《直解》)等书校改,不再出注。

卷上

仁本第一

古者以仁为本，以义治之之谓正[1]，正不获意则权[2]。权出于战，不出于中人[3]。是故杀人安人，杀之可也；攻其国，爱其民，攻之可也；以战止战，虽战可也。故仁见亲，义见说，智见恃，勇见方，信见信。内得爱焉，所以守也；外得威焉，所以战也。

战道，不违时[4]，不历民病[5]，所以爱吾民也；不加丧，不因凶[6]，所以爱夫其民也；冬夏不兴师，所以兼爱民也。故国虽大，好战必亡；天下虽安，忘战必危。天下既平，天子大恺[7]，春蒐秋狝[8]，诸侯春振旅，秋治兵，所以不忘战也。

古者，逐奔[9]不过百步，纵绥[10]不过三舍[11]，是以明其礼也；不穷不能而哀怜伤病，是以明其仁也；成列而鼓[12]，是以明其信也；争义不争利，是以明其义也；又能舍服[13]，是以明其勇也；知终知始，是以明其智也。六德以时合教，以为民纪之道也，自古之政也。

先王之治，顺天之道，设地之宜，官民之德，而正名治物[14]，立国辨职[15]，以爵分禄，诸侯说怀，海外来服，狱弭而兵寝，圣德之治也。

其次，贤王制礼乐法度，乃作五刑[16]，兴甲兵以讨不义，巡狩省方[17]，会诸侯，考不同。其有失命乱常、背德逆天之时，而危有功之君，遍告于诸侯，彰明有罪。乃告于皇天上帝日月星辰[18]，祷于后土四海神祇山川冢社[19]，乃造于先王[20]。然后冢宰[21]征师于诸侯曰："某国为不道，征之。以某年月日师至于某国，会天子正刑。"冢宰与百官布令于军曰："入罪人之地，无暴神祇，无行田猎，无毁土功，无燔墙屋，无伐林木，无取六畜、禾黍、器械。见其老幼，奉归勿伤；虽遇壮者，不校勿敌[22]；敌若伤之，医药归之。"既诛有罪，王及诸侯修正其国，举贤立明，正复厥职[23]。

王霸[24]之所以治诸侯者六：以土地形诸侯[25]，以政令平诸侯，以礼信亲诸侯，以材力说诸侯，以谋人维诸侯，以兵革服诸侯。同患同利以合诸侯，比小事大[26]以和诸侯。

会之以发禁者九：凭弱犯寡则眚之[27]，贼贤害民则伐之，暴内陵外则坛之[28]，野荒民散则削之，负固不服则侵之，贼杀其亲则正之[29]，放弑其君则残之，犯令陵政则杜之[30]，外内乱、禽兽行则灭之。

【注释】

[1]正：正当的手段、正常的途径。

[2]权：权变，特殊的方法和手段。

[3]中人：中，中和；人，古通"仁"，仁慈、仁爱的意思。

[4]不违时：不违背农时。

[5]不历民病：不让民众遭受苦难。历，经历、遭受；病，痛苦、苦难。

[6]不加丧，不因凶：不乘敌国国君新死或敌国遭受水旱凶灾的机会前去攻打。

[7]恺：同"凯"，古代庆祝胜利的军乐。这里指凯旋祝捷。

[8]春蒐秋狝：春蒐，春天围猎；秋狝，秋天打猎。在夏商周时代，这是训练军队的主要方式。

[9]逐奔：追击败退之敌。

[10]纵绥:追击主动退却之敌。纵,通“踵”,追蹑的意思;绥,不战而退谓之绥。

[11]三舍:九十里。古代行军一舍为三十里。

[12]成列而鼓:待敌人部署就绪后再发动进攻。《左传·僖公二十二年》载宋襄公言:“寡人虽亡国之余,不鼓不成列。”鼓,古代作战,击鼓进兵,鸣金收兵。

[13]舍服:赦免投降之敌。舍,古通“赦”。

[14]正名治物:意谓设官分职,各司其事。

[15]立国辨职:立国,分封诸侯的意思;辨职,区分职权范围的意思。

[16]五刑:指古代墨(刺面)、劓(割鼻)、刖(挖去膝盖骨或砍足)、宫(阉割去势)、大辟(斩首)等五种刑罚。

[17]巡狩省方:指天子巡视各诸侯国了解情况。

[18]皇天上帝日月星辰:此处泛指天上的一切神灵。

[19]后土四海神祇山川冢社:此处泛指地上的一切神灵。祇,音 qí,原作“祗”,误。

[20]造于先王:赴祖庙卜求先王的旨意,并祈求祖先们的保佑。

[21]冢宰:周代官名,为百官之长,相当于后世的宰相。

[22]不校勿敌:凡不作抵抗者不以为敌。校,同“较”,较量、抵抗。

[23]正复厥职:整顿恢复其各级机构、官职的意思。

[24]王霸:王,这里指天子;霸,同“伯”,诸侯之长,如春秋时期的齐桓公、晋文公等人。

[25]以土地形诸侯:通过分封土地控制诸侯。形,即“型”,规范、控制的意思。

[26]比小事大:亲近小国,侍奉大国。

[27]凭弱犯寡则眚之:意谓凡以强凌弱、以大侵小的诸侯,当受到削弱限制的惩罚。凭,欺凌的意思;眚,减省、削弱的意思。

[28]坛之:坛,同“墠”,清除空地。这里是废逐其君、另立贤明的意思。

[29]正之:绳之以法。《周礼·夏官·大司马》郑玄注:“正之者,执

而治其罪。”

［30］杜之：封锁、孤立的意思。

【译文】

古时候，人们以仁爱为根本，用合乎情理的方法治理国家，这是正常的途径。用正常的方法达不到目的，那么就采取特殊的手段。特殊的手段表现为战争，而不是表现为中和与仁爱。因此，如果杀掉坏人而使好人得到安宁，那么杀人是可以的；如果进攻别国是出于爱护该国民众的目的，那么进攻是可以的；如果用战争来制止战争，那么从事战争也是可以的。所以要施仁爱以获得人们的亲近，行正义以获得人们的悦服，凭智慧来赢得人们的钦仰，靠勇敢以争取人们的效法，用诚信以博取人们的信任。这样，对内就能得到民众的爱戴，从而可以守土卫国；对外就能保持强大的威慑力，从而可以战胜敌人。

用兵的原则是：不要违背农时，不要让民众遭受苦难，这样做是为了爱护自己的民众；不乘敌人国丧时前去进攻，也不趁敌国发生灾害时起兵征伐，这样做是为了爱护敌国的民众；在严寒的冬季和酷热的夏季不兴师出征，这样做是为了爱护敌我双方的民众。所以，国家虽然强大，好战就必定灭亡；天下虽然太平，忘战则必有危险。即使天下已经太平，天子已经大胜凯旋，但仍然要在每年春秋两季进行田猎以演习军事，各国诸侯也要在春天整顿军队，在秋天训练部队，这样做是为了让人们不忘战备。

古代作战，追逐败退的敌人不超过百步，追击主动退却的敌人不超过九十里，这是为了表明礼让的精神；不过分逼迫丧失战斗力的敌人，同时哀怜敌方的伤病人员，这是为了表明仁慈的原则；等待敌人布阵就绪再发动攻击，这是为了表明诚信的态度；恪守大义而不追逐小利，这是为了表明崇高的正义；赦免已经降服的敌人，这是为了表明真正的勇敢；洞察掌握战争的起因和结局，这是为了表明超人的智慧。根据以上六德按时开展综合教育，作为民众行动的规范准则，这是自古以来的为政之道。

从前的圣王治理天下，能顺应自然的规律，因地制宜，任用民众中有德行的人担任官职，并确定官职名分，以治理各项事务，分封诸侯，区分其职权，按照爵位的高低给数额不等的俸禄。这样，诸侯就都心悦诚服，海外的方国也就倾心归附，讼狱停止，兵革不起，这乃是最完美的圣王之治。

次圣王一等的政治是这样的：贤王制定礼乐法度来管教人民，设置五等刑罚来惩治罪犯，动用军队来讨伐不义。贤王亲自巡视诸侯各国领地，访察地方，会合诸侯考核其政治得失。如发现诸侯国君中有违抗命令、破坏纪律、违反道德、逆天行事、嫉功害贤的人，便通告于各国诸侯，公布他的罪状。并且上告于皇天上帝日月星辰，祈祷于后土四海等地上神灵，诉述于宗庙祖先。然后，由冢宰向各诸侯国发布征调军队的命令："某诸侯国暴虐无道，现在决定出兵征讨它。各诸侯国的军队应于某年某月某日抵达某地，随同天子对犯罪的诸侯明正典刑。"然后，冢宰又与百官向全军宣布命令："大军进入罪犯辖境后，不许亵渎神灵，不许举行围猎，不许破坏建筑，不许焚烧房舍，不许砍伐林木，不许擅取牲畜、粮食和器具。见到老幼者要护送回家，不得伤害；即使遇到青壮年，只要他们不进行抵抗，就不以敌人对待；对受伤的敌人，应给予医药治疗，然后将他们释放回去。"在惩治了罪犯后，贤王和诸侯还要帮助整顿那个国家，选用贤能，册立明君，调整恢复其各级官职。

王霸统辖管理诸侯的方法有六种：通过分土裂疆的途径来控制诸侯；依靠政策法令来约束诸侯；凭借礼义诚信使诸侯亲近自己；借助任贤使能而让诸侯悦服自己；重用深谋远虑之人以维系诸侯；依赖强大的军事力量慑服诸侯。总之，要与众诸侯们共患同利、合为一体，大国亲近小国，小国侍奉大国，做到和睦相处。

会合诸侯颁布以下九条禁令：凡是恃强欺弱以众凌寡的，就限制削弱他；虐杀贤良残害民众的，就用兵讨伐他；对内暴虐对外侵凌的，就坚决废除他；使田野荒芜民众逃散的，就削贬其君的爵位；仗恃险固不服从王命的，就出兵打击他；残杀骨肉至亲的，就坚决惩罚他；驱逐或弑杀国君的，就严厉处置他；违抗命令、凌侮王政的，就孤立制裁他；内外淫乱，行同禽兽的，就彻底诛灭他。

天子之义第二

天子之义[1]，必纯取法天地而观于先圣。士庶[2]之义，必奉于父母而正于君长。故虽有明君，士不先教，不可用也。

古之教民，必立贵贱之伦经[3]，使不相陵。德义不相逾，材技不相掩，勇力不相犯，故力同而意和也。古者，国容不入军，军容不入国[4]，故德义不相逾。上贵不伐[5]之士。不伐之士，上之器也。苟不伐则无求，无求则不争。国中之听，必得其情；军旅之听，必得其宜，故材技不相掩。从命为士上赏，犯命为士上戮，故勇力不相犯。既致教其民，然后谨选而使之。事极修，则百官给[6]矣；教极省，则民兴良矣；习惯成，则民体俗矣。教化之至也。

古者，逐奔不远，纵绥不及。不远则难诱，不及则难陷。以礼为固，以仁为胜。既胜之后，其教可复，是以君子贵之也。

有虞氏[7]戒于国中，欲民体其命也；夏后氏[8]誓于军中，欲民先成其虑也；殷[9]誓于军门之外，欲民先意以行事也；周[10]将交刃[11]而誓之，以致民志也。

夏后氏正其德也，未用兵之刃，故其兵不杂；殷义也，始用兵之刃矣；周力也，尽用兵之刃矣。

夏赏于朝，贵善也；殷戮于市，威不善也；周赏于朝，戮于市，劝[12]君子惧小人也。三王彰其德一也。

兵不杂则不利。长兵以卫，短兵以守。太长则难犯[13]，太短则不及；太轻则锐[14]，锐则易乱[15]；太重则钝，钝则不济。

戎车[16]，夏后氏曰钩车，先正[17]也；殷曰寅车，先疾也；周曰元戎，先良也。旂，夏后氏玄，首人之势[18]也；殷白，天之义也；周黄，地之道也。章[19]，夏后氏以日月，尚明也；殷以虎，尚威也；周以龙，尚文也。

师多务威则民诎[20]，少威则民不胜[21]。上使民不得其义，百姓不得其叙[22]，技用不得其利，牛马不得其任，有司[23]陵之，此谓多威。多威则民诎。上不尊德而任诈慝[24]，不尊道而任勇力，不贵用命而贵犯命，不贵善行而贵暴行，陵之有司，此谓少威。少威则民不胜。

军旅以舒为主[25]，舒则民力足。虽交兵致刃，徒不趋[26]，车不驰，逐奔不逾列，是以不乱。军旅之固，不失行列之政，不绝人马之力，迟速不过诫命[27]。

古者，国容不入军，军容不入国。军容入国，则民德废；国容入军，则民德弱。故在国言文而语温，在朝恭以逊，修己以待人，不召不至，不问不言，难进易退[28]。在军抗而立，在行遂[29]而果，介者[30]不拜，兵车不式[31]，城上不趋，危事不齿[32]。故礼与法，表里也；文与武，左右也。

古者贤王，明民之德，尽民之善，故无废德，无简民[33]，赏无所生，罚无所试。有虞氏不赏不罚而民可用，至德[34]也。夏赏而不罚，至教也。殷罚而不赏，至威也。周以赏罚，德衰也。赏不逾时，欲民速得为善之利也；罚不迁列[35]，欲民速睹为不善之害也。大捷不赏，上下皆不伐善。上苟不伐善，则不骄矣；下苟不伐善，必亡等[36]矣。上下不伐善若此，让之至也。大败不诛，上下皆以不善在己。上苟以不善在己，必悔其过；下苟以不善在己，必远其罪。上下分恶若此，让之至矣。

古者戍军，三年不兴[37]，睹民之劳也。上下相报若此，和之至也。得意则恺歌，示喜也。偃伯[38]灵台[39]，答民之劳，示休[40]也。

【注释】

[1]天子之义：天子的正确行为准则。义，这里是适宜、得当的意思。《礼记·中庸》："义者，宜也。"

[2]士庶：士，古代最底层的贵族。庶，庶人、庶民。此处士、庶合称，泛指民众。

[3]伦经：人伦道德的规范、准则。经，原则。

[4]国容不入军，军容不入国：朝廷的礼仪法度不能用于军队，军队的规章制度也不能用于朝廷。按，这是《司马法》治军思想中最基本的原则。

[5]伐：夸耀，自我标榜的意思。

[6]给：满足、充分。此处引申为恪尽职守。

[7]有虞氏：传说中的古部落名，其领袖即受尧禅让的虞舜，相传都于蒲坂(今山西永济西南)。

[8]夏后氏：古部落名，其领袖为大禹。约公元前21世纪，禹子启废除禅让制，自立为王，建立起我国历史上第一个王朝——夏，都安邑(今山西运城东北)，传至夏桀时为商汤所灭。

[9]殷：朝代名，即商朝，因盘庚迁都于殷(今河南安阳一带)，故亦称为殷，帝辛(纣)时为周人所灭。

[10]周：朝代名，周武王伐纣灭商后所建立的强盛王朝，都于镐京(今陕西西安一带)。公元前771年，周平王迁都于雒邑(今河南洛阳)。故周朝又分为西周、东周。

[11]交刃：兵刃相交，意即战场交锋厮杀。

[12]劝：勉励、鼓励。

[13]犯：使用。《孙子·九地》："犯三军之众，若使一人。"曹操注："犯，用也。"

[14]锐：细小。《左传·昭公十六年》："不亦锐乎？"杜预注："细小

也。”此处引申为脆弱。

[15]乱:不治。此处可理解为毁折。

[16]戎车:兵车。春秋以前,战车是作战的主力。

[17]先正:以正为先,意即注重行驶平稳。

[18]首人之势:象征手执黑色须发的人头。

[19]章:徽章,肩上的标记叫徽,胸前和后背的标记叫章,用来标明士卒所隶属的部伍及其在阵中的行列和位置。

[20]诎:同“屈”,压抑的意思。

[21]少威则民不胜:意谓缺乏威信,无法指挥士卒去战胜敌人。

[22]百姓不得其叙:不能恰当安排官吏的职位。百姓,即金文中的“百生”,指百官。《诗·小雅·天保》:“群黎百姓,遍为尔德。”

[23]有司:官吏。古代设官分职,事务有专司,故称“有司”。

[24]慝:音 tè,邪恶。

[25]以舒为主:舒,徐缓、从容不迫。这里指进攻的速度宜徐缓,这正是早期方阵作战的特点。春秋战国之际,这种战法渐趋没落,故孙子说:“兵之情主速。”

[26]趋:小步急走。此处意谓奔跑。

[27]诫命:上级的指示、命令。

[28]难进易退:《汇解》:“难进者,三揖而进也;易退者,一辞而退也。”意谓朝见时礼节隆重,告退时礼节简单。

[29]遂:前进。这里可理解为行动。

[30]介者:身着铠甲的人。

[31]式:古人立而乘车,低头抚式(车前扶手横木),以表示敬意。

[32]危事不齿:指在危急情况下,老幼少长都应挺身而出。齿,年龄。

[33]简民:傲慢不羁之人。简,怠慢、倨傲。

[34]至德:最高尚的道德。至,极、最的意思。

[35]罚不迁列:指就地执法处置。

[36]等:等同。此处是攀比、计较的意思。

[37]兴:发动。此处是征发、征调的意思。

[38]偃伯:指停止争霸战争。偃,止息;伯,同“霸”。

[39]灵台:周文王所建之台名。这里是指与普天下民众共庆同乐。

[40]休:休养生息,恢复和发展经济,开创和平康乐局面。

【译文】

天子正确的行为准则,必须是纯正地取法天地,并垂鉴古代圣王的法度。士民正确的行为准则,必须是敬奉父母的教诲,并遵循君上的规诫和指导。所以,即使世上有贤明的君主,但假如对士民不先进行教育和训练,也是无法使用的。

古代教育民众,必定是先制定贵贱上下的伦常规范,以确保贵贱尊卑之间不相侵凌。做到:德和义两者互不逾越,有才技的人不致被埋没,孔武刚强的人不敢违犯命令。这样,大家就会力往一处使,心往一处想了。古时候,朝廷的礼仪法度不用于军队,军队的规章制度也不用于朝廷,所以德和义两者就不会互相逾越了。君主敬重任用不自我夸耀的人,因为不自我夸耀的人,正是君主所需的宝贵人才。很显然,如果一个人能做到不自我夸炫,就表明他本身没有奢求,而没有奢求就肯定不会争名夺利。朝廷大事如听取他们的意见,就一定能掌握真实情况;军队事务如听取他们的意见,就一定能妥善处理好各种问题。这样,有才技的人就不致被埋没了。以服从命令为军人的最高奖赏,以违抗命令为军人的最高惩罚,做到这一点,那么有勇力的人就不敢违犯命令了。在对民众进行了这些教育之后,再慎重地选拔、任用他们。如将各项事务都处理妥善、适宜,那么各级官吏也就恪尽职责了;教育内容简明易学,那么民众就会翕然好学,积极向上;习惯一经养成后,那么民众就会依照习俗行事。这就是教育的最佳效果。

古代作战,追击败溃的敌人不过远,追逐主动退却的敌人不逼近。不过远就不易为敌人所诱骗,不逼近就不易陷入敌人的埋伏。以礼制为规范,军队就能得到巩固;以仁爱为宗旨,就能够战胜敌人。战争取得胜利之后,对民众的教化就可以推行。因此,贤德之君十分重视这种方法。

虞舜时代在国都中举行誓师，这是想让民众理解和支持君主的决定；夏代在军中举行誓师仪式，这是想让部队上下事先在思想上有所准备；殷商时期在军门外举行誓师，这是想让部队事先了解作战意图以便展开行动；周代在两军交锋前夕举行誓师，这是为了激励士卒的战斗意志。

夏代的君主依靠仁德匡正天下，未曾使用武力，所以当时的兵器种类并不复杂；殷商用义取得天下，开始使用武力；周代凭借武力夺取天下，于是就使用各种各样的兵器。

夏代在朝堂上行施奖赏，这是为了鼓励好人；商代在集市上行施诛戮，这是为了震慑坏人；周代在朝堂上行施奖赏，在集市上行施杀戮，这是为了劝勉君子，警惧小人。三王鼓励人们改恶从善的精神实质是完全一致的。

兵器不掺杂使用就没有威力。长兵器是用来掩护短兵器的，而短兵器则是用来逼近格斗抵御的。兵器过长则不便使用，太短就打击不到敌人；太轻就脆弱，脆弱就容易折断；太厚重就不锋利，不锋利就派不上用场。

兵车，在夏代称作"钩车"，注重行驶的平稳；在殷代称作"寅车"，注重行动的迅疾；在周代称作"元戎"，注重结构的精良。旗帜，夏代用黑色，取其像手持人头那样的威武；殷代用白色，取其像天穹那样的洁白；周代用黄色，取其像大地那样的深厚。徽章，夏代以日月为标志，表示光明；殷代以猛虎为标志，象征威武；周代以蛟龙为标志，体现文采。

治军过于威严，士气就会受到压抑；反之，如果缺乏威信，就难以指挥士卒克敌制胜。君主使用民力不得当，任用官吏不适当，有技能的人士无法发挥作用，牛马等物资不能合理使用，主管者又盛气凌人强迫人们服从，这就叫作"过于威严"。过于威严，士气就会受到压抑。君主不敬重有德行之人而信任奸邪之徒，不尊道敬义而任意恃勇逞强，不推重服从命令而默许违抗命令，不赞许善行而放任残暴行径，这必然导致坏人侵凌主管官吏，这叫作"缺乏威信"。缺乏威信，那就不能约束和指挥士卒去战胜敌人。

军队行动，注重的是从容不迫，从容不迫就能保持战斗力旺盛。即便是在战场交锋厮杀之际，也要做到步兵不奔跑，兵车不疾驰，追击敌人不逾越行列，这样才不至于扰乱战斗队形。军队的强大和稳固，在于不打乱行列的部署，不用竭人员、马匹的力量，行动的快慢节奏不超出上级的指令要求。

古代，朝廷的礼仪法度不应用于军队，军队的规章制度也不应用于朝廷。如果把军队的规章制度应用于朝廷，那么民众的礼让风气就会废弛；反之，如果将朝廷的礼仪法度应用于军队，那么部队的士气就会涣散削弱。所以，在朝廷上，要言词文雅，语气温和，在朝廷做事应是恭敬谦逊，严于律己，宽以待人。君主不召见就不来，不问话就不发言。入朝晋见时礼节隆重，下朝辞退时礼节简单。而在军队中则要做到昂首直立，在战阵上要做到行动果断，穿着铠甲时遇尊者无须跪拜，身乘兵车时见上级不必行礼，在城上值更时用不着小步急走以示恭敬，遇有危险时都可挺身而出而无须讲究长幼尊卑。所以说，礼和法两者互为表里；文与武如同人的左右手，不可偏废。

古代圣明贤德的君主，总是彰显民众的美德，鼓励民众的善行，所以没有败坏道德的事情，也没有不遵守法度的刁民，奖赏用不着推行，惩罚也无须实施。虞舜时代既不用赏也不施罚，民众却都能乐于为君主所用，这是最高尚的德治。夏代用赏而不行罚，这乃是最美妙的教化。商代仅仅施罚而不用赏，这乃是最强大的威严。周代赏罚一并使用，这表明在当时道德已经走向衰微。行赏不要逾时，这是为了使民众迅速得到做好事的利益；施罚要就地执行，这是为了使民众立即看到做坏事的害处。大胜之后不颁发奖赏，这样上下各级就都不会夸耀战功了。如果君主不夸功，也就不会骄傲；如果官兵不夸功，也就不会相互攀比。上上下下不矜夸争功，像这样可谓是谦让到了极致。打了大败仗后不行诛戮，这样上下各级就都会把过失往自己的身上揽。君主如果认为过失在自己身上，必定痛加悔过，改正错误；下属如果认为过失在自己身上，必定下决心不再犯类似错误。上下像这样勇于承担错误，也称得上是最好的谦让风气了。

古代对于戍守边防的士兵，（服役一年后）三年之内不再征调，这是看到了他们的辛苦。上下之间这样的互相体恤和爱护，就是最和睦的表现。打了胜仗就高奏凯歌，这是表达喜庆。结束战争后高筑灵台，慰劳民众，这是表示休养生息从此开始。

卷中

定爵第三

凡战，定爵位，著功罪，收游士[1]，申教诏，询厥众[2]，求厥技，方虑极物[3]，变嫌推疑，养力索巧，因心之动。

凡战，固众相[4]利，治乱进止[5]，服正成耻，约法省罚，小罪乃杀[6]，小罪胜，大罪因[7]。

顺天，阜财[8]，怿[9]众，利地，右兵[10]，是谓五虑。顺天奉时，阜财因敌，怿众勉若[11]，利地守隘险阻，右兵弓矢御、殳矛守、戈戟助。凡五兵[12]五当，长以卫短，短以救长。迭战则久，皆战则强。见物与侔[13]，是谓两之[14]。

主固勉若，视敌而举。将心，心也；众心，心也。马牛车兵，佚饱，力也。教惟豫[15]，战惟节[16]。将军，身也；卒[17]，支也；伍，指拇也。

凡战，智也。斗，勇也。陈，巧也。用其所欲，行其所能，废其不欲不能，于敌反是。

凡战，有天，有财，有善。时日不迁[18]，龟胜[19]微行，是谓有天。众有有，因生美，是谓有财。人习陈利，极物以豫，是谓有善。

人勉及任，是谓乐人[20]。大军以固，多力以烦，堪物简治[21]，见物应卒，是谓行豫。轻车轻徒，弓矢固御，是谓大军。

密静多内力，是谓固陈。因是进退，是谓多力[22]。上暇人教，是谓烦陈[23]。然有以职，是谓堪物。因是辨物，是谓简治。

称众[24]，因地，因敌令陈，攻战守，进退止，前后序，车徒因[25]，是谓战参[26]。

不服、不信、不和、怠、疑、厌[27]、慑[28]、枝[29]、拄[30]、诎、顿[31]、肆、崩、缓，是谓战患。

骄骄、慑慑、吟旷[32]、虞惧、事悔，是谓毁折。

大小、坚柔、参伍[33]、众寡[34]、凡两，是谓战权。

凡战，间远[35]、观迩[36]、因时、因财、贵信、恶疑。作兵义，作事时，使人惠。见敌静，见乱暇，见危难无忘其众。居国惠以信，在军广以武，刃上[37]果以敏。居国和，在军法，刃上察。居国见好，在军见方[38]，刃上见信。

凡陈，行惟疏，战惟密，兵惟杂。人教厚，静乃治。威利章[39]，相守义，则人勉。虑多成则人服，时中服[40]厥次治。物既章[41]，目乃明。虑既定，心乃强。进退无疑[42]，见敌无谋，听诛。无诳其名[43]，无变其旗。

凡事善则长，因古则行。誓[44]作章，人乃强，灭厉祥[45]。灭厉之道，一曰义。被之以信，临之以强，成基一天下之形，人莫不说，是谓兼用其人。一曰权，成其溢[46]，夺其好，我自其外，使自其内。

一曰人，二曰正，三曰辞，四曰巧，五曰火，六曰水，七曰兵，是谓七政。荣、利、耻、死，是谓四守[47]。容色积威[48]，不过改意，凡此道也。

唯仁有亲，有仁无信，反败厥身。

人人，正正，辞辞，火火。

凡战之道，既作其气，因发其政。假之以色，道之以辞。因惧而戒，因欲而事，蹈敌制地，以职命之[49]，是谓战法。

凡人之形[50]，由众之求，试以名行[51]，必善行之。若行不行，身以将之；若行而行，因使勿忘，三乃成章[52]。人生之宜，谓之法。

凡治乱之道：一曰仁，二曰信，三曰直，四曰一，五曰义，六曰变，七曰专。

立法：一曰受，二曰法，三曰立，四曰疾，五曰御其服，六曰等其色，七曰百官宜无淫服[53]。

凡军，使法在己曰专，与下畏法曰法。军无小听[54]，战无小利，日成，行微，曰道。

凡战，正不行则事专，不服则法，不相信则一。若怠则动之，若疑则变之，若人不信上，则行其不复。自古之政也。

【注释】

[1]游士：指春秋战国时期游历各诸侯国，通过向统治者出谋献策而寻求施展才能的机会，实现自己的政治理想或追求高官厚禄的人。

[2]询厥众：询问、征求大众的意见。询，咨询；厥，其。

[3]方虑极物：方，并列，引申为多方、反复；极，穷究、深入的意思；物，事物的实质。

[4]相：视、观察。此处意谓辨别、分辨。

[5]进止：进退举止，此处引申为部队的前进或后退都要听从指挥。

[6]杀：煞住、停止。这里是制止的意思。

[7]因：因袭，伴随而至的意思。

[8]阜财：增殖财富。扬雄《法言·孝至》云："君人者，务在殷民阜财。"

[9]怿：悦服，心悦诚服的意思。

[10]右兵：重视武器装备建设和配置。右，古代以右为尊，此处可理解为注重。

[11]勉若：努力顺应，设法做到。

[12]五兵:指戈、矛、殳、戟、弓矢五种兵器,泛指各类武器装备。

[13]侔:相等、仿效的意思。

[14]两之:平衡、等齐。

[15]豫:事先准备,意谓在平时进行。

[16]节:节制、指挥。

[17]卒:先秦军队的一级编制,通常以百人为卒。

[18]时日不迁:意谓不错过适当的时机。

[19]龟胜:用龟甲占卜而获得胜利的预兆。

[20]乐人:使人们都乐于作战、效命疆场。

[21]堪物简治:意思是选擢人才管理各类事务。《汇解》:“堪物者,事物虽繁多,堪为职主者也。简治者,简用之以致治也。”简,此处是遴选、简选的意思。

[22]多力:战斗力强大,实力雄厚。

[23]烦陈:训练有素。《汇解》引《直解》:“频繁于阵,教而又教,使之熟也。”

[24]称众:衡量、对比兵力。

[25]因:相依、依靠。此处引申为协同。

[26]战参:临阵前周详进行考虑。参,参勘、检验。

[27]厌:满足、自满。意谓骄傲自大。

[28]慑:恐惧。《逸周书·太子晋解》:“吾年甚少,见子而慑,尽忘吾其度。”

[29]枝:同“支”,涣散的意思。

[30]拄:挫折、驳倒。《汉书·朱云传》:“(云)既论难,连拄五鹿君。”此处引申为互相责难、相互拆台。

[31]顿:困顿穷蹇。《孙子·谋攻》:“故兵不顿而利可全。”

[32]吟曠:指士卒叫嚷吵闹,部队乱成一团。《玉篇》:“曠,啧声。”

[33]参伍:古代作战中的战斗编组方法。二人曰比,三人曰参,五人曰伍。

[34]众寡:兵力的多与少。多为众,少为寡。

[35]间远：侦察了解远处敌情。间，伺候、刺探。《国语·鲁语下》："齐人间晋之祸，伐取朝歌。"

[36]迩：近。与"远"相对。

[37]刃上：两军对阵交锋。

[38]方：比拟。此处引申为敬重、推尊。

[39]章：通"彰"，显明、鲜明。

[40]时中服：人人心悦诚服的意思。

[41]物既章：旗帜鲜明的意思。物，旗帜。《周礼·司常》："掌九旗之物名，各有属，以待国事。"

[42]进退无疑：前进后退冒冒失失，不精详审虑。

[43]名：指金鼓。《孙子·兵势》："形名是也。"曹操注："金鼓曰名。"

[44]誓：约誓，战斗誓词。

[45]灭厉祥：消灭一切鬼魅妖魔。意谓消灭一切敌人。厉，恶鬼；祥，妖祥、妖怪。

[46]溢：满溢。此处引申为骄傲自满。

[47]四守：指荣誉、利禄、耻辱、诛戮乃是四种使人们遵法守纪的手段。

[48]容色积威：容色，和颜悦色；积威，厚威，严厉冷酷的意思。

[49]以职命之：根据将士的不同职位赋予其不同的任务。

[50]形：通"型"，指规范、准则。

[51]试以名行：通过一段时间的尝试以检验其是否名实相符。名，名称、概念；行，实际效果。

[52]三乃成章：多次反复以形成一定的规章制度。三，多次。

[53]淫服：混淆服色。淫，混乱失次、僭越。《国语·吴语》韦昭注："淫，犹僭也。"

[54]小听：细言，即今天所俗称的小道消息。

【译文】

大凡用兵打仗，首先要做到：确定军职爵位，明确赏罚规定，收用各方

游士，申明军队教令，征询民众意见，募求有技能的人才，反复思虑以摸清事情的来龙去脉，分辨是非，推究疑问，积蓄力量，索求巧计，依据民众的心愿来采取行动。

凡是作战，要做到稳固军心，明辨利害，整治混乱，申明进退原则，服膺正义，激发廉耻之心，简约法令，慎省刑罚。小罪就要加以制止，如果让小罪得逞，那么大罪恶也就会随之而来了。

要顺应天时，广殖财富，取悦民心，利用地利，重视武器装备的建设，这就是作战所必须考虑的五件事情。顺应天时，就是要巧妙利用季节气候；广殖财富，就是要善于利用敌人的资财；取悦人心，就是要顺应大众的意志；利用地形，就是要占领狭隘险要的地域；重视兵器，就是要在作战中用弓矢御敌，用殳矛守阵，戈戟等兵器配合使用，互为辅助。五种兵器有五种用途，长兵器是用来掩护短兵器的，短兵器则是用来弥补长兵器的不足的。五种兵器轮番作战可以持久，一齐使用就能发挥强大的威力。发现敌人使用新式兵器，就要仿效制造，从而同敌人保持力量的平衡。

主将既要顺应众人意志，巩固军心，又要观察敌情，随机行事。将军的心是心，士众的心也是心，应该同心协力。马、牛、战车、兵器，休整良好，供应充足，合在一起，就构成军队的战斗力。教育训练重在平时，作战打仗重在指挥。军队中，将军好比是人的躯干，卒恰似人的四肢，伍如同人的手指[，彼此间必须协调一致]。

大凡指挥作战，讲究的是智谋韬略，近敌格斗，注重的是勇敢顽强；布列阵势，推重的是巧妙灵活。要努力去实现自己的意图，同时要在力所能及的前提下行动，不要去做违背自己意图和力所不及的事情。对于敌人，则要反其道而行之。

大凡作战，应该具备“有天”“有财”“有善”诸项条件。遇上好时机不要错过，占卜到胜利的预兆就要机密行动，这就叫作“有天”。民众富足，国力充实，这就叫作“有财”。士卒训练有素，阵形优势明显，武器装备精良预有准备，这就叫作“有善”。

人人都能够勉力去完成战斗任务，这叫作“乐人”。军队强大而阵势巩固，兵员充足而训练有素，选拔各种人才以管理各类事务，洞察种种情况以应付突然事变,这叫作“预有准备”。兵车轻捷,步兵精锐,弓箭足以固守坚御,这叫作“强大的军队”。兵力集中,军心镇定,力量充实,这叫作“稳固的阵势”。在这样的情况下做到进退有序,就叫作“富有战斗力”。主将从容不迫,士卒操练娴熟,这就是训练有素。各项事务都有专人负责,这就叫作“事有所司”。在这样的基础上分辨清事情的轻重缓急,这就是简明而实用的管理。

正确衡量兵力,巧妙利用地形,根据敌情部署阵势,掌握攻、战、守的不同要领,把握进、退、止的时机,注意前后的配合和战车步兵的协同,这些都是临战时应该考虑的事情。

对上级不服从,不信任,彼此间不和睦,怠忽职守,猜疑丛生,骄傲自满,畏惧敌人,军心涣散,互相拆台,丧失斗志,疲劳困顿,肆意妄为,分崩离析,军纪松弛,所有这些,都是作战的祸患。

骄傲自大,畏葸恐惧,士卒叫嚷吵闹,部队忧虑自扰,临事不审而事后反悔,这些都是导致军队覆灭的原因。

制造声势或大或小,采用战法或刚或柔,实行编组或参或伍,投入兵力或多或少,都必须衡量利害得失而适当处置,这就是作战上的权变之道。

大凡作战,要侦察了解远方的敌情,观察近处的事态;要利用天时,凭借财力;要崇尚诚信,杜绝猜疑。兴兵要合乎正义,做事要把握时机,用人要施以恩惠。遇见敌人必须镇静,面对混乱必须从容,碰到危难不要忘掉部众。治国要广施恩惠并讲究信用,治军既要宽厚又要威严,面临战阵则要果断敏捷。治理国家务求和睦相安,管理军队务求严明法纪,临敌对阵务求明察敌情。治国要能为民众所爱戴,治军要能为士卒所敬重,临阵要能为大家所信赖。

大凡布阵,行列要疏散,接敌作战时队形要密集,兵器要掺杂配合使用。士卒训练有素,沉着冷静,就能保持阵形严整。威令鲜明准确,上下恪守信义,就能使人人奋勉杀敌。谋划屡次取得成功就能使部众信服,人们心悦诚服事情就可以逐次办妥。旗帜鲜明,部众就能够看得清楚;谋略既经确定,信心就会增强。对那些进退行动中冒冒失失,遇上敌人无谋辱师的人，要给予惩罚。不要随意乱用金鼓，不要轻易变换旗帜。

凡事属于正义事业就能够长久，遵循古法就能够顺利。战斗誓词鲜明有力，士气就会振足旺盛，从而消灭一切敌人。消灭敌人的方法，一是依靠道义，即用诚信感化敌人，用武力慑服敌人，造成一统天下的形势，使人们纷纷爱慕追随自己，这叫作“争取敌国之人为己所用”。二是利用权谋，即设法促成敌人的骄傲自满，夺取敌人的要害，用兵力从外部打击他们，并促使敌人自掘坟墓、自我毁灭。

一是广罗人才，二是遵奉正义，三是注重宣传，四是讲求技巧，五是善用火攻，六是擅长水战，七是改善兵器，这就是七项军政大事。荣誉、利禄、耻辱、死亡，这是四种约束人们遵纪守法的手段。或是和颜悦色，或是严厉冷酷，两者的目的都不过是为了让人改恶从善。所有这些都是治军的方法。

只有仁慈爱人，才能使人们亲近拥戴自己。但是如果光讲究仁爱而不注重信义，就反而会祸及自身。要做到知人任人，正己正人，审以辞令，疾恶如仇。

通常的作战原则是，既然已经激励起士气，就要跟着颁布纪律。对待士卒，要和颜悦色；教导士卒，要言辞诚恳。要针对其畏惧心理而加以告诫，利用其名利欲望而加以驱使。进入敌境后要控制住有利地形，并按照将士的职位给他们分别指派任务。这就是通常的战法。

凡是要求人们执行的规章制度，应当来源于人们的共同要求，同时要通过一段时间的试行来考察它是否名实相符，一经制定，一定要妥善地予以执行。如果应该执行而没能做到，将帅就要去身体力行；如果一切都做到了，就要让部众牢记这些准则。经过多次反复执行，就能形成制度。凡是符合人们要求的规章制度，就叫作“法”。

大凡治理纷乱的方法：一是仁爱，二是信用，三是正直，四是统一，五是道义，六是权变，七是集权。

建立法制：一要人人遵守，二要法度严明，三要不可动摇，四要雷厉风行，五要规定各级服饰制度，六要用颜色区别不同等级，七要使百官按规定着装而不得随意混淆。

治军上，凡是法令出于将帅个人好恶的，称为“专制”；主将和部众一样畏法受其约束的，才能称为“法”。在军队中不能传播小道消息，作战时不能贪图眼前利益，制定计划要能够克日成功，行动时要求做到隐蔽莫测，这些都是治军的原则。

作战中，正常的办法行不通就要采取专断手段，拒绝服从的就要绳之以法，互不信任就要统一认识，军心如果懈怠就要加以鼓舞，士卒如果心存疑虑就要设法加以改变，如果士卒不信任上级，更要使命令得到坚决贯彻而不轻易改变。所有这一切，都是自古以来治军作战的方法。

卷下

严位第四

凡战之道，位欲严，政欲栗[1]，力欲窕[2]，气欲闲，心欲一。

凡战之道，等道义，立卒伍[3]，定行列，正纵横，察名实。

立进俯，坐进跪。畏则密，危则坐。远者视之则不畏，迩者勿视则不散。位，下左右[4]，下甲[5]坐，誓徐行之，位逮徒甲，筹以轻重[6]。振马噪，徒甲畏亦密之，跪坐，坐伏[7]，则膝行而宽誓之。起，噪，鼓而进，则以铎[8]止之。衔枚[9]、誓、糗[10]、坐，膝行而推之。执戮禁顾，噪以先之。若畏太甚，则勿戮杀。示以颜色，告之以所生，循省[11]其职。

凡三军，卒[12]戒分日[13]；人禁不息，不可以分食。方[14]其疑惑，可师可服[15]。

凡战，以力久，以气胜；以固久，以危胜。本心固[16]，新气胜。以甲固，以兵胜。

凡车以密固，徒以坐固，甲以重固，兵以轻胜。

人有胜心，惟敌之视；人有畏心，惟畏之视。两心交定，两利若一[17]。两为之职[18]，惟权视之。

凡战，以轻行轻则危，以重行重则无功，以轻行重则败，以重行轻则战。故战相为轻重[19]。

舍谨甲兵，行慎行列，战谨进止。

凡战，敬则慊[20]，率[21]则服。上烦轻，上暇重。奏鼓轻，舒鼓重。服肤轻，服美重。

凡马车坚，甲兵利，轻乃重。

上同[22]无获，上专多死，上生多疑，上死不胜。

凡人，死爱，死怒，死威，死义，死利。凡战之道，教约人轻死，道约人死正。

凡战，若胜，若否[23]，若天，若人[24]。

凡战，三军之戒，无过三日；一卒之警，无过分日；一人之禁，无过瞬息。

凡大善用本，其次用末。执略守微[25]，本末[26]唯权，战也。

凡胜，三军一人，胜。

凡鼓，鼓旌旗，鼓车，鼓马，鼓徒，鼓兵，鼓首[27]，鼓足，[七]鼓兼齐。

凡战，既固勿重，重进勿尽，凡尽危。

凡战，非陈之难，使人可陈难；非使可陈难，使人可用[28]难。非知之难，行之难。

人方有性，性州异，教成俗，俗州异，道化俗。

凡众寡[29]，既胜若否。兵不告[30]利，甲不告坚，车不告固，马不告良，众不自多，未获道。

凡战，胜则与众分善。若将复战，则重赏罚。若使不胜，取过在己。复战，则誓以居前，无复先术[31]。胜否勿反，是谓正则。

凡民，以仁救，以义战，以智决，以勇斗，以信专[32]，以利劝，以功胜。故心中仁，行中义，堪物智也，堪大勇也，堪久信也。让以和，人以洽，自予以不循[33]，争贤以为人，说其心，效其力。

凡战，击其微静，避其强静；击其倦劳，避其闲窕；击其大惧，避其小惧[34]。自古之政也。

【注释】

[1]栗:通“慄”,法纪威严、令人畏惧的意思。

[2]窕:同“佻”,轻盈、敏捷的意思。

[3]立卒伍:意谓建立军队的各级编制。卒伍,先秦时期的军队编制单位。

[4]下左右:三字语焉不详,疑有错讹,但如解释为士卒在行列中的位置,似较为合理。《汇解·纂序》言:“士卒行列之位。”可资参考。

[5]下甲:屯兵的意思。《战国策·韩策》引张仪说韩王曰:“大王不事秦,秦下甲据宜阳。”注:“下甲,犹言屯兵。”

[6]筹以轻重:考虑主力和次要兵力之间的适当配置。筹,筹措的意思。

[7]跪坐、坐伏:采取由跪姿变坐姿,由坐姿变卧姿等各种姿势。

[8]铎:大铃,古代指挥部队停止行动的号令工具。

[9]衔枚:古代军队秘密行军时,让士卒口中衔枚(类似筷子的短棍),以保持肃静。

[10]糗:干粮。此处用作动词,意谓用餐。

[11]循省:尽职竭力的意思。

[12]卒:底本作“人”。据同篇下文“一卒之警,无过分日”文意,“人”当为“卒”之误,理校改之。

[13]分日:半天。何休《春秋公羊解诂·庄公四年》:“分,半也。”

[14]方:比拟。此处引申为设身处地予以理解的意思。

[15]可师可服:可以整军,可以服众。

[16]本心固:意谓士卒乐战出于本心,军队战斗力就能强大巩固。《直解》:“本心,士卒乐用之心也。能顺人之本心则可固。”

[17]两利若一:对利弊得失予以统筹考虑。

[18]职:职掌、职务。此处引申为掌握。

[19]轻重:《司马法》一书中的重要军事范畴之一,各处所指有所不同,此处是指兵力的大小对比。

[20]慊：满意。此处引申为受尊重。

[21]率：以身作则，树立表率。

[22]上同：尚同，喜欢、追求雷同一致。这里是指随声附和的意思。

[23]若否：若，或者。《左传·定公元年》："若从践土，若从宋，亦唯命。"否，失败。

[24]若天、若人：若，此处作顺从、顺应解，与《尚书·尧典》"乃命羲和，钦若昊天"之"若"同义。

[25]微：精微。此处引申为细节。

[26]本末：指根本与枝节。历代注家均认为，所谓本，就是谋略制胜；所谓末，就是攻战克敌。

[27]鼓首：《直解》解释云"使首四顾，左顾左，右顾右，前顾前，后顾后"，即为"鼓首"的含义。

[28]用：随机处置、灵活应用的意思。

[29]众寡：兵力的对比。此处引申为动用部队作战。

[30]告：求。《国语·鲁语》："国有饥馑，卿出告籴。"此处引申为讲求、注重的意思。

[31]术：方法、手段。此处指战法。

[32]专：专一。意谓专心致志、团结一致。

[33]自予以不循：意谓自己主动承担过错。

[34]避其小惧：指避免去进攻那些已经有所戒备的敌人。小惧，心理上可以承受的担忧。

【译文】

通常的作战原则是，职责要尽可能严明，号令要尽可能森严，行动要尽可能敏捷，士气要尽可能沉着，意志要尽可能统一。

通常的作战方法是，要区分人们的德才情况而授予相应的职位，建立各级编制，规定行列次序，调正纵横队列，核查名实是否相符。

立而进者必俯其身，坐而进者必跪其膝。存有畏惧心理时队形要密集，遇上危急情况时要采用坐阵。远处的敌人一经观察清楚，就不至于心怀畏惧；对近处的敌人则当视而不见，以便集中精力进行战斗。士卒在阵中的位置，应按左、右序列排列，屯兵集结时当采用坐阵，从容地下达命令，规定好每个甲士和徒卒的具体位置，并妥善兼顾各类兵器的轻重配置。如果车震马噪，士卒畏惧，亦应当使队形靠拢密集，采用跪、坐、卧等各种不同的姿势，而做将领的则应当用膝挪动前去温和地告诫士卒。如果要起身投入进攻，就高声呼喊，擂鼓前进；如果要停止行动，就鸣金铎。当衔枚、誓师、进餐之时，均采用坐阵，必须移动时，则用膝挪动。执行诛戮以严禁临阵畏葸、顾盼不前，大声命令士卒冲锋向前。但是，假如士卒畏惧太严重，就不要再行施杀戮，而应该和颜悦色地告诉他们杀敌求生的方法，促使他们各尽其职，完成任务。

大凡统辖军队，对小部队下达命令，半天以内就要执行；对个别人下达禁令，要立即执行，甚至不等吃饭就要落实。要理解部众的忧虑和困惑，从而确保部队整治、士卒服从。

通常作战，依靠力量持久，凭借士气取胜；依靠行阵坚固持久，凭借经受危险取胜。真心求战就稳固，朝气蓬勃就取胜。用盔甲防护自己，用兵器战胜敌人。

大凡车战稳固取胜在于阵形密集，步战稳固取胜在于采用坐阵，铠甲坚固在于厚重，兵器胜敌在于轻锐。

士卒具有胜敌的信心，这时就观察敌情是否作战；士卒怀有畏敌的心理，这时就了解他们畏惧的原因。把求胜之心和畏惧心理都考察清楚，通盘考虑两方面的利弊得失。而对这两方面情况的全面把握，关键在于做将帅的权衡机宜。

一般作战，用小部队对付敌人小部队会有危险，用大部队对付敌人大部队就难以成功，用小部队去对付敌人大部队就会导致失败，用大部队对付敌人小部队就可以决战。所以说，作战是双方兵力的对比和较量。

屯驻时应注意戒备严整，行军时应注意行列整齐，战场交锋时应注意进退有节。

一般作战中，将帅谨慎恭敬就能让士卒尊重，将帅以身作则就能使士卒服从。将帅急躁烦乱就会行事轻率，将帅雍容沉着就会遇事持重。鼓点急是让士卒轻捷向前，鼓点缓是让士卒徐缓前进。服装简陋则军容萎靡，服装华丽则军容壮观。

只要兵车坚固，甲胄兵器精良，那么劣势也就可以转化为优势。

将领热衷于下属随声附和，就会一事无成。将领热衷于个人专横武断，作战就必多死伤。将领一味贪生怕死，就会疑虑重重，进退失据。将领仅仅知道死打硬拼，就不能够克敌制胜。

士卒拼死效命的情况，有出于感恩戴德的，有出于一腔愤怒的，有出于受胁被逼的，有出于正义的，有出于贪图利益的。作战的规律是，有法令约束，士卒就不惧怕战死；用道义感化，士卒就会为正义而献身。

一般作战，无论胜败与否，都取决于是否顺应天时，依从民心。

作战中，对全军下达的号令，三天之内就要执行；对百人小部队下达的号令，半天之内就要执行；对个别人下达的禁令，必须立即执行。

进行战争，最佳的途径是用谋略取胜，而战胜攻取、斩将搴旗则为下策。要掌握全局，抓住细节，通过权衡比较，来决定是用谋略取胜，还是用攻战破敌。这就是驾驭战争的高明艺术。

作战的胜利，是由于全军上下团结一致如同一人的缘故。

通常的作战鼓点，有指挥旌旗的，有指挥兵车的，有指挥战马的，有指挥步兵的，有指挥兵器使用的，有指挥队形的，有指挥起坐行动的。这七种鼓点都应当规定齐全。

通常作战，兵力强大厚实就不必过于持重迟滞。但是，即便是兵力雄厚，实施进攻时也不要一次性投入全部的力量，力量用尽会带来危险。

一般作战，不是布阵困难，而是让官兵们熟习阵法困难；不是让官兵们熟习阵法困难，而是让他们真正掌握灵活运用阵法的奥秘困难。总之，不在于懂得阵法难，而在于实际运用阵法难。

不同地方的人具有不同的秉性气质，秉性气质各州自有其差异。教化可以造成一定的风俗，习俗也是各州有所不同，而道德的教化则可以改变各地的风俗习惯。

动用军队作战，打了胜仗要像未曾打胜仗一样：不骄傲，不松懈。凡是不讲求兵器锋利，不讲求盔甲坚韧，不讲求战车牢固，不讲求马匹优良，不努力扩充军队的，那就意味着没有掌握用兵的要领。

凡是作战，打了胜仗就应该同大家分享荣誉。如果还要再次进行战斗，就应该重申赏罚规定。如果作战失利，就要自己主动承担过错。再次作战时，要举行誓师激励部众，并且做到身先士卒，不重复运用先前的战法。无论胜败都不要违反这个做法，这就是正确的原则。

对待民众，应当以仁爱解救他们的危难，应当以道义激励他们去参战，应当以智慧判断他们的是非，应当以勇敢统率他们去战斗，应当以诚信使他们团结一致，要用利益勉励他们去奋战，要用功爵鼓舞他们去取胜。因此，思想要合乎仁爱，行为要合乎正义，能够以智慧判断事物的是非，能够以勇气担当大任，能够以诚信长久地赢得人心。谦让和蔼，上下关系因而融洽。把过错归于自己，把贤名让给他人，这样就能使部属心悦诚服，乐于为自己效力。

作战的一般原则是，进攻兵力弱小而故作镇静的敌人，避开兵力强大而沉着冷静的敌人；进攻疲劳困顿的敌人，避开休整良好的敌人；进攻畏惧惊恐的敌人，避开已作戒备的敌人。这是自古以来治军作战的方法。

用众第五

凡战之道，用寡固，用众治，寡利烦[1]，众利正[2]。用众进止，用寡进退。众以合寡，则远裹[3]而阙之，若分而迭击。寡以待众，若[4]众疑之，则自用之。擅利则释旗迎而反[5]之。敌若众，则相众而受裹，敌若寡若畏，则避之开之。

凡战，背风背高，右高左险，历沛[6]历圮，兼舍环龟[7]。

凡战，设[8]而观其作，视敌而举。待则循而勿鼓，待众之作。

攻则屯[9]而伺之。

凡战,众寡[10]以观其变,进退以观其固,危而观其惧,静而观其怠,动而观其疑,袭而观其治。击其疑,加其卒,致其屈,袭其规[11],因其不避,阻其图,夺其虑,乘其惧。

凡从奔勿息,敌人或止于路则虑之。

凡近敌都,必有进路;退,必有返虑。

凡战,先则弊,后则慑,息则怠,不息亦弊,息久亦反其慑。

书亲绝,是谓绝顾之虑。选良次[12]兵,是谓益人之强。弃任节食,是谓开人之意。自古之政也。

【注释】

[1]烦:多。此处指战术变化频繁、出奇制胜。

[2]正:正面交锋。

[3]远裹:实施包围的意思。

[4]若:好像、如同。

[5]反:同"返"。

[6]沛:多水草的沼泽地。《后汉书·崔骃传》:"虻蚋之趣大沛。"李贤注:"刘熙曰:沛,水草相半(伴)。"

[7]环龟:四周有险可守、中间隆高的地形。《汇解》:"环者,四围险固;龟者,四下中隆。"

[8]设:摆好阵势。

[9]屯:屯聚。此处是集中兵力的意思。

[10]众寡:兵力的多少与使用。此处是指用数量不等的部队进行试探性的进攻。

[11]袭其规:通过突然而凌厉的打击扰乱敌方的作战部署。规,正规,意谓既定的部署。

[12]次:排比、排列。此处引申为安排、准备妥当。

【译文】

大凡作战的规律是，用小部队作战，要注重营阵的巩固；用大部队作战，要讲求整治不乱。兵力寡少利于战术多变出奇制胜，兵力众多利于堂堂正正正面交战。兵力强大要能进能止，稳重如山；兵力弱小要能进能退，出没无常。用优势兵力同劣势之敌交战，就对其实施包围并虚留缺口，同时分兵轮番进行攻击。用劣势兵力对付优势之敌，则要虚张声势迷惑敌人，并用权变诡诈的战法打击敌人。如果敌人已占领有利的地形，就卷起旌旗、佯装败退，以诱敌出击，然后再予以反击。如果敌人兵力众多，就当察明情况并准备在被围条件下作战。如果敌人兵力寡少而行动谨慎，就先行避开他们，为其虚留生路，然后乘隙消灭他们。

用兵打仗，要背朝风向后靠高地，右边依托高地左边依恃险阻，遇上沼泽地带和崩陷地段宜迅速离开，选择外低内高、有险可守的地形驻屯军队。

大凡作战，要事先摆好阵势以便观察敌人的反应，并根据敌情变化，采取相应的行动。如果发现敌人已经做好战斗准备，我们就要按兵勒卒，暂不发起进攻，而等待敌人的下一步行动。如果敌人主动发起进攻，就要集结兵力寻求破敌的机会。

通常作战，应用数量不等的兵力去试探敌人，以观察其不同的反应；应用忽进忽退的行动，来观察其阵势是否稳固；通过逼近威胁的手段，观察敌人是否恐惧；通过按兵不动的方式，观察敌人是否懈怠；进行佯动，看敌人是否疑惑；进行袭击，看敌人是否整治。在敌人犹豫不决的情况下发起打击，乘敌人仓促无备的时候实施进攻，从而使敌人陷于困境。要通过袭击打乱敌人的部署，并利用敌人冒险轻进的错误，粉碎他们的企图，制止他们的计划，并乘其军心恐惧不稳之际一举加以歼灭。

凡是追击溃败的敌人，不要松懈停止。敌人如果在中途停留下来，那就要考虑他们这样做的企图究竟是什么。

凡是在迫近敌人都邑的时候，一定要预先研究好进军的路线。退却的时候，也一定要事前考虑好后撤的方案。

一般作战，过早行动会使得军队疲惫，过迟行动会使得军心畏怯，只注意休整会使军队懈怠，总不休整则会导致军队疲惫困乏，但一味休整，也反而会产生怯战心理。

要禁止所有亲友间的书信往来，这样就能断绝士卒思家的念头。选拔勇敢善战的人才，准备好精良的兵器，这样就能提高军队的战斗力。舍弃笨重的装备，少携带粮食，这样就能激发士卒死战的决心。所有这些，都是自古以来治军作战的方法。

尉缭子

[周]尉 缭 撰

徐 勇 注译

《尉缭子》是我国古代流传下来的一部著名兵书，最早见于《汉书·艺文志》，此后历代均有著录。北宋神宗元丰年间，它和《孙子》《吴子》《司马法》《六韬》《黄石公三略》《李卫公问对》一起被编入《武经七书》，成为武官必读的军事教材。

1972年，山东临沂银雀山一号汉墓出土了竹简《尉缭子》的残卷，与传本内容基本相同，这就使南宋以来流传的伪书说不攻自破。但关于该书的作者和成书时代，学术界仍有不同看法。有人据《尉缭子·天官第一》认为，尉缭是梁惠王时代的人，该书作成于战国中期的魏国；有人则据《史记·秦始皇本纪》认为，尉缭是秦始皇时代的人，该书作成于战国晚期的秦国。我们认为，所以会产生上述分歧，主要是由于过去对梁惠王的纪年记载歧异。《史记》中关于梁惠王在位五十年、卒于公元前319年的记载比较可信。梁惠王在他晚年与年轻的尉缭答对，而在秦始皇十年，年老的尉缭由大梁来到秦国则是完全可能的。今本《尉缭子》共二十四篇，前十二篇很可能是陆续写成于战国中期的魏国，后十二篇则很可能是陆续写成于战国晚期的秦国。

《尉缭子》的军事思想非常丰富，主要包括进步的战争观、重视战略决策的作用、以“权”为核心的用兵之道、灵活多变的“奇正”战术、重视选拔优秀将帅、强调对部队严格训练和管理、提倡以法治军和以少胜多的精兵思想等几个方面。

作为先秦兵书之集大成者，《尉缭子》不仅具有很高的历史地位，而且还有珍贵的史料价值。首先，该书是现存唯一的兵形势家著作，我们可以从其内容中比较具体、准确地认识这一学派著作的特点。其次，该书《天官》篇中保留的兵阴阳家若干观点以及尉缭的批驳，为我们了解战国兵家各学派之间的斗争情况，提供了有价值的线索。再次，该书记载和描述了许多重要的历史事件和历史人物，这不仅对本书写作时代的判定提供了佐证，而且使我们有机会了解到先秦军事学发展的大致轮廓，特别对《孙子》和《吴子》的研究起到了关键作用。最后，该书所保留的军制资料最为完整、翔实，许多篇通篇都是在谈论以“什伍制”为核心的军事制度问题，它们是研究战国军制不可缺少的资料来源。

《尉缭子》的版本，大致可以分为三个系统：其一是银雀山汉墓竹书残简本；其二是《群书治要》等书节录的《尉缭子》古本；其三是宋代以来流传的今本《尉缭子》，其中又分为《武经七书》本和丛书本两类。本书以《续古逸丛书》影宋本《武经七书·尉缭子》为底本，对其中缺、衍、误的字和句，根据银雀山汉墓竹书残简本、《群书治要》节录本以及其他版本进行了校勘；原书中明显的讹误之处，译者均做了改正；如遇银雀山汉墓竹书残简本缺文，尽可能依其文意试做增补，无法增补者则以“□”表示，这两种情况均用“[ ]”作为识别；因银雀山汉墓竹书残简本缺字太多而无法完整理解其原意者，仍从其他校本或底本。不妥之处，敬祈教正。

卷第一

天官第一

梁惠王[1]问尉缭子曰:“吾闻黄帝[2]有《刑德[3]》,可以百战百胜,其有之乎?”

尉缭子对曰:“不然,黄帝所谓‘刑德’者,以刑伐之,以德守之,非世之所谓《刑德》也。世之所谓《刑德》者,天官[4]、时日、阴阳、向背者也。黄帝者,人事[5]而已矣。何以言之?今有城于此,从其东西攻之不能取,从其南北攻之不能取,此四者岂不得顺时乘利者哉?然不能取者何?城高池深、兵战具备、谋而守之也。若乃城下[6]、池[7]浅、守弱,可取也。由是观之,天官、时日,不若人事也。故按《刑德》天官之陈曰:‘背水陈者为绝地,向阪陈[8]者为废军。’昔武王[9]之伐纣[10]也,背清水[11],向山之阪,以万二千人击纣之亿[12]有八万人,断纣头悬之白旗,纣岂不得天官之陈哉?然不得胜者何?人事不得也。昔楚将军子心[13]与齐人战,未合,初夜彗星出,柄在齐。柄所在胜,不可击。公子心曰:‘彗星何知!以彗斗者,固倒而胜焉。’明日与齐战,大破之。黄帝曰:‘先神先鬼,先稽己智者,谓之天官。’以是观之,人事而已矣。”

【注释】

[1]梁惠王:魏惠王。姬姓,毕氏,名罃,战国时魏国的国君,僭称王。

[2]黄帝:传说中我国远古时代的中原部落首领。他曾打败过炎帝和蚩尤,被各部落拥戴为共同首领。

[3]刑德:在各种古籍的记载中,“刑德”有不同的含义,秦汉以来许多学者也有不同的解释。班固在《汉书·艺文志》“兵阴阳家”中著录有《黄帝》十六篇,这些兵书在战国时当广为流传。从本书的具体语言环境分析,梁惠王所问的《刑德》,可能就是指这类书中的一种。

[4]天官:此处泛指所谓瞻云、望日、察气、观星等迷信之说。

[5]人事:指人的积极作用。在本书中,作者多次论证“人事而已”,可见这是贯穿于全书的基本思想。

[6]下:低矮。

[7]池:护城河。

[8]阪:山坡。陈:通“阵”,下同。

[9]武王:周武王。姓姬名发,西周王朝的建立者。

[10]纣:商纣王。姓子名辛,亦称帝辛,商代的最后一个君主。

[11]清水:源出今河南省修武县,流经卫辉市与卫河汇合后,注入黄河。

[12]亿:我国古代十万也称为亿,“亿有八万人”即十八万人,与当时纣的实际兵力接近。

[13]子心:楚国将领,春秋时人,其具体事迹无可考。

【译文】

梁惠王问尉缭子说:“我听说黄帝有名为《刑德》的兵书,依靠它可以百战百胜,有这回事吗?”

尉缭子回答说:“不是这样,黄帝的所谓‘刑德’,是一种讲用武力攻伐敌人、用政治治理国家的思想,同现在流传的《刑德》之书并不是一回事。现在所说的《刑德》一书,是讲天官、时日、阴阳、向背之类的。而黄帝所依靠的,不过是人的作用罢了。为什么这样说呢?比如现在有座城,从它的东西两面都攻不下来,从它的南北两面也都攻不下来,这四个方向难道都没有所谓顺应的时辰可以利用吗?那么为什么攻不下来呢?是因为城墙高、护城河深、武器齐备、守城将士善用计谋等缘故。如果城墙低、护城河浅、守城的力量薄弱，就可以攻下来。由此看来，讲究天官、时日那一套，不如重视人的作用。再比如按《刑德》'天官之阵'的说法：'背靠着水布阵就是把士兵置于死地，面对着山坡布阵等于白白地送掉军队。'但是从前周武王讨伐商纣王时，正是背靠着清水，面对着山坡而布阵的，结果以一万二千人击败了商纣王的十八万大军，商纣王的头也被砍下来高悬在白色之旗的杆上，难道商纣王不知道'天官之阵'吗？那么为什么不能取胜呢？人的作用没发挥好啊。又比如从前楚国大将子心与齐国人打仗，在交战的前夜，天空有彗星出现，星的柄部指向齐军。按天官的讲究，彗星柄部所指向的一方可以获胜，而另一方不应该发动进攻。但是子心不信这一套，他嘲弄说：'彗星哪有什么知觉！用扫帚与人相斗，必须把柄倒过来才能获胜。'第二天仍与齐军交战，结果大败齐军。黄帝讲：'先听信于神、鬼，不如先考察自己的智慧和能力，这就是天官。'这样看起来，所谓天官不过是指人的作用罢了。"

兵谈[1]第二

量土地肥硗[2]而立邑、建城。以城称[3]地，以地称人，以人称粟。三相称也，故退可以守固，[进可以]战胜。战胜于外，福生于内，胜、福相应，犹合符节[4]，无异故也。

治兵者，若秘于地，若邃[5]于天，生于无。故开之，大而不咷；关之，细而不欬[6]。故王者，民归之如流水，望之如日月，归之如父母。故曰：明乎禁、舍、开、塞[7]，其取天下若化。国贫者能富之，民流者亲之，地不任[8]者任之，四时不应者能应之。土广而任，则国不得无富；民众而制，则国不得无治。夫治且富之国，车不发轫[9]，甲不出橐[10]，而威服天下矣。故兵胜于朝廷，胜于丧纪[11]，胜于土功[12]，胜于市井[13]。橐甲而胜，主胜也；陈而胜，将胜也；战[而]胜，臣胜也。战再胜，当一败。十万之师出，日费千金。故百战百胜，非善之善者也；不战而胜，善之善者也。

兵起非可以忿也，见胜则兴，不见胜而止出。故患在百里之内者，不起一日之师；患在千里之内，不起一月之师；患在四海内者，不起一岁之师。战胜其国，则攻其[都；不胜其]国，不攻其都。战胜天下，[则攻其国；]不胜天下，不攻其国。故名将而无家，绝险逾垠[14]而无主，左提鼓、右摅[15]枹而[无]生焉。故临生不为死，临死不为生。得带甲十万、[战]车千乘，兵绝险逾垠。

将者，上不制于天，下不制于地，中不制于人。宽不可激而怒，清不可事以财。将之自治兆兆……

耳之生聪，目之生明。然使心狂者谁也？[曰]难得之货也；使耳聋者谁也？曰[□□□□也；使目盲]者谁也？曰[曼]泽好色也。夫心狂、耳聋、目盲，以三悖[16]率人者，难矣。

凡兵之所及者，羊肠亦胜，锯齿亦胜，缘山亦胜，入谷亦胜，方亦胜，圆亦胜，椭亦胜。兵重者如山如林，轻者如燔[17]如炮，如漏如溃，如垣[18]堵之压人，如云霓覆人。闭关辞交，而廷中之故[入]……

[上失天时，下失]地利，中失民情。夫民饥者不得食，[寒]者不得衣，劳者不得息，故举兵而加……所加兵者，令聚者不得[散，散者不得]聚；俯者不得仰，仰者不得俯；左者不[得右，右者不]得左；智士不给虑，勇士不[□□]。兵如总木[19]，弩[20]如羊角[21]，民人无不腾陵张胆，绝乎疑虑，堂堂者胜成去。

【注释】

[1]兵谈:银雀山竹简《尉缭子》本篇末有“治国”两字,竹简整理小组认为是标题,未知确否,此仍从底本以“兵谈”为本篇标题。

[2]垅:又作“硗”,瘠薄的意思。

[3]称:适合、适应。

[4]符节:我国古代派遣使者或传递将令所使用的凭据,用金、玉、竹、木等刻字制成,分为两半,朝廷存右,使臣持左,相合才可为信。

[5]邃:深远、莫测。

[6]欬:音 kài,憋气。

[7]禁、舍、开、塞:指治理国家的各项措施。

[8]任:利用、开发。此处专指开发土地。

[9]轫:音 rèn,阻止车轮转动的木头。此处所云“发轫”已引申了原意。

[10]橐:音 gāo,收藏盔甲、弓箭的器具。

[11]丧纪:有关死人的事。此处引申为各种事情的礼节、程序。

[12]土功:此处指对土地的利用和经营。

[13]市井:古代习惯在井附近贸易,俗称“市井”。

[14]绝险逾垠:意为克服艰难险阻。垠,边界。

[15]摅:音 shū,此处为拿着、挥着的意思。

[16]悖:违背常理。

[17]燔:音 fán,烤烧。

[18]垣:墙。

[19]总木:丛木,形容兵器林立。

[20]弩:用机关发射箭矢的装置。

[21]羊角:此处指羊角风,形容势不可挡。

【译文】

根据土地的肥瘠程度而设立封邑、建筑城郭。建城的规模要与辖地的广狭相适应，辖地的广狭要与人口的多少相适应，人口的多少要与粮食的供给情况相适应。这三方面都达到了平衡，那么退却时就可以巩固防守，进攻时就可以取得胜利。在外面作战获胜，关键在于内部有良好、和谐的气氛。两者彼此适应，相互协调，就像合上符节一样，一点间隙也没有。

治理军队的人，要像隐藏在地下一样神秘，要像处于高空一样深邃，用兵没有固定的形式。一旦展开，置于大的地方不会显得过于空旷；一旦聚集，处于小的所在也不会显得过于充塞。所以，善于统治的人，国民会像流水一样归附他，会像盼望日月一样盼望他，会像归顺父母一样归顺他。所以说：明确采取治理国家的各项措施，禁止奸邪之心，赦免小的过失，开启养生之道，杜绝奢靡的风气，这样就会使天下得到开化、进步。贫穷的国家能够富庶起来，流离失所的国民能够得到安抚，没有耕作的土地能够得到开垦，不按节气从事农业生产的错误也能得到纠正。土地广阔而且能得到充分利用，国家就不会不富庶；人口众多而且能得到良好的管理，国家就不会不安定。安定而且富庶的国家，不出动军队、不使用武器就能威震天下。所以说，军事上的胜利实际取决于朝廷的政治改革，取决于国民的安定生活，取决于土地的开发利用，取决于贸易的繁荣兴旺。不使用武力而取得的胜利，是政治上的、战略的胜利；动用军队在两军阵前取得的胜利，是军事上的、战术的胜利；通过战争而取得的胜利，则是微不足道的胜利。打了两场胜仗，相当于吃了一次败仗。十万人的军队出征，耗费每天高达千金。所以，百战百胜，不能算高明中最高明的；不战而取得胜利，才能算高明中最高明的。

不可因一时的愤怒出兵作战，有胜利的把握就可以行动，没有胜利的把握就停止行动。因此，在百里之内出现祸患，尽量争取只出兵一天；在千里之内出现祸患，尽量争取只出兵一个月；在边远地区出现祸患，尽量争取只出兵一年。有了战胜这个国家的力量，就可以进攻它的都城；没有战胜这个国家的力量，就不要进攻它的都城。有了称雄天下的力量，就可以进攻这个国家；没有称雄天下的力量，就不要进攻这个国家。一个好的将领在指挥作战时顾不上考虑家中的事，在他率军冲锋陷阵时也顾不上考虑国君了，当他左手提着战鼓、右手挥舞着鼓槌在阵前擂鼓督战时，就不考虑能否生还了。因此，在战场上活着的时候顾不上想到死，面临死亡危险的时候也来不及想到能否活下去。让这样的将领统率十万名战士、一千乘兵车，这支军队就能够纵横天下。

作为大将，上不受天时的约束，下不受地理条件的约束，中间不受国君的约束。应当宽容，不能轻易被人激怒；应当清廉，不能过分贪图钱财。作为将领，应该谨慎从事，好自为之……

耳朵是用来听的，眼睛是用来看的。然而，是什么使人失去理智呢？往往是一些珍奇的货物啊！是什么使人耳朵失聪呢？往往是一些动听的声音啊！是什么使人眼睛失明呢？往往是一些悦目的颜色啊！丧失了理智、听不进别人的意见、看不到真实情况，让有这三种毛病的人去率领军队，是很难胜任的。

当用兵的本领达到一定水平的时候，在羊肠小道上作战也能获胜，在锯齿般复杂的地形上作战也能获胜，攀山越岭作战也能获胜，深入峡谷作战也能获胜，攻方形阵能获胜，攻圆形阵能获胜，攻椭圆形阵也能获胜。用重兵进击时，要像高山密林那样稳重而有秩序；用轻兵奇袭时，要像火烧烟燎那样暴烈而突然。要像城墙倒塌那样把敌人压住，要像乌云浓雾那样把敌人覆盖。在谋划军机大事时，要锁闭城关，断绝与外界的交往，只放有关的人员进入朝廷中议事……

当一个国家上失去天时，下失去地利，中间失去国民的拥护，国民饥饿得不到食物，寒冷得不到衣服，劳累得不到休息时，应发兵去讨伐这样的国家……派去讨伐的军队，要叫敌人聚集的来不及散开，散开的来不及聚集；低头的来不及抬头，抬头的来不及低头；左边的来不及救右边的，右边的也来不及救左边的；谋士来不及考虑对策，战士来不及采取行动。我们的军队刀枪林立，射出的箭像羊角风一样势不可挡，每个人都鼓足勇气，踊跃向前，排除一切疑虑，以高涨的士气去战胜敌人。

制谈第三

凡兵，制必先定。制先定则士不乱，士不乱则刑乃明。金鼓[1]所指，则百人尽斗；陷行乱陈，则千人尽斗；覆军杀将，则万人齐刃[2]。天下莫能当其战矣。

古者士有什伍[3]，车有偏列[4]。鼓鸣旗麾[5]，先登者未尝非多力国士也，先死者亦未尝非多力国士也。损敌一人而损我百人，此资敌而伤我甚焉，世将[6]不能禁。征役分军而逃归，或临战自北，则逃伤甚焉，世将不能禁。夫杀人于百步之外者谁也？曰矢也。夫杀人于五十步之内者谁也？曰矛戟也。将已鼓，而士卒相嚣，拗[7]矢、折矛、抱戟，利后发。战有此数者，内自败也，世将不能禁。士失什伍，车失偏列，奇兵[8]捐[9]将而走，大众亦走，世将不能禁。夫将能禁此四者，则高山陵[10]之，深水绝之，坚陈犯之。不能禁此四者，犹亡舟楫[11]绝[12]江河，不可得也。

民非乐死而恶生也，号令明，法制审，故能使之前。明赏于前，决罚于后，是以发能中利，动则有功。令百人一卒[13]，千人一司马[14]，万人一将，以少诛[15]众，以弱诛强。试听臣言其术，足使三军之众，诛一人无失刑。父不敢舍[16]子，子不敢舍父，况国人乎？

一武夫仗剑击于市，万人无不避之者，臣以为非一人之独勇，一市万人皆不肖[17]。何则？必死与必生，固不触[18]也。听臣之术，足使三军之众为一死贼[19]，莫敢当其前，莫敢随其后，而能独出独入焉。独出独入者，王霸之兵也。

有提十万之众而天下莫敢当者，谁？曰桓公[20]也。有提七万之众而天下莫敢当者，谁？曰吴起[21]也。有提三万之众而天下莫敢当者，谁？曰武子[22]也。今天下诸国士，所率无不及二十万之众者，然不能济功名者，不明乎禁、舍、开、塞也。明其制，一人胜之，则十人亦以胜之也；十人胜之，则百千万人亦以胜之也。故曰：便吾器用，养吾武勇，发之如鸟击，如赴千仞[23]之谿[24]。

今国被害者，以重宝出聘，以爱子出质，以地界出割，得天下助卒，名为十万，其实不过数万尔。其兵来者，无不谓其将曰："无为天下先战。"其实不可得而战也。

量吾境内之民，无伍莫能正[25]矣。经制十万之众，而王必能使之衣吾衣，食吾食。战不胜，守不固者，非吾民之罪，内自致也。天下诸国助我战，犹良骥騄駬[26]之驶，彼驽马鬐[27]兴角逐，何能绍吾气哉！

吾用天下之用以为用，吾制天下之制以为制。修吾号令，明吾赏罚，使天下非农无所得食，非战无所得爵，使民扬臂争出农战而天下无敌矣。故曰：发号出令，信行国内。民言有可以胜敌者，毋许其空言，必试其能战也。视人之地而有之，分人之民而畜[28]之，必能内[29]有其贤者也。不能内有其贤而欲有天下，必覆军杀将。如此，虽战胜而国益弱，得地而国益贫，由国中之制弊矣。

【注释】

[1]金鼓：古代军队里发布号令的器具。作战时，击鼓进兵，鸣金收兵。

[2]刃:刀、剑、矛、戟、矢五种兵器的总称。

[3]什伍:古代军队的编制。十人组成什,五人组成伍。

[4]偏列:古代战车的编制。十五乘(一说二十五乘)为偏,五乘为列。

[5]麾:此处作动词用,同"挥"。

[6]世将:指缺乏军事才能的世袭将领。

[7]拗:用手折断。

[8]奇兵:配合正兵作战的部队,多用于奇袭。

[9]捐:舍弃。

[10]陵:此处作动词用,为越过的意思。

[11]楫:划船工具。

[12]绝:横渡。

[13]卒:古代军队的编制,百人为一卒。此处指卒长。

[14]司马:古代军队官名。此处指千人之长。

[15]诛:杀。此处是用作统率、操生杀予夺之权的意思。

[16]舍:包庇。

[17]不肖:无能。

[18]触:接触、触犯。

[19]死贼:亡命徒。

[20]桓公:指齐桓公,春秋时齐国国君,公元前685年至公元前634年在位,是春秋五霸之一。

[21]吴起:战国前期卫国人,曾在鲁、魏两国做过官,后在楚国为相,公元前381年被害。世传《吴子》一书中保留了他的主要军事思想。

[22]武子:孙武,春秋末期齐国人,在吴国为将,他所著的《孙子兵法》是我国古代著名的军事著作。

[23]仞:古代的长度单位,一仞为八尺。

[24]谿:同"溪",山涧。

[25]正:同"征",征调。

[26]良骥(jì):千里马。騄駬(lùěr):相传为周穆王八骏之一。

[27]鬐：音 qí，马鬃。

[28]畜：同“蓄”，养活、管教。

[29]内：此处作动词用，同“纳”。

【译文】

凡是军队，必须先制定军纪。制定好军纪，士兵就不会散乱了，士兵不散乱就能严明刑罚。用鸣金擂鼓发布号令，就能使百人投入战斗；下令向敌军冲锋，扰乱敌阵，就能使千人投入战斗；下令消灭敌军、杀死敌将，就能使万人都举起武器去拼杀。这种战斗力是天下无敌的。

古时候士卒有什和伍的作战单位，战车有偏和列的军事编制。当战鼓擂响、旌旗挥动时，先攻上敌城的未尝不是为国出力最多的勇士，先战死的也未尝不是为国奋不顾身的壮士。但消灭一个敌人而损失自己一百个人，这实际是帮助敌人而严重地损害了自己，现在的世袭将领不能禁止这种现象。士兵在服兵役出征时逃回来，或者临战时擅自逃跑，这会造成部队更严重的溃散和伤亡，现在的世袭将领不能禁止这种现象。能够在百步以外杀人的武器是什么呢？是弓箭啊。能够在五十步以内杀人的武器是什么呢？是矛和戟啊。大将已经擂鼓下令了，而士卒们还在相互吵闹，扭断箭，折断矛，抛掉戟，都想在别人后面出发。战争中出现这几种情况，内部已自失败了，现在的世袭将领不能禁止这种现象。士卒混乱到失去什和伍的作战单位，战车混乱到失去偏和列的军事编队，派去袭击敌军的小部队抛弃将领逃散了，大部队也跟着逃跑，现在的世袭将领不能禁止这种现象。如果将领能够禁止上述四种现象，高山可以翻越，深水可以渡过，坚固的敌阵也可以攻克。如果不能够禁止上述四种现象，要想战胜敌人就好比丢失了划船工具去横渡江河一样，是不可能做到的。

人们并不是喜欢死而厌恶活着，号令严明，法制健全，才能使他们勇往直前。事先明确奖赏，事后惩罚坚决，这样军队一出发就能实现计划，一行动就能获得成功。让一百人听一个卒长指挥，一千人听一个司马指挥，一万人听一个将军指挥，以少数人统治多数人，以弱的一方控制强的一方。请听我说说统率的方法，完全可以指挥全军将士，只杀一个人而不失去刑罚的威严。这样，父亲不敢袒护儿子，儿子也不敢包庇父亲，何况一般国民之间呢？

当一个亡命徒持剑杀入集市时，上万的人没有不躲避他的，我认为并不是唯独他一个人勇敢，而整个集市上万人都不如他。那么为什么会这样呢？是因为拼死和求生的缘故，两者本来就不相同嘛。如果采纳我的方法，完全可以使全军将士都像一个亡命徒那样，没有人敢挡在前面，也没有人敢在后面追击，从而能够独自纵横天下。独自纵横天下的军队，就是称王天下、称霸诸侯的军队。

有人率领十万人马而天下没有人敢于抵挡的，是谁呢？是齐桓公。有人率领七万人马而天下没有人敢于抵挡的，是谁呢？是吴起。有人率领三万人马而天下没有人敢于抵挡的，是谁呢？是孙武。现在各诸侯国的将领，所率领的军队没有不到二十万的，然而不能成就功名，这是因为他们不能明确采取措施，禁止奸邪之心，赦免小的过失，开启养生之道，杜绝奢靡的风气。只要明确采取了这些措施，一个人能取得胜利，则十个人也能依靠这些取得胜利；十个人能取得胜利，则成百、成千、上万个人也能依靠这些取得胜利。所以说：修缮我军的武器装备，培养我军的勇敢精神，一旦出发就会像猛禽捕食那样，就会像积水向千仞深的山涧倾泻下去。

现在国家蒙受侵害，就用携带贵重宝物出访的方法，用送国君爱子为人质的方法，用割让国土的方法，而求得天下诸侯的援兵。这些援兵名义上有十万人，其实不过几万人。派援兵来的诸侯国君，都嘱咐他们的将领："不要在别国之前去首先打仗。"实际上是不可能让他们帮助我们去作战的。

从我们全国民众的情况看，如果没有什伍的制度，就不可能很好地调动征用民众。组织十万人的军队，而国君必须让他们穿国家的衣服，吃国家的饭。如果战斗不能取胜，防守不能坚固，这不是民众的罪过，而是由于朝廷没有建立良好的制度所致。其他国家派来帮助我们作战的军队，表面上像飞驰的骏马，实际上却是竖着鬃毛追逐的劣马，这怎能长我军的气势呢！

我们要利用天下一切可以利用的财富，我们要仿效天下一切可以仿效的制度，整顿军队的号令，严明国家的赏罚，使天下不务农的人得不到饭吃，无战功的人得不到爵位，使民众争相投入耕种和战斗，这样就天下无敌了。如果这样发号施令，就可以取信于全国民众了。有谁说他有战胜敌人的办法，不要轻信他的空话，必须在实战中考察他。要想占有别国的土地，统治别国的民众，必须能够选用这个国家贤能的人。如果不能选用他们而又想取得天下，必然会兵败将死，全军覆没。这样，虽然打了胜仗，国家却越来越弱小，得了土地，国家却越来越贫困，这都是由于国家现有制度的弊病啊。

战威第四

凡兵有以道[1]胜，有以威胜，有以力胜。讲武料敌，使敌之气失而师散，虽形全而不为之用，此道胜也。审法制，明赏罚，便器用，使民有必战之心，此威胜也。破军杀将，乘堙[2]发机，溃众夺地，成功乃返，此力胜也。王侯知此，所以三胜者毕矣。

夫将之所以战者，民也；民之所以战者，气也。气实则斗，气夺则走。刑[3]未加，兵未接，而所以夺敌者五：一曰庙胜之论[4]，二曰受命之论[5]，三曰逾垠之论[6]，四曰深沟高垒之论，五曰举陈加刑之论[7]。此五者，先料敌而后动，是以击虚夺之也。

善用兵者，能夺人而不夺于人。夺者，心之机也。令所以一众心也，不审所出则数[8]变，数变则令虽出，众不信矣。出令之法，虽有小过无更，小疑无申[9]。事所以待众力也，不审所动则数变,数变则事虽起,众不安也。动事之法,虽有小过无更,小难无戚。故上无疑令,则众不二听;动无疑事,则众不二志。古率民者,未有不能得其心而能得其力者也,未有不能得其力而能致其死者也。故国必有礼信亲爱之义,而后民以饥易饱;国必有孝慈廉耻之俗,而后民以死易生。故古率民者,必先礼信而后爵禄,先廉耻而后刑罚,先亲爱而后律[10]其身焉。

民死其上如其亲,而后申之以制。古为战者,必本气以励志,励志以使四肢,四肢以使五兵[11]。故志不励,则士不死节,士不死节,虽众不武。励士之道:民之所以生,不可不厚也;爵列之等[12],死丧之礼,民之所以营也,不可不显也;田禄之实,饮食之粮,亲戚同乡,乡里相劝,死丧相救,丘墓相从,民之所以归,不可不速也。必因民之所生以制之,因其所营以显之,因其所归以固之。如此,故什伍如亲戚,阡陌[13]如朋友,故止如堵墙,动如风雨,车不结轨[14],士不旋踵[15],此本战之道也。

地所以养民也,城所以守地也,战所以守城也。故务耕者其民不饥,务守者其地不危,务战者其城不围。三者先王之本务也,而兵最急矣。故先王务尊于兵。尊于兵,其本有五:委积[16]不多则事不行,赏禄不厚则民不劝,武士不选则士不强,备用不便则士[不]横,刑诛不必则士不畏。先王务此五者,故静能守其所有,动能成其所欲。夫以居攻出,则居欲重,陈欲坚,发欲毕,斗欲齐。

王国富民,霸国富士,仅存之国富大夫,亡国富仓府。是谓上溢而下漏[17],故患无所救。故曰:举贤用能,不时日而事利;明法审令,不卜筮[18]而事吉;贵政养劳,不祷祠而得福。故曰:天时不如地利,地利不如人和。圣人所贵,人事而已矣。

夫勤劳之师,将必从己先。故暑不立盖[19],寒不重裘,有登降之险,将必下步。军井通而后饮,军食熟而后食,军垒成而后舍,饥饱、劳佚、寒暑必身度[20]之。如此,则师虽久不老,虽老不弊[21]。故军无损卒,将无惰志。

【注释】

[1]道:这里指用兵谋略。

[2]堙:音 yīn,古代城门外层的曲城。

[3]刑:此处指出兵讨伐。

[4]庙胜之论:指朝廷决策的胜利。古人打仗前,先祭祖庙,然后在庙里研究用兵计划。

[5]受命之论:指君主对将帅的挑选和任命。

[6]逾垠之论:指军事行动迅速。

[7]举陈加刑之论:指布阵交战。

[8]数:屡次。

[9]申:解说。

[10]律:约束。

[11]五兵:指五种兵器。

[12]爵列之等:爵位等级的高低。

[13]阡陌:田间小路。此处指务农者之间。

[14]结轨:车轮压出的交错轨迹。

[15]旋踵:往回逃跑。旋,返回;踵,音 zhǒng,脚后跟。

[16]委积:军需储备。

[17]上溢而下漏:比喻上层统治者非常富裕,而广大民众则极端贫困。

[18]卜筮:古代用龟甲、蓍草预测凶吉的两种迷信方法。

[19]盖:张在车上像伞一样的遮蔽物。

[20]度:体验。

[21]弊:指军队士气低落。

【译文】

战争有的靠谋略取胜,有的靠军事威力取胜,有的靠作战取胜。正确地分析和判断敌情，设法促使敌人士气低落而部队涣散，虽然军队形式完整而不能用来作战，这就是靠谋略取胜。健全法制，明确赏罚，改善武器装备，使人人都有果敢战斗的决心，这就是靠军事威力取胜。击破敌军杀其将帅，登上敌城发射弩机，击溃敌众夺取土地，胜利之后，班师回国，这就是靠作战取胜。一国之君懂得了这些，就能完全掌握这三种取胜的办法了。

将帅因为有军队才能打仗，军队因为有士气才能作战。士气旺盛就能战斗，士气低落就会溃逃。厮杀没有开始、双方没有接触时，就能通过五个方面形成对敌作战的优势：一是朝廷决策的正确，二是挑选和任命得力的将领，三是部队迅速的军事行动，四是坚固的防御设施，五是布阵交战前的充分准备。这五个方面，都是先分析敌情然后行动，用以实击虚的办法取得对敌优势的。

善于用兵的人，能夺取主动权而不让敌人夺取主动权。夺取主动权在于将帅心灵的机智。发出号令是为了统一大家的思想，如果不慎重地发出命令就会经常变更，经常变更的命令即使下达了，大家也不会相信。下达命令的原则是：虽有小的缺点也不要更改，有小的疑问也不要重申。事情要靠大家的力量来完成，如果不慎重地采取行动就会经常变化，经常变化的行动即使实施了，大家也不会安心。采取行动的原则是：虽有小的缺点也不要更改，有小的困难也不要忧愁。所以，上级没有疑惑不清的命令，大家就不会无所适从；行动没有犹豫不决的情况，大家就不会三心二意。古时候治理民众的君王，从来没有不能得到民众的拥戴而能使得他们尽力的，从来没有不能得到民众的尽力而能使得他们拼命的。所以，国家必须有崇礼守信相亲相爱的大义，而后民众才能战胜饥饿换来温饱；国家必须有孝顺慈爱廉洁知耻的习俗，而后民众才能克服危亡换来生存。所以，古时候治理民众的国君，必须先以礼义信用教育他们，然后才赐予官爵俸禄；先以廉耻道德教化他们，然后才施用刑罚督促；先以仁爱之心亲近他们，然后才运用法纪约束。

当国民失去国君就像失去亲人一样，这时候才能贯彻统治政策。古代指挥战争的将领，必须用自己良好的精神状态去激励士兵的斗志，用高昂的斗志去指挥四肢，用灵活的四肢去使用武器。所以，斗志不加激励，士兵就不会为国献身；士兵不为国献身，军队人数再多也没有战斗力。激励士兵斗志的方法：国民所赖以生存的事，不可不予以优厚的待遇；爵位的等级，死丧的抚恤，是国民所追求的，不可不予以足够的重视；田地俸禄的实惠，饮食所需的粮物，亲戚同乡的往来，乡亲邻居的互相勉励，生死关头的互相援救，阵亡将士的妥善安葬，这都是能使国民归心的事，不可不迅速地解决。必须对国民的生活需要给予制度保证，对他们的追求给予高度重视，对他们所关心的事给予固定的安排。这样做了，就使同什同伍的士兵之间像亲戚那样，使耕种土地的务农者之间像朋友那样，就使部队驻守时像铜墙铁壁一样坚固，行动时像暴风骤雨一样迅猛，战车依次前进，士兵绝不后退，这就是进行战争的方法。

土地是用来养活民众的，城池是用来保卫土地的，战争是用来防守城池的。所以，注重农业生产的，民众就不会受饥荒；注重城池守备的，国土就不会有危险；注重战争准备的，城池就不会被围困。这三件事是古代君王所注重的根本大事，而其中军事问题是最为紧要的。所以，古代君王特别重视军事。重视军事，有五个根本问题：军需储备不够充分，军事行动就不能进行；奖赏俸禄不够优厚，国民就得不到鼓励；武士不经严格挑选，部队就不能得到加强；武器装备不够精良，士兵就不能横行天下；军纪军法不够严明，士兵就不服从指挥。古代的君王重视了这五个根本问题，所以防御时就能守住已有的一切，行动时就能达到预期的目的。由防守转入进攻时，防守要慎重，阵地要坚固，发起进攻时要迅速投入优势兵力，战斗时要齐心合力。

能够称王天下的国家国民富裕，能够称霸天下的国家军士富裕，只能勉强生存的国家官吏富裕，行将灭亡的国家只有国君的仓库充足。这就是说，上层统治者过分富裕而下层广大民众极端贫困，所以其祸患是无法挽救的。因此选用贤士能人，不须选择良辰吉日也会顺利；严明法令制度，不用占卜吉凶事情也会圆满；尊重有军功和为国操劳的人，不必祷告神祠也会得福。所以说，天时气候优越不如地理条件有利，地理条件有利不如人心和睦。圣人所珍贵的，只是人的作用罢了。

勤勉而耐劳苦的军队,将帅必须身先士卒。所以天热时不要躲在伞下,天寒时不要多穿皮衣,遇有上坡下坡的险路,将帅必须下车与士卒一样步行。水井挖好,部队都喝上水后,将帅才喝;饭做熟了,部队都吃上饭后,将帅才吃;军营筑成了,部队都有住处后,将帅才休息。饥饿温饱、劳苦安逸、寒冬暑夏,将帅都必须与士兵共同体验。能够这样,部队虽然连续作战也不会疲惫,虽然疲惫也不会士气衰竭。因此部队没有无故减员,将帅没有懒惰之心。

卷第二

攻权第五

兵以静固，以专[1]胜。力分者弱，心疑者背[2]。夫力弱，故进退不豪，纵敌不擒。将吏士卒，动静如身。心疑必背，是故计决而不动，动决而不禁。异口虚言，将无修容[3]，卒无尝试，发动必蚤，亩凌而兵[4]毋与战矣。将帅者，心也。群下，支节也。其心动以诚，则支节必力；其心动以疑，则支节必背。夫将不心制，[群]下不节动，虽胜为幸。

夫民无两畏也。畏我侮敌，畏敌侮我。见侮者败，威立者胜。凡将死其道者，吏畏其将也；吏畏其将者，民畏其吏也；民畏其吏者，敌畏其民也。是故知胜败之道者，必先知畏侮之权。夫不爱说其心者，不我用也；不严畏其心者，不我举也。爱在下顺，威在上立，爱故不二，威故不犯。故善将者，爱与威而已。

是故兵不必胜，不可以言战；攻不必拔，不可以言攻。不然，虽刑赏不足以名信，信在孱兆[5]。是故众聚不虚散，兵出不徒归。求敌若求亡人，击敌若赴溺者。因险[6]者无战心，搕战[7]无胜兵，佻战无全气。

凡挟义而战者，贵从我起；争私结怨，贵以不得已；怨结虽起，待敌贵先。故事必当时，息必当备之。兵有胜于朝廷，胜于丧纪，胜于土功，胜于市井。斗则得，服则失，幸以不败，此不意彼惊惧而曲胜之也。曲胜，言非全也。非全胜者无权名。故明主战攻日，合鼓合角[8]，节以兵刃，不求胜而胜也。

兵有去备撤威而胜者，以其有法故也，有器用之早定也，其应敌也周，其总率也极。故五人而伍，十人而什，百人而卒，千人而率，万人而将，已周已极。其朝死则朝代，暮死则暮代。权敌审将，而后举兵。

故凡集兵，千里者旬日，百里者一日，必集敌境。卒聚将至，深入其地，错绝其道，栖其大城大邑。使之登城逼危，男女数重，各逼地形而攻要塞。据一城邑而数道绝，从而攻之，敌将帅不能信，吏卒不能和，刑有所不从者，则我败之矣。敌救未至，而一城已降。

津梁[9]未发，要塞未修，城险未设，渠答[10]未张，则虽有城无守矣。远堡未入，戍客未归，则虽有人无人矣。六畜未聚，五谷未收，财用未敛，则虽有资无资矣。夫城邑空虚而资尽者，我因其虚而攻之。法曰："独出独入[11]，敌不接刃而致之。"此之谓也。

【注释】

[1]专：专一。此处为集中的意思。

[2]背：指军心涣散。

[3]修容：指威严的仪容。

[4]亩凌而兵：此处似可理解为凌乱地散开在地面上的军队。

[5]孱兆：细小的预兆。

[6]囚险：陷于不利的险要地形中。

[7]搕战：指没有准备的遭遇战。

[8]合鼓合角：此处为正确指挥的意思。

[9]津梁：渡口、桥梁。此处指交通工具。

[10]渠答：铁蒺藜，古时守城的工具。

[11]独出独入:形容如入无人之境。

【译文】

军队靠沉着镇静巩固,靠兵力集中取胜。部队力量分散的就实力弱小,将帅犹豫不决的就军心涣散。力量薄弱,就使得部队前进后退都没有气势,就会放走敌人而不能全歼。将吏和士卒,动静应和人的身体一样协调一致。将帅如果犹豫不决必然军心涣散,这样计划定了也不会立即行动,行动起来也不能加以约束。大家异口同声地讲假话,将帅没有威严的仪容,士卒没有实战的锻炼,发动进攻必然聒噪混乱,凌乱地散开在地面上的军队是不堪一击的。将帅就像心脏。士卒就像四肢关节。人的决心正确坚定,四肢关节必然动作有力;人的决心不正确、不坚定,四肢关节必然动作不灵。如果将帅指挥不能像心使四肢那样正确坚定,士卒们就不能像四肢应心那样动作有力,这样即使胜利了也是侥幸取得的。

民众是不会对敌我两方面都畏惧的。畏惧自己的将帅就会蔑视敌人,畏惧敌人就会蔑视自己的将帅。被蔑视的一方就会失败,威信树立的一方就会胜利。凡是将帅能誓死尽职,军吏就畏惧将帅;军吏畏惧将帅,民众就畏惧军吏;民众畏惧军吏,敌人就畏惧民众。所以,懂得战争胜败道理的人,必须首先知道畏惧与蔑视二者的利害关系。不能以爱抚使士卒悦服,他们就不会为我所用;不能以威严使士卒敬畏,他们就不会听我指挥。爱抚在于使下级服从,威信在于上级自己树立,下级得到了爱抚就没有二心,上级有了威信后发布命令就没人违抗。所以善于做将帅的人,懂得爱抚士卒和树立威信就足够了。

因此说,用兵没有必胜的把握,不可以轻易提出打仗;攻城没有必克的把握,不可以轻易提出攻城。否则,即使用严刑重赏也不足以使人信服,树立威信在于从小事情做起。所以,部队集中起来就不能随便遣散,部队一旦出动就不能徒手返回。寻找敌人要像寻找丢失的孩子那样迫切,攻击敌人要像抢救落水的人那样奋不顾身。部队陷于不利的地形中就没有信心作战,打没有准备的遭遇战就没有把握取胜,莽撞地出兵作战就没有高昂的士气。

凡是出于正义而进行的战争,最好由我先发起;争夺私利而结下怨恨的战争,最好是不得已的;结下怨恨引起了战争,最好等待敌人先发动。所以,作战必须把握时机,战事平息后还必须保持戒备。军事上的胜利有的取决于朝廷的政治改革,有的取决于国民的安定生活,有的取决于土地的开发利用,有的取决于贸易的繁荣兴旺。斗争就取得胜利,屈服就遭到失败。即使侥幸不败,这也是由于意外地出现了敌人自相惊扰事件而勉强战胜的啊。勉强取得的胜利,不能算是完全的胜利。不完全胜利的人就说不上懂得权谋。所以,英明的国君发动进攻时,指挥正确,部队行动协调一致,不强求胜利而必然取得胜利。

用兵有表面上去掉战备故意示弱而取得胜利的,这是因为有制度保证的缘故,有早已准备好的武器用具,应敌计划周密,部队统率完善。所以,部队要按编制设置各级将吏,五人设一伍长,十人设一什长,百人设一卒长,千人设一帅,万人设一将,这样才能周密完善。将吏中早晨死的早晨就有人代理,晚上死的晚上就有人代理。分析敌情,选好将帅,然后才起兵出战。

所以,凡是集结军队,千里路程用十天时间,百里路程用一天时间,必须集结在敌国边境。部队集中将帅到达后,就深入敌人的纵深地带,切断敌人的交通要道,包围敌人的重要城邑。一面派部队登城突击使敌人处于危险的境地,一面组织占领地内的男女同士卒一起包围敌人,分别逼近险要地形而攻击敌人的要塞。在敌人困守孤城、所有道路都被切断后,再乘势攻打,便会使敌人将帅丧失威信,官兵不和,即使用刑也有不服从命令的人,那么我们就一定能打败敌人了。敌人援军尚未到达,而守城敌军已经投降了。

如果交通工具还没造好,要塞堡垒还没修好,城防工事还没筑好,障碍物还没设置,虽有城塞也不能防守。如果远处堡垒的敌军还没退入城里,守卫边境的敌军还没回城增援,虽有人也等于没有人。如果敌人的牲畜还没集中,粮食还没收获,财物还没征收,虽有资财也等于没有资财。对这种城邑空虚而资财穷尽的敌城,我军要乘虚攻取它。兵法说:“我军进攻如入无人之境,敌人来不及交锋就已被打败了。”就是指的这种情况。

守权第六

凡守者，进不郭圉[1]，退不亭障[2]，以御战，非善者也。豪杰雄俊，坚甲利兵，劲弩犲矢，尽于郭中，乃收窖廪[3]，毁折入此，令客气数十百倍，而主人气不半焉，敌攻者伤守甚者也。然而世将弗能知。

夫守者，不失险者也。而守者不出，出者不守。守法：城一丈，十人守，工食[4]不与焉。一而当十，十而当百，百而当千万。故为城郭者，非妄费于民聚土壤也，诚为守也。千丈之城，则万人之守。池深而广，城坚而厚，士民众选，薪食给备，弩劲矢犲，矛戟称之，此守策也。

攻者不下十余万之众乃称。其有必救之军，则有必守之城；无必救之军，则无必守之城。若彼城坚而救诚，则愚夫僮妇，无不蔽城尽资血城者。期年之城，守余于攻者，救余于守者。若彼城坚而救不诚，则愚夫僮妇，无不守陴[5]而泣下，此人之常情也。遂发其窖廪救抚，则亦不能止矣。鼓其豪杰俊雄，坚甲利兵，劲弩犲矢并于前，则幼幺毁瘠[6]并于后。五万之［众冂］诚必救，关之其后，出要塞，但击其后，无通其粮食，中外相应。此救而示之不诚，则倒敌[7]而待之者也。后其壮，前其老，彼敌无前[8]，守不得而止矣。此守权之谓也。

【注释】

［1］郭圉：指外城边沿的防御设施。

[2]亭障:古代在险要处所修筑的小碉堡。

[3]窖廪:指贮藏粮食的地方。窖,地室;廪,粮仓。

[4]工食:杂工、炊事等后勤人员。

[5]陴:音 pí,城墙上有凹凸形小孔的城垛。

[6]幼幺毁瘠:指老弱病残者。幼幺,幼小者。毁瘠,残疾者。

[7]倒敌:此处为迷惑敌人的意思。

[8]无前:不能向前进展。

【译文】

凡是守城的军队,出击时不预先在外城边沿修筑工事,后退时不预先在险要之处埋伏兵力,这样来进行防御战争,不是好的办法。把精锐部队、优良武器都集中在城内,并收集城外的存粮财物,拆毁城外的房屋,统统转移到城内,这样就使进攻者士气高涨,而防守者则士气低落了,一旦遭到敌人的进攻,守城军队就会损失惨重。但是缺乏指挥才能的世袭将领不懂得这个道理。

进行防御战争,不能放弃险要的地形。负责守卫的部队不参加出击,负责出击的部队不担任守卫。防守的方法:每一丈长的城墙,需要十个人防守,杂工和炊事人员不在其内。这样,一个人可以抵挡敌兵十人,十个人可以抵挡敌兵百人,一百个人可以抵挡敌兵成千上万人。所以,建筑城郭,并不是白白耗费民力推土做样子的,确实是为了进行防守的。一千丈长的城墙,需要一万人来守卫。护城河又深又宽,城墙壁又坚又厚,军队和民众都经过了挑选和训练,柴草和食物都供应充足,弓弩强劲,箭矢坚韧,矛和戟也都称手,这是守城的方法啊。

一般攻城的一方不少于十余万人才有希望成功。如果有可靠的援军,城内的守军就必定坚守待援;如果没有可靠的援军,城内守军就不一定能坚守了。如果那座城坚固而得到积极的援救,那么全城的男男女女就没有不为守城而贡献资财甚至生命的。能坚守一年的城池,防守的力量应足以抵御进攻的力量,援救的力量应足以增援防守的力量。如果那座城坚固而没得到积极的援救,那么全城的男男女女,就没有不守着城垛失望地哭泣的，这是人之常情啊。即使打开仓库散发粮物来进行安抚，也不能制止他们的悲观情绪啊。必须鼓励精壮勇武的将士，装备优良武器，在强弓好箭掩护下全力战斗在前，而老弱残疾者也全力支援在后。五万人的部队积极援救，要封锁敌军的退路，守军也要出击抢占险要地点，袭击敌军后方，援军要设法切断敌人的粮食供应，并与守军互相策应。这是为了给敌人造成援救不积极的假象，用以迷惑敌人而等待可乘之机。诱使敌人把精锐部队放在后面对付援军，把老弱部队放在前面围城，那敌军不能向前进展，守城的军队也可以积极出击了。这就是守城的权谋啊。

十二陵[1]第七

威在于不变，惠在于因时[2]，机[3]在于应事，战在于治气，攻在于意表[4]，守在于外饰[5]，无过在于度数[6]，无困在于预备，慎在于畏小，智在于治大，除害在于敢断，得众在于下人。

悔在于任疑[7]，孽[8]在于屠戮，偏在于多私，不祥在于恶闻己过，不度在于竭民财，不明在于受间，不实在于轻发，固陋[9]在于离贤，祸在于好利，害在于亲小人，亡在于无所守，危在于无号令。

【注释】

[1]陵：此处为磨砺的意思。

[2]因时：不失时机。

[3]机：机谋。

[4]意表：意外。

[5]外饰:伪装、掩饰。

[6]度数:周密的计划。

[7]任疑:犹豫不决。

[8]孽:音 niè,罪恶、灾祸。

[9]固陋:固执浅陋。

【译文】

树立威严在于不轻易变更决定,施人恩惠在于选择适宜的时机,机谋在于能应对事物的变化,作战在于掌握和激励士气,进攻在于能出乎敌人的意料,防守在于能给敌人以假象,不犯错误在于有周密的计划,不陷入困境在于事先有所准备,谨慎在于能警惕小事情,明智在于能处置大事情,清除祸害在于果敢决断,能得人心在于以礼平等待人。

后悔在于犹豫不决,罪恶在于滥行屠杀,处事不公正在于私心过重,不吉祥在于听不进对自己的批评,用度不足在于耗尽民财,不明事理在于被人离间,不能收到实际功效在于轻举妄动,固执浅陋在于疏远了贤能的人,惹起灾祸在于贪财好利,受到损害在于亲近坏人,丧失领土在于没有好的防御措施,危险在于没有严明的号令。

武议第八

凡兵不攻无过之城,不杀无罪之人。夫杀人之父兄,利人之货财,臣妾[1]人之子女,此皆盗也。故兵者,所以诛暴乱、禁不义也。兵之所加者,农不离其田业,贾不离其肆宅,士大夫不离其官府,由其武议在于一人[2],故兵不血刃而天下亲焉。

万乘[3]农战,千乘救守,百乘事养。农战不外索权,救守不外索助,事养不外索资。夫出不足战、入不足守者,治之以市[4]。市者,所以给战守也。万乘无千乘之助,必有百乘之市。

凡诛者,所以明武也。杀一人而三军震者,杀之;赏一人而万人喜者,赏之。杀之贵大,赏之贵小。当杀而虽贵重[5],必杀之,是刑上究也;赏及牛童马圉[6]者,是赏下流[7]也。夫能刑上究、赏下流,此将之武也。故人主重将。

夫将提鼓挥枹[8],临难决战,接兵角刃,鼓之而当,则赏功立名;鼓之而不当,则身死国亡。是存亡安危,在于枹端,奈何无重将也。夫提鼓挥枹,接兵角刃,君以武事成功者,臣以为非难也。

古人曰:"无冲笼[9]而攻,无渠答而守,是为无善之军。"视无见,听无闻,由国无市也。夫市也者,百货之官也。市贱卖贵,以限士人,人食粟一斗[10],马食菽[11]三斗,人有饥色,马有瘠形,何也?市有所出,而官无主也。夫提天下之节制,而无百货之官,无谓其能战也。

起兵直使甲胄生虮虱[12]者,必为吾所效用也。鸷鸟[13]逐雀,有袭人之怀、入人之室者,非出生也,后有惮[14]也。

太公望[15]年七十,屠牛朝歌[16],卖食盟津[17],过七年余而主不听,人人谓之狂夫也。及遇文王,则提三万之众,一战而天下定,非武议安得此合也。故曰:良马有策,远道可致;贤士有合,大道可明。

武王伐纣,师渡盟津,右旄左钺[18],死士三百,战士三万。纣之陈亿万,飞廉、恶来[19]身先戟斧,陈开百里。武王不罢士民,兵不血刃,而克商诛纣,无祥异也,人事修不修而然也。今世将考孤虚[20],占咸池[21],合龟兆[22],视吉凶,观星辰风云之变,欲以成胜立功,臣以为难。

夫将者,上不制于天,下不制于地,中不制于人。故兵者,凶器也；争者，逆德也；将者，死官也。故不得已而用之。无天于上，无地于下，无主于后，无敌于前，一人之兵[23]，如狼如虎，如风如雨，如雷如霆，震震冥冥[24]，天下皆惊。

胜兵似水。夫水，至柔弱者也，然所触丘陵必为之崩，无异故也，性专而触诚也。今以莫邪[25]之利，犀兕[26]之坚，三军之众，有所奇正[27]，则天下莫当其战矣。故曰：举贤用能，不时日而事利；明法审令，不卜筮而获吉；贵功养劳，不祷祠而得福。又曰：天时不如地利，地利不如人和。古之圣人，谨人事而已。

吴起与秦人战，舍不平陇亩[28]，朴樕[29]盖之，以蔽霜露。如此何也？不自高人故也。乞人之死不索尊，竭人之力不责礼。故古者甲胄[30]之士不拜，示人无已烦也。夫烦人而欲乞其死，竭其力，自古至今，未尝闻矣。

将受命之日忘其家，张军宿野忘其亲，援枹而鼓忘其身。

吴起临战，左右进剑。起曰："将专主旗鼓尔，夫提鼓挥枹，临难决疑，挥兵指刃，此将事也；一剑之任，非将事也。"

三军成行，一舍[31]而后成三舍，三舍之余，如决川源。望敌在前，因其所长而用之，敌白者垩[32]之，赤者赭[33]之。

吴起与秦战，未合，有一夫不胜其勇，前获双首而还。吴起立斩之。军吏进谏曰："此材士也，不可斩。"起曰："材士则是矣，非吾令也。"斩之。

【注释】

[1]臣妾：奴役的意思。

[2]一人：指国君。

[3]乘：先秦时期兵制的基本单位。

[4]市：市场贸易。

[5]贵重：指地位高贵的人。

[6]马圉：养马的人。圉，音 yǔ。

[7]下流：指地位卑下的人。

[8]枹：鼓槌。

[9]冲笼：指一种攻城的战车。

[10]㪷：同“斗”，量器。

[11]菽：指豆类。

[12]甲胄生虮虱：此处指用兵日久的意思。甲胄，指穿着铠甲、戴着头盔的士卒；虮虱，虱子的卵和虱子。

[13]鸷鸟：凶猛的鸟。

[14]惮：惧怕。

[15]太公望：指姜太公，姓姜名尚。相传他在渭水边隐居，周文王打猎遇见他时说：“吾太公望子久矣。”故后人又称他为“太公望”。他在帮助周文王、周武王兴周灭商过程中，起了重要作用，后被封于齐(今山东省东部)，是齐国的始祖。

[16]朝歌：商纣的别都，在今河南省淇县北。

[17]盟津：孟津，在今河南省孟州市西南。相传周武王在此与诸侯会盟伐纣，因此又叫盟津。

[18]旄：音 máo，古时用牦牛尾做装饰的旗子。钺：古代一种形状像斧的兵器，也用作刑具或仪仗，是权威的象征。

[19]飞廉、恶来：据《史记·秦本纪》：“蜚(飞)廉生恶来，恶来有力，蜚廉善走，父子俱以材力事殷纣。”

[20]考孤虚：指古人根据年、月、日、时的不同而考察吉凶的一种迷信方法。《史记·龟策列传》：“日辰不全，故有孤虚。”

[21]咸池：星名。据《史记·天官书》记载，古人认为咸池是凶星，主兵战。

[22]龟兆：古人烧龟甲显出裂纹，察看以判定事情的吉凶。

[23]一人之兵：指万众一心的军队。

[24]震震冥冥：形容军队行动声势浩大，神秘莫测。震震，声响巨大；冥冥，昏暗。

[25]莫邪：传说为春秋时吴国人，干将之妻。他们铸宝剑两支，雄名

干将，雌名莫邪，锋利无比，后人遂用干将、莫邪作为利剑的代称。此处泛指兵器。

[26]犀兕：犀牛，雄性称犀，雌性称兕。它皮质坚韧，可用以制作甲衣。兕，音 sì。

[27]奇正：古兵书中的军事术语。奇，指出奇制胜的部队、灵活多变的战法；正，指正面迎敌的部队、按照常规的战法。

[28]陇亩：有田埂的田地，指耕地。

[29]朴樕：丛生的小树木。樕，音 sù。

[30]甲胄：动词，作"穿着盔甲"用。

[31]舍：古时行军，以三十里为一舍。

[32]垩：音 è，白色，此处作动词用。

[33]赭：音 zhě，红褐色，此处作动词用。

【译文】

凡用兵，应该不攻打无过的城市，不杀害无罪的人。杀害人家的父兄，掠夺人家的财物，奴役人家的子女，这都是强盗行为啊。所以，军队是用来讨伐暴乱、禁止不义行为的。军队所到之处，要让农民不离开自己的耕地，商人不离开自己的店铺，官吏不离开自己的办公处所，这是由于国君掌握了正确的用武之道，所以不经过流血战斗就可使天下亲附。

拥有万乘的大国要实行农战结合，拥有千乘的中等国家要努力自救自守，拥有百乘的小国要争取生产自足。能够农战结合就不必仰仗别国的权势，能够自救自守就不必乞求别国的援助，能够生产自足就不必依靠别国的资财。当国家的经济状况既不足以供给对外作战，又不足以支撑对内防务时，就应用治理好市场的办法来解决。市场收入可以供给国家的作战和防务需要。拥有万乘的大国如果不能像拥有千乘的中等国家那样得到别国援助，也必须像拥有百乘的小国那样注重对市场的治理。

凡施行杀戮，都是为了申明军威啊。杀一个人能使三军都震动，就杀掉他；赏一个人能使万人都高兴，就奖赏他。杀戮贵在以大人物做典型，奖赏贵在以小人物做榜样。应当杀的，即使地位高贵、权势显赫，也必须杀掉他，这是刑罚能够制裁上层人物；奖赏颁发到放牛养马的人，这是奖赏可以包括地位卑下的人物。能做到对有罪的大人物以法制裁，对有功的小人物给予奖励，这是将帅的威严。所以，国君应当对将帅充分尊重。

将帅击鼓指挥军队作战，在危难时与敌进行决战，两军短兵相接互相厮杀时，如将帅指挥得当，则能受赏立功；如将帅指挥不当，则会身死国亡。因此国家的存亡安危，就在于将帅指挥作战的鼓槌上了，怎能不重视将帅的作用呢？靠将帅击鼓指挥军队，与敌军短兵相接互相厮杀，国君以军事成就大功，我以为并不是困难的事。

古人说："没有冲笼而发起进攻，没有铁蒺藜而进行防守，就不是善于攻守的军队。"现在我们看不见新事物，听不见新信息，是由于国家没有很好地利用市场造成的。所谓市场，是百货交易的重要地方啊。应该用贱买贵卖的办法，以限制士民操纵物价，每天每人不过吃一斗粮食，每匹马不过吃三斗豆料，而人饿得面有饥色，马饿得体形瘦弱，这是为什么呢？市场上虽有粮食和饲料出售，而国家没有管理好啊。统率天下的军队，却没有对市场管理好，这就不能说他是能作战的。

出兵打仗直到使士卒的衣甲头盔上都生了虱子，这必然是他们为国家效力的缘故啊。就像被凶猛的鸟追逐的小雀，有时撞入人的怀中，有时钻入人家的房屋，这并不是出于它的本性，而是后面有使它畏惧的力量逼迫啊。

姜太公到了七十岁，还在朝歌宰牛，在盟津卖食品。又过了七年多还没有得到君主的任用，人人都说他是一个狂人。等到他遇见周文王得到重用后，却能统帅三万军队，在牧野一次决战灭了商朝，奠定了周王朝的天下。如果国君没有正确的用武之道，军事家哪能得到这样施展才能的机会呢？所以说：好马得到鞭策，才能到达远方；贤能的人得到知遇重用，才能贯彻高明的主张。

周武王伐商纣王，军队在盟津渡河，他右手执白旄，左手举黄钺，有敢死之士三百人，善战之士三万人。而商纣王陈兵十多万人，又有飞廉、恶来这样身先士卒的大将率领，列阵长达百里。但武王没有使士卒和民众疲惫，也没有经过血战，便灭亡了商朝，杀掉了纣王，这并不是因为有什么吉祥的奇异之处,而是人事方面好与不好造成的必然结果。现在缺乏指挥才能的世袭将领只知道考究日辰,占卜星象,察看龟甲裂纹,以此判断事情的吉凶,观察星辰风云的变化,想靠这些打胜仗建功名,我认为很难做到。

作为大将,上不受天时气候的约束,下不受地理条件的约束,中间不受国君的约束。武器,是用来杀人的东西;战争,是违背道德的行为;大将,是出生入死的官吏。所以只有在不得已的情况下才可以用兵。一旦用兵,就要上不顾忌天时气候,下不顾忌地理条件,后不顾忌国君,前不顾忌敌人,使全军如同一个人,行动起来像狼和虎那样凶猛,像风和雨那样迅疾,像雷和霆那样暴烈,声势浩大而又神秘莫测,使天下的人都感到惊惧。

打胜仗的军队好像流水一样。水是最柔弱的东西,然而它所触及的丘陵也必定能被冲塌,这没有别的原因,是由于水的属性专一而持续冲刷造成的啊。现在如果用莫邪那样锋利的武器,用犀牛皮制成的坚实甲衣,武装三军的兵力,再灵活地运用奇正战术,就有了谁也无法抵挡的战斗力了。所以说:只要选拔和任用贤能的人,不必择吉日事情也会顺利;只要有严明的法律制度,不必占卜也会获得吉祥;只要尊重和优抚有功劳的人,不必祈祷也会得福。又可以这样说:天时气候优越不如地理条件有利,地理条件有利不如人心和睦。古代的圣人,只是注重人的作用罢了。

吴起与秦国人作战时,宿营在不平的田埂地头,用树枝盖在上面以遮蔽霜露。这是为什么呢?是他不自视高人一等的缘故啊。要求人家为你效死就不能妄自尊贵摆架子,要求人家为你出力就不能求全责备讲礼节。所以古时候穿戴盔甲的将士不行跪拜礼,向人们表示军务在身无暇顾及烦琐的礼节。用烦琐的礼节麻烦人家而又要求他为你效死出力,这是从古到今没有听说过的。

大将从奉命出征那天起就该忘记自己的家庭,在外行军宿营时就该忘记自己的亲人,擂起战鼓指挥作战时就该忘记自己的安危。

吴起临阵指挥作战时,他的左右侍从给他呈上宝剑。吴起拒绝说:"将帅的职责是用旗和鼓发号施令,擂击战鼓,在危难时解决疑虑,指挥军队作战，这才是将帅的事啊；持一柄剑与敌格斗，不是将帅的事啊。”

三军编队出征，一天走三十里，三天行军九十里之后，就要像决堤的水一样势不可挡地前进。看到敌人在前面，要根据其特点采取相应的对策，敌人用白色标记我们也用白色标记对付，敌人用红色标记我们也用红色标记对付，使敌人受到迷惑。

吴起与秦军作战，尚未交锋时，有一个人为显示自己的勇气，冲上前去斩获两个敌人的头回来。吴起立刻下令杀死他。军吏请求说：“这是个有本领的人，不应杀掉。”吴起回答说：“他的确是有本领的人，但没按我的军令行动。”结果还是把这个人杀掉了。

将理第九

凡将，理官[1]也，万物之主也，不私于一人。夫能无私于一人，故万物至而制之，万物至而命之。

君子不救囚于五步之外，虽钩矢射之弗及。罢囚之情，不待陈棰[2]楚，而囚之情可毕。其待拍[3]人之背，灼[4]人之胁，束人之指，以得囚情，则国士胜［诬］，不肖自［诬］。

故今世千金不死，百金不胥靡[5]。试听臣之言，行臣之术，虽有尧舜之智，不得关[6]一言；虽有万金，不得用一铢[7]。今夫系者，小圄[8]不下十数，中圄不下百数，大圄不下千数。故一人［联十人之事］，十人联百人之事，百人联千人之事，千人联万人之事。今夫系者，大者父［母］兄弟有在狱，其次婚姻也，其次知识[9]故人也。是农无不离其田业，贾无不离其肆宅，士大夫无不离其官府。如此关联良民，皆囚之情也。故兵策曰：“十万之师出，日费千金。”今申戍十万之众，而联于囹[10]圄，上不能省，臣以为危也。

【注释】

[1]理官：司法官。

[2]棰：音 chuí，古代一种体罚人的刑具。

[3]拍：击。此处为抽打的意思。

[4]灼：音 zhuó，烧。

[5]胥靡：指刑徒。

[6]关：此处指关说、讲情。

[7]铢：音 zhū，古代重量单位，一两的二十四分之一。

[8]圄：音 yǔ，指监狱。

[9]知识：此处指相知相识的人。

[10]囹：音 líng，义同“圄”，亦指监狱。

【译文】

将帅，都担负着法官的重任，是万种事物的主宰，不可偏私于任何人。如果能不偏私于任何人，那么对于万种事物都能依法裁决，对于万种事物都能正确处置。

善于审察案情的人不轻易抓人入狱，即使相距仅五步远，对与自己有仇的人也不随便拘捕。对于囚犯的案情，不用把刑具亮出来，就可以弄清全部情况。如果抽打犯人的脊背，烧烙犯人的两肋，板夹犯人的手指，这样来审讯囚犯的案情，就只有豪杰勇士能够经得起酷刑，不行的人因经受不住酷刑而屈打成招。

现在社会上用千金贿赂，犯了死罪的可以免死；用百金贿赂，应判徒刑的可以免刑。如果听从我的建议，采用我的方法，即便有尧舜那样的智慧，也得不到对案情说一句话的机会；即便有万金的财富，也得不到用一铢贿赂的机会。现在被关押的人，小监狱里不少于十多人，中等监狱里不少于一百多人，大监狱里不少于一千多人。往往一人牵连十人的事，十人牵连百人的事，百人牵连千人的事，千人牵连万人的事。现在被关押的人，牵连最多的有父母兄弟都在狱中的，其次有亲属同在狱中的，再次有相知相识的朋友同在狱中的。这使得农民无不离开自己的耕地，商人无不离开自己的店铺，官吏无不离开自己的办公处所。这么多清白无辜的民众被牵连，都是审讯案情不当的结果啊。兵书上说："十万军队出征，每日耗费千金。"现在需要十万人马守卫边疆，他们却被牵连于监狱中，国君对这些又不能省悟明察，我认为是很危险的。

卷第三

原官第十

官者，事之所主，为治之本也。制者，职分四民[1]，治之分也。

贵爵富禄必称，尊卑之体[2]也。好善罚恶，正比法[3]，会移民之具也。均地分，节赋敛，取与之度也。程[4]工人，备器用，匠工之功也。分地塞要，殄[5]怪禁淫之事也。守法稽断[6]，臣下之节也。明法稽验，主上之操也。明主守，等轻重，臣主之根[7]也。

刑赏明省，畏诛重奸，止奸之术也。审开塞，守一道，为政之要也。下达上通，至聪之听也。知国有无之数，用其仂[8]也。知彼弱者，强之体也。知彼动者，静之决也。官分文武，惟王之二术也。

俎豆[9]同制，天子之会也。游说间谍无自入，正议之术也。诸侯有谨天子之礼，君臣继世，承王之命也。更号易常，违王明德，故礼得以伐也。官无事治，上无庆赏，民无狱讼，国无商贾，成王至正也。服奉下达，成王至德也。

【注释】

[1]四民：指士、农、工、商。

[2]体：体统。

[3]比法：古代登记人口和征税的法令。

[4]程：限期、规定。

[5]殄：音 tiǎn，消灭。

[6]稽断：指对于事物的核查决断。

[7]根：此处为根本的意思。

[8]仂：音 lè，余数。

[9]俎豆：古时用以祭祀的两种礼器。

【译文】

官吏，是主管各项事务的，设官是治理国家的根本啊。各种官制，按职责分别管理士、农、工、商，是治理国家的分工啊。

给予爵位厚禄，必须与德才的高下相当，这是区别尊卑贵贱的体统啊。奖励善行，惩罚恶人，整顿登记人口和征税的有关法令，这是汇总移民数量的工具啊。均分土地，减轻赋税，对于民众的索取和给予都要适度啊。规定工匠的劳动量，准备好物资器具，工匠的工作效率就会提高啊。划分防区，控制险要，这是消灭和禁止各种邪恶事件的措施啊。依照法律果断处理事务，这是臣子应有的责任啊。申明法令并核查执行情况，这是国君应有的操行啊。明确各种官吏的主管事务，衡量各种事情的轻重缓急，这是臣子和国君各司其职的根本啊。

使刑罚和赏赐制度都明确简要，使做坏事的人害怕受到严厉的惩治，这是防止坏人活动的办法。审慎地开辟正确的养生之道，杜绝不良的社会风气，坚持统一的政策标准，这是治理国家的首要事情。上情下达，下情上通，这是了解情况最灵通的办法。知道了国家财政收入的多少，这是保证财用有余的根据。知道了敌国的薄弱之处，这是使自己强大的基础。知道了敌国的动向，这是使自己安定的决定因素。分别设置文官和武官，这是国君治理国家的两种手段。

祭祀的礼器统一规格，这是天子召会诸侯的礼仪要求。说客和间谍都无机会进入内部，这是贯彻正确意见的保证。诸侯谨守天子规定的礼节,君臣关系世代相传,这是顺承了天子的命令。更改名号,变动常法,违背了天子明白训示的德行,按照礼制就可以进行讨伐。官吏没有什么事情可办,国家统治不需要靠上面庆功行赏来维持,国民没有诉讼纠纷,国内没有外来的商人,这是国君所面临的最好政治形势。对臣下的命令能够使人信服尊重,这是国君所具备的最佳政治品德。

治本第十一

凡治人者何?曰:非五谷无以充腹,非丝麻无以盖形。故充腹有粒,盖形有缕[1]。夫在耘耨[2],妻在机杼[3],民无二事,则有储蓄。夫无雕文刻镂[4]之事,女无绣饰纂组[5]之作。木器液,金器腥,圣人饮于土,食于土,故埏埴[6]以为器,天下无费。今也,金木之性不寒,而衣绣饰;马牛之性食草饮水,而给菽粟。是治失其本,而宜设之制也。春夏夫出于南亩[7],秋冬女练[8]于布帛,则民不困。今裋褐[9]不蔽形,糟糠不充腹,失其治也。古者土无肥硗,人无勤惰,古人何得而今人何失邪?耕有不终亩,织有日断机,而奈何饥寒?盖古治之行,今治之止也。

夫谓治者,使民无私也。民无私则天下为一家,而无私耕私织,共寒其寒,共饥其饥。故如有子十人,不加一饭;有子一人,不损一饭,焉有喧呼酖[10]酒以败善类乎?民相轻佻[11],则欲心兴,争夺之患起矣。横[12]生于一夫[13],则民私饭有储食,私用有储财。民一犯禁,而拘以刑治,乌[14]有以为人上也。

善政执其制,使民无私。为下不敢私,则无为非者矣。反本缘理[15],出乎一道,则欲心去,争夺止,囹圄空。野充粟多,安民怀远[16]，外无天下之难，内无暴乱之事，治之至也。

苍苍之天，莫知其极，帝王之君[17]，谁为法则？往世不可及，来世不可待，求己者也。

所谓天子者四焉：一曰神明[18]，二曰垂光[19]，三曰洪叙[20]，四曰无敌。此天子之事也。

野物不为牺牲[21]，杂学不为通儒[22]。今说者曰："百里之海，不能饮一夫；三尺之泉，足以止三军渴。"臣谓欲生于无度，邪生于无禁。太上神化[23]，其次因物[24]，其下在于无夺民时，无损民财。夫禁必以武而成，赏必以文而成。

【注释】

[1]缕：线，这里指衣物。

[2]耘耨：锄草，这里指耕种。耨，音 nòu。

[3]机杼：织布机，这里指纺织。杼，音 zhù。

[4]雕文刻镂：指在建筑物、用具上雕刻花纹图案。镂，音 lòu。

[5]绣饰纂组：指编织丝绸绶带的手工艺。

[6]埏埴：用水和黏土，揉成可制器皿的泥坯。埏，音 shān，用水和泥；埴，音 zhí，黏土。

[7]南亩：泛指农田。

[8]练：把丝麻或布帛煮晒得柔软洁白。此处指染织。

[9]裋褐：指短小粗糙的衣服。裋，音 shù，短衣；褐，音 hè，兽毛或粗麻制成的衣服。

[10]酖：音 dān，嗜酒。

[11]轻佻：轻薄、不安分的意思。

[12]横：蛮横，指违背社会准则、倒行逆施的事。

[13]一夫：此处指暴君。

[14]乌：疑问代词，怎么能的意思。

[15]反本：此处指返回耕织的本业。缘理：此处指遵循无私的原则。

[16]怀远：安抚远方的人，使之归附。

[17]帝王之君:这里指五帝、三王。

[18]神明:神智精明,头脑敏锐。此处比喻国君主事英明。

[19]垂光:此处指国君施恩天下。

[20]洪叙:洪大人伦的叙说。此处指维护君臣、父子、尊卑、长幼的统治秩序。

[21]牺牲:古代作祭品用的牲畜。

[22]通儒:指博学多闻、有真才实学的人。

[23]太上:最高、最好。神化:以精神感化天下。

[24]因物:根据客观情况因势利导。

【译文】

治理民众用什么办法呢?回答是:没有五谷就不能填饱肚子,没有衣服就不能遮盖身体。所以填饱肚子要有粮食,遮盖身体要有衣服。男人从事耕种,女人从事纺织,国民除了耕种与纺织以外不做别的事,国家就有储蓄了。所以男人最好不要干雕刻奢侈品的活,女人最好不要干刺绣装饰品的活。木器易潮湿,金器有腥味,圣人所用的饮具是用土制成,食具也是用土制成,所以和泥制成陶器,天下就不会有奢侈浪费了。当今,金器和木器本来不怕寒冷,却给它披上锦绣;马和牛本来是吃草饮水的,却喂它粮食。这样做是违反了事物的本性,应该建立合理的制度加以纠正。春、夏两季男人到农田里耕种粮食,秋、冬两季女人在家里染织布帛,这样民众就不会贫困了。现在民众的粗陋短衣遮不住身体,劣质食物填不饱肚子,这是国家没有治理好啊。古时候土地的肥沃贫瘠与现在没有什么不同,人的勤劳懒惰与现在也没有明显差别,古人为什么生活得好,而现在人为什么生活得不好呢?主要是现在耕田的人不能全力耕作,织布的人不得不经常停工,这样民众怎么能不挨饿受冻?这是由于古时候实行了治国的好政策,而现在废止不用了。

所谓治理国家,就是要使民众不谋取私利。如果民众不谋取私利,天下就像一个大家庭,没有私自耕种、私自纺织的,挨冻大家都挨冻,挨饿大家都挨饿。这样就好比一个人有十个孩子,不多给他吃一顿饭;一个人有一个孩子，也不少给他吃一顿饭，能这样哪还会有吵闹、酗酒以致败坏良好风尚的现象呢？如果民众都轻薄而不安分，那私欲就会产生，你争我夺的祸患就随之而起了。蛮横的倒行逆施发生在暴君身上，那么民众就会私自储藏粮食吃，私自储蓄财物用。民众一旦违犯了禁令，就抓起来用刑法惩治，怎么能这样当国君呢？

良好的政治在于执行法制，使民众都不去谋取私财。下面的民众不敢谋取私财，就没有为非作歹的人了。返回耕织的本业，遵循无私的原则，把握住一条根本的道理，就能除去私欲之心，你争我夺的事也停止了，监狱里就没有囚犯了。许多人在野外耕种，粮食丰收，民心安定，远方的人愿意归顺，外边没有与别国交战的灾难，国内没有暴行动乱的事情，这就是国家大治了。

苍茫的天空，不知道它的边际；五帝、三王这些君主，谁可为我所效法呢？过去的时代已不可追及，未来的时代不可等待，只有依靠自己的努力啊。

作为天子要具备四个条件：一是要头脑敏锐、主事英明，二是要施恩于天下，三是要维护好尊卑、长幼的统治秩序，四是要天下无敌。这些都是天子应该做到的事啊。

野生的动物不能作为祭品，杂凑的学说不能算真才实学。现在游说的人常说："一百里宽的大海，不够一个不知足的人喝；三尺深的小泉，却足够只求解渴的三军人马饮用。"我认为私欲的产生在于没有节制，邪恶的产生在于没有严禁。最高明的政治是用精神感化天下，其次是根据客观情况因势利导，再次是不占用农忙的时间，不多损耗民众的资财。那严禁私欲邪恶必须使用刑罚才有成效，奖赏奉公守法必须结合教育才有成效。

战权第十二

兵法曰：千人而成权，万人而成武[1]。权先加人者，敌不力支;武先加人者,敌无威接。故兵贵先。胜于此,则胜彼矣;弗胜于此,则弗胜彼矣。

凡我往则彼来,彼来则我往,相为胜败,此战之理然也。夫精诚[2]在乎神明,战权在乎道[3]之所极。有者无之,无者有之,安所信之?先王之所传闻者,任正去诈,存其慈顺,决无留刑。故知道者,必先图不知止之败,恶[4]在乎必往有功?轻进而求战,敌复图止,我往而敌制胜矣。故兵法曰:“求而从之,见而加之,主人不敢当而陵之,必丧其权。”

凡夺者无气[5],恐者不可守,败者无人,兵无道也。意往[6]而不疑则从之,夺敌而无前则加之,明视而高居则威之,兵道极矣。

其言无谨,偷[7]矣;其陵犯[8]无节,破矣;水溃雷击[9],三军乱矣。必安其危,去其患,以智决之。高之以廊庙[10]之论,重之以受命之论,锐之以逾垠之论,则敌国可不战而服。

【注释】

[1]武:指威力。

[2]精诚:指精确的判断。

[3]道:此处可理解为对战争规律的认识。

[4]恶:音 wū,何、哪里。

[5]夺者无气:此处指部队如果被动挨打,就难有高昂的士气。

[6]意往:决意前往。

[7]偷:泄露军机。

[8]陵犯:此处指进攻敌军。

[9]水溃雷击:比喻部队失控,不受约束。

[10]廊庙:此处指朝廷。廊庙之论与《战威第四》“庙胜之论”义同。

【译文】

兵法说:有一千人就能用权谋取胜,有一万人就能形成一种威力。先于敌人运用权谋，敌人就没有力量抵挡；先于敌人形成威力，敌人就没有威势交锋。所以用兵贵在先发制人。在这一点上做好了，就能战胜敌人；在这一点上没有做好，就不能战胜敌人。

我军进攻则敌人反击，敌人进攻则我军反击，两军交战有胜有负，这是战争的规律。那对于战争的精确判断，在于头脑敏锐、主事英明；机动灵活的作战权谋，在于深刻理解战争规律。有的显示没有，没有的显示有，敌人哪能摸清我军的真实情况呢？古代国君之所以为后人传颂，是因为能任用正直的人，斥去奸诈的人，保护仁慈和顺的人，惩治坏人决不留滞刑罚。所以懂得战争规律的人，必定事先考虑到一味冒进可能遭到的失败，哪里指望一直向前进攻就能建功呢？如果轻率冒进、一意求战，与敌交战后再想中止战斗就难了，即使能撤离，敌人也已取得战争的主动权了。所以兵法说："寻求敌人去追逐他，一见到敌人就去攻打，我军的力量本来不能抵挡却偏去进攻敌人，这样必然会丧失战争的主动权。"

凡军队丧失了主动权就士气低落，军心恐惧就不能固守，作战败北是由于指挥者不胜任，这些都是不懂得用兵规律的缘故。决定要追击敌人而没有任何怀疑就应该追击，敌人士气低落而不敢前进时就发起进攻，明察敌情而居高临下时就威逼敌人，这就算是精通用兵的规律了。

言语不谨慎，就会泄露军机；进攻没有节制，就会被敌人击败；部队涣散急躁，就会全军溃乱。必须要转危为安，消除祸患，用智谋进行决断。有高明的朝廷决策，注重挑选和任命得力的将领，部队的军事行动迅速、锐不可当，能这样敌国就可以不战而服了。

重刑令第十三

将自千人以上，有战而北，守而降，离地逃众，命曰国贼。身戮[1]家残，去其籍[2]，发其坟墓，暴其骨于市，男女公于官[3]。自百人以上，有战而北，守而降，离地逃众，命曰军贼。身死家残，男女公于官。使民内畏重刑，则外轻敌。故先王明制度于前，重威刑于后。刑重则内畏，内畏则外坚矣。

【注释】

[1]戮：音 lù，杀死。

[2]籍：户籍。

[3]公于官：充作官府奴仆。公，指充公。

【译文】

统率千人以上的将领，如果有作战失败、防守时降敌、擅离战地弃军逃跑的，叫作“国贼”。对这种人要杀头抄家，取消他的官籍，挖掘他的祖坟，把他的尸骨暴露示众，把他全家男女收入官府为奴婢。统率百人以上的，如果有作战失败、防守时降敌、擅离战地弃军逃跑的，叫作“军贼”。对这种人要杀头抄家，把他全家男女收入官府为奴婢。只有让民众在国内畏惧重刑，就会对外蔑视敌人。所以，古代国君都先申明法令制度，然后注重使用威刑。注重刑罚，国民就对内畏惧；国民对内畏惧了，对付外敌就坚定了。

伍制令第十四

军中之制，五人为伍，伍相保[1]也；十人为什，什相保也；五十人为属，属相保也；百人为闾[2]，闾相保也。伍有干[3]令犯禁者，揭之，免于罪；知而弗揭，全伍有诛。什有干令犯禁者，揭之，免于罪；知而弗揭，全什有诛。属有干令犯禁者，揭之，免于罪；知而弗揭，全属有诛。闾有干令犯禁者，揭之，免于罪；知而弗揭，全闾有诛。

吏自什长以上，至左右将[4]，上下皆相保也。有干令犯禁者，揭之，免于罪；知而弗揭者，皆与同罪。

夫什伍相结，上下相联，无有不得之奸，无有不揭之罪。父不得以私其子，兄不得以私其弟，而况国人聚舍同食，乌[5]能以干令相私者哉？

【注释】

[1]保：指连保法。

[2]闾：音 lǘ，也叫“卒”，是先秦时期的户籍编制单位。

[3]干：触犯。

[4]左右将：指左、右两军的主将。

[5]乌：怎么。

【译文】

军队的连保制度规定，五人编为一伍，伍内互相连保；十人编为一什，什内互相连保；五十人编为一属，属内互相连保；百人编为一闾，闾内互相连保。伍内有人违犯军令禁规的，同伍的人揭发他，可以免罪；知道而不揭发，全伍的人都要受惩罚。什内有人违犯军令禁规的，同什的人揭发他，可以免罪；知道而不揭发，全什的人都要受惩罚。属内有人违犯军令禁规的，同属的人揭发他，可以免罪；知道而不揭发，全属的人都要受惩罚。闾内有人违犯军令禁规的，同闾的人揭发他，可以免罪；知道而不揭发，全闾的人都要受惩罚。

军吏从什长以上到左、右两军的主将，上下之间都要互相连保。有人违犯军令禁规的，其他人揭发他，可以免罪；知道而不揭发的人，都与他同罪。

同什同伍的人互相具结，上下军吏之间互相连保，就没有不被捉获的坏人，没有不被揭发的罪行。父亲也不能包庇儿子，哥哥也不能包庇弟弟，何况仅仅吃住在一起的一般人，怎么会有违犯军令而互相包庇的呢？

分塞令第十五

中军，左、右、前、后军，皆有分地[1]，方之以行垣[2]，而无通其交往。将有分地，帅有分地，伯有分地，皆营[3]其沟域[4]，而明其塞令，使非百人无得通。非其百人而入者，伯诛之；伯不诛，与之同罪。

军中纵横之道，百有二十步而立一府柱[5]，量人与地，柱道相望，禁行清道。非将吏之符节，不得通行。采薪刍[6]牧者，皆成行伍。不成行伍者，不得通行。吏属无节，士无伍者，横门[7]诛之。逾分干地者，诛之。故内无干令犯禁，则外无不获之奸。

【注释】

[1]分地：指部队的营区。

[2]行垣：驻地临时构筑的围墙。

[3]营：营造、修建。

[4]沟域：驻地周围开挖的沟界。

[5]府柱：古代军营内用木柱支起的瞭望台。

[6]刍：饲养牲畜。

[7]横门：也叫“衡门”，即临时性的营门，此处引申为军营门口的警卫人员。

【译文】

中军以及左、右、前、后各军，都有划分的营地，营地四周构筑起临时的围墙，不许各军之间随便往来。将有自己的营地，帅有自己的营地，伯有自己的营地，都在驻地周围挖有沟界，并申明营地的禁令，使不是本百人中的人不能通行。如果不是本百人中的人擅自进入营地，伯长就惩罚他；伯长如不惩罚他，就与他同罪。

在军营内纵横的道路上，每隔一百二十步设立一个用木柱支起的瞭望台，观察行人和营区各处，瞭望台之间也有人守卫，禁止随便通行，清除道路障碍。没有持本军将吏发给的印信符号作为通行凭证的人，不许通过。打柴、放牧的人，都要排队一起走。不排队一起走的人，不许通过。没有持通行凭证的下级军吏以及士卒不排队一起进出营区的，负责营门警卫的军吏可以惩罚他们。还有越过自己营区进入别的地界的人，都予以惩罚。这样，内部就不会有违犯军令禁规的人，对外就不会有抓获不到的奸细了。

卷第四

束伍令第十六

束伍之令[1]曰：五人为伍，共一符，收于将吏之所。亡[2]伍而得[3]伍，当之；得伍而不亡，有赏；亡伍不得伍，身死家残。亡长得长，当之；得长不亡，有赏；亡长不得长，身死家残；复战得首长，除之。亡将得将，当之；得将不亡，有赏；亡将不得将，坐[4]离地遁逃之法。

战诛之法曰：什长得诛十人，伯长得诛什长，千人之将得诛百人之长，万人之将得诛千人之将，左右将军得诛万人之将，大将军[5]无不得诛。

【注释】

[1]束伍之令：指约束部队的法令。

[2]亡：伤亡、损失。

[3]得：得到、俘获。

[4]坐：治罪。

[5]大将军：战国时将军的最高一级称号。

【译文】

约束部队的法令规定：士卒五人编为一伍，共签一份连保符书，收存在将吏那里。在作战中，自己伍内的伤亡与斩获的敌人相等，功罪相当，不赏不罚；斩获敌人而自己伍内无伤亡的，有奖赏；自己伍内有伤亡而没有斩获敌人的，要杀头抄家。自己伤亡什长、伯长而斩获敌人什长、伯长的，功罪相当，不赏不罚；斩获敌人什长、伯长而自己什长、伯长无伤亡的，有奖赏；自己伤亡什长、伯长而没有斩获敌人什长、伯长的，要杀头抄家；再次作战时能斩获敌人高一级的军吏，可以免罪。自己伤亡大将而斩获敌人大将的，功罪相当，不赏不罚；斩获敌人大将而自己大将无伤亡的，有奖赏；自己伤亡大将而没有斩获敌人大将的，要按放弃防地、临阵脱逃罪惩治。

战时的军事法令规定：什长有权惩处所属的十人，伯长有权惩处所属的什长，统率千人的将领有权惩处所属统率百人的将领，统率万人的将领有权惩处所属统率千人的将领，左、右将军有权惩处所属万人的将领，大将军有权惩处所属的各级将领和士卒。

经卒令第十七

经卒[1]者，以经令分之为三分焉：左军苍旗[2]，卒戴苍羽；右军白旗，卒戴白羽；中军黄旗，卒戴黄羽。

卒有五章[3]：前一行苍章，次二行赤章，次三行黄章，次四行白章，次五行黑章。次以经卒，亡章者有诛。前一五行[4]置章于首，次二五行置章于项，次三五行置章于胸，次四五行置章于腹，次五五行置章于腰。如此，卒无非其吏，吏无非其卒。见非而不诘[5]，见乱而不禁，其罪如之。

鼓行交斗，则前行进为犯难，后行退为辱众。逾五行而前者有赏，逾五行而后者有诛。所以知进退先后，吏卒之功也。故曰：鼓之前如雷霆，动如风雨，莫敢当其前，莫敢蹑[6]其后，言有经也。

【注释】

[1]经卒：管理军队。

[2]苍旗：青色旗帜。

[3]五章：以五种颜色做的徽章，士卒佩在身上，用以区分队伍的先后次序。

[4]五行：此处所说的五行似指卒长所属的二十五人。

[5]诘：质问。

[6]蹑：追随、跟踪。

【译文】

管理军队，是用组织条令把军队分为三部分：左军用青色旗，士卒戴青色羽毛；右军用白色旗，士卒戴白色羽毛；中军用黄色旗，士卒戴黄色羽毛。

士卒佩戴有五种颜色的徽章：第一行用青色徽章，第二行用红色徽章，第三行用黄色徽章，第四行用白色徽章，第五行用黑色徽章。以这种次序管理军队，丢失徽章的要受惩罚。第一个五行把徽章戴在头上，第二个五行把徽章戴在脖子上，第三个五行把徽章戴在胸前，第四个五行把徽章戴在腹部，第五个五行把徽章戴在腰间。这样，士卒不会认错自己的官吏，官吏也不会认错自己的士卒。发现不属于本五行的士卒而不进行质问，看见次序混乱的现象而不加以制止，他的罪和违犯军令的人一样。

擂鼓进兵与敌人格斗，这时越过本行往前进击就是敢于战斗，落后于本行贪生怕死就是丢军队的脸。超过本五行而冲锋在前的给予奖赏，脱离本五行而退缩在后的给予惩罚。所以，知道进、退、先、后的赏罚规定，是为了分清军吏和士卒的功过是非啊。因此说：战鼓擂响之后部队像雷霆那样迅疾前进，像暴风雨那样猛烈行动，没有人敢于在前面抵挡，也没有人敢于在后面追击，这就是说军队管理得好啊。

勒卒令第十八

金、鼓、铃、旗[1]，四者各有法：鼓之则进，重鼓则击。金之则止，重金则退。铃，传令也。旗麾[2]之左则左，麾之右则右。奇兵则反是。

一鼓一击而左，一鼓一击而右。一步一鼓，步鼓也；十步一鼓，趋[3]鼓也；音不绝，骛[4]鼓也。商，将鼓也；角，帅鼓也[5]；小鼓，伯鼓也。三鼓同，则将、帅、伯，其心一也。奇兵则反是。鼓失次者有诛，喧哗者有诛，不听金、鼓、铃、旗而动者有诛。

百人而教战，教成合之千人；千人教成，合之万人；万人教成，会之于三军。三军之众，有分有合，为大战之法。教成试之以阅。方亦胜，圆亦胜，错斜[6]亦胜，临险亦胜。敌在山，缘而从之；敌在渊，没而从之。求敌若求亡子，从之无疑，故能败敌而制其命。

夫蚤[7]决先定。若计不先定，虑不蚤决，则进退不定，疑生必败。故正兵贵先，奇兵贵后，或先或后，制敌者也。世将不知法者，专命而行，先击而勇，无不败者也。其举有疑而不疑，其往有信而不信，其致[8]有迟疾而不迟疾，是三者，战之累也。

【注释】

[1]金、鼓、铃、旗：古代在战场上传达命令的四种指挥信号。

[2]麾:挥动。

[3]趋:快速行走。

[4]骛:音 wù,奔跑。

[5]商、角:均为我国古代五音之一,五音为宫、商、角、徵、羽。

[6]错斜:形容地形复杂。

[7]蚤:同“早”。

[8]致:挑战的意思,此处可引申为战斗。

【译文】

金、鼓、铃、旗,这四种指挥信号各有使用规定:击鼓是命令部队前进,再次击鼓是命令部队向敌人发起冲击。鸣金是命令部队停止,再次鸣金是命令部队后退。摇铃,是说上级有命令要传达。旗向左挥动部队就向左移动,向右挥动部队就向右移动。使用小部队偷袭敌人时就应变换指挥信号。

有时一下一下击鼓是命令部队向左移动,有时一下一下击鼓是命令部队向右移动。走一步击一下鼓,是慢步行进的信号;走十步击一下鼓,是快步行进的信号;鼓声不断,是跑步行走的信号。发商音的,是大将使用的鼓;发角音的,是帅使用的鼓;发音细小的,是伯长使用的鼓。三种鼓音同时发出信号,表明大将、帅、伯长的指挥意图一致。使用小部队偷袭敌人时应变换指挥信号。在战场上击鼓出了差错的要受惩罚,大声吵嚷的要受惩罚,不听从金、鼓、铃、旗指挥而随意行动的要受惩罚。

先以百人为编制单位训练作战,训练完成后再以千人为编制单位进行合练;千人训练完成后,再以万人为编制单位进行合练;万人训练完成后,再集合三军一起合练。三军将士,要训练时而分散时而集中,这是打大仗的方法。三军训练完成后,即举行校阅来检查训练的效果。经过这样训练的部队攻方形阵能获胜,攻圆形阵也能获胜,在复杂地形作战也能获胜,面临险境作战也能获胜。敌人在山上,能攀山去追击;敌人在水上,能下水去追击。寻找敌人像寻找丢失的孩子那样迫切,追击毫不迟疑,所以能打败敌人而制敌于死命。

用兵要早有决心和作战计划。如果作战计划不先确定,决心不早下,那么部队前进、后退就无法确定,疑虑丛生必然招致失败。所以,一般用大部队正面迎敌应先行动,用小部队奇袭敌人应后行动,但或者先行动或者后行动,都是为了战胜敌人。现在的世袭将领不懂得奇正变化的用兵方法,独断专行,只凭勇气进击敌人,这没有不失败的。作战时敌人的举动有可疑的地方而轻信不疑,进军时有胜利的希望而缺乏信心,发动进攻时该快的不快、该慢的不慢,这三种情况,都是指挥作战的累赘啊。

将令第十九

将军受命,君必先谋于庙,行令于廷。君身以斧钺授将[1]曰:"左、右、中军,皆有分职。若逾分而上请者死。军无二令,二令者诛,留令者诛,失令者诛。"将军告曰:"出国门[2]之外,期日中[3],设营表[4],置辕门。期之,如过时,则坐法[5]。"将军入营,即闭门清道,有敢行者诛,有敢高言者诛,有敢不从令者诛。

【注释】

[1]以斧钺授将:国君授予将军统领军队和斩杀部将的权力,这是古代任命将领的一种仪式。斧钺,两种古兵器,此处作为拥有斩杀权力的象征。

[2]国门:国都的城门。

[3]期日中:以中午为期限。

[4]营表:古代军营中用以观测日影、计算时辰的标杆。

[5]坐法:依法治罪。

【译文】

将军接受任命，国君必须先在宗庙里谋划决策，然后在朝廷发布命令。国君亲自把象征统军和斩杀权力的斧钺授予将军说：“左、右、中三军，都有各自的职责。如果超越职分向上请示的处以死刑。军中除主将外不允许有人发布命令，擅自发布命令的要予以严惩，稽留延误命令的要予以严惩，遗失命令的也要予以严惩。”将军接受任命后向部下宣布：“出了国都城门之外后，限于某日中午以前，在军营辕门处设置观测日影的标杆以计算时辰，如果迟到了就依法治罪。”将军进入军营后，即下令关闭辕门实行戒严，有敢擅自在军营内行走的要严惩，有敢擅自高声喧哗的要严惩，有敢不服从命令的也要严惩。

踵军令第二十

所谓踵军[1]者，去大军百里，期于会地，为三日熟食，前军而行。为战合之表[2]，合表乃起。踵军飨[3]士，使为之战势，是谓趋战[4]者也。

兴军者，前踵军而行，合表乃起。去大军一倍其道，去踵军百里，期于会地，为六日熟食，使为战备，分卒据要害。战利则追北，按兵而趋之。踵军遇有还者，诛之。

所谓诸将之兵，在四奇[5]之内者胜也。

兵有什伍，有分有合，豫[6]为之职，守要塞关梁而分居之。战合表起，即皆会也。大军为计日之食，起，战具无不及也。令行而起，不如令者有诛。

凡称分塞者，四境之内，当兴军、踵军既行，则四境之民，无得行者。奉王之命，授持符节，名为顺职之吏。非顺职之吏而行者，诛之。战合表起，顺职之吏乃行，用以相参[7]。故欲战，先安内也。

【注释】

[1]踵军：跟在兴军（尖兵）后面，先于大部队行动的作战部队，类似于前卫部队。

[2]表：标记、信物。

[3]飨：犒赏。

[4]趋战：在战场上向敌人发起进攻。

[5]四奇：此处似指兴军、踵军、大军、分卒四个方面的部队编成与相互配合。

[6]豫：同“预”。

[7]参：此处为核查、检验的意思。

【译文】

所谓“踵军”，是与大部队相距一百里的前卫部队，要按期到达集结地点，准备好三天的干粮，在大部队前面行进。预先约好联络的信号，接到信号检验无误后就起兵迎敌。踵军出发前应犒赏士卒，使部队保持高昂的士气，时刻准备投入战斗。

所谓“兴军”，是在踵军前面行进的尖兵，接到联络信号检验无误后就起兵迎敌。兴军与大部队的距离比踵军远一倍，与踵军相距一百里，要按期到达集结地点，准备好六天的干粮，到达后做好各种战斗准备，同时分派士卒占据险要的地方。大部队交战取胜就参加追击逃敌，大部队按兵不动时就做好投入战斗的准备。踵军遇上兴军的逃兵，应予惩办。

各军将领所统率的兴军、踵军、大军、分卒四个方面的部队，如果能互相配合，发挥各自的效用，就能胜利地行军作战了。

部队有什和伍的编制，使用时有分散有集中，预先规定各自的任务加以训练，以便分别据守要塞、关卡和桥梁。接到作战的命令后，就全部向规定地点集结。大部队按规定天数准备好干粮，起兵迎敌时，各种作战用具都必须带齐。命令一下达就起兵，不按命令行动的应予惩办。

凡是守卫要塞的部队，在所管辖的地区内，当兴军、踵军出发之后，在各要塞所管辖地区的民众，就不能随便通行。奉国君的命令，持有所授符节的，叫作“传达任务的官吏”。不是传令官而擅自通行的人，应予惩办。部队接到作战命令后，持有国君所授符节的传令官就出发进行联络，他所持的符节也要检验无误后才能放行。所以，要进行战争，必须先安定好内部。

卷第五

兵教上第二十一

兵之教令[1]，分营居陈，有非令而进退者，加犯教之罪。前行者，前行教之。后行者，后行教之。左行者，左行教之。右行者，右行教之。教举五人，其甲首[2]有赏。弗教，如犯教之罪。罗地者[3]自揭其伍，伍内互揭之，免其罪。

凡伍临陈，若一人有不进死于敌，则教者如犯法者之罪。凡什保什，若亡一人，而九人不尽死于敌，则教者如犯法者之罪。自什以上，至于裨将[4]，有不若法者，则教者如犯法者之罪。凡明刑罚，正劝赏，必在乎兵教之法。

将异其旗，卒异其章。左军章左肩，右军章右肩，中军章胸前，书其章曰：某甲、某士。前后章各五行，尊[5]章置首上，其次差降之。

伍长教其四人，以板为鼓，以瓦为金，以竿为旗。击鼓而进，低旗则趋，击金而退，麾而左之，麾而右之，金鼓俱击而坐。伍长教成，合之什长。什长教成，合之卒长[6]。卒长教成，合之伯长。伯长教成，合之兵尉[7]。兵尉教成，合之裨将。裨将教成，合之大将。大将教之，陈于中野，置大表三，百步而一。既陈，去表百步而决，百步而趋，百步而骛，习战以成其节，乃为之赏罚。自尉吏而下，尽有旗，战胜得旗者，各视其所得之爵，以明劝赏之心。

战胜在乎立威，立威在乎戮力，戮力在乎正罚。正罚者，所以明赏也。

令民背国门之限[8]，决死生之分，教之死而不疑者，有以也。令守者必固，战者必斗；奸谋不作，奸民不语；令行无变，兵行无猜；轻者若霆，奋敌若惊；举功别德，明如白黑；令民从上令，如四肢应心也。前军绝行乱陈，破坚如溃者，有以也。此之谓兵教。所以开封疆，守社稷，除患害，成武德[9]也。

【注释】

[1]教令：军事训练的条令。

[2]甲首：此处指伍长。

[3]罗地者：似指在操练时或作战时因伤病倒在地上的人。罗，伏在地上。

[4]裨将：副将。

[5]尊：为首的。此处指第一个伍行。

[6]卒长：古代军制中比什长高一级的官职，通常管理二十五人。

[7]兵尉：古代军制中管理八百人的官职。

[8]限：界限。此处指诸侯国间的疆界。

[9]武德：指武功，可理解为军事的最终目的。

【译文】

军队训练的条令规定，士卒要分设营垒列阵，有不听命令进退的，都要以违犯训练条令论罪。前行的士卒，由前行的军吏负责教练。后行的士卒，由后行的军吏负责教练。左行的士卒，由左行的军吏负责教练。右行的士卒，由右行的军吏负责教练。教练好五个人，那个负责教练的伍长可以受奖赏。教练不好，就要按违犯训练条令论罪。因患病不能参加训练的人向伍内说明原因，同伍的人也为他作证，可以免他的罪。

凡是同伍的人临阵交锋，如有一个人不拼死杀敌，那么负责教练的军吏就和犯法的人同罪。一什内的人互相连保，如果一人阵亡，而其余九人不拼死杀敌，那么负责教练的军吏就和犯法的人同罪。从什长以上直到副将级单位，有不按训练命令办事的，那么负责教练的军吏就和犯法的人同罪。凡是想做到刑罚严明、奖赏公平的，必须贯彻在平时的训练中。

将领有不同的旗帜，士卒有不同的徽章。左军的徽章戴在左肩，右军的徽章戴在右肩，中军的徽章戴在胸前，徽章上写明：某单位、某人。每军戴徽章的士卒各成前后五行，第一行把徽章戴在头上，第二、三、四、五行依次降低戴徽章的位置。

伍长教练伍内的其他四人，用木板代替鼓，用瓦片代替金，用竹竿代替旗。击鼓就前进，把旗放低就急速前进，鸣金就后退，旗向左挥动就向左移动，旗向右挥动就向右移动，金鼓齐鸣就坐在当地。伍长教练好了，合起来由什长教练。什长教练好了，合起来由卒长教练。卒长教练好了，合起来由伯长教练。伯长教练好了，合起来由兵尉教练。兵尉教练好了，合起来由副将教练。副将教练好了，合起来由大将军教练。大将军教练时，在野外列阵，设置三个大表柱，每隔百步立一个。列阵完毕，在距第一个表柱百步时演练射箭等战斗动作，在距第二个表柱百步时演练快步奔袭，在距第三个表柱百步时演练跑步前进，通过演练各种要领以达到使大将军节制全军的目的，然后根据演练的好坏进行赏罚。自兵尉以下的各级军吏，都有指挥旗，作战胜利夺得敌人军旗的，按各自得旗的多少和等级奖予相应的爵位，以此表明有功必赏的心意。战胜敌人在于树立军威，树立军威在于将士齐心协力，将士齐心协力在于刑罚公正。刑罚公正了，就可以彰明奖赏的作用了。

使国民背井离乡出国作战，面临生死抉择时，甘愿拼死而不动摇，就是赏罚分明的缘故啊。使防御的必能守御牢固，进攻的必能拼死战斗；奸谋不能发生作用，坏人不敢造谣生事；命令下达不会走样，部队行动没有疑虑；轻装行动迅似雷霆，奋勇杀敌势如惊马；提拔有功表扬有德，像黑白一样分明；使国民服从上级的命令，就像四肢听从心的支配一样啊。前锋部队冲垮敌人的行列，打乱敌人的阵式，攻破敌人的坚固城池，像洪水决堤一样不可抵挡，这是部队训练有素的缘故啊。以上这些就是所说的军队训练，为的是开拓疆土，守卫国家，消除祸患，以达到最终的军事目的。

兵教下第二十二

臣闻人君有必胜之道，故能并兼广大，以一其制度，则威加天下。有十二焉：一曰连刑，谓同罪保伍也；二曰地禁[1]，谓禁止行道，以网外奸也；三曰全车，谓甲首相附，三五相同，以结其联也；四曰开塞，谓分地以限，各死其职而坚守也；五曰分限，谓左右相禁，前后相待，垣车[2]为固，以逆以止也；六曰号别，谓前列务进，以别其后者，不得争先登不次也；七曰五章，谓彰明行列，始卒不乱也；八曰全曲[3]，谓曲折相从，皆有分部也；九曰金鼓，谓兴有功，致有德也；十曰陈车，谓接连前矛[4]，马冒[5]其目也；十一曰死士，谓众军之中有材力者，乘于战车，前后纵横，出奇制敌也；十二曰力卒，谓经旗全曲，不麾不动也。此十二者教成，犯令不舍。兵弱能强之，主卑能尊之，令弊能起之，民流能亲之，人众能治之，地大能守之。国车不出于阃，组甲不出于橐[6]，而威服天下矣。

兵有五致：为将忘家，逾垠忘亲，指敌忘身，必死则生，急胜为下。百人被刃[7]，陷行乱陈；千人被刃，擒敌杀将；万人被刃，横行天下。

武王问太公望曰："吾欲少间[8]而极用人之要。"望对曰："赏如山，罚如谿。太上无过，其次补过，使人无得私语。诸罚而请不罚者死，诸赏而请不赏者死。"

伐国必因其变，示之财以观其穷，示之弊以观其病，上乖[9]

下离，若此之类，是伐之因也。凡兴师必审内外之权，以计其去。兵有备阙[10]，粮食有余不足，校[11]所出入之路，然后兴师伐乱，必能入之。地大而城小者，必先收其地；城大而地窄者，必先攻其城；地广而人寡者，则绝其阨[12]；地狭而人众者，则筑大堙[13]以临之。无丧其利，无夺其时，宽其政，夷其业，救其弊，则足以施天下。

今战国相攻，大伐有德。自伍而两[14]，自两而师，不一其令。率俾[15]民心不定，徒尚骄侈，谋患辩讼，吏究其事，累且败也。日暮路远，还有挫气，师老将贪，争掠易败。

凡将轻、垒卑、众动，可攻也；将重、垒高、众惧，可围也。凡围必开其小利，使渐夷弱，则节吝[16]有不食者矣。众夜击者，惊也。众避事者，离也。待人之救，期战而蹙[17]，皆心失而伤气也。伤气败军，曲谋[18]败国。

【注释】

[1]地禁：一种戒严措施，目的在于捕捉奸细。

[2]垣车：指用战车圈起来的围墙。垣，音 yuán，墙。

[3]曲：指部曲，也为古代军队的编制。

[4]前矛：古代行军时，前方的斥候以矛为旌，遇有敌情，举矛以报后军。这里指斥候或前方部队。

[5]冒：遮掩、覆盖。

[6]国车不出于阃，组甲不出于橐：阃，音 kǔn，门槛；组甲，漆成组纹的铠甲；橐，音 gāo，盛甲的器具。这句话的意思是不必出兵打仗。

[7]被刃：可理解为冒死作战的意思。

[8]少间：很短时间。

[9]乖：音 guāi，乖戾、违反情理。

[10]阙：同“缺”。

[11]校：此处指调查研究。

[12]阨:音 è,险要之处。

[13]堙:音 yīn,堆筑起来用于攻城或侦察的土山。

[14]两:古代军队中的一种编制,一般为二十五人。

[15]率俾:致使、使得。

[16]节吝:节省。

[17]蹙:音 cù,着急、发愁。

[18]曲谋:错误的谋略。

【译文】

我听说国君掌握了必胜的道理,就能兼并广大的土地,统一各地的制度,从而威震天下。应当从十二个方面做起:一是连刑,即一人犯罪,同伍连坐;二是地禁,即禁止在防区内随便通行,以防止奸细从事间谍活动;三是全车,即战车上的甲士和步兵互相配合,三辆、五辆车都能协同作战,联成一个整体;四是开塞,即划分防区,使各人都忠于职责坚守岗位;五是分限,即营阵左右互相警戒,前后互相照应,把战车环绕起来,连接加固作为垣墙,以便御敌和保障宿营安全;六是号别,即前列部队要努力前进,而后续部队不得抢先冒进,搞乱阵势;七是五章,即用五种颜色的徽章标明行列,使部队不至于紊乱;八是全曲,即各将领的部曲之间虽然互相连贯,但要各自保持所属队形;九是金鼓,即用军乐激励将士杀敌立功,为国尽忠;十是阵车,即用战车排列成阵,前后相接,用东西从两侧遮住马眼,使马匹免受惊恐;十一是死士,即在各军中选拔有才能而勇敢的人,乘着战车,忽前忽后纵横冲杀,给敌人以出乎意料的奇袭;十二是力卒,即派得力的士卒掌管军旗指挥全军,没有命令不得乱动。这十二个方面都教练好,再加上对违犯军令的人决不宽恕。这样,战斗力弱的部队能够强大起来,卑微的国君能够尊贵起来,废弛的法令能够得到整顿,流离的民众能够归附,人口众多能够治理好,广大的国土能够固守。国内的战车不用驶出城门,士卒的盔甲不用打开包装,就能威震天下了。

军人应做到五条:受封为将时要忘掉自己的家庭,出国作战时要忘掉自己的亲人,临阵杀敌时要忘掉自己的安危,抱定必死的决心以获得生存，急于求胜是下策。一百人拼死战斗，就可以攻陷敌阵；一千人拼死战斗，就可以擒敌杀将；一万人拼死战斗，就可以横行天下。

周武王问太公望说："我想请您用点时间告诉我用人的要领。"太公望回答说："奖赏要像高山那样重，惩罚要像溪水那样深。执行赏罚最好没有过失，其次是有了过失及时纠正，这就使人无可非议了。对于有罪该罚而请求不罚的处死，有功该赏而请求不赏的处死。"

讨伐别的国家必须利用它内部的变故，从该国财政情况考察它的穷困程度，从该国暴露的弊端考察它的危机所在，如果它的国君乖戾专横，臣下离心离德，像这些情况，都是可以进行讨伐的依据。凡出兵作战必须审察敌我双方的得失变化，以计划自己的行动。掌握了部队的兵员和装备情况，知道了粮食供给的数量多少，调查研究了行军路线的远近险易，然后出兵讨伐变乱的国家，必定能攻入敌境。对地大而城小的国家，要先占领它的土地；对城大而地窄的国家，要先攻取它的城市；对土地广阔而人口稀少的国家，要切断它的险要处；对土地狭窄而人口众多的国家，要构筑土山居高临下攻城。对敌国不损害民众的利益，不耽误民众的农时，实行宽大的政策，让民众安居乐业，拯救民众的疾苦，那就足以施恩于天下了。

现今各诸侯国交相攻战，大肆侵犯施行德政的国家。军队从伍到两，从两到师，上下的号令不统一。致使人心不定，只知骄横奢侈，图谋惹是生非，军吏追究这些，既劳累又误事。天色昏暗，路途遥远，还师挫伤士气，部队久战疲劳，将帅贪财争功，士卒争相劫掠，这种军队很容易被打败。

凡是敌将轻率、营垒低矮、军心动摇的，就可以进攻他；敌将持重、营垒高厚、军心畏惧的，就可以包围他。凡包围敌人必须为其留一点希望，使敌军斗志逐渐削弱，最后即使节省粮食也不够吃了。敌军夜间敲击器物，是惊恐的表现啊。敌军遇事不听指挥，是离心离德的表现啊。坐等救兵增援，临战局促不安，都是丧失信心而士气低落的表现。士气低落就会导致军队失败，谋略错误就会导致国家灭亡。

兵令上第二十三

兵者，凶器也；战者，逆德也；争者，事之末也；王者[1]伐暴乱而定仁义也。战国所以立威侵敌，弱国之所不能废也。

兵者，以武为栋，以文为[植][2]；以武为表，以文为里；以武为外，以文为内。能审此三者，则知所以胜败矣。武者所以凌敌分死生也，文者所以视利害观安危；武者所以犯敌也，文者所以守也。兵之用文武也，如响之应声，如影之随身也。

兵以专一[3]胜，以离散败。陈以密必固，以疏则达[4]。将有威则生，失威则死，有威则胜，无威则败。卒有将则斗，无将则北，有将则死，无将则辱。威者，赏罚之谓也。卒畏将于敌者，战胜；卒畏敌于将者，战北。未战所以知胜败，固称[5]将于敌也，敌之于将犹权衡[6]也。

兵以安静治，以暴疾乱。出卒陈兵，固有恒令。行伍之疏数，固有恒法。先后之次有适宜。恒令，非追北袭邑。先后不次则失也，前失后斩。兵之恒陈，有向敌者，有内向者，有立陈者，有坐陈[者]。向敌所以备外也，内向所以顾中也，立陈所以行也，坐陈所以止也。立、坐之陈，相参[7]进止，将在其中。坐之兵剑、斧，立之兵戟、弩，将亦居中。善御敌者，正兵先合，而后扼[8]之，此必胜之术也。

将与卒，非有父子之亲、血肤之属、六亲之私也。前虽有千仞之谿[9]、折脊之渊，然而见敌走之如归，见入汤火如蹈者，前见全明之赏，后则见必死之刑。将前不能明其［赏］，后不能严其刑，则败军、死将、擒[10]卒也。将之能制士卒，其在军营之内，行陈之间，严刑罚，明庆赏，全功发之得。

陈斧钺，饰章旗，有功必赏，犯令必死。及至两敌之相距，行陈薄近，将提枹[11]而鼓之，存亡生死，存枹之端矣。虽有天下善兵者，不能御大鼓之后矣。出卒陈兵，行陈视敌，章旗相望，矢弩未合，兵刃未接，先譊[12]者虚，后譊谓之实，不譊谓之秘。虚、实、秘者，兵之体也。

【注释】

［1］王者：能够称王于天下的人。

［2］植：指立柱。

［3］专一：团结一致的意思。

［4］达：通达，此处指易被攻破。

［5］称：衡量、比较。

［6］权：秤砣。衡：秤杆。

［7］相参：相配合。

［8］扼：控制，此处可引申为攻击。

［9］千仞之谿：万丈深渊。仞，古代的长度单位，一仞为十尺或八尺。

［10］擒：此处指被杀死。

［11］枹：音 fú，鼓槌。

［12］譊：又作“嗃”，竹简整理小组认为当读为“号”，大声呼叫的意思。

【译文】

兵器，是杀人的凶器；战争，是违背道德的行为；掠夺，是最恶劣的事情；所以，王者讨伐暴乱是为了伸张仁义啊。现在交战的各国正是靠这个才能树立威望抗击外敌，弱小的国家也正是靠这个才能不被灭亡啊。

用兵这件事，以军事为骨干，以政治为根本；以军事为表象，以政治为实质；以军事对付外敌，以政治治理国内。能察明这三个方面，就可以懂得战争胜败的道理了。军事是用来与敌作战、拼死决斗的，政治是用来明察利害、观测安危的；军事是用来打击强敌的，政治是用来守卫国家的。战争中使用文武两种手段，就像响声与回音，就像身体与影子，密不可分啊。

部队因为意志统一而取胜，因为离心离德而失败。布阵如果紧密必然坚固，如果疏松就易被攻破。将帅有威信就有生的安全，失去威信就有死的危险，有威信指挥作战就能获胜，没有威信指挥作战就会失败。有将帅指挥士卒就会奋勇战斗，没有将帅指挥士卒就会逃走；有将帅指挥士卒就会拼死作战，没有将帅指挥士卒就会失败受辱。所谓威信，就是指明赏严罚。士卒畏惧将帅超过了畏惧敌人的，战争就胜利；士卒畏惧敌人超过了畏惧将帅的，战争就失败。交战之前就能预知胜败的原因，是事先比较了将帅的威望与敌人的威风，敌人与将帅的关系好比衡量轻重的秤砣一样啊。

部队是靠冷静沉着才治理好的，是因为急躁才陷于混乱。出兵列阵，有固定的条令。队形的疏密，也有固定的法则。前后的次序同样有适当的规定。固定的条令，不用于追击逃敌和奔袭城邑。前后的次序紊乱了，就会失去控制；前边的人扰乱次序，后边的人就可以杀掉他。部队通常列阵，有面向敌人的人，有面向内部的人，有站立的阵式，有坐着的阵式。面向敌人是为了防备敌人的袭击，面向内部是为了保卫中军的安全，站立的阵式是为了准备进攻的，坐着的阵式是为了准备驻守的。站立、坐着并行的阵式，是为了进攻和驻守两相配合的需要，将帅要在阵中指挥。坐着阵式中使用的兵器是剑、斧，站立阵式中使用的兵器是戟、弩，将帅对此也要在阵中指挥。善于抵御敌人的将帅，先用正面部队与敌交战，然后用机动部队给敌人以致命的打击，这是必胜的战术啊。

将帅与士卒之间，没有父子般的亲爱、血肉般的亲密、亲人般的亲近啊。前面虽然有万丈深渊、峻峭山谷那样的险境，然而士卒遇到敌人义无反顾地冲上去，遇到危难敢于赴汤蹈火，这是因为向前见到齐全明确的奖赏,向后则见到必死无疑的刑罚。作为将帅如果前不能明确宣布他的奖赏标准,后不能严格执行他的刑罚条令,就会出现军队溃败、将吏死伤、士卒被杀的局面。将帅如果想治理好士卒,他就应无论在军营之内,还是在行军列阵之时,都严格执行刑罚条令,明确宣布庆功奖赏,这样才能取得发兵时预定取得的功效。

陈列斧钺,设置章旗,是为了表示立了功必定奖赏,违犯军令必定处死。等到敌我双方在战场上相对峙,在很近的地方互相列阵已毕,将帅擂鼓指挥作战的时候,国家的存亡、将士的生死,全在于将帅的指挥是否得当了。虽然天下有会用兵的人,也不能抵御正确指挥下的军队。当派出士卒拿起兵器,列好阵式威逼敌人,戴好徽章设立军旗,两军矢弩尚未交射,双方兵器还没接触,这时先大声喊叫的是虚张声势,后大声喊叫的是力量充实的表现,不大声喊叫的是另有计谋的表现。虚、实、秘这三种情况,是用兵作战的三种不同形态啊。

兵令下第二十四

诸县去军百里者,皆为守御之备,如居边之一城也。有令起军,将吏受鼓旗、戈甲[1]。发日,后其将吏出于县部界者,以坐后戍[2]法。兵戍边一岁遂亡不从其将吏,比于亡军。父母妻子知之,与同罪;弗知,赦之。卒后将吏至大将之所一日,父母妻子尽同罪。卒逃归至家一日,父母妻子弗捕执及不言,亦同罪。

战而失其将吏,及将吏战而死,卒独北而还,其法当尽斩之。将吏将其卒北,斩其将而夺其卒者,赏。军无功者戍三岁。军大战,大将死,从吏五百以上不能死敌者,皆当斩。及大将左右近卒在陈中者，皆当斩。余士卒有军功者夺一功[3]，其无军功者戍三岁。战亡伍人，及伍人战死不得其尸，同伍尽夺其功，[其无]军功者戍三岁。得其尸，罪赦。卒逃归及……军之伤[□]也，国之大费也，而将不能禁止，此内自弱之道也。

军之利害，在国之名实。名在军而实居于家，[军]不得其实，家不得其名。聚卒为军，有空名而无实，外不足以御敌，内不足以守国，此军之所以不给[4]，将之所以夺威也。臣以谓[5]卒逃归者，同舍伍人及吏以其粮为饶[6]，而身食于家。是有一军之名，而有二实之出，国内空虚尽竭，而外为岁，曷[7]内北之数也。能止逃归禁亡军，是兵之一胜也。使什伍相联也，及战斗则卒、吏相救，是兵之二胜也。将能立威，卒能节制，号令明信，攻守皆得，是兵之三胜也。

古之善用兵者，能杀[8]士卒之半，其次杀其十三，其下杀其十一。能杀其半者，威立海内；能杀其十三者，力加[9]诸侯；能杀其十一者，令行士卒。臣闻：百万之众而不战，不如万人之尸；万人而不死，不如百人之鬼。赏明如日月、信比四时，令严如斧钺、利如干将[10]，而士卒有不死用者，未尝之闻也。

【注释】

[1]戈甲：戈是古代一种横刃长柄的兵器，甲是用金属制成的防护服，此处指武器装备。

[2]戍：守卫边疆。

[3]夺一功：意为抵消一次功劳。

[4]给：音 jǐ，此处指兵员充足。

[5]以谓：以为、认为。

[6]饶：富足。

[7]曷：音 hé，何、怎么。

[8]杀：此处为裁减的意思。

[9]加:超越的意思。

[10]干将:宝剑名,参见《武议第八》注[25]。

【译文】

距离主力部队百里远的各县,都要准备好防守御敌,就像驻守边境的城堡一样。有命令出动军队时,各县的将吏也同样接受战鼓军旗、武器装备。出发的那天,如果谁比所属将吏晚出本县县界的,按后戍法治罪。士卒守卫边境一年后擅离职守不听从将吏指挥的,按逃兵一样治罪。父母妻子知道情况的,就与犯人同罪;不知道的,就赦免他们。士卒迟于将吏一天到达大将军集中部队的地方,他的父母妻子都同样治罪。士卒逃跑回家过了一天,他的父母妻子不捉他送官又不报告的,也同样治罪。

在战斗中士卒丢下将吏不顾,等到将吏战死后,士卒独自败逃回来的,按军法都应当斩杀。将吏率领所部士卒一起败逃,别的将吏如果能杀掉这个将吏并接管其指挥权的,给予奖赏。这些士卒中没有战功的罚守卫边境三年。在全军参加的大规模战斗中,若是大将军战死,他的部下凡统帅五百人以上的将吏不能拼死杀敌的,都应当斩杀。大将军左右的亲兵凡当时在阵中的,都应当斩杀。其余士卒凡有军功的抵消一次功劳,凡没有军功的罚守卫边境三年。战斗时伍内有人逃亡,以及伍内有人战死而没有夺得他的尸体,同伍的人都要被剥夺军功,凡没有军功的罚守卫边境三年。能夺得战死者尸体,他们的罪就可赦免。士卒逃跑回来……是军队的致命伤啊,是国家的大浪费啊,而将帅们不能加以禁止,这是从内部自己削弱自己的做法啊。

军队的利弊得失,在于国家的兵员名额与实际人数是否相符。士卒的名籍在军队而实际上人居住在家里,军队没有这个人,家里没有他的名籍。征集士卒编成军队,只有空的名额而没有实际的兵员。对外不足以抵御敌人,对内不足以守卫国家,这就是军队兵员不充实、将帅丧失威望的原因啊。我认为,现在士卒逃跑回家的,与他住在一个营房内的同伍士卒和主管将吏把他的军粮私自多分了,而他实际上在家里吃饭。这样有一个兵员名额,就要有两份军粮的支出,弄得国内财政空虚竭尽,士卒们却年年征战在外，这怎么能减少逃兵的数量啊。能够禁止士卒逃跑回家，这是取得战争胜利的第一个条件。平时使同什同伍的人互相连保，到与敌战斗时，士卒、将吏就能互相救助，这是取得战争胜利的第二个条件。将帅能够树立威信，士卒能够听从指挥，号令明确有信用，攻击和防守都运用得当，这是取得战争胜利的第三个条件。

古时候善于用兵的统帅，能裁减掉所属士卒的一半人，稍差一些的能裁减掉十分之三，再差一些的也能裁减掉十分之一。能裁减掉一半人的，威望可以在四海之内树立起来；能裁减掉十分之三的，武力可以在邻国诸侯中称霸；能裁减掉十分之一的，号令可以在士卒中贯彻执行。我听到过这样的说法：一百万人不勇敢战斗，不如一万人拼命杀敌；一万人不拼命杀敌，不如一百人誓死奋战。奖赏像日月那样明正，像四时更替那样得到信赖，号令像斧钺那样威严，像干将宝剑那样锋利无比，这样士卒还有不拼死效命的，是没有听说过的啊。

六　韬

旧题[周]吕　望　撰
黄　楠　注译

《六韬》是我国古代的一部著名兵书,在宋代被列为《武经七书》之一,相传为西周开国功臣姜太公吕望所撰,但据学者考证,其书决非殷周之际的作品,当为后人所依托。

《六韬》最早明确见诸著录的是《隋书·经籍志·兵家》。以后各代史书与公私目录书因之。但是,《庄子·杂篇·徐无鬼》曾记载《金板六弢》,《史记·留侯世家》提到《太公兵法》三卷,《汉书·艺文志·诸子略》"儒家类"和"道家类"又分别著录《周史六弢》六篇、《太公》二百三十七篇。它们与《隋书·经籍志》所载《太公六韬》之间的关系,古今学术界的意见多有分歧。其中,唐代颜师古《汉书》注指出,《周史六弢》即"今之《六韬》也,盖言取天下及军旅之事。弢字与韬字同也"。我们认为,这种渊源关系当是存在的。

《六韬》大约成书于战国后期。战国晚期的庄周曾见过《金板六弢》,《淮南子·精神训》也提到过《豹韬》。高诱注云:"《金縢》《豹韬》,周公、太公阴谋图王之书也。"再从《六韬》所反映的时代特色来看,其书所涉及的许多重要内容,如作战方式上的车、步、骑并举,武器装备方面的铁兵器名目增多,军事训练方法与《尉缭子》《吴子》等兵书所载的情况基本一致,都与战国时期的社会情况与军事斗争特点相吻合。尤其值得注意的是,1972年山东临沂银雀山西汉前期古墓中出土的竹简中,有《六韬》等书。其中的《文韬》《武韬》《龙韬》等内容,与传世本《六韬》基本相同。1973年河北定县汉墓出土的竹简当中,也有《六韬》的残文。这些考古发现,从实物的角度有力地证明了《六韬》成书于战国而广为流行于西汉初年这一实际情况。

《六韬》的“韬”与“弢”字相通,原义为弓套,含有深藏不露的蕴意,被引申为谋略。所谓“六韬”,就是六种秘藏的政治与军事谋略,即有关政治与军事问题的六种韬略。《六韬》全书共分六卷六十篇,通过姜太公与周文王、周武王对话问答的形式,阐述了经国治军的基本方略与指导战争的重要理论和原则。全书内容丰富,论述详备,逻辑严谨,文采飞扬。其主要特点是:第一,军事学术体系的完备性与系统性。它所论述的范围包举政治、经济与军事的关系,以及全胜战略、军事战略、治军理论、作战指导思想、国防建设原则、军事后勤方针等方面,而且具有相当的深度,从而构筑起一个非常完备的兵学理论体系,堪称先秦军事理论著作中的集大成之作。第二,当时社会政治思潮对它的广泛渗透和高度规范。这首先是黄老之学清静无为、执一统众的指导性质,其次是儒家民本主义思想的深厚影响。第三,其书所阐述的不少问题,具有鲜明的独创性和启迪意义,如《文伐》十二法的高明运用、《王翼》早期“司令部”的构成设想等就是这方面的重要例证。

今以影宋本为底本进行注释、翻译,底本中明显的讹误,据别本及《武经七书直解》(以下简称《直解》)、《武经七书汇解》(以下简称《汇解》)等校改。

卷第一 文韬

文师第一

文王[1]将田,史编[2]布卜曰:"田于渭阳[3],将大得焉。非龙、非彨[4]、非虎、非罴[5],兆得公侯[6]。天遗[7]汝师,以之佐昌,施及三王。"

文王曰:"兆致是乎?"

史编曰:"编之太祖史畴为禹[8]占,得皋陶[9],兆比于此。"

文王乃斋[10]三日,乘田车[11],驾田马[12],田于渭阳,卒见太公,坐茅以渔。

文王劳而问之曰:"子乐渔邪?"

太公曰:"臣闻君子乐得其志,小人乐得其事。今吾渔,甚有似也,殆非乐之也。"

文王曰:"何谓其有似也?"

太公曰:"钓有三权[13]:禄等以权,死等以权,官等以权。夫钓以求得也,其情深,可以观大矣。"

文王曰:"愿闻其情。"

太公曰:"源深而水流,水流而鱼生之,情也。根深而木长,木长而实生之,情也。君子情同而亲合,亲合而事生之,情也。言语应对者,情之饰也;言至情者,事之极也。今臣言至情不讳,君其恶之乎?"

文王曰："唯仁人能受至谏，不恶至情，何为其然？"

太公曰："缗[14]微饵明，小鱼食之；缗调饵香，中鱼食之；缗隆饵丰，大鱼食之。夫鱼食其饵，乃牵于缗；人食其禄，乃服于君。故以饵取鱼，鱼可杀；以禄取人，人可竭；以家取国，国可拔；以国取天下，天下可毕[15]。

"呜呼！曼曼绵绵[16]，其聚必散；嘿嘿昧昧[17]，其光必远。微哉！圣人之德，诱乎独见[18]。乐哉！圣人之虑，各归其次[19]，而树敛[20]焉。"

文王曰："树敛何若而天下归之？"

太公曰："天下非一人之天下，乃天下之天下也。同天下之利者，则得天下；擅天下之利者，则失天下。天有时，地有财，能与人共之者，仁也。仁之所在，天下归之。免人之死，解人之难，救人之患，济人之急者，德也。德之所在，天下归之。与人同忧、同乐、同好、同恶者，义也。义之所在，天下赴之。凡人恶死而乐生，好德而归利，能生利者，道也。道之所在，天下归之。"

文王再拜曰："允[21]哉，敢不受天之诏[22]命乎！"乃载与俱归，立为师。

【注释】

[1]文王：殷商末年周部族领袖，姬姓，名昌。他招贤纳士，发展生产，积极备战，扩充势力，为其子武王灭商奠定了基础。

[2]史编：史，官职名；编，人名。在先秦时期，史官主要掌管记事、祭祀及占卜诸项事务。

[3]渭阳：渭水北岸地区，水之北为阳，水之南为阴。渭，渭水，今称渭河，位于陕西省中部。

[4]彨：古代传说中的一种似龙的动物。

[5]罴：兽名，俗称人熊。

[6]公侯：古代爵位的名称，五等爵位中第一等称公，第二等称侯。

此处是指有公侯才能的人。

[7]遗：音 wèi，赠予。

[8]禹：传说中上古夏后氏部落的领袖，姒姓，曾治理洪水，平息水患，为我国古代军事民主制时期的最后一位领袖。其子启建立了我国历史上的第一个王朝——夏朝。

[9]皋陶：传说中的东夷族领袖，曾主管刑狱，为中国古代法律的始祖。

[10]斋：斋戒，古人祭祀和举行其他典礼前要沐浴更衣，不饮酒，不食荤，不近女色，以示虔敬，称之为斋。

[11]田车：指打猎用的车，比一般兵车和乘车形制略小。

[12]田马：指打猎时用以驾轭田车的马。

[13]权：权术。

[14]缗：指钓丝。《诗·召南·何彼襛矣》："其钓维何？维丝伊缗。"

[15]毕：古时田猎用的长柄网，也指捕取禽兽。这里引申为征服。

[16]曼曼绵绵：曼曼，同"漫漫"，指幅员广阔无际；绵绵，持续长久的意思。

[17]嘿嘿昧昧：嘿嘿，同"默默"，寂然无声；昧昧，昏暗不明之貌。

[18]诱乎独见：诱，诱导、因势利导，喻指争取人心；独见，独到的见解或方法。

[19]各归其次：各得其所的意思。

[20]敛：收揽、聚拢的意思。

[21]允：允当、正确的意思。

[22]诏：古时上级给下级的命令文告。秦汉以后，专指皇帝颁发的文书命令。

【译文】

周文王准备去打猎，太史编占卜以后说："您这次在渭水北岸狩猎，将会有很大的收获。所得的不是龙，不是彨，不是虎，也不是罴，根据征兆将得到的是一位公侯之才。他是上天恩赐给您的导师，来辅佐您的事业，使之日渐昌盛,并且施惠于您的后代子孙。”

文王问:“兆辞果真是这样吉利吗?”

史编回答说:“我的远祖史畴曾为夏禹占卜,卜知得到皋陶,其征兆正与今天的相似。”

文王于是斋戒三天,然后,乘着打猎用的车,驾着打猎用的马,到渭水北岸行猎,终于见到了太公,当时他正坐在长满茅草的河岸上钓鱼。

文王上前向太公致以慰劳之意,并询问他:“您喜欢钓鱼吗?”

太公回答说:“我听说君子乐于实现自己的抱负,普通人乐于做好自己的事情。现在我钓鱼,其道理与这很相似,而并非真正喜欢钓鱼这件事本身。”

文王问道:“为什么说两者之间有相似之处呢?”

太公说:“钓鱼包含三种权术含义:用厚禄收买人才,这是一种以饵诱鱼的权术;用重金招揽勇士,使其慷慨赴死,这也是一种以饵诱鱼的权术;用官职授予臣僚,使其效忠尽力,这更是一种以饵诱鱼的权术。凡是垂钓都是为了得到鱼,这里面的道理十分深奥,并且可以用来观察大的事情。”

文王说:“我愿意聆听这其中的道理。”

太公说:“水的源流深,水流就不息,水流不息,鱼类就能得以生存,这是自然的道理。树的根须深,枝叶就茂盛,枝叶繁茂,果实就能结成,这也是自然的道理。君子情投意合,就能亲密合作,亲密合作,事业就能够成功,这同样是自然的道理。言语应对,通常是用来表达感情的。能说真情实话,那是最好的事情。现在我说真情实话而毫不隐讳,您大概会反感吧?”

文王说:“只有仁德之人才能接受正直的规谏,不厌恶真情实话,我怎么会反感您的诤言呢?”

太公说:“钓丝细微,鱼饵可见,小鱼就会来吃;钓丝适中,鱼饵味香,中鱼就会来吃;钓丝粗长,鱼饵丰盛,大鱼就会来吃。鱼儿贪食香饵,就会被钓丝牵住;人要得到君主的俸禄,就会服从君主的驱使。所以,用香饵钓鱼,鱼就可供烹食;用爵禄网罗人才,人才就能悉为己用;以家为基础取国,国就能据为己有;以国为基础取天下,天下就可全部征服。

“土地幅员广大,国祚绵延久长,但如果不得人心,最后必定是烟消云散。有的国君虽然眼下默默无闻,但若能实施清明政治,那么,他的光辉必能够普照四方。微妙啊！圣人之德，就在于独创地、潜移默化地争取人心。快乐啊！圣人之虑，就是使天下之人各得其所，并努力制定各种收揽人心的方法。”

文王问道：“那么，该制定什么样的收揽人心的方法，才能够使得天下归顺呢？”

太公回答说：“天下不是一个人的天下，而是天下人共同拥有的天下。能同天下之人共享天下利益的，就可以得到天下；而独占天下利益的，就会失掉天下。天有四时，地生财富，能同人们共同享受利用的，这就是仁爱。仁爱所在，天下之人就会归顺。免除人们的死亡，排解人们的苦难，拯救人们的祸患，扶济人们的危急的，这就是恩德。恩德所在，天下就会归顺。和人们共历忧患、共享欢乐、好恶一致的，这就是道义。道义所在，天下之人就会争先恐后地去归附。人们无不厌恶死亡而乐于生存，喜欢恩德而追求利益，能为天下人创造利益的，这就是王道。王道之所在，天下就会归顺。”

文王再次拜谢后说：“您讲得太正确了。我岂敢不接受上天的旨意！”于是，就把太公请上自己的车，一起回到国都，并拜太公为师。

盈虚第二

文王问太公曰：“天下熙熙[1]，一盈一虚[2]，一治一乱，所以然者，何也？其君贤不肖不等乎？其天时[3]变化自然乎？”

太公曰：“君不肖，则国危而民乱；君贤圣，则国安而民治。祸福在君，不在天时。”

文王曰：“古之贤君可得闻乎？”

太公曰："昔者帝尧[4]之王天下，上世所谓贤君也。"

文王曰："其治如何？"

太公曰："帝尧王天下之时，金银珠玉不饰，锦绣文绮[5]不衣，奇怪珍异不视，玩好[6]之器不宝，淫佚之乐不听，宫垣屋室不垩[7]，甍、桷、椽、楹[8]不斫[9]，茅茨[10]偏庭不剪。鹿裘[11]御寒，布衣掩形，粝[12]粮之饭，藜藿[13]之羹。不以役作[14]之故，害民耕绩之时。削[15]心约志，从事乎无为[16]。吏忠正奉法者尊其位，廉洁爱人者厚其禄。民有孝慈者爱敬之，尽力农桑者慰勉之。旌别[17]淑德，表其门闾[18]。平心正节，以法度禁邪伪。所憎者，有功必赏；所爱者，有罪必罚。存养天下鳏寡孤独[19]，振赡祸亡之家。其自奉也甚薄，其赋役也甚寡，故万民富乐而无饥寒之色，百姓戴其君如日月，亲其君如父母。"

文王曰："大哉！贤君之德也！"

【注释】

[1]熙熙：纷杂乱糟糟的样子。《史记·货殖列传》："天下熙熙，皆为利来。"

[2]一盈一虚：盈，本义为充满，此处引申为强盛；虚，意谓衰弱。

[3]天时：天地自然变化演衍的时序。这里指天命。

[4]帝尧：传说中的我国古代部落联盟的领袖，号陶唐氏。据说他效法天时，制定历法，任用贤能，推行教化，使天下太平，后禅位于虞舜。

[5]锦绣文绮：指做工精细、漂亮华丽的丝织品。

[6]玩好：供欣赏、玩乐的奢侈品。

[7]垩：可供粉刷的白土。此处是粉刷墙壁的意思。

[8]甍、桷、椽、楹：甍，屋栋；桷，方形的椽子；椽，放在梁上支架屋顶的木条；楹，厅堂前部的大柱子。

[9]斫：大锄，引申为砍、削、斩。此处指雕饰。

[10]茨：蒺藜。

［11］鹿裘：用鹿皮做的衣服。鹿裘粗陋易得，是平民所穿着的衣服。

［12］粝：粗糙的劣质米。

［13］藜藿：通指野生粗劣的菜蔬。

［14］役作：征发人民从事劳役，兴建宫室。

［15］削：削弱。这里有抑制的意思。

［16］无为：道家政治哲学思想的重要命题。指顺应自然，效法天地，不求有所作为，无为而无不为。

［17］旌别：识别、甄别。

［18］闾：里巷之门。

［19］鳏寡孤独：泛指失怙无恃的人。老而无妻曰鳏，老而无夫曰寡，幼而无父曰孤，老而无子曰独。

【译文】

文王询问太公说："天下如此纷杂熙攘，有时强盛，有时衰弱，有时安定，有时混乱，所以这样，究竟是什么缘故？这是因为君主贤与不贤不一样的关系，还是因为天命变化自然递嬗的结果？"

太公回答说："君主不贤，则国家危亡而民众动乱；君主贤明，则国家安定而民众服从。所以，国家的祸福在于君主的贤明与否，而不在于什么天命。"

文王问："古代贤君的情况，我可以听听吗？"

太公答："从前帝尧统治天下，上古的人们都称道他为贤君。"

文王问："他是怎样治理国家的？"

太公说："帝尧统治天下的时候，不用金银珠玉做装饰品，不穿锦绣华丽的衣服，不观赏珍贵奇异的物品，不把玩好之器视作宝贝，不听淫佚的靡靡之音，不用白土粉饰宫廷的墙垣，不雕饰甍、桷、椽、楹，不修剪庭院中的茅草。以鹿皮为裘衣抵御寒冷，用粗布裁衣遮蔽身体，吃粗粮做的饭，喝野菜煮的汤。不因为征发劳役而妨碍耽误农民的耕织。抑制自己的欲望，清静无为。官吏中忠正守法的就升迁爵位，廉洁爱民的就增加俸禄。对民众中孝敬长辈、慈爱晚辈的人给予尊敬，对民众中尽力从事耕作、发展蚕桑的人给予慰勉鼓励。区别对待善恶良莠，表彰褒扬善良人家。提倡心志公平，节操端正，并用法令制度来禁止邪恶诈伪。对自己所厌恶的人，他若立有功勋同样给予奖赏；对自己所喜爱的人，他若犯有罪行同样给予惩罚。慰问和赡养天下那些鳏、寡、孤、独的人，救济和赈赡那些遭受天灾人祸的家庭。至于帝尧他自己的生活，则是非常的俭朴，征发民众的赋税劳役也很轻微。因此，天下民众富足安乐而没有饥寒的面容，百姓爱戴这样的君主就像景仰日月一样，亲近这样的君主就像亲近自己的父母一样。"

文王感叹地说："帝尧这位贤君的德行是多么的伟大啊！"

国务第三

文王问太公曰："愿闻为国之大务，欲使主尊人安，为之奈何？"

太公曰："爱民而已！"

文王曰："爱民奈何？"

太公曰："利而勿害，成而勿败，生而勿杀，与而勿夺，乐而勿苦，喜而勿怒。"

文王曰："敢请释其故。"

太公曰："民不失务[1]，则利之；农不失时，则成之；省刑罚，则生之；薄赋敛[2]，则与之；俭宫室台榭[3]，则乐之；吏清不苛扰，则喜之。民失其务，则害之；农失其时，则败之；无罪而罚，则杀之；重赋敛，则夺之；多营宫室台榭以疲民力，则苦之；吏浊苛扰，则怒之。

"故善为国者，驭民如父母之爱子，如兄之爱弟。见其饥寒，则为之忧；见其劳苦，则为之悲；赏罚如加于身，赋敛如取己物。此爱民之道也。”

【注释】

[1]务:事务,这里引申为职业。

[2]敛:征收赋税。

[3]台榭:台,高而平的建筑物,一般供瞭望或游观用,如瞭望台、亭台、楼阁;榭,在台上盖的高屋,本为存置武器之所,后来成为游观的场所。

【译文】

周文王询问太公说:“我愿意倾听治国的根本道理,要想使君主受到尊崇,民众得到安宁,应当怎么办呢?”

太公答道:“只要爱民就行。”

文王问道:“应当怎样爱民呢?”

太公说:“使民众获得利益而不要损害他们,使民众取得好收成而不要耽误他们的农时,使民众生存下去而不要无辜加以杀戮,给予民众好处实惠而不要掠夺侵占,使民众安乐而不要使其蒙受痛苦,使民众喜悦而不要激起他们的怨怒。”

文王说:“请您解释一下其中的道理。”

太公说:“民众不失掉职业,就是得到利益;农时不被耽误,就是促成了民众的生产;减省刑罚,就是保障了民众的生存;少征收赋税,就是给了民众实惠;少缮修宫室台榭,就是使民众安乐;官吏清廉,不苛扰盘剥,就是使民众喜悦。反之,如果使民众失掉职业,就是损害了他们的利益;农时受到耽误,就是败坏了他们的农事;民众无罪而妄加惩罚,就是对他们进行杀戮;横征暴敛,就是对他们进行掠夺;大肆营建宫室台榭而使民力疲惫,就是给民众造成痛苦;官吏贪污苛扰,就会激起民众的愤怒。

“所以,善于治理国家的君主,统驭民众就像父母爱护子女、兄长爱护弟妹一样。见到他们饥寒,就为其忧虑;见到他们劳苦,就为其悲痛;对民众施行赏罚,就像自己身受赏罚一样;向民众征收赋税,就像夺取自己的财物一样。所有这些,就是爱民的道理。”

大礼第四

文王问太公曰:“君臣之礼如何?”

太公曰:“为上唯临[1],为下唯沈[2],临而无远[3],沈而无隐[4]。为上唯周[5],为下唯定[6];周则[7]天也,定则地也。或天或地,大礼乃成。”

文王曰:“主位如何?”

太公曰:“安徐[8]而静,柔节先定;善与而不争,虚心平志,待物以正。”

文王曰:“主听如何?”

太公曰:“勿妄而许,勿逆而拒;许之则失守[9],拒之则闭塞。高山仰之[10],不可极也;深渊度之,不可测也。神明之德,正静其极。”

文王曰:“主明如何?”

太公曰:“目贵明,耳贵聪,心贵智。以天下之目视,则无不见也;以天下之耳听,则无不闻也;以天下之心虑,则无不知也。辐凑[11]并进,则明不蔽矣。”

【注释】

[1]临:居高临下,引申为洞察下情。

[2]沈:深沉隐伏,引申为驯服虔敬。

[3]远:疏远民众的意思。

[4]隐:隐匿私情,不尽忠诚。

[5]周:周遍、周遭,意指普施恩惠。

[6]定:稳定,指安分守己。

[7]则:效法的意思。

[8]安徐:安详徐缓,意谓谨慎、不妄动。

[9]守:操守,此处引申为内心的主见。

[10]高山仰之:语出《诗·小雅·车辖》:"高山仰止,景行行止。"意指仰慕、效法。

[11]辐凑:车辐集中于毂(轴心),通常用以比喻人或物聚集在一处。凑,系"辏"之误。

【译文】

周文王询问太公说:"君主与臣民之间的礼法应该怎样?"

太公回答道:"为君主的要能洞察下情,为臣民的要能驯服虔敬。洞察下情在于不疏远民众,驯服虔敬在于不隐瞒私情。为君主的要普施恩惠,为臣民的要安分守职。普施恩惠,要像苍天那样覆盖万物;安分守职,要像大地那样稳重厚实。君主效法苍天,臣民效法大地。这样,君臣之间的礼法就可以圆满构成。"

文王问:"处于君主地位的,应该怎样做才好?"

太公说:"应该安详稳妥而沉潜清静,应该柔和节制而胸有成竹;要善于施恩予民而不同他们争利,做到虚心静气而公道无私,处理事务则要公平正直。"

文王问:"做君主的应该怎样倾听意见?"

太公答道:"既不要轻率地赞许,也不要粗暴地拒绝。轻率赞许就容易丧失主见,粗暴拒绝就容易闭塞言路。君主要像高山那样,使人仰慕不已;要像深渊那样,使人莫测其深。神圣英明的君主之德,就是清静公正达到极致。"

文王问:"做君主的怎样才能洞察一切呢?"

太公说:"眼睛贵在能明察,耳朵贵在能敏听,头脑贵在能思虑周详。

依靠天下人的眼睛去观察，那么就能无所不见；凭借天下人的耳朵去倾听，那么就能无所不闻；利用天下人的头脑去思虑，那么就能无所不知。如果四面八方的意见消息都汇集到君主那里，那么君主就能够洞察一切而不受蒙蔽了。”

明传第五

文王寝疾[1]，召太公望，太子发[2]在侧。曰："呜呼！天将弃予，周之社稷[3]将以属汝，今予欲师至道之言，以明传之子孙。"

太公曰："王何所问？"

文王曰："先圣之道，其所止，其所起，可得闻乎？"

太公曰："见善而怠，时至而疑，知非而处，此三者，道之所止也；柔而静，恭而敬，强而弱，忍而刚，此四者，道之所起也。故义胜欲则昌，欲胜义则亡；敬胜怠则吉，怠胜敬则灭。"

【注释】

[1]寝疾：卧病。《穀梁传·庄公三十二年》云："寝疾居正寝。"

[2]太子发：指姬发，文王之次子，文王去世后继位为君，以太公、周公、召公等人为辅弼，率军伐纣灭商，建立西周王朝，史称"武王"。

[3]社稷：社，土神；稷，谷神。古代天子与诸侯均设庙立坛，祭祀此二神，社稷遂被作为国家的象征。

【译文】

文王卧病在床，召见太公望，太子姬发也在床旁。文王叹息说："唉！

上天将要终结我的生命了，周国的社稷大事就要托付给您。现在我想要听您讲讲至理明言，以便明确地传给子孙后代。”

太公问道：“君王您要问些什么呢？”

文王说：“古代圣贤治国安民之道，所要废弃的是什么，所要推行的又是什么？这中间的道理，您可以讲给我听听吗？”

太公说：“见到善事却怠惰不为，时机来临却迟疑不决，明知有错却泰然处之，这三种情况是先圣治国之道中所要废止的。柔和而能清静，谦恭而能敬谨，强大而能自居弱小，隐忍而能内蕴刚强，这四点就是先圣治国之道中所要推行的。所以，道义胜过私欲，国家就昌盛，私欲胜过道义，国家就衰亡；敬谨胜过怠惰，国家就祥和，怠惰胜过敬谨，国家就覆灭。”

六守第六

文王问太公曰：“君国主民者，其所以失之者何也？”

太公曰：“不慎所与[1]也。人君有六守[2]、三宝[3]。”

文王曰：“六守何也？”

太公曰：“一曰仁，二曰义，三曰忠，四曰信，五曰勇，六曰谋，是谓六守。”

文王曰：“慎择六守者何？”

太公曰：“富之而观其无犯[4]，贵之而观其无骄，付之而观其无转，使之而观其无隐，危之而观其无恐，事之而观其无穷。富之而不犯者仁也，贵之而不骄者义也，付之而不转者忠也，使之而不隐者信也，危之而不恐者勇也，事之而不穷者谋也。人君无以三宝借人,借人则君失其威。”

文王曰:“敢问三宝?”

太公曰:“大[5]农、大工、大商,谓之三宝。农一[6]其乡[7],则谷足;工一其乡,则器足;商一其乡,则货足。三宝各安其处,民乃不虑。无乱其乡,无乱其族,臣无富于君,都[8]无大于国[9]。六守长,则君昌;三宝完,则国安。”

【注释】

[1]与:给予、托付。此处引申为任用人才的意思。

[2]六守:六项用人的标准。守,遵守、奉行,此处指任用臣属的标准。

[3]三宝:指关系到国家经济命脉的三件大事。宝,宝贵之物,此处指国家经济命脉。

[4]犯:指违背礼制、干犯法禁。

[5]大:重视、发展的意思。

[6]一:统一。此处这里引申为聚集、集结。

[7]乡:行政区划单位,泛指城市郊外地区,所辖范围历代不同。周制,万二千五百家为乡。春秋齐制,郊内五家为轨,十轨为里,四里为连,十连为乡;郊外五家为轨,六轨为邑,十邑为率,十率为乡。

[8]都:大城邑。

[9]国:国都。古代君主所居住的城邑称“国”,与首都同义。

【译文】

文王询问太公道:“统治国家、管辖民众的君主,其所以失掉国家和民众的原因是什么?”

太公回答说:“那是用人不慎所造成的。人君应当做到‘六守’‘三宝’。”

文王问:“‘六守’是什么呢?”

太公说:“一是仁爱,二是正义,三是忠诚,四是信用,五是勇敢,六是智谋。这就是所谓的‘六守’。”

文王问："怎样慎重地选择提拔符合'六守'标准的人才呢？"

太公说："使他富裕，以观察他能否不逾越礼法；使他尊贵，以观察他是否不骄傲自大；委以重任，来观察他是否能毫不犹豫去完成；指派他处理问题，来观察他是否能不隐瞒欺骗；让他置身危难，来看他能否临危不惧；让他解决突发事件，来看他能否应付自如。富足而能不逾越礼法的，是仁爱之人；尊贵而能不骄傲的，是正义之人；身负重任而能毫不犹豫去做的，是忠诚之人；处理问题而能不隐瞒欺骗的，是守信之人；身处危难而能无所畏惧的，是勇敢之人；面对突发事件而能应付裕如的，是足智多谋之人。同时，君主不要把'三宝'交给他人，如果把'三宝'交给他人，那么君主就会丧失自己的权威。"

文王问："您说的'三宝'是指什么？"

太公说："重视农业、手工业、商业，这三件事情叫作'三宝'。把农民聚集在一个地方进行生产，粮食就充足；把工匠聚集在一个地区进行生产，器具就充足；把商贾聚集在一个地区进行贸易，财货就充足。让这三大行业各安其业，民众就不会寻思作乱了。不要打乱这种乡村经济组织，也不要拆散人们的家族组织。使臣民不得富于君主，城邑不得大于国都。具备'六守'标准的人才得到任用，那么君主的事业就能昌盛兴旺；'三宝'发展完善，那么国家就能长治久安。"

守土第七

文王问太公曰："守土奈何？"

太公曰："无疏其亲，无怠其众，抚其左右，御其四旁[1]。无借人国柄[2]，借人国柄，则失其权。无掘壑而附丘[3]，无舍本而治末[4]。

“日中必彗[5]，操刀必割，执斧必伐。日中不彗，是谓失时；操刀不割，失利之期；执斧不伐，贼人将来。涓涓不塞，将为江河；荧荧[6]不救，炎炎奈何；两叶[7]不去，将用斧柯。

“是故人君必从事于富。不富无以为仁，不施无以合亲。疏其亲则害，失其众则败。无借人利器[8]，借人利器，则为人所害，而不终其正也。”

文王曰：“何谓仁义？”

太公曰：“敬其众，合其亲。敬其众则和，合其亲则喜，是谓仁义之纪[9]。无使人夺汝威。因其明，顺其常。顺者任之以德，逆者绝之以力[10]。敬之无疑，天下和服。”

【注释】

[1]四旁：四方。

[2]国柄：国家的权力。

[3]无掘壑而附丘：意谓不要损下以益上。

[4]舍本而治末：古代重视农业，喻之为本；轻视工商业，喻之为末。舍本而治末，指忽视农业而热衷工商业。

[5]彗：古同“熭”，晒。

[6]荧荧：极其微弱的火光。

[7]两叶：指嫩叶，此处比喻草木萌生。

[8]利器：锐利的兵器，这里喻指国家的权力。《老子》第三十六章：“国之利器，不可以示人。”

[9]纪：纲纪、基本原则、准则。

[10]绝之以力：谓动用武力加以灭绝。

【译文】

文王询问太公说：“守卫国土应当怎么办？”

太公答道：“不要疏远宗室亲族，不可怠慢广大民众，安抚左右近邻，控制天下四方。不要把治国大权委托给他人，如果把治国权柄交给他人，君主就会失去自己的权威。不要挖掘沟壑的泥土去堆高土丘，不要舍弃根本而去追逐枝末。

"太阳正当中午，必须抓紧时机曝晒；拿起刀子，必须抓紧时机收割；手中执有斧钺，必须抓紧时机征伐。中午阳光充足时不曝晒，这叫作'丧失机遇'；拿起刀子不收割，就会失去有利的时机；手执斧钺不去征伐，坏人就会乘虚而入。涓涓细流不加堵塞，就会汇成滔滔江河；微弱的火星不予扑灭，熊熊大火燃起时就将无可奈何；刚萌芽的嫩叶不除去，将来就得动用斧柯去砍伐。

"所以，做君主的必须努力使国家变得富强。不富强，就难以行施仁义，不施行仁义就无从团结宗室亲族。疏远自己的宗室亲族就会受害，失去自己的民众就会失败。不要把国家的统治权交给别人，统治权交给他人，就会被人所害而得不到善终。"

文王问："什么是仁义？"

太公说："敬重自己的民众，团结自己的宗室亲族。敬重民众就上下和睦，团结宗室亲族就普遍喜悦，这就是仁义的基本原则。不要让人侵夺你的威权。要做到明察是非，顺应常理去待人接物。对于顺从自己的人，就施以恩德加以任用；对于反对自己的人，就动用武力加以消灭。遵循上述原则而毫不疑虑，天下就会顺从而和平了。"

守国第八

文王问太公曰："守国奈何？"

太公曰："斋。将语君天地之经[1]，四时所生，仁圣之道，民机[2]之情。"

王即斋七日,北面[3]再拜而问之。

太公曰:"天生四时,地生万物,天下有民,仁圣牧[4]之。故春道生,万物荣;夏道长,万物成;秋道敛,万物盈;冬道藏,万物寻[5]。盈则藏,藏则复起,莫知所终,莫知所始。圣人配[6]之,以为天地经纪。

"故天下治,仁圣藏;天下乱,仁圣昌,至道其然也。

"圣人之在天地间也,其宝[7]固大矣。因其常而视之则民安。夫民动而为机,机动而得失争矣。故发之以其阴,会之以其阳[8],为之先唱,天下和之。极反其常,莫进而争,莫退而让。守国如此,与天地同光。"

【注释】

[1]经:常道、通理,可理解为一般规律。

[2]机:指诈伪智巧的机变之心。

[3]北面:古代拜人为师也称北面。《汉书·于定国传》:"定国乃迎师学《春秋》,身执经,北面备弟子礼。"

[4]牧:牧民。古时把官吏治理民众,比作牧人牧养牲畜。

[5]寻:当作"隐",隐藏不动的意思。一说,当作"静"。

[6]配:相配,引申为参照仿效。

[7]宝:宝贵之物,此指圣人的地位与作用。

[8]发之以其阴,会之以其阳:发,孕育、发展;阴,暗中、秘密;会,际会、时机;阳,光明正大。

【译文】

文王问太公道:"怎样才能保卫国家呢?"

太公说:"请您先行斋戒,然后我将告诉您有关天地运行的规律,四季万物生长的缘由,圣贤立国的道理,民心变化的本性。"

于是文王斋戒七天,执弟子礼再度拜谒太公,询问守国的道理。

太公说："天有四季的更迭，地有万物的生长。天下有众多的民众，他们是由圣贤所统治的。春天的特征是滋生，所以万物欣欣向荣；夏天的特征是成长，所以万物繁荣茂盛；秋天的特征是收获，所以万物饱满成熟；冬天的特征是贮藏，所以万物潜藏不动。万物成熟就应当收藏起来，收藏阶段过去后则又重新滋生。如此周而复始、循环往复，既无终了，也无起点，圣人参照效法这一自然规律，来作为治理国家的普遍原则。

"所以，天下大治，圣人仁君就隐藏不露；天下动乱，圣人仁君就拨乱反正、建功立业。这乃是必然的规律。

"圣人处于天地之间，他的地位和作用的确是十分重大的。通常他遵循常理而治理天下，以使民众得到安定。民心浮动，就产生变乱的契机。一旦出现这种契机，就必然发生得失之争。这时圣人就秘密地发展自己的力量，等待时机成熟，就公开地进行征讨，首先为之倡导，天下必然群起响应。当变乱平息，一切恢复常态时，既不要进而争功，也无须退而让位。立国守业能做到这样，就可以和天地同光，永恒长久！"

上贤第九

文王问太公曰："王人者，何上？何下？何取？何去？何禁？何止？"

太公曰："王人者，上贤，下不肖；取诚信，去诈伪；禁暴乱，止奢侈。故王人者，有'六贼''七害'。"

文王曰："愿闻其道。"

太公曰："夫'六贼'者：一曰：臣有大作宫室池榭，游观倡乐[1]者，伤王之德。

“二曰:民有不事农桑,任气游侠[2],犯历法禁[3],不从吏教者,伤王之化。

“三曰:臣有结朋党,蔽贤智,障主明者,伤王之权。

“四曰:士有抗志高节[4],以为气势,外交诸侯,不重其主者,伤王之威。

“五曰:臣有轻爵位[5],贱有司,羞为上犯难者,伤功臣之劳[6]。

“六曰:强宗侵夺,陵侮贫弱者,伤庶人之业。

“‘七害’者,一曰:无智略权谋,而以重赏尊爵之故,强勇轻战,侥幸于外[7],王者慎勿使为将。

“二曰:有名无实,出入异言[8],掩善扬恶,进退为巧,王者慎勿与谋。

“三曰:朴其身躬,恶其衣服,语无为以求名,言无欲以求利,此伪人也,王者慎勿近。

“四曰:奇其冠带[9],伟其衣服,博闻辩辞,虚论高议,以为容美,穷居静处,而诽时俗[10],此奸人也,王者慎勿宠。

“五曰:谗佞苟得,以求官爵;果敢轻死,以贪禄秩[11];不图大事,得利而动,以高谈虚论,说于人主,王者慎勿使。

“六曰:为雕文刻镂,技巧华饰[12],而伤农事,王者必禁之。

“七曰:伪方异伎[13],巫蛊左道[14],不祥之言,幻惑良民,王者必止之。

“故民不尽力,非吾民也;士不诚信,非吾士也;臣不忠谏,非吾臣也;吏不平洁爱人,非吾吏也;相不能富国强兵,调和阴阳[15],以安万乘之主[16],正群臣,定名实[17],明赏罚,乐万民,非吾相也。

“夫王者之道如龙首[18],高居而远望,深视而审听[19],示其形,隐其情,若天之高不可极也,若渊之深不可测也。故可怒而不怒，奸臣乃作；可杀而不杀，大贼[20]乃发。兵势不行，敌国乃强。”

文王曰：“善哉！”

【注释】

[1]倡乐：指由倡所表演的音乐歌舞。倡，古代表演音乐歌舞以娱乐统治者的艺人。

[2]游侠：古代爱好交游、勇于急人之难的人，他们既有轻生重义的一面，也有以武犯禁的一面。

[3]犯历法禁：触犯、违反法令。

[4]抗志高节：高傲心志，标榜节操。

[5]爵位：指君主颁赐给功臣或亲属的贵族封号，分若干等级，往往可以世袭并享有种种特权。

[6]伤功臣之劳：可以理解为打击功臣的积极性。

[7]侥幸于外：企求在军事行动中侥幸取胜。外，指战场。

[8]出入异言：言行不一，当面一套，背后一套。

[9]冠带：此处泛指穿着打扮。

[10]穷居静处，而诽时俗：意谓身居简陋僻静的地方，以诽谤攻击时俗为荣。

[11]禄秩：禄，古代官员的俸禄；秩，古代官吏的职位或品级。

[12]技巧华饰：用各种巧妙的方法与技术装饰各类用品，使之华丽美观。

[13]方：指方士。伎：指医卜星相与养生炼丹之类的技术。

[14]巫蛊左道：古代迷信，认为巫师使用邪术加祸于人为巫蛊。蛊，毒虫；左道，歪门邪道。

[15]调和阴阳：此处喻指妥善处理各种矛盾。

[16]万乘之主：国君。乘，战车计量单位。战国时各国军事力量激增，故万乘之主成了大国君主的代称。

[17]定名实：核定名实。名，名分、名义；实，实质、实况。法家主张

"循名责实"。

[18]王者之道如龙首：意谓做君主的，要像龙头一样，高居于九天之上，隐约于云雾之中，使人可望而不可即。

[19]审听：仔细地听。

[20]大贼：指那些祸国殃民的大恶巨奸。

【译文】

文王问太公说："对君主而言，什么样的人该尊崇？什么样的人该压抑？什么样的人该取用？什么样的人该除去？什么样的事该严禁？什么样的事该制止？"

太公回答说："作为君主，应该尊崇贤人，抑制无才无德之辈，取用忠诚信实之人，除去奸诈虚伪之辈，严禁暴乱的行为，制止奢侈的风气。对君主来说，应当警惕六种坏事、七类坏人。"

文王说："我愿意听听这些道理。"

太公说："所谓六种坏事就是：第一，臣下有大肆营建宫室亭池台榭，以供游玩观赏的，就会败坏君主的德行。

"第二，民众有不从事农桑，纵意气，好游侠，违犯国家的法令，不服从官吏的管教的，就会败坏君主的教化。

"第三，臣下有结党营私，排挤贤智，蒙蔽君主视听的，就会损害君主的权势。

"第四，士人有心志高傲，标榜节操，自以为是，在外又结交诸侯，不尊重自己的君主的，就会损害君主的威严。

"第五，臣下有轻视爵位，藐视主官，耻于为君主冒险犯难的，就会挫伤功臣的积极性。

"第六，强宗大族中有争相掠夺，凌贫欺弱的，就会损害民众的生业。

"所谓的七类坏人是：第一，没有智略权谋，但为了获取重赏高爵的缘故，而强横恃勇，轻率赴战，企求侥幸立功。这种人，君主切勿让他担任将帅。

"第二，徒具虚名而无实才，言行不一，掩人之善，扬人之恶，到处钻营取巧。这种人,做君主的切勿同他共谋大事。

“第三,外表朴素,衣服粗劣,高谈无为,实际求名,阔论无欲,实是图利。这是虚伪之人,做君主的切勿同他亲近。

“第四,冠带奇特,衣服时髦,博闻善辩,高谈空论,以此来为自己脸上贴金,身居偏僻简陋之处,专门诽谤时事风俗,这是奸诈之人。对这种人,做君主的切勿宠爱他。

“第五,谗言谄媚,不择手段,以谋求高官尊爵;鲁莽急躁,轻率冒死,以贪取俸禄。不顾大局,见到利益就妄动,靠着高谈阔论来讨得君主的欢心。对这种人,做君主的切勿予以任用。

“第六,从事雕文刻镂、技巧华饰一类奢侈工艺,以至于妨碍农业生产。对此,做君主的必须严加禁止。

“第七,用骗人的方术、奇特的技艺以及巫蛊等左道旁门、妖言咒语,来迷惑欺骗善良的民众。对这种人的行径,做君主的必须坚决制止。

“所以,民众不尽力从事耕作,就不是君主的好民众;士人不忠诚守信,就不是君主的好士人;臣子不尽忠直谏,就不是君主的好臣子;官吏不公平廉洁爱护百姓,就不是君主的好官吏;宰相不能够富国强兵,调和各种矛盾,稳固君主的地位,匡正群臣的言行,核定名实,严明赏罚,使民众安居乐业,就不是君主的好宰相。

“所以,做君主的,有如隐而不现的龙头,置身于极高之处,远眺世间万物,深刻洞察问题,审慎听取意见,显示高大的形象,隐蔽内心的真情,就像苍天那样高高在上不可穷极,有如幽渊那样深不见底无从测量。因此,君主如果当怒而不怒,奸臣就会兴风作浪;当杀而不开杀戒,坏人恶徒就会乘机作乱;应当兴兵讨伐而不这么去做,敌国就会强大起来。”

文王说:“讲得真好啊!”

举贤第十

文王问太公曰:"君务[1]举贤而不获其功,世乱愈甚,以致危亡者,何也?"

太公曰:"举贤而不用,是有举贤之名,而无用贤之实也。"

文王曰:"其失安在?"

太公曰:"其失在君好用世俗[2]之所誉,而不得真贤也。"

文王曰:"何如?"

太公曰:"君以世俗之所誉者为贤,以世俗之所毁者为不肖,则多党[3]者进,少党者退。若是,则群邪比周[4]而蔽贤,忠臣死于无罪,奸臣以虚誉取爵位,是以世乱愈甚,则国不免于危亡。"

文王曰:"举贤奈何?"

太公曰:"将相分职,而各以官名举人[5],按名督实[6],选才考能,令实当其名,名当其实,则得举贤之道矣。"

【注释】

[1]务:致力于。

[2]世俗:指平常、凡庸的当代人。

[3]党:朋党、党羽。

[4]比周:串通勾结,结党营私。

[5]以官名举人:指根据官名所表示的意思去选用合适的人才担任这一官职。

[6]按名督实：指就其名而求其实，考察是否名实相符。

【译文】

文王问太公说："君主致力于举用贤能，却不能够收到实效，社会动乱愈演愈烈，以致国家陷于危亡，这是什么缘故？"

太公说："选拔出贤能但不能加以任用，这是空有选贤的虚名，而没有用贤的实质。"

文王说："导致这种过失的原因究竟在哪里？"

太公说："导致这一过失的原因，是君主喜欢用世俗所称赞的人，而没有得到真正有德才的人。"

文王问道："为什么这么说？"

太公说："君主以世俗所称赞的人为贤能，而以世俗所诋毁的人为不肖之徒，那么党羽多的人就得到进用，党羽少的人就遭到排斥。这样一来，那么一群奸邪之徒就会结党营私而埋没贤能，忠臣无罪而被置于死地，奸臣们则凭借虚名而攫取爵位，因此而导致社会动乱愈演愈烈，而国家也就不能避免陷于危亡了。"

文王说："应该怎样举用贤能呢？"

太公说："要做到将相分工，并根据各级官职的设置要求分别举用人才，要按照官吏的职责标准督核其实际工作成绩，遴选各类人才，考察其能力强弱，使其德才条件与官位相称，官位同他的德才相称，这样就算是掌握了举用贤能的基本要领了。"

赏罚第十一

文王问太公曰："赏所以存劝[1]，罚所以示惩，吾欲赏一以劝百，罚一以惩众，为之奈何？”

太公曰：“凡用赏者贵信，用罚者贵必。赏信罚必，于耳目之所闻见，则所不闻见者莫不阴化[2]矣。夫诚，畅[3]于天地，通于神明[4]，而况于人乎！”

【注释】

[1]劝：鼓励、勉励的意思。

[2]阴化：指暗中变化、潜移默化。

[3]畅：畅行无阻的意思。

[4]神明：神祇、神灵。

【译文】

文王问太公说：“奖赏是用来鼓励人的，而惩罚则是用来警诫人的，我想要通过奖赏一人来鼓励百人，惩罚一人以警诫众人，应该怎么办呢？”

太公回答道：“通常行使奖赏贵在守信，实施惩罚贵在必行。奖赏守信，惩罚必行，是人们耳朵能听到、眼睛能看见的，而即便是不能听到和看见的，也能因此而潜移默化了。这种诚信，能够畅行于天地，上通于神明，更何况是对人呢！”

兵道第十二

武王问太公曰：“兵道如何？”

太公曰：“凡兵之道莫过乎一[1]。一者能独往独来[2]。黄帝曰：‘一者，阶于道[3]，几于神[4]。’用之在于机，显之在于势，成之在于君。故圣王号兵为凶器[5]，不得已而用之。

“今商王[6]知存而不知亡，知乐而不知殃。夫存者非存，在于虑亡；乐者非乐，在于虑殃。今王已虑其源，岂忧其流乎！”

武王曰：“两军相遇，彼不可来，此不可往，各设固备，未敢先发，我欲袭之，不得其利，为之奈何？”

太公曰：“外乱而内整，示饥而实饱，内精而外钝。一合一离，一聚一散。阴其谋，密其机，高其垒，伏其锐士，寂若无声，敌不知我所备。欲其西，袭其东。”

武王曰：“敌知我情，通我谋，为之奈何？”

太公曰：“兵胜之术，密察敌人之机而速乘其利，复疾击其不意。”

【注释】

[1]一：事权专一、指挥统一的意思。

[2]独往独来：指用兵艺术高超，能够做到行动自由、无拘无束。

[3]阶于道：指进入灵活用兵的上乘境界。

[4]几于神：几乎就是神妙莫测。

[5]凶器：古人大多认为战争为不祥之物。《老子》第三十一章：“兵者，不祥之器，非君子之器。”

[6]商王：这里是指殷商王朝的末代君主纣王(帝辛)。

【译文】

周武王问太公说：“用兵的原则是什么？”

太公说：“一般用兵的原则，最重要的莫过于指挥上的高度统一。指挥统一，军队就能行动自由，所向披靡。黄帝曾经说过：‘做到统一指挥就算是掌握了用兵的规律，从而能达到神妙莫测的境界。’统一指挥这一原则，运用的关键在于把握时机，力量的显示在于利用态势，成功的枢机在于君主的所作所为。所以，古代圣王称战争为凶器，只有在不得已的情况下才使用它。

“现在,商王只知道自己的统治还存在,却不知道这种统治已濒临灭亡;只知纵情享乐,而看不到大祸临头。国家能否长存,不在于眼下存在的事实,而在于做到居安思危;君主能否享乐,不在于眼前享乐的本身,而在于做到乐不忘忧。现在武王您已考虑到安危存亡这个根本问题,难道还用得着忧虑其他枝节问题吗?”

武王说:“两军相遇,敌人不能来进攻我们,我们也不能去攻打敌人。双方都设置坚固的守备,谁都不敢率先发起进攻,我军想要袭击敌人,但又不具备有利的条件,应该怎么办才好?”

太公说:“要外表假装混乱,而内部实际严整;外表假装缺粮,而实际给养充足;实际战斗力强大,而装作战斗力疲弱。使军队或合或离、或聚或散,以迷惑敌人。要隐匿自己的谋略,秘密自己的意图,加高巩固自己的壁垒,巧妙埋伏自己的精锐,士卒行动要隐若无形,寂若无声,从而使敌人无从知道我方的部署。想要从西边打击敌人,则先从东边进行佯攻,以调动敌人。”

武王说:“敌人若已知道我军的情况,识破了我方的计谋,那应该怎么办?”

太公说:“作战取胜的方法,在于周密地察明敌情,把握住有利的战机,在敌人意识未及的情况下,予以猛烈的打击。”

卷第二 武韬

发启第十三

文王在酆[1]召太公曰："呜呼！商王虐极，罪杀不辜，公尚[2]助予忧民，如何？"

太公曰："王其修德以下贤[3]，惠民以观天道[4]。天道无殃，不可先倡；人道[5]无灾，不可先谋。必见天殃，又见人灾，乃可以谋；必见其阳，又见其阴，乃知其心；必见其外，又见其内，乃知其意；必见其疏，又见其亲，乃知其情。

"行其道，道可致也；从其门，门可入也；立其礼，礼可成也；争其强，强可胜[6]也。

"全胜不斗，大兵无创，与鬼神通。微哉！微哉！

"与人同病相救，同情相成，同恶相助，同好相趋。故无甲兵而胜，无冲机[7]而攻，无沟堑而守。

"大智不智，大谋不谋，大勇不勇，大利不利。利天下者，天下启[8]之；害天下者，天下闭[9]之。天下者非一人之天下，乃天下之天下也。取天下者，若逐野兽，而天下皆有分肉之心；若同舟而济，济则皆同其利，败则皆同其害。然则皆有启之，无有闭之也。

"无取于民者，取民者也；无取于国者，取国者也；无取于天下者，取天下者也。无取民者，民利之；无取国者，国利之；无取天下者,天下利之。故道在不可见,事在不可闻,胜在不可知。微哉!微哉!

"鸷鸟[10]将击,卑飞[11]敛翼;猛兽将搏,弭耳[12]俯伏;圣人将动,必有愚色。

"今彼殷商,众口相惑,纷纷渺渺[13],好色无极,此亡国之征也。吾观其野,草菅[14]胜谷;吾观其众,邪曲胜直;吾观其吏,暴虐残贼,败法乱刑,上下不觉:此亡国之时也。

"大明[15]发而万物皆照,大义[16]发而万物皆利,大兵发而万物皆服。大哉圣人之德!独闻独见,乐哉!"

【注释】

[1]酆:古都邑名,周文王曾建都于此,在今陕西西安市西南,沣河西岸。周武王定都镐京后,酆仍是西周王朝的政治文化中心之一。

[2]公尚:指太公尚,即姜太公。

[3]下贤:尊崇礼遇贤能之士。

[4]天道:自然规律。此处特指天命。

[5]人道:此处是指人事好坏、政治得失。

[6]强可胜:强,指强敌。此句意谓强大的敌人可以被战胜。

[7]冲机:冲车,古代在攻城作战中一种用以冲撞城墙的战车。

[8]启:打开。这里可以理解为欢迎的意思。

[9]闭:关闭、封闭。此处引申为反对、拒绝。

[10]鸷鸟:凶猛的飞禽,如鹰、鹯之类。

[11]卑飞:低飞。

[12]弭耳:把支着的耳朵平贴下来,以示温驯之态,欺骗对手。

[13]纷纷渺渺:纷纷,纷杂混乱的样子;渺渺,无穷无际的样子。此处是形容局势失去控制,动乱不已。

[14]草菅:野草。

[15]大明:指太阳的光辉普照大地,一片光明。

[16]大义:指光明正大的正义之举。

【译文】

周文王在酆邑召见太公,叹息道:“唉!商纣王暴虐到了极点,任意杀害无辜之人。太公尚您来帮助我拯救天下之民,请问该怎么办?”

太公说:“君主应该修养德性,礼贤下士;要施惠于民,并观察天道吉凶。当天道还没有降下祸殃的时候,不可首先倡导征讨;当人道还没有出现灾难的时候,不可首先谋划兴师。一定要见到出现了天灾,又看到了人祸,才可以谋划兴师征讨;一定要看到商王的公开言行,又了解他的秘密活动,才能够知道他的真实想法;一定要见到他的外在表现,又掌握他的内心情况,才能够了解他的本来意图;必须看见他在疏远什么人,又看见他在亲近什么人,才能够洞察他的真情实感。

“实行吊民伐罪之道,政治理想就可以实现;遵循正确的途径前进,统一天下的目的就可以达到;建立适应社会发展的礼乐制度,这样的制度就一定能取得成功;争取确立强大的优势地位,强大的敌人也就能够战胜。

“以智谋取得全胜而不需要经过战斗,以大军临敌而能完整无损,能做到这一点可谓用兵如神。实在微妙啊!微妙啊!

“能与人同疾苦而互相救援,同情感而互相成全,同憎恶而互相帮助,同爱好而共同追求。这样,就是没有军队也能取胜,没有冲车也能进攻,没有沟垒也能防守。

“真正的智慧,不显现为外表的智慧;真正的谋略,不显现为外在的谋略;真正的勇敢,不显现为外表的勇敢;真正的利益,不显现为表面的利益。为天下人谋利益的,天下人都欢迎他;使天下人受祸害的,天下人都反对他。天下不是哪一个人的天下,而是天下所有人的天下。夺取天下就像是猎逐野兽一样,天下所有人都有分享兽肉的愿望;也好像同坐一艘船渡河一样,渡河成功,则大家都分享成功,渡河失败,则大家都遭受灾难。这样做,天下人就都欢迎他,而不会反对他了。

“表面上不是从民众那里掠取利益,实际上却是从民众那里得到利益;表面上不是从别国掠取利益,实际上却是从别国得到利益;表面上不是从天下掠取利益,实际上却是从天下取得利益。不掠取民众利益的,民众就给予他利益；不掠取他国利益的，他国就给予他利益；不掠取天下利益的，天下就给予他利益。所以，这种方法妙在使人看不见，这种事情妙在使人听不到，这种胜利妙在使人不可知。真是微妙啊！微妙啊！

“鸷鸟将要发起袭击时，必先采取低飞收翼的姿势；猛兽将要进行搏斗时，必先采取贴耳伏地的姿势；圣贤将要采取行动时，必先向人示以愚钝的样子。

“现在的殷商王朝，民间流言四起，互相猜疑，社会上混乱不堪，动乱无已，统治者却依然荒淫奢侈，毫无节制，这乃是国家覆亡的征兆。我看到他们的田野上，野草盖过了五谷；我观察他们的群臣，邪恶之徒超过了正直之士；我观察他们的官吏，暴虐残酷，违法乱纪，肆无忌惮。可是他们全国上下还是执迷不悟，这正是到他们该亡国的时候了。

“旭日当空则天下万物都能沐浴阳光，正义所至则天下万物都可享受利益，大兵兴起则天下万物都会沛然归附。伟大啊，圣人的德化！他独到的见地，无人能及，这真是最大的欢乐！”

文启第十四

文王问太公曰：“圣人何守？”

太公曰：“何忧何啬[1]，万物皆得；何啬何忧，万物皆遒[2]。政之所施，莫知其化；时之所在，莫知其移。圣人守此而万物化，何穷之有？终而复始！

“优之游之[3]，展转[4]求之；求而得之，不可不藏；既以藏之，不可不行；既以行之，勿复明之。夫天地不自明，故能长生；圣人不自明，故能名彰[5]。

"古之圣人聚人而为家，聚家而为国，聚国而为天下，分封贤人以为万国，命之曰'大纪'。陈其政教，顺其民俗，群曲[6]化直，变于形容[7]，万国不通[8]，各乐其所，人爱其上，命之曰'大定'。呜呼！圣人务静[9]之，贤人务正之。愚人不能正，故与人争。上劳则刑繁，刑繁则民忧，民忧则流亡。上下不安其生，累世[10]不休，命之曰'大失'。

"天下之人如流水，障[11]之则止，启之则行，静之则清。呜呼！神哉！圣人见其所始，则知其所终。"

文王曰："静之奈何？"

太公曰："天有常形[12]，民有常生[13]，与天下共其生而天下静矣。太上因之，其次化之。夫民化而从政[14]，是以天无为而成事，民无与而自富，此圣人之德也。"

文王曰："公言乃协予怀，夙夜念之不忘，以用为常[15]。"

【注释】

[1]何忧何啬：意谓既不忧虑什么，又不制止什么，一切听其自然，无为而治。啬，闭塞不畅通。

[2]遒：强劲、坚固。此处指繁荣滋长。

[3]优之游之：悠闲自得的样子。

[4]展转：形容寝卧不安、翻来覆去。

[5]彰：明显、鲜明。

[6]曲：邪僻、奸邪不正。

[7]变于形容：这里是移风易俗的意思。

[8]通：即"同"，统一、一致、和同的意思。

[9]静：清静无为。

[10]累世：多代、许多世代。

[11]障：阻碍、阻塞。

[12]常形：指春生、夏长、秋收、冬藏等四时变化的经常性现象。

[13]常生:指最基本的经常性生计活动。

[14]从政:言服从政令,顺从统治。从,服从、顺从。

[15]常:常法、常则,也指基本原则。

【译文】

文王问太公说:“圣人治理天下该遵循什么原则?”

太公回答说:“不必忧虑什么,也无须抑制什么,天下万物就能各得其所;不去抑制什么,也不去忧虑什么,天下万物就会繁荣生长。政令的施行,要使民众在不知不觉中受到感化,就好像时间那样,在不知不觉中自然推移。圣人遵循这一原则行事,则天下万物就会被潜移默化,如此周而复始永无穷尽!

“这种悠闲自如的无为政治,圣贤必须反复探求;既已探求到了,那就不可不秘藏于心;既然已把它秘藏于心,就不可不去贯彻实行;既然已经贯彻实行,也就不要把其中的奥妙明告世人。天地不显示自己的规律,所以才能促成万物生长;圣人不炫耀自己的英明,所以才能导致功业卓著。

“古代的圣人把人们聚集在一起以组成家庭,把众多家庭聚集在一起以组成国家,把众多国家聚集在一起以组成天下,分封贤人使之成为万国诸侯,这一切可命名为‘治理天下的纲纪’。宣传弘扬政治教化,顺应民众风俗习惯,化邪僻为正直,移风易俗。各国的习俗虽然不同,但如能使民众安居乐业,人人都尊敬爱戴他们的君主,这就叫作‘天下大定’。唉!圣人汲汲于清静无为,贤君汲汲于端正身心。愚昧的君主不能端正自己的身心,所以会同民众抗争。做君主的热衷于惹是生非,就会导致刑罚苛烦;刑罚苛烦就会导致民众心怀忧惧,民众心怀忧惧就会流离逃亡。上上下下惶恐忧惧、不安生业,以至于长期动乱不休,这种情况就叫作‘政治大失’。

“天下人心的向背就像流水一样,阻塞它就停止,启导它就流动,静止它就清澈。唉!太神妙莫测了。在这方面,只有圣人才能做到看见它的萌芽,并能进而推断出它的结果。”

文王说:“要使天下清静该怎么办?”

太公说："天有一定的运行规律，民众也有一定的生活原则。君主如果能和天下民众共安生业，那么天下自然清静无事。所以说，最好的政治是顺从事物本性进行治理，其次是宣扬政教来感化人民，民众一经感化就会服从政令。所以，天道无为而能使万物生长，民众无须施与而能丰衣足食，这就是圣人的德治。"

文王说："您的话非常符合我的心意，我将朝思夕念，永志不忘，把它作为治理天下的根本原则。"

文伐第十五

文王问太公曰："文伐[1]之法奈何？"

太公曰："凡文伐有十二节[2]：

"一曰：因其所喜，以顺其志，彼将生骄，必有奸事，苟能因之，必能去之。

"二曰：亲其所爱，以分其威。一人两心，其中[3]必衰。廷无忠臣，社稷必危。

"三曰：阴赂左右，得情甚深，身内情外[4]，国将生害。

"四曰：辅其淫乐，以广其志，厚赂珠玉，娱以美人。卑辞委听，顺命而合[5]。彼将不争，奸节乃定[6]。

"五曰：严[7]其忠臣，而薄其赂。稽留其使，勿听[8]其事。亟为置代[9]。遗以诚事，亲而信之。其君将复合[10]之，苟能严之，国乃可谋。

"六曰：收其内，间其外，才臣外相[11]，敌国内侵，国鲜不亡。

"七曰：欲锢[12]其心，必厚赂之；收其左右忠爱，阴示以利；

令之轻业，而蓄积空虚。

“八曰：赂以重宝，因与之谋；谋而利之，利之必信，是谓重亲[13]。重亲之积，必为我用，有国而外，其地大败。

“九曰：尊之以名，无难其身；示以大势，从之必信，致其大尊；先为之荣，微饰圣人，国乃大偷[14]。

“十曰：下之必信，以得其情；承意应事，如与同生；既以得之，乃微收之；时及将至，若天丧之。

“十一曰：塞[15]之以道。人臣无不重贵与富，恶死与咎[16]。阴示大尊[17]，而微输重宝，收其豪杰。内积甚厚，而外为乏。阴纳智士，使图其计；纳勇士，使高其气。富贵甚足，而常有繁滋。徒党已具，是谓塞之。有国而塞，安能有国？

“十二曰：养其乱臣以迷之，进美女淫声[18]以惑之，遗良犬马以劳之，时与大势以诱之，上察而与天下图之。

“十二节备，乃成武事[19]。所谓上察天，下察地，征已见，乃伐之。”

【注释】

[1]文伐：指用非军事手段打击敌人。《汇解》云：“文伐者，以文事伐人也。”

[2]节：项。

[3]中：通“忠”，忠诚。

[4]身内情外：身处本阵营而内心早已投敌，即所谓“身在曹营心在汉”。

[5]顺命而合：指顺从敌人的心意。

[6]奸节乃定：指放肆纵容其邪恶的行为。

[7]严：尊敬。这里可理解为与其结好以从中行间的意思。

[8]听：处理、处置。

[9]置代：更换使者。

[10]复合:重新结好。

[11]外相:引申为里通外国。相,辅佐、帮助。

[12]锢:禁锢、控制。此处意谓促使敌国君主完全信任我方。

[13]重亲:加深友谊、增强信任。

[14]国乃大偷:指国事懈怠以致政教废弛。偷,苟且自安的意思。

[15]塞:闭塞、隔绝。

[16]咎:灾祸、祸患。

[17]大尊:高官厚禄。

[18]淫声:指惑人心智的靡靡之音。

[19]乃成武事:意谓开展军事斗争,建立武功。

【译文】

文王问太公说:“文伐的方法该怎样?”

太公答道:“大凡文伐有十二种方法:

“第一,利用敌人的爱好,来顺从满足他们的欲望。这样,他们就会滋长骄傲情绪,肯定会去做邪恶的事情,我们如果能够巧妙地利用这一弱点,就必然能够将他们除掉。

“第二,亲近拉拢敌国君主的近臣,以分化削弱敌人的威力。敌国近臣如果怀有二心,其忠诚程度必然降低。敌国朝廷上没有忠臣,整个国家必定面临危亡。

“第三,暗中贿赂收买敌国君主周围的大臣,和他们建立深厚的交情。这些人身居国内而心向国外,那么敌国就必将发生祸害。

“第四,助长敌国君主放纵的享乐行为,来增强他的荒淫欲望,用大量珠宝贿赂他,赠送美女以供他淫乐。低声下气,曲意听从,顺从他的命令,迎合他的心意。这样,他就不会与我相争,而将放肆纵容自己的邪恶行为。

“第五,故意尊敬敌国的忠臣,只给他菲薄的礼物。当他出使前来交涉问题时,要故意加以拖延,不要对问题作出答复,以极力促成敌国君主更换使者。事情得手后,则马上着手诚恳地解决所交涉的问题,向敌国表示亲近，以取得信任。这样，敌国君主就会弥合与我国的关系了。如果能这样故意地尊敬敌国忠臣[，就一定能离间敌国君主与他的关系]，从而可以巧妙谋取敌国了。

“第六，收买敌国朝廷内的大臣，离间敌国朝廷外的大臣。使其有才干的大臣里通外国，造成敌国内部互相倾轧，日趋衰弱。这种情况下敌国就很少有不灭亡的了。

“第七，要想让敌国君主对我们深信不疑，就必须赠送他大量礼物加以笼络。同时收买他的左右亲信大臣，暗中给他们以种种好处。从而使敌国君臣忽视生产，造成其粮财匮乏，仓廪空虚。

“第八，用贵重的金银财宝贿赂敌国君主，然后乘机与他同谋第三国，这种图谋当是对他有利的。他得到利益后，必然会信任我们，这就密切了敌国君主与我方的关系。这种密切关系的发展，其结果必定为我所利用。他自己有国家却反被外国所利用，这样的国家最终会遭到惨败。

“第九，用煊赫的名号尊崇他，不让他经历危难。给他以势倾天下的假象，屈从他的意志，以取得他的信任。使他居于至高无上的地位，先夸耀他的殊世功绩，再假意恭维他德比圣人，这样[他必定妄自尊大]，进而懈怠废弛国事了。

“第十，对敌国君主表示卑微屈从，必然会取得他的信任，从而获取其真实内情。秉承他的意志，满足他的要求，就像兄弟一样的亲密。既已达到了为他信任的目的，就可以微妙地加以利用。等待时机成熟后，就像有上天相助似的轻易把他消灭。

“第十一，要用各种方法去闭塞敌国君主的视听。凡为臣民的无不渴望地位和财富，厌恶危险和罪咎。所以，要用暗中许诺尊贵的官位，秘密赠送大量财宝的方法，来收买敌国的英雄豪杰。自己国内积蓄充足，但在表面上则要假装贫乏。暗中收纳敌国的智谋之士，使他们与自己共图大计；秘密结交敌国的勇士，利用他们来提高我方的士气。要尽量满足这些人贪图富贵的欲望，并使这种欲望日趋强烈。这样，敌国的豪杰、智士、勇士就转而成为自己的徒党了，这就叫作闭塞敌国君主的视听。敌国君主虽然还统治着国家，但视听既已被闭塞，那么这种统治怎么还能维持呢？

“第十二，扶植敌国的乱臣，以迷乱其君主的心智；进献美女淫乐，以惑乱其君主的意志；赠送良犬骏马，以疲劳其君主的身体；经常奏报有利的形势，以诱滋其君主的骄傲。然后观察有利的时机，与天下人共同图谋敌国。

“在正确运用了这十二种文伐方法之后，就可以进一步采取军事行动了。这就是所谓的上察天时，下观地利，等待有利的征兆显现，然后兴兵征伐敌国。”

顺启第十六

文王问太公曰：“何如而可以为天下？”

太公曰：“大盖天下[1]，然后能容天下；信盖天下，然后能约[2]天下；仁盖天下，然后能怀[3]天下；恩盖天下，然后能保天下；权盖天下，然后能不失天下；事而不疑，则天运不能移，时变不能迁。此六者备，然后可以为天下政。

“故利天下者，天下启之；害天下者，天下闭之；生天下者，天下德之；杀天下者，天下贼[4]之；彻[5]天下者，天下通之；穷天下者，天下仇之；安天下者，天下恃之；危天下者，天下灾之[6]。天下者非一人之天下，唯有道者处之。”

【注释】

[1]大盖天下：指器量包容天下。大，器量；盖，包容、胜过的意思。

[2]约：约束、控制的意思。

[3]怀：怀柔、赢得。

[4]贼:肆虐、毁坏的意思。

[5]彻:顺应、顺从的意思。

[6]灾之:意为视之如灾星,避之唯恐不及。《直解》:"灾之,以为害我而远避之也。"

【译文】

文王问太公道:"怎样才能治理好天下呢?"

太公说:"器量盖过天下,然后才能包容天下;诚信盖过天下,然后才能约束天下;仁爱盖过天下,然后才能怀柔天下;恩惠盖过天下,然后才能保有天下;权势盖过天下,然后才能不失天下;遇事当机立断毫不迟疑,就像那天体运行不能改变、四时更替不能变易一样。这六个条件都具备了,然后就可以治理天下了。

"所以,为天下人谋利益的,天下人都欢迎他;使天下人受祸害的,天下人都反对他;使天下人得以生存的,天下人就感激他的恩德;使天下人遭到杀戮的,天下人就仇视他的残暴;顺应天下人的意愿的,天下人就拥护服从他;使天下人陷于穷困的,天下人就憎恨厌恶他;使天下人安居乐业的,天下人就把他视为依靠;给天下人带来危难的,天下人就把他看作灾星。天下并不是哪一个人的天下,只有仁慈高尚的人,才能拥有治理天下的权利。"

三疑第十七

武王问太公曰:"予欲立功,有三疑:恐力不能攻强、离亲、散众[1],为之奈何?"

太公曰:"因之[2],慎谋,用财。夫攻强,必养之使强,益之使张[3]。太强必折,太张必缺。攻强以强,离亲以亲,散众以众。

"凡谋之道,周密为宝。设[4]之以事,玩[5]之以利,争心必起。

"欲离其亲,因其所爱[6],与其宠人,与之所欲,示之所利,因以疏之[7],无使得志。彼贪利甚喜,遗疑乃止。

"凡攻之道,必先塞其明,而后攻其强,毁其大[8],除民之害。淫之以色[9],啖[10]之以利,养之以味,娱之以乐。

"既离其亲,必使远民,勿使知谋,扶而纳之[11],莫觉其意,然后可成。

"惠施于民,必无爱财。民如牛马,数喂食[12]之,从而爱之。

"心以启智,智以启[13]财,财以启众,众以启贤。贤之有启,以王天下。"

【注释】

[1]散众:指分化瓦解敌人的军队。

[2]因之:意谓因势利导。因,顺应、利用。

[3]张:此处用以比喻骄傲自满、忘乎所以。

[4]设:此处是约许、许诺的意思。《汉书·赵充国传》:"设以子女貂裘。"

[5]玩:玩弄,此处引申为引诱、操纵。

[6]因其所爱:因,根据、凭借;爱,爱好、兴趣。

[7]因以疏之:通过上述手段来疏远敌方君臣关系。

[8]大:据《汇解》注:"大,大国也。"当是喻指庞大的国家机器。

[9]淫之以色:淫,迷惑、惑乱;色,女色、美色。

[10]啖:吃、喂,此处引申为引诱。

[11]扶而纳之:指各种方式使敌人入我之圈套。

[12]喂食:古代兵家基于其阶级立场,视民众如牛羊,故有是语。

[13]启:发动、疏通,此处可理解为产生。

【译文】

武王问太公说:“我想要建功立业,但尚有三点疑虑:恐怕自己的力量还不足以进攻强敌、离间敌君的亲信和瓦解敌人的军队。这怎么办才好呢?”

太公说:“首先是因势利导,其次是慎用计谋,第三是使用钱财。进攻强敌,一定要先纵容他,使其恃强蛮横;放任他,使之气焰嚣张。敌人过于强大,必然遭到挫折;过于嚣张,必然导致失误。要进攻强大的敌人,必先助长他们的强暴;要离间敌人的亲信,必先收买敌人的亲信;要瓦解敌人的军队,必先争取敌人的军队。

“运用计谋,以周密最为重要。许给敌人一些好处,给予敌人一些利益,这样敌人内部必然会自相争夺了。

“要想离间敌国君臣之间的关系,应当根据他们的个性爱好,并通过他们所宠爱亲近的人来进行,送给他们所想得到的东西,许给他们以丰厚的利益。通过这些以疏远他们与其君主的关系,使他们不能有所作为。他们在得到种种利益后一定非常高兴,这样就不会对我们的图谋产生任何疑虑了。

“通常进攻强大敌人的方法是,首先闭塞敌国君主的耳目,然后再进攻他强大的军队,摧毁他庞大的国家,以解除民众的痛苦。[闭塞敌国君主的方法是]用女色腐蚀他,用厚利引诱他,用美味供养他,用靡靡之音迷乱他。

“既已离间了他的亲信,必须进一步使他疏远自己的民众,不要让他识破我们的计谋,引诱他堕入我方的圈套,而他自己则毫无觉察、懵懂无知。这样,我们就可以成就大事了。

“施恩惠于广大民众,一定不要吝惜财物,民众就如同牛马一样,经常喂养他们,他们就会追随和亲近自己。

“心灵能够产生智慧,智慧能够产生财富,财富能够赢得民众,民众中能够涌现贤才。贤才涌现和效劳,可以辅佐君主称王天下。”

卷第三 龙韬

王翼第十八

武王问太公曰："王者帅师，必有股肱羽翼[1]以成威神[2]，为之奈何？"

太公曰："凡举兵帅师，以将为命。命在通达，不守[3]一术。因能受职，各取所长，随时变化，以为纲纪[4]。故将有股肱羽翼七十二人，以应天道[5]。备数如法，审知命理[6]，殊能异技，万事毕矣。"

武王曰："请问其目。"

太公曰："腹心一人。主潜谋应卒[7]，揆天[8]消变，总揽计谋，保全民命。

"谋士五人，主图安危，虑未萌，论行能，明赏罚，授官位，决嫌疑，定可否。

"天文三人。主司星历[9]，候风气[10]，推时日，考符验[11]，校灾异[12]，知天心[13]去就之机。

"地利三人。主三军行止形势[14]，利害消息[15]，远近险易，水涸山阻，不失地利。

"兵法九人。主讲论异同，行事成败，简练兵器，刺举[16]非法。

"通粮四人。主度饮食，[备]蓄积，通粮道，致五谷，令三军不困乏。

“奋威四人。主择才力，论兵革[17]，风驰电击，不知所由。

“伏鼓旗三人。主伏鼓旗，明耳目，诡符节[18]，谬号令，暗忽[19]往来，出入若神。

“股肱四人。主任重持难，修沟堑，治壁垒，以备守御。

“通材三人。主拾遗补过，应偶宾客，论议谈语，消患解结。

“权士三人。主行奇谲[20]，设殊异，非人所识，行无穷之变。

“耳目七人。主往来听言视变，览四方之事、军中之情。

“爪牙五人。主扬威武，激励三军，使冒难攻锐，无所疑虑。

“羽翼四人。主扬名誉，震远方，摇动四境，以弱敌心。

“游士八人。主伺奸候变，开阖人情[21]，观敌之意，以为间谍。

“术士二人。主为谲诈，依托鬼神，以惑众心。

“方士二人。主百药，以治金疮[22]，以痊万病。

“法算二人。主计会三军营壁、粮食、财用出入。”

【注释】

[1]股肱羽翼：比喻帝王左右得力的辅佐大臣。股，大腿；肱，手臂从肘到腕的部分。

[2]威神：指非凡的威望、神奇的威势、赫赫的权威。

[3]守：拘泥、局限。

[4]纲纪：制度、法制。

[5]以应天道：原指日月星辰等天体运行规律。这里指农历五天为一候、一年七十二候，所以将领的参谋辅助人员总数应为七十二。

[6]审知命理：全面掌握、深刻懂得为将的道理。

[7]潜谋应卒：潜，秘密；卒，同“猝”，突然。

[8]揆天：观测、揣度天象，即日月星辰的运行。

[9]星历：记载各类天体逐日逐刻所在位置的历书。此处可理解为

观察天体的运行。

［10］候风气：候，伺望、观测；风气，风向的顺逆。

［11］符验：此处指祥瑞的征兆。

［12］灾异：灾害、变异（意外事件）以及与人事活动的吉凶关系。

［13］天心：天意。

［14］主三军行止形势：主要任务是掌管军队行进与驻止的地理形势。

［15］消息：生灭盛衰，这里引申为各种变化。消，消失、逝去；息，增长、递增。

［16］刺举：检举揭发。刺，刺探、探听。

［17］论兵革：选用各种武器装备。论，通“抡”，选择、挑选的意思。

［18］符节：古代传达命令或征调军队用的凭证。君主与将领各执一半，以验真假。

［19］暗忽：忽往忽来、模糊不清的意思。

［20］奇谲：奇谋权谲的意思。

［21］开阖人情：指控制、操纵敌国军民之心。开，开张；阖，关闭。

［22］金疮：指金属兵器对人体所造成的创伤。

【译文】

武王问太公说：“君主统率军队，必须有得力的辅佐之人，以造成赫赫博大的威势，这该怎么办才好？”

太公回答说：“凡举兵兴师，必须以将帅来掌握全军的命运。要掌握好全军的命运，必须通晓和掌握全面情况，而无须专精于某项技术。因此，在用人上，应该做到量才授职，取其所长，灵活使用，并使之成为一项制度。所以，作为将帅需要有辅佐人员七十二人，以顺应天道，应付各种情况。按照这种方法设置助手，就算真正掌握了为将的道理；而能发挥各种人才的特殊才能，那么各项任务也就可以圆满完成了。”

武王说：“请问这方面的具体细节。”

太公说：“腹心一人。主要任务是参赞谋划，应付突然事变，观测天象，消除祸患，总揽军政大计，保全民众的生命。

“谋士五人。主要任务是谋划安危大事，考虑事物发展趋势，鉴定将士的品行才能，申明赏罚制度，授予各种官职，决断疑难问题，裁定事情的可否。

“天文三人。主要职责是观察日月星辰的运行，测度风向气象，推算时日吉凶，考察吉祥瑞兆，核验灾异现象，从而掌握天意向背的规律。

“地利三人。主要职责是察明军队行进、驻扎的地形状况，分析其利弊得失和种种变数，考察距离的远近、地形的险易，提供江河水情和山势险阻等情况，以确保军队作战不失地利。

“兵法九人。其主要职责是探讨研究敌我形势的特点，分析讨论作战胜负的原因，选择适合不同条件下作战的兵器，检举揭发各种非法行为。

“通粮四人。主管计划粮秣供给，筹备物资储存，确保粮道畅通，征收筹集军粮，使军队供给不发生困难。

“奋威四人。其主要任务是选拔有才能的勇士，研究优良的武器装备，以保障军队能够风驰电掣般行动，出其不意打击敌人。

“伏鼓旗三人。主要任务是管理军队的旗鼓，明确视听的信号，制造假符节，发布假命令[，以迷惑敌人]，忽来忽往，神出鬼没。

“股肱四人。主要任务是担负重要的使命，从事艰巨的工作，并修理沟堑障碍，构筑壁垒工事，以备守御。

“通才三人。主要任务是指出将帅的过失，以弥补他的疏漏，接待外来的使节，发表议论，讨论问题，以清除隐患，排解纠纷。

“权士三人。主要任务是筹划奇谋诡计，设计异术绝技，使人们无从识破其奥秘，而演化无穷的变化。

“耳目七人。主要任务是通过与外界往来，耳听风声，眼观动静，察知天下的形势，了解敌军的情况。

“爪牙五人。主要职责是显示我军的威风，激励三军的斗志，使他们敢于冒险犯难，攻坚破锐，而无所迟疑和畏惧。

“羽翼四人。主要职责是宣扬将帅的威名声誉，使之震骇远方，动摇邻国，以达到削弱敌人斗志的目的。

“游士八人。其主要职责是窥伺敌方的奸佞，刺探敌方的变乱，操纵敌国的人心，观察敌人的意图，承担开展间谍工作的重任。

“术士二人。其主要职责是使用诡诈的手段，借助鬼神等迷信，来迷惑敌人军心。

“方士二人。主要任务是掌管各种药品，治疗兵器创伤，医治各种疾病。

“法算二人。主要任务是核算军队的营垒、粮食及财用收支等事宜。”

论将第十九

武王问太公曰：“论将之道奈何？”

太公曰：“将有‘五材’‘十过’[1]。”

武王曰：“敢问其目[2]。”

太公曰：“所谓‘五材’者，勇、智、仁、信、忠也。勇则不可犯[3]，智则不可乱，仁则爱人，信则不欺，忠则无二心。

“所谓‘十过’者，有勇而轻死者，有急而心速者，有贪而好利者，有仁而不忍人者[4]，有智而心怯者，有信而喜信人者，有廉洁而不爱人者[5]，有智而心缓者，有刚毅而自用[6]者，有懦而喜任人[7]者。

“勇而轻死者可暴[8]也，急而心速者可久[9]也，贪而好利者可遗[10]也，仁而不忍人者可劳也，智而心怯者可窘[11]也，信而喜信人者可诳[12]也，廉洁而不爱人者可侮也，智而心缓者可袭也，刚毅而自用者可事[13]也，懦而喜任人者可欺也。

“故兵者，国之大事，存亡之道，命在于将。将者，国之辅，先王之所重也，故置将不可不察也。故曰：兵不两胜，亦不两败[14]。兵出逾境，期不十日，不有亡国，必有破军杀将。”

武王曰：“善哉！”

【注释】

[1]五材、十过：指将帅的五种优秀才能和十种致命过错。

[2]目：细节、细目。

[3]犯：凌侮、侵犯。

[4]仁而不忍人者：指将帅过于仁慈而对军队中各种不良现象流于姑息。

[5]有廉洁而不爱人者：《汇解》释曰：“廉洁而不爱人者，清而近刻，士卒不乐为用，故可侮也。”

[6]自用：自以为是、刚愎自用。

[7]任人：没有主见，依赖别人。

[8]暴：突然、急速，此处指突然袭击。

[9]久：此处指持久作战，以消磨敌之锐气。

[10]遗：贿赂、收买。

[11]窘：困窘，此处是胁迫、使之屈服的意思。

[12]诳：欺骗、欺诈。

[13]刚毅而自用者可事：《汇解》：“刚毅而自用者，敌卑词屈己以侍奉之，则轻而不设备。”事，侍奉、虚与委蛇。

[14]兵不两胜，亦不两败：两胜，双方都得到胜利；两败，谓敌我双方均告失败。

【译文】

武王问太公说：“评论将帅的原则是什么？”

太公说：“将帅应该具备五种美德，避免十种过失。”

武王说：“请问它的具体内容。”

太公说："所谓将帅的五种美德就是：勇敢、明智、仁慈、诚信和忠贞。勇敢就不会被侵犯，明智就不会被惑乱，仁慈就会爱护士卒，诚信就不会欺骗他人，忠贞就不会怀有二心。

"所谓将帅的十种过失就是：勇敢而轻于赴死，急躁而沉不住气，贪婪而汲汲于功利，仁慈而流于姑息，聪明而胆怯怕事，诚信而轻信他人，廉洁而苛求部下，好思多谋而优柔寡断，坚强而刚愎自用，懦弱而好依赖别人。

"勇敢而轻于赴死的，可以激怒他；急躁而沉不住气的，可以拖垮他；贪婪而热衷私利的，可以贿赂他；仁慈而流于姑息的，可以骚扰、烦劳他；聪明而胆怯怕事的，可以胁迫他；诚信而轻信他人的，可以欺诈他；廉洁而苛求部属的，可以侮辱他；好思多谋而优柔寡断的，可以突然袭击他；坚强而刚愎自用的，可以算计他；懦弱而好依赖别人的，可以欺负他。

"战争，是国家的大事，它关系着国家的安危存亡，而其命运掌握在将帅的手中。将帅，是国家的辅佐，为历代君王所重视，所以任命将帅不可不认真考察研究。所以说：战争不可能使双方都取得胜利，也不可能使双方都遭到失败。只要军队越出国境，不出十天时间，不是一方亡国殒身，就必然是另一方破军杀将。"

武王说："说得好极了！"

选将第二十

武王问太公曰："王者举兵，欲简练[1]英雄，知士[2]之高下，为之奈何？"

太公曰："夫士外貌不与中情[3]相应者十五：有贤而不肖者，有温良而为盗者，有貌恭敬而心慢者，有外廉谨而内无至诚者，有精精[4]而无情者，有湛湛[5]而无诚者，有好谋而不决者，有如果敢而不能者，有悾悾[6]而不信者，有怳怳惚惚[7]而反忠实者，有诡激[8]而有功效者，有外勇而内怯者，有肃肃[9]而反易人[10]者，有嗃嗃[11]而反静悫[12]者，有势虚形劣而外出无所不至、无所不遂[13]者。天下所贱，圣人所贵。凡人莫知，非有大明，不见其际[14]，此士之外貌不与中情相应者也。”

武王曰：“何以知之？”

太公曰：“知之有八征[15]：一曰问之以言以观其辞，二曰穷之以辞以观其变[16]，三曰与之间谋以观其诚，四曰明白显问以观其德，五曰使之以财以观其廉，六曰试之以色以观其贞[17]，七曰告之以难[18]以观其勇，八曰醉之以酒以观其态。八征皆备，则贤不肖别矣。”

【注释】

[1]简练：精心选拔。《汉书·息夫躬传》：“简练戎士，缮修干戈。”义近。

[2]士：先秦贵族中最低的一级，此处是指“将吏”。

[3]中情：内情。

[4]精精：指精明强干。

[5]湛湛：水清澈貌。此处引申为敦厚。

[6]悾悾：形容诚恳真挚。

[7]怳怳惚惚：知觉迷乱、精神恍惚之貌，可理解为犹豫动摇。

[8]诡激：奇异古怪的辩论。

[9]肃肃：严正之貌。

[10]易人：平易近人。

[11]嗃嗃：严厉、冷酷貌。

[12]悫：诚恳。

[13]遂：达成、完成的意思。

[14]其际:这里是“实情”的意思。

[15]征:征验、征兆。

[16]变:指随机应变的能力。

[17]贞:坚贞。这里是操守的意思。

[18]难:困难的事情。

【译文】

武王问太公说:“君王兴师起兵,要选拔智勇双全的人充当将帅,想要知道他德行才能的高下,应该怎么办?”

太公说:“士的外表与他的内情不相符合的情况有十五种:有外表贤淑而实际不肖的;有貌似善良而实为盗贼的;有外似恭敬而内实傲慢的;有貌似廉洁谨慎而其实不真诚的;有看起来精明能干而实无能耐的;有表面厚道而内心并不诚实的;有外似多谋而实际不果断的;有看上去果断而其实无所作为的;有外表老实而实际没有信用的;有表面上摇摆不定而其实忠诚可靠的;有言行过激而办事却有成效的;有貌似勇敢而实际内心胆怯的;有外貌很严肃而实际上平易近人的;有外貌严厉而内心温和厚道的;有外表虚弱、形貌丑陋,却能受命出使无所不至、办事无所不成的。总之,为天下普通人所瞧不起的,却往往是为圣人所推崇的。这是一般人所不知道的事情,非有慧眼卓识,是无法窥知其中的奥妙的。以上这些,就是士的外表不同他的内情相一致的种种现象。”

武王问:“有什么办法能够真正了解他们呢?”

太公说:“了解他们,有八种方法:一是向他询问问题,来看他能否把问题解释清楚;二是详尽盘问,来看他的机敏和应变能力;三是通过间谍进行考验,来观察他是否忠诚;四是明知故问,看他是否隐瞒,以考察他的德操;五是让他处理钱财事务,来考验他是否廉洁;六是用女色进行试探,来观察他的操守优劣;七是授予他困难危险的工作,来考验他是否勇敢;八是使他痛饮醉酒,来看他能否保持常态。八种方法都运用了之后,一个人是贤还是不肖,也就可以清楚区别了。”

立将第二十一

武王问太公曰:“立将[1]之道奈何?”

太公曰:“凡国有难,君避正殿[2],召将而诏之曰:‘社稷安危,一在将军。今某国不臣[3],愿将军帅师应[4]之。’

“将既受命,乃命太史卜,斋三日,之太庙,钻灵龟[5],卜吉日,以授斧钺[6]。君入庙门,西面而立[7];将入庙门,北面而立。君亲操钺持首,授将其柄曰:‘从此上至天者,将军制之。’复操斧持柄,授将其刃曰:‘从此下至渊者,将军制之。’‘见其虚[8]则进,见其实则止,勿以三军为众而轻敌,勿以受命为重而必死,勿以身贵而贱人,勿以独见而违众,勿以辩说为必然。士未坐勿坐,士未食勿食,寒暑必同。如此,则士众必尽死力。’

“将已受命,拜而报君曰:‘臣闻国不可从外治,军不可从中御[9]。二心[10]不可以事君,疑志[11]不可以应敌。臣既受命专斧钺之威,臣不敢生还。愿君亦垂一言之命[12]于臣。君不许臣,臣不敢将。’

“君许之,乃辞而行。军中之事,不闻君命,皆由将出,临敌决战,无有二心。若此,则无天于上,无地于下,无敌于前,无君于后。是故智者为之谋,勇者为之斗,气厉青云,疾若驰骛[13],兵不接刃,而敌降服。战胜于外,功立于内,吏迁[14]士赏,百姓欢说,将无咎殃。是故风雨时节[15],五谷丰熟,社稷安宁。”

武王曰:“善哉!”

【注释】

[1]立将:举行隆重仪式任命将帅。

[2]正殿:指国君举行朝会、发布政令的居中的殿堂。

[3]不臣:不臣服、不归顺,意谓叛乱。

[4]应:应付、对付。此处指征伐。

[5]钻灵龟:在商周时期,遇有重大事情,总是要求神问卜,其方法是用烧红的小铜棍炙烙龟甲或兽骨,观察骨甲的裂痕以决定吉凶及应对之策。

[6]斧钺:古代兵器,用于斫杀,春秋后基本退出实战领域,而作为军权的象征。

[7]西面而立:处东向西而立,这为主人所居之位。古以处北向南之位为最尊。此处国君西面而立,一则表示礼贤,二则尊已居南面之位的祖先神位。

[8]虚:虚弱、虚隙之处。

[9]中御:指国君从中枢直接干预军中的事务。

[10]二心:指怀有异志。

[11]疑志:谓心存疑虑、犹豫不决。

[12]一言之命:指诏令。

[13]驰骛:奔驰的骏马。

[14]迁:升迁、晋级。

[15]时节:这里用作动词,意谓刮风下雨都应合时令节气。

【译文】

武王问太公说:"任命将帅的方式是怎样的?"

太公说:"凡国家遭遇危难,国君就退避正殿,而在偏殿上召见主将,向他下达诏令说:'国家的安危,全系在将军你一人身上,现在某国反叛不臣,请将军统率大军前往征讨。'

"主将接受任命后,国君就命太史进行占卜,先斋戒三天,然后前往太庙,钻炙龟甲,卜择吉日,向主将颁授斧钺。[到了吉日,]国君进入太庙门,面向西站立;主将也进入太庙门,面向北站立。国君亲自拿着钺的上部，把钺柄授予主将，申明：'从此，军中上至于天的一切事务全由将军您处置。'然后又亲自拿着斧柄，将斧的刃部授予主将，申明：'自此，军中下至于渊的一切事务全由将军您定夺。'［并进而致训词说：］'见敌人虚弱可乘就前进，见敌人强大难胜就停止。不要因为我军人数众多而轻敌，不要因为任务重大而死拼，不要因为自己身份尊贵而轻视部属，不要因为自己见解独到而拒绝众人意见，不要由于能说善辩而自以为是。士卒还没有坐下，你自己不要先坐；士卒还没有吃饭，你自己不要先吃，冷热都要与士卒相同。这样，士卒就一定会尽死力作战了。'

"主将接受任命后，便向国君跪拜并回答说：'我听说国家大事不可受外部的干预掣肘，军队作战不宜由君主在朝廷内遥控指挥。怀有二心就不能够忠诚侍奉君主，心存疑虑就不能够专心对付敌人。我既然接受任命去执掌军事大权，［不获胜利］就不敢生还。我希望君上您让我全权统辖一切。君上您若不予允许，我就不敢承担主将重任。'

"国君答应了主将这一请求，主将就辞别国君，统军出征。自此军中的所有事务，不再听命于国君，而全部由主将做主。临敌作战，专心一意。这样，主将进行军事活动，就可上不受天时限制，下不受地形掣肘，前无敌人敢于抵抗，后无君主从中牵制。所以，智谋之士愿为他出谋划策，勇武之人愿为他殊死战斗，士气昂扬直逼青云，行动迅捷有如骏马驰奔，兵未交锋而敌人就已望风降服。战争取胜于国外，功勋建树于朝廷，将吏获得晋升，士卒得到奖赏，全国百姓欢欣喜悦，主将本人没有祸殃。于是就风调雨顺，五谷丰登，国家安宁。"

武王说："说得真好！"

将威第二十二

武王问太公曰："将何以为威？何以为明？何以为禁止而

令行？"

太公曰："将以诛大[1]为威，以赏小[2]为明，以罚审[3]为禁止而令行。故杀一人而三军震者，杀之；赏一人而万人说者，赏之。杀贵大，赏贵小。杀及当路[4]贵重之臣，是刑上极也；赏及牛竖[5]、马洗[6]、厩养之徒，是赏下通也。刑上极，赏下通，是将威之所行也。"

【注释】

[1]诛大：诛杀地位尊贵的人。

[2]赏小：赏赐地位低微的人。

[3]审：详明、审慎。此处引申为"适当"。

[4]当路：即"当途"，此处指身居要职，执掌大权。

[5]牛竖：牧牛的僮仆。

[6]马洗：马夫。

【译文】

武王问太公说："主将用什么办法来树立威信？用什么办法来体现圣明？用什么办法来做到有禁而止？有令而行？"

太公回答道："主将通过诛杀地位尊贵的人来树立威信，通过奖赏地位低微的人来体现圣明，通过赏罚审慎而严明的办法来做到所禁必止、所令必行。因此，杀一人而能使全军上下震惧的，就杀掉他；赏一人而能使三军之众喜悦的，就奖赏他。诛杀，重在诛杀地位尊贵的人；奖赏，重在奖赏地位低微的人。能诛杀那些身居要职的人物，这是刑罚触及了最上层；能奖赏那些牛僮、马夫等后勤人员，这是奖赏施行到了最下层。真正做到刑罚能及于最上层，奖赏能达到最下层，这就是将帅的威信之所以得以树立和贯彻的原因。"

励军第二十三

武王问太公曰:“吾欲令三军之众,攻城争先登[1],野战争先赴[2],闻金声[3]而怒,闻鼓声而喜,为之奈何?”

太公曰:“将有三[胜][4]。”

武王曰:“敢问其目?”

太公曰:“将,冬不服裘,夏不操扇,雨不张盖,名曰礼将;将不身服礼[5],无以知士卒之寒暑。出隘塞,犯泥途,将必先下步,名曰力将;将不身服力[6],无以知士卒之劳苦。军皆定次[7],将乃就舍,炊者皆熟,将乃就食,军不举火,将亦不举,名曰止欲将;将不身服止欲,无以知士卒之饥饱。将与士卒共寒暑、劳苦、饥饱,故三军之众,闻鼓声则喜,闻金声则怒。高城深池,矢石繁下,士争先登;白刃始合,士争先赴。士非好死而乐伤也,为其将知寒暑、饥饱之审,而见劳苦之明也。”

【注释】

[1]争先登:争先恐后地攀登敌人的城垒。

[2]争先赴:争先前进,争先冲锋。

[3]金声:钲声,是指挥军队停止行动或退兵的信号。

[4]三胜:三种克敌制胜的手段。底本无“胜”字,依《直解》增。

[5]不身服礼:其含义是不能以身作则。服,从事、执行的意思。

[6]不身服力:意为不能身体力行。

[7]定次:军队已经扎营。次,驻扎就舍。

【译文】

武王问太公说："我想要使三军官兵，攻城时争先攀登，野战时争先冲锋，听到停止的号令一腔愤怒，听到前进的号令满心欢喜，应该怎么办才好？"

太公回答说："将帅有三种克敌制胜之道。"

武王说："请说说它的具体内容。"

太公说："作为将帅，能做到冬天不穿皮衣，夏天不摇扇子，雨天不张伞盖，这样的将帅，叫作'礼将'；将帅如果不能以身作则，也就难以体会士卒的冷暖。在翻越险阻关隘、通过泥泞道路时，将帅一定要先下车马步行，这样的将帅，叫作'力将'；将帅如果不能身体力行，也就无从体会士卒的劳苦。军队都已宿营就绪，将帅才进自己宿舍；军队的饭菜都已做熟，将帅自己才就餐；军队未曾举火照明，将帅自己也不举火照明，这样的将帅，叫作'止欲将'；将帅如果不能克制自己的欲望，也就不能体会士卒的饥饱。将帅能够和士卒们共冷暖，共劳苦，共饥饱，那么全军官兵就会听到前进号令就欢喜，听到停止号令就愤怒。攻打高城深池时，即使面临箭石俱下的危险，士卒们也能争先恐后奋勇登城；进行野战时，双方刚一交锋，士卒就会争先冲锋向前。士卒们并不是喜欢死亡、乐于伤残，而是因为他们的将帅了解自己的冷暖和饥饱，体恤自己的劳苦[，从而受到感动，甘愿尽力报效]。"

阴符第二十四

武王问太公曰："引兵深入诸侯之地，三军卒有缓急，或利或害，吾将以近通[1]远，从中应外，以给三军之用，为之奈何？"

太公曰："主与将有阴符[2]，凡八等：有大胜克敌之符，长一尺；破军擒将之符，长九寸；降城得邑之符，长八寸；却敌报远之符，长七寸；警众坚守之符，长六寸；请粮益兵之符，长五寸；败军亡将之符，长四寸；失利亡士之符，长三寸。诸奉使行符，稽留[3]者，若符事泄，闻者、告者皆诛之。八符者，主将秘闻，所以阴通言语，不泄中外相知之术。敌虽圣智，莫之能识。"

武王曰："善哉！"

【注释】

[1]通：贯通，这里指通知、联络。

[2]阴符：参见《龙韬·王翼第十八》注[18]。

[3]稽留：停留、耽误。

【译文】

武王问太公说："统率军队深入到敌国境内，全军突然遇有紧急情况，有些对我军有利，有些对我军不利，我想从近处通知远方，从国内策应外地，以满足三军行动的需要，应当怎么办才好呢？"

太公答道："君主给予主将有秘密的兵符，一共分为八种。有我军大获全胜、聚歼敌人的阴符，其长度为一尺；有击破敌军、擒获敌将的阴符，其长度为九寸；有迫敌弃城投降、夺取敌之城邑的阴符，其长度为八寸；有击退敌人、通报战情的阴符，其长度为七寸；有激励将士、坚固守御的阴符，其长度为六寸；有请求粮饷、增援兵力的阴符，其长度为五寸；有通报军队战败、将领阵亡情况的阴符，其长度为四寸；有报告战斗失利、士卒伤亡消息的阴符，其长度为三寸。凡是奉命传递阴符的，如有延误时间、泄露机密者，无论是传播的还是听传播的，一律处死。这八种阴符，是由君主和将帅秘密掌握的，它是一种被用来暗中传递消息、不泄露朝廷与战场之间秘密的通信手段。敌人即便是聪明之极，也无一能识破它的奥秘。"

武王说："说得很好！"

阴书第二十五

武王问太公曰："引兵深入诸侯之地，主将欲合兵[1]，行无穷之变[2]，图不测之利，其事烦多。符不能明，相去辽远[3]，言语不通，为之奈何？"

太公曰："诸有阴事大虑[4]，当用书，不用符。主以书遗将，将以书问主。书皆一合而再离，三发而一知。再离者，分书为三部；三发而一知者，言三人，人操一分，相参而不相知情也。此谓阴书[5]，敌虽圣智，莫之能识。"

武王曰："善哉！"

【注释】

[1]合兵：此处指集结兵力。

[2]无穷之变：谓灵活多变，巧妙机动，出神入化。

[3]辽远：遥远。

[4]阴事大虑：阴事，极其机密之事；大虑，重大的谋虑。

[5]阴书：古代秘密通信方式的一种，比阴符能更具体地传递信息。

【译文】

武王问太公说："统率军队深入敌国境内，国君与主将想要集结兵力，根据敌情灵活机动进行变化，谋求夺取出其不意的胜利，然而事情复杂繁多，用阴符说明不了问题，彼此相距又非常遥远，言语不通，那该怎么办？"

太公回答道："各种密谋大计，都应当用阴书[来传达]，而不用阴符。

国君用阴书向主将传达意图，主将则用阴书向国君请示问题。这些阴书都是‘一合而再离’‘三发而一知’。所谓‘一合而再离’，就是把一封书信分为三个部分；所谓‘三发而一知’，就是派三个人送信，每人各送一部分，相互参差，使每个人都不了解书信的内容。这就叫作阴书。即使敌人聪明异常，也将不能识破我方的秘密。”

武王说：“说得很好！”

军势第二十六

武王问太公曰：“攻伐之道奈何？”

太公曰：“势因敌家之动，变生于两陈之间，奇正发于无穷之源[1]。故至事不语，用兵不言。且事之至者，其言不足听也；兵之用者，其状不足见[2]也。倏[3]而往，忽而来，能独专而不制者，兵也。夫兵闻则议，见则图，知则困，辨则危。故善战者，不待张军；善除患者，理于未生[4]；善胜敌者，胜于无形；上战无与战。故争胜于白刃之前者，非良将也；设备于已失之后者，非上圣也；智与众同，非国师也；技与众同，非国工[5]也。事莫大于必克，用莫大于玄默[6]，动莫神于不意，谋莫善于不识。夫先胜者，先见弱于敌，而后战者也，故事半而功倍焉。

“圣人征[7]于天地之动，孰[8]知其纪。循阴阳之道而从其候[9]：当天地盈缩[10]，因以为常；物有死生，因天地之形[11]。故曰：未见形而战，虽众必败。

“善战者，居之不挠，见胜则起，不胜则止。故曰：无恐惧，无犹豫。用兵之害，犹豫最大；三军之灾，莫过狐疑。善战者，见利不失，遇时不疑，失利后时，反受其殃。故智者从之而不释[12]，巧者一决而不犹豫，是以疾雷不及掩耳，迅电不及瞑目，赴之若惊，用之若狂，当之者破，近之者亡，孰能御之？

"夫将有所不言而守[13]者神也，有所不见而视者明也。故知神明之道者，野无衡[14]敌，对无立国。"

武王曰："善哉！"

【注释】

[1]无穷之源：意为智慧无穷无尽。

[2]其状不足见：用兵的形式不曾显露。也就是《孙子·虚实》"形兵之极，至于无形"的意思。

[3]倏：忽然。

[4]理于未生：防患于未然的意思。理，本义为治理，这里可理解为处置、处理。

[5]国工：一国的能工巧匠。

[6]玄默：缄默不言。即保守秘密，不暴露自己的企图。

[7]征：观察、揣度的意思。

[8]孰：通"熟"，熟悉、熟习。此处指反复探索。

[9]候：征兆、契机。

[10]天地盈缩：指自然界盛衰变化，如四季的更迭、日月的盈亏等。

[11]形：指盈缩变化。

[12]释：放开、放过。

[13]守：镇静自守。这里有老谋深算的意思。

[14]衡：音 hèng，通"横"，强横之义。

【译文】

武王问太公说："进攻作战的原则是什么？"

太公回答说："战场态势是根据敌人的行动而因势利导，战术变化是根据战场情况而灵活处置，奇正运用则靠将帅的慧心独创而变化无穷。

所以,最高的机密不可泄露,用兵的艺术不能外传。机密到了最高层次,自然只能会之于心而不能表现为言语,而军队作战的部署,自然也只能隐秘莫测而不可暴露于外界。飘逸而往,忽然而来,能独断专行而不受制于人,这就是用兵的艺术。军事机密泄露,敌人就会采取对策;军队行动暴露,我军就会被敌人所算计;军事秘密被敌人掌握,我军就会陷入困境;作战企图被敌人判明,我军就会遇到危险。所以,善于用兵的,取胜于动用军队之前;善于消除祸患的,能够防患于未然;善于打胜仗的,能够取胜于无形之中;最高明的作战艺术,就是造成无人敢与我为敌的局面。因此,通过身冒刃锋殊死搏斗而赢得胜利的,不是良将;打了败仗再来部署守备的,不是智士;智慧谋略与众相同的,不能称为国师;才能技艺与众相同的,不能称为国工。军事上最重要的莫过于所攻必克,用兵上最重要的莫过于严守机密,行动上最重要的莫过于出其不意,谋略上最高明的莫过于神妙莫测。所以,凡是未战而先胜的,都是先示弱于敌,然后再进行决战,这样便可收到事半功倍的奇效。

“圣人观察天地的运动,反复探求其变化的规律。遵循阴阳消长的规律以了解事物运动的契机:根据天地间万物盛衰的原理以确立行动的规则;万物的一生一死、一枯一荣,都是其因循天地运动的规律而自然变化演变的结果。所以说,没有看清整个形势就冒险攻敌,军队虽多也必然失败。

“善于指挥作战的人,按兵待机时不被假象所干扰,见到有胜利把握就行动,见到没有胜利希望就停止。所以说,不要恐惧,不要犹豫。用兵最严重的弊病就是犹豫,军队最可怕的灾难就是狐疑。善于指挥作战的人,看到有利的情况决不放过,遇上有利的时机从不迟疑,如果失掉机会错过时机,自己反而会遭祸殃。所以,机智的人抓住战机决不放过,聪明的人一经决定绝不犹豫。因此投入战斗时才能像迅雷一样使人来不及掩耳,像闪电一样使人来不及闭眼。前进时如同惊马,作战时有如发狂,抵挡他的就被击破,靠近他的均被消灭,这种军队有谁能够抵御呢?

“作为将帅,能不动声色而胸有成竹的叫作神;能眼睛不看即可洞察细微的叫作明。所以,掌握了这种不言而知、不见而察的神明道理的,就能够做到野无强敌，世无敌国。”

武王说：“您说得好极了！”

奇兵第二十七

武王问太公曰：“凡用兵之道，大要何如？”

太公曰：“古之善战者，非能战于天上，非能战于地下，其成与败，皆由神势[1]，得之者昌，失之者亡。夫两陈之间，出甲陈兵，纵卒乱行者，所以为变[2]也；深草蓊蘙[3]者，所以逃遁也；溪谷险阻者，所以止车御骑也；隘塞山林者，所以少击众也；坳泽窈冥[4]者，所以匿其形也；清明无隐者，所以战勇力也；疾如流矢，如发机者，所以破精微[5]也；诡伏设奇，远张诳诱[6]者，所以破军擒将也；四分五裂[7]者，所以击圆破方也；困[8]其惊骇者，所以一击十也；因其劳倦暮舍者，所以十击百也；奇技者，所以越深水渡江河也；强弩长兵者，所以逾水战也；长关远候[9]，暴疾谬遁[10]者，所以降城服邑也；鼓行喧嚣者，所以行奇谋也；大风甚雨者，所以搏前擒后也；伪称敌使者，所以绝粮道也；谬号令、与敌同服者，所以备走北也；战必以义者，所以励众胜敌也；尊爵重赏者，所以劝用命也；严刑罚者，所以进罢怠也；一喜一怒、一与一夺、一文一武、一徐一疾者，所以调和三军、制一臣下也；处高敞者，所以警守也；保险阻者，所以为固也；山林茂秽者，所以默往来也；深沟高垒、粮多者，所以持久也。

“故曰：不知战攻之策，不可以语敌；不能分移[11]，不可以语奇;不通治乱,不可以语变。故曰:将不仁,则三军不亲;将不勇,则三军不锐;将不智,则三军大疑;将不明,则三军大倾[12];将不精微,则三军失其机;将不常戒,则三军失其备;将不强力[13],则三军失其职。故将者,人之司命,三军与之俱治,与之俱乱。得贤将者,兵强国昌;不得贤将者,兵弱国亡。”

武王曰:“善哉!”

【注释】

[1]神势:神妙的态势。

[2]变:权谲变诈。

[3]蓊蘙:草木茂盛貌。

[4]坳泽:低洼潮湿之处;窈冥:幽暗,能见度很低。

[5]精微:意为深谋妙计,人所莫测。

[6]远张诳诱:虚张声势,诓诈诱敌。

[7]四分五裂:这里指把部队分散编组成若干小分队。

[8]困:据上下文意,疑作“因”。

[9]长关远候:意为在远方设置关卡,派遣斥候(侦察人员)。

[10]暴疾谬遁:指行动迅速,进退诡秘。

[11]分移:分散转移。此处是灵活机动地部署和使用兵力的意思。

[12]倾:倒下、倾伏。此处引申为失败、土崩瓦解。

[13]强力:此指刚强坚定而有魄力。

【译文】

武王问太公说:“用兵的法则,其要领是什么?”

太公回答说:“古代善于用兵打仗的人,并不是能战于天上,也不是能战于地下,他的成功或失败,全在于是否能造成神秘莫测的态势。能造成这种态势的就获胜,不能造成这种态势的就失败。当两军列阵交锋时,卸下铠甲,放下武器,放纵士卒混乱行列,目的是为了通过变诈诱惑敌人;占领草木茂盛地带,这是为了隐蔽撤退部队;占领溪谷险阻地段,这是为了阻止敌人战车和骑兵的行动；占领险隘关塞、山林地域，这是为了便于以少击众；占领低谷、水泽这类幽深昏暗地域，目的是为了隐蔽自己军队的行动；占领平坦开阔的地区，这是为了同敌人比勇斗力，一决雌雄；行动快如飞箭，突击猛如发机，这是为了打破敌人原来的深谋妙计；巧妙埋伏，设置奇兵，虚张声势，诱骗敌人，这是为了击破敌军，擒捉敌将；四面出击，多头进攻，这是为了打破敌人的圆阵和方阵；乘敌惊慌失措之际发起进攻，这是为了达到以一击十的效果；乘敌人疲惫不堪、夜晚宿营之际实施攻击，这是为了实现以十击百的目的；利用奇妙的手段[架桥造船]，这是为了飞越大水横渡江河；使用强弩和长兵器，这是为了越水作战的需要；在远处设置关卡，派遣侦察人员，迅速行动，不拘常法，这是为了袭取占领敌人的城邑；故意大声喧哗鼓噪前进，这是为了乘机施行奇计妙策；利用大风暴雨天气展开行动，这是为了达到攻前袭后多方进击的目的；假扮成敌人使者，潜入敌区，这是为了切断敌军的粮道；诈用敌人号令、混穿敌军服装，是为了准备撤退；临战之前对官兵谕以大义，这是用来激励士气以战胜敌人的方法；加封官爵，加重奖赏，这是用来鼓励部下为自己效命的方法；实行严刑重罚，这是用以振奋士气、摆脱疲怠的方法；有喜有怒，有赏有罚，有礼有威，有慢有快，这是用以协调军队的意志和统一属下行动的方法；占领高大而又视野开阔的地形，这是为了加强警戒和守备；保守住险隘阻塞等要地，这是为了巩固自己的防守；驻扎在山深林密的地方，这是为了隐蔽自己军队的往来行动；深挖壕沟，高筑壁垒，多储粮秣，这是为了准备持久作战。

“所以说，不懂得攻战的策略，就谈不上对敌作战；不会分进合击，灵活机动地使用兵力，就谈不上出奇制胜；不通晓军队治乱的关系，就谈不上随机应变。所以说，将帅不仁慈，军队就不会拥护；将帅不勇敢，军队就会失去锋锐；将帅不机智，军队就会滋生疑惧；将帅不精明，军队就会遭到惨败；将帅考虑问题不审详，军队就会丧失战机；将帅缺乏警惕性，军队就会疏于戒备；将帅领导不坚强有力，军队就会懈怠玩忽职守。所以，将帅是整个军队命运的主宰，军队要么同他一起严整有治，要么同他一道混乱不治。得到贤明能干的将帅，就会兵强国昌；得不到贤明能干的将帅，就会兵弱国亡。”

武王说：“说得真是好啊！”

五音第二十八

武王问太公曰：“律音之声，可以知三军之消息[1]，胜负之决乎？”

太公曰：“深哉！王之问也。夫律管十二[2]，其要有五音——宫、商、角、徵、羽[3]，此其正声也，万代不易。五行之神，道之常也，可以知敌。金、木、水、火、土，各以其胜攻之。

“古者三皇[4]之世，虚无[5]之情以制刚强。无有文字，皆由五行。五行之道，天地自然。六甲[6]之分，微妙之神。其法：以天清静，无阴云风雨，夜半，遣轻骑往至敌人之垒，去九百步外，偏持律管，当耳大呼惊之。有声应管，其来甚微。角声应管，当以白虎[7]；徵声应管，当以玄武[8]；商声应管，当以朱雀[9]；羽声应管，当以勾陈[10]；五管声尽不应者，宫也，当以青龙[11]。此五行之符，佐胜之征，成败之机。”

武王曰：“善哉！”

太公曰：“微妙之音，皆有外候。”

武王曰：“何以知之？”

太公曰：“敌人惊动则听之：闻枹鼓之音者，角也；见火光者，徵也；闻金铁矛戟之音者，商也；闻人啸呼之音者，羽也；寂寞无闻者，宫也。此五者，声色之符也。”

【注释】

[1]消息:消长、盛衰。

[2]律管十二:古代正音的乐器,用竹、玉或铜制成,共十二管,按音阶由低到高依次为黄钟、大吕、太簇、夹钟、姑洗、仲吕、蕤宾、林钟、夷则、南吕、无射、应钟。

[3]宫、商、角、徵、羽:我国古代的五个音阶。

[4]三皇:传说中的远古帝王,具体人物说法各有差异。

[5]虚无:清静无为,以无为致无不为。

[6]六甲:指甲子、甲戌、甲申、甲午、甲辰、甲寅这六个以甲为首的干支。

[7]白虎:中国古代神话中的西方庚申金星神,它同下文中的朱雀、玄武、青龙合称为四方四神。

[8]玄武:中国古代神话中的北方壬癸水星神。

[9]朱雀:中国古代神话中的南方丙丁火星神。

[10]勾陈:中国古代神话中的中央戊己土星神。

[11]青龙:中国古代神话中的东方甲乙木星神。

【译文】

武王问太公说:“从律管发出的乐音中,可以了解军队力量的盛衰、预知胜负的结果吗?”

太公说:“君王的问题真是深奥!律管共有十二个音阶,其中主要的有五个——宫、商、角、徵、羽。这是最基本、最纯正的声音,千秋万代都不会改变的。五行相生相克神妙无比,这乃是天地间的自然规律。借此可以测知敌情的变化。金、木、水、火、土五行,各以其生克关系取胜。

“古代三皇的时候,崇尚虚无清静、无为而治以制服刚强暴虐。当时没有文字,一切都按五行生克关系行事。五行生克的原理,就是天地间的自然法则。六甲的演衍和分合,其道理一样深奥玄妙。军事上运用五音五行的方法是:当天气晴朗,没有阴云风雨时,于夜半时分派遣轻骑前往敌人营垒，在距离敌营九百步以外的地方，都手持律管对着耳朵，对敌方大声疾呼以惊动他们。这时，就会有来自敌方的回声反应于律管之中，当然这回声是非常微弱的。如果是角声反应于管中，就应当命令军队探据白虎的时空方位[从西边]去攻打敌人；如果是徵声反应于管中，就应当命令军队根据玄武的时空方位[从北面]去攻打敌人；如果是商声反应于管中，就应当命令军队根据朱雀的时空方位[从南面]去攻打敌人；如果是羽声反应于管中，就应当命令军队根据勾陈的时空方位[从中央]去攻打敌人；所有律管都没有回声的是宫声的反应，这时应当命令军队根据青龙的时空方位[从东边]去攻打敌人。所有这些，就是五行相生相克的应验，辅佐军队制胜的征兆，用兵胜败的枢机。”

武王说：“说得太好了！”

太公说：“微妙的音律，都有外在的征候。”

武王说：“根据什么才得以知道？”

太公说：“当敌人惊动时就仔细倾听：听到击鼓之声就是角声的反应，见到火光就是徵声的反应，听到金铁矛戟兵器声就是商声的反应，听到敌人呼喊叫啸声就是羽声的反应，寂寞宁静、无声无息的就是宫声的反应。这五种音律与外界的动静都是各有对称、相互吻合的。”

兵征第二十九

武王问太公曰：“吾欲未战先知敌人之强弱，预见胜负之征，为之奈何？”

太公曰：“胜负之征，精神先见，明将察之，其败在人。谨候敌人出入进退，察其动静，言语妖祥[1]，士卒所告。凡三军说怿，士卒畏法，敬其将命，相喜以破敌，相陈以勇猛，相贤以威武，此强征也。三军数惊，士卒不齐，相恐以敌强，相语以不利，耳目相属[2]，妖言不止，众口相惑，不畏法令，不重其将，此弱征也。

“三军齐整，陈势已固，深沟高垒，又有大风甚雨之利，三军无故[3]，旌旗前指，金铎[4]之声扬以清，鼙鼓[5]之声宛以鸣，此得神明之助，大胜之征也。行陈不固，旌旗乱而相绕[6]，逆大风甚雨之利，士卒恐惧，气绝而不属[7]，戎马惊奔，兵车折轴，金铎之声下以浊，鼙鼓之声湿如沐[8]，此大败之征也。

“凡攻城围邑：城之气[9]色如死灰[10]，城可屠；城之气出而北，城可克；城之气出而西，城必降；城之气出而南，城不可拔；城之气出而东，城不可攻；城之气出而复入，城主[11]逃北；城之气出而覆我军之上，军必病；城之气出高而无所止，用日长久。凡攻城围邑，过旬不雷不雨，必亟去之，城必有大辅。此所以知可攻而攻，不可攻而止。”

武王曰：“善哉！”

【注释】

[1]妖祥：意为凶兆与吉兆。

[2]耳目相属：相互探听消息。

[3]无故：平静无事。此处指不待命令而行动。

[4]金铎：金为锣，铎为铃。古代作战中，常用其指挥军队停止战斗或撤退。

[5]鼙鼓：鼙，小鼓；鼓，大鼓。它们均用以指挥军队前进、冲锋。

[6]乱而相绕：指旌旗纷乱、所指方向不明。

[7]不属：不相连接，引申为涣散。

[8]湿如沐：指战鼓被淋湿后声音低沉。

[9]气：云气。古人迷信，认为帝王将相、圣贤之人乃至城邑军队、奇珍异宝之上都有云气屯聚相随，术士能够依据云气的形状、颜色以及流动

变化来占验吉凶。

[10]死灰:惨白色。

[11]城主:指守城的主将。

【译文】

武王问太公说:“我想在战前就先知道敌人的强弱,预见胜败的征兆,应该怎么办?”

太公回答说:“胜败的种种征兆,首先在敌军将士的精神面貌上表现出来,明智的将帅是能够事先察觉的,但能否利用这种征兆打败敌人,则在于人的主观努力。必须周到地侦察敌人出入进退的情况,观察他们的动静,留意于言语中的吉凶预兆以及士卒间相互谈论的事情。凡是全军欣喜愉悦、士卒畏惧法令、尊重将帅的命令、相互间以破敌为喜事、相互间以勇猛杀敌为谈资、相互间以威武为荣誉的,这就是军队战斗力强大的征兆。反之,如果全军上下不断地受到惊动、士卒散漫混乱、行阵不整、相互以敌人的强悍来恐吓畏惧、相互传播作战不利的消息、相互之间探听各种信息、谣言四起不得制止、互相煽动迷惑、不畏惧法令、不尊重将帅,这就是军队虚弱无力的征兆。

“全军上下步调一致,阵势坚固,垒高沟深,又可凭借大风大雨的有利气候条件,全军不待命令而旌旗前指,金铎之声高扬而清晰,鼙鼓之声婉转而响亮,这表明军队得到了神明的佑助,乃是取得大胜的征候。反之,行阵不坚固,旌旗纷乱而所指方向不明,又有逆着大风大雨的不利气候条件,士卒恐惧震骇,士气衰竭而涣散,军马惊骇狂奔,兵车断轴毁损,金铎之声低沉而混浊,鼙鼓之声沉闷而压抑,这是军队大败的征候。

“凡是攻城围邑之时,[可通过观察城气来判断胜负归属:]如果城上之气呈现的是死灰之色,那么这座城池可被毁灭;如果城上之气出而向北流动,那么这座城池可被攻克;如果城上之气出而向西流动,那么这座城池必然投降;如果城上之气出而向南流动,那么这座城池就坚不可拔;如果城上之气出而向东流动,那么这座城池便不可攻打;如果城上之气出而又入,那么守该城的主将必定逃亡败北;如果城上之气出而覆盖在我军的上空，那么我军必定遭到不利；如果城上之气高高上升而不见停止，那么用兵攻打一定历时长久。凡是攻城围邑，如果过了十天仍然不打雷下雨，就必须迅速撤退解围，因为城中一定是有贤能之士为辅佐。这就可以知道为什么可攻则攻、不可攻就停止的道理了。”

武王说：“讲得非常好！”

农器第三十

武王问太公曰：“天下安定，国家无事，战攻[1]之具，可无修乎？守御之备，可无设乎？”

太公曰：“战攻守御之具，尽在于人事。耒耜[2]者，其行马蒺藜[3]也。马、牛、车、舆者，其营垒蔽橹也。锄耰[4]之具，其矛戟也。蓑薜簦笠[5]者，其甲胄干楯[6]也。钁、锸[7]、斧、锯、杵臼[8]，其攻城器也。牛马，所以转输粮用也。鸡犬，其伺候也。妇人织纴[9]，其旌旗也。丈夫平壤[10]，其攻城也。春钹[11]草棘，其战车骑也。夏耨[12]田畴，其战步兵也。秋刈禾薪，其粮食储备也。冬实仓廪[13]，其坚守也。田里相伍，其约束符信[14]也。里有吏，官有长，其将帅也。里有周垣[15]，不得相过，其队分也。输粟收刍[16]，其廪库也。春秋治城郭，修沟渠，其堑垒也。故用兵之具，尽在于人事也。善为国者，取于人事。故必使遂其六畜，辟其田野，安其处所。丈夫治田有亩数，妇人织纴有尺度。是富国强兵之道也。”

武王曰：“善哉！”

【注释】

[1]战攻:战,指的是野战;攻,指的是攻城。

[2]耒耜:先秦时期主要的耕地翻土工具,有时用来通称农具。耒为柄,耜为铲。

[3]行马:用以堵塞道路的装有剑刃的车辆;蒺藜:一种带有尖刺的障碍物。

[4]耰:农具名称,用以平田碎土。

[5]蓑薛簦笠:蓑衣斗笠之属。

[6]甲胄干楯:甲,铠甲;胄,头盔;干,盾牌;楯,大盾。这里通指防护型武器装备。

[7]钁:大锄,用来掘地;锸:锹,用来起土。

[8]杵:捣物的棒槌;臼:舂米的器具。

[9]纴:纺织。

[10]平壤:平整土地。

[11]钹:农具名,似镰,用于割草。此处用作动词,意为割草除棘。

[12]耨:指耘田除草。

[13]廪:贮藏粮食的仓库。

[14]符信:凭证。

[15]周垣:四周的墙垣。

[16]刍:喂养牛马的草料。

【译文】

武王问太公说:"天下安定太平,国家没有战争,这时野战、攻城的器械就可以不加整备了吗?防守御敌的设施就可以不予筹置了吗?"

太公回答说:"作战用的攻战守御等武器装备,实际上全是平时人民的日常生产生活用具。耕作用的耒耜,即可用作行马、蒺藜等作战障碍器材。马车和牛车,可用为作战的营垒和蔽橹等屏障器材。锄耰等农具,可用为作战的矛戟。蓑衣、雨伞和斗笠,可用为作战的盔甲和盾牌。钁、锸、斧、锯、杵臼等器具，可用为攻城器材。牛、马可以用来转运军粮。鸡、狗可以用来报时和警戒。妇女们纺织布、帛的手艺，可用于缝制旗帜。男子平整土地的技术，可用于攻城作业。春季农民割草除棘的方法，可用为同敌人战车骑兵作战的技术。夏季农民耘田除草的方法，可用为同敌人步兵作战的手段。秋季收割庄稼柴草，可用作备战用的粮秣。冬季粮食装满仓库，就是为战时的持久守备做准备。田里劳作的农民，平时相编为'伍'，就是战时军队编组和管理的依据。里设小吏，府有官长，战时即可充任军队的军官。里与里之间设修围墙，互不逾越，战时就是军队的驻地区划。运输粮食，收割草料，战时就是军队的后勤仓库。春秋两季修筑城郭，疏浚沟渠，就等同为战时修治壁垒壕沟。所以说，作战所用的器具，完全分散在人们平时的日常农事生活中。善于治理国家的人，无不重视农业大事。所以，他一定努力使人民大力繁殖六畜、开垦田地、安定住所，使男子种田达到一定的亩数、妇女纺织达到一定的尺度。这就是平时富国、战时强兵的方法。"

武王说："说得太好了！"

卷第四 虎韬

军用第三十一

武王问太公曰:“王者举兵,三军器用,攻守之具,科品[1]众寡,岂有法乎?”

太公曰:“大哉,王之问也!夫攻守之具,各有科品,此兵之大威也。”

武王曰:“愿闻之。”

太公曰:“凡用兵之大数,将甲士万人,法用:武冲大扶胥[2]三十六乘。材士[3]强弩矛戟为翼[4],一车二十四人推之,以八尺车轮,车上立旗鼓。兵法谓之震骇[5],陷坚陈,败强敌。

“武翼大橹矛戟扶胥[6]七十二具。材士强弩矛戟为翼,以五尺车轮,绞车连弩[7]自副。陷坚陈,败强敌。

“提翼小橹扶胥[8]一百四十具。绞车连弩自副,以鹿车轮。陷坚陈,败强敌。

“大黄参连弩大扶胥[9]三十六乘。材士强弩矛戟为翼,飞凫、电影[10]自副。飞凫,赤茎白羽,以铜为首;电影,青茎赤羽,以铁为首。昼则以绛缟[11],长六尺,广六寸,为光耀;夜则以白缟,长六尺,广六寸,为流星。陷坚陈,败步骑。

“大扶胥冲车三十六乘。螳螂武士[12]共载,可以纵击横,可以败敌。

"辎车骑寇[13],一名电车[14],兵法谓之电击[15]。陷坚陈,败步骑。

"寇夜来前,矛戟扶胥轻车[16]一百六十乘。螳螂武士三人共载,兵法谓之霆击[17]。陷坚陈,败步骑。

"方首铁棓维朌[18],重十二斤,柄长五尺以上,千二百枚,一名天棓。大柯斧[19],刃长八寸,重八斤,柄长五尺以上,千二百枚,一名天钺。方首铁锤,重八斤,柄长五尺以上,千二百枚,一名天锤。败步骑群寇。

"飞钩[20]长八寸,钩芒[21]长四寸,柄长六尺以上,千二百枚,以投其众。

"三军拒守,木螳螂剑刃扶胥[22],广二丈,百二十具,一名行马,平易地,以步兵败车骑。

"木蒺藜[23],去地二尺五寸,百二十具。败步骑,要穷寇,遮走北。

"轴旋短冲矛戟扶胥[24],百二十具,黄帝所以败蚩尤氏[25]。败步骑,要穷寇,遮走北。

"狭路微径,张铁蒺藜,芒高四寸,广八寸,长六尺以上,千二百具。败步骑。

"突瞑[26]来前促战,白刃接,张地罗[27],铺两镞蒺藜[28],参连织女[29],芒间相去二寸,万二千具。旷野草中,方胸铤矛[30],千二百具。张铤矛法:高一尺五寸。败步骑,要穷寇,遮走北。

"狭路、微径、地陷,铁械锁参连[31],百二十具。败步骑,要穷寇,遮走北。

"垒门[32]拒守,矛戟小橹,十二具,绞车连弩自副。

"三军拒守,天罗虎落[33]锁连一部,广一丈五尺,高八尺,百二十具。虎落剑刃扶胥[34],广一丈五尺,高八尺,五百二十具。

"渡沟堑飞桥[35],一间广一丈五尺,长二丈以上,着转关辘轳[36],八具,以环利通索张之。

“渡大水飞江[37],广一丈五尺,长二丈以上,八具,以环利通索张之。天浮[38]铁螳螂矩内圆外,径四尺以上,环络自副,三十二具。以天浮张飞江,济大海,谓之天潢,一名天舡[39]。

“山林野居,结虎落柴营[40]。环利铁索,长二丈以上,千二百枚。环利大通索[41],大四寸,长四丈以上,六百枚;环利中通索,大二寸,长四丈以上,二百枚;环利小徽缧[42],长二丈以上,万二千枚。

“天雨盖重车上板,结枲钽铻[43],广四尺,长四丈以上。车一具,以铁杙[44]张之。

“伐木大斧,重八斤,柄长三尺以上,三百枚;棨钁[45]刃广六寸,柄长五尺以上,三百枚;铜筑固为垂,长五尺以上,三百枚;鹰爪方胸铁杷[46],柄长七尺以上,三百枚;方胸铁叉[47],柄长七尺以上,三百枚;方胸两枝铁叉,柄长七尺以上,三百枚。

“芟[48]草木大镰,柄长七尺以上,三百枚;大橹刃[49],重八斤,柄长六尺,三百枚;委环铁杙[50],长三尺以上,三百枚;椓杙大锤[51],重五斤,柄长二尺以上,百二十具。

“甲士万人,强弩六千,戟楯二千,矛楯二千,修治攻具,砥砺[52]兵器巧手三百人。此举兵军用之大数也。”

武王曰:“允哉!”

【注释】

[1]科品:种类。

[2]武冲大扶胥:设有大盾的大型战车。扶胥,战车的别名。

[3]材士:指勇敢而武艺高强的战士。

[4]翼:护卫。

[5]震骇:特大的战车可以震骇敌人,故称震骇。

[6]武翼大橹矛戟扶胥:配备有大盾牌和矛戟的战车。

[7]绞车连弩:指一种用绞车张弓、能连发、射程较远的强弩。

[8]提翼小橹扶胥:装备有小盾牌的小型战车。

[9]大黄参连弩大扶胥:装备有“大黄参连弩”的大型战车。大黄,弩名;参连弩,能连续击发的强弩。

[10]飞凫、电影:指两种旗帜名称。

[11]绛缟:大红色的绢子。

[12]螳螂武士:骁勇善战的武士。

[13]辎车骑寇:指轻快迅捷的战车。

[14]电车:形容其车行动忽往忽来,如风驰电掣。

[15]电击:形容像电击一般迅疾难以抵挡。

[16]矛戟扶胥轻车:一种配置有矛戟等兵器的轻型战车。

[17]霆击:形容进击非常疾速。

[18]方首铁棓维朌:一种大方头的铁棒。朌,同“颁”,头大貌。

[19]大柯斧:长柄斧头。

[20]飞钩:古代兵器,似剑而曲,一名铁鸱脚。

[21]钩芒:钩尖。

[22]木螳螂剑刃扶胥:装有螳螂前臂形状剑刃的战车。

[23]木蒺藜:用坚硬木料制作的形状如蒺藜的有刺障碍物。

[24]轴旋短冲矛戟扶胥:似乎是一种装有矛戟便于旋转的战车。

[25]蚩尤氏:传说中的九黎族首领。

[26]突瞑:在能见度很低情况下发动突袭。

[27]地罗:张设在地上的罗网。

[28]两镞蒺藜:有两个芒尖的蒺藜。

[29]参连织女:多个蒺藜连缀在一起的障碍物。

[30]方胸铤矛:齐胸高的小矛。

[31]铁械锁参连:铁制的锁链。

[32]垒门:营门。

[33]天罗虎落:一种障碍物。

[34]虎落剑刃扶胥:一种有遮障和剑刃的车。

[35]飞桥：似乎是一种折叠桥或壕桥。

[36]转关辘轳：转关，《汉语大词典》云系“以转动控制开合的机轴”。宋沈括《梦溪笔谈·器用》：“余曾见一玉臂钗，两头施转关，可以屈伸……”辘轳，系利用轮轴原理做成的汲水工具。所以，转关辘轳可能指一种起降装置，可以把飞桥吊起或转移方向。

[37]飞江：似乎是一种横渡江河的浮桥。

[38]天浮：可能是木筏一类的浮游器材。

[39]天潢、天舡：都是星名，这里指的是大船。

[40]虎落柴营：木头结成的栅寨营盘。

[41]环利大通索：带有铁环的大号绳索。

[42]徽缧：形状较细的绳子。

[43]结枲钽铻：指在木板上契刻齿槽，使之与战车吻合的意思。

[44]铁杙：小铁桩或钉子一类的东西。

[45]棨䦆：大锄头。

[46]鹰爪方胸铁杷：形状像鹰爪的与人胸平齐的铁杷。

[47]方胸铁叉：与人胸齐高的铁叉。

[48]芟：割草、除草的意思。

[49]大橹刃：一种形状类似船橹的刀，用以割草。

[50]委环铁杙：带有铁环的铁橛子。

[51]椓杙大锤：敲钉铁橛子的大锤，也就是铁榔头。

[52]砥砺：原意是磨刀石，这里引申为磨快、磨利的意思。

【译文】

武王问太公说：“君王兴师作战，三军所用的武器装备和攻守器械，其种类的区分和数量的多少，难道有一定的标准吗？”

太公答道：“您所问的确实是一个大问题！攻守器械，种类很多，各有不同，这是有关军队威力大小的问题。”

武王说：“我愿意倾听详细的内容。”

太公说：“大凡用兵打仗，[所使用的武器装备]有个大概的标准。假如统率甲士万人，武器装备的配置标准是：‘武冲大扶胥’战车三十六辆。以有技能而勇敢的武士使用强弩、矛、戟在两旁护卫，每车用二十四人推行，其车轮的高度为八尺，并在车上设立旗鼓。兵法上把这种车辆称作‘震骇’，它可用来攻破坚阵，击败强敌。

“‘武翼大橹矛戟扶胥’战车七十二辆，以有技能而勇敢的武士使用强弩、矛、戟为两翼护卫，这种车装置有五尺高的车轮，并附设有用绞车发射的连弩。它可用来攻破坚阵，击败强敌。

“‘提翼小橹扶胥’战车一百四十辆，并附设有用绞车发射的连弩。这种车装置有独轮，可用来攻破坚阵，击败强敌。

“‘大黄参连弩大扶胥’战车三十六辆，以有技能而勇敢的武士使用强弩、矛、戟在两旁护卫，并附设‘飞凫’和‘电影’两种旗帜，‘飞凫’由红色的杆、白色的羽制成，用铜做旗杆头；‘电影’以青色的杆、红色的羽制就，用铁做旗杆头。在白天用大红色的绢做旗子，旗子长六尺，宽六寸，称之为‘光耀’；夜晚则用白色的绢做旗子，旗子长六尺，宽六寸，称之为‘流星’。这种战车可以用来攻破坚阵，击败强敌。

“‘大扶胥冲车’共三十六辆，车上载乘‘螳螂武士’，可以用它来纵横冲击，击败强敌。

“‘辎车骑寇’，也叫作‘电车’，兵法上称之为‘电击’。它也可用来攻破坚阵，击败敌人的步兵、骑兵。

“敌人乘黑夜前来袭击，这时宜用‘矛、戟扶胥轻车’一百六十辆，每车载乘‘螳螂武士’三人。兵法上称这种车辆为‘霆击’，它可用以攻破坚阵，击败敌人的步兵、骑兵。

“‘方首铁棓维朌’，其重量为十二斤，柄长五尺以上，共置设一千二百把，这种武器也叫作‘天棓’。‘大柯斧’，刃长八寸，重量为八斤，柄长五尺以上，共设置一千二百把，这种武器也叫作‘天钺’。‘方首铁锤’，重为八斤，柄长五尺以上，共一千二百把，这种武器也称为‘天锤’。它们都可以用来击败敌人的步兵、骑兵。

“‘飞钩’，长度为八寸，钩芒长为四寸，柄长六尺以上，共一千二百枚，可以用它投掷杀伤敌人。

“当军队进行防守时，应使用‘木螳螂剑刃扶胥’，每具宽度为两丈，一共设置一百二十具，它也称为‘行马’。在平坦开阔的地形上，步兵可以用它来阻止敌人战车和骑兵的行动。

“‘木蒺藜’，设置时要高于地面二尺五寸，共一百二十具。它可以用来阻止敌人步兵、骑兵的行动，拦截陷于穷途末路的敌人，阻遏撤退逃跑的残寇。

“‘轴旋短冲矛戟扶胥’战车共一百二十辆，黄帝曾经使用它打败蚩尤。它可用以击败敌人的步骑，拦截势穷力竭的敌人和阻挡撤退逃跑的残寇。

“在隘路、小道上，可以布设‘铁蒺藜’。铁蒺藜的刺长为四寸，宽度为八寸，每具长度在六尺以上，共设置一千二百具。它可用来拦阻敌人步兵和骑兵的行动。

“敌人突然乘着夜色昏暗前来逼战，白刃相接，这时应张设地罗，布撒两镞铁蒺藜和‘参连织女’等障碍物。各具的芒尖相间隔为二寸，共布一万二千具。在旷野深草地带作战，要配置‘方胸铤矛’，共一千二百把。布设‘方胸铤矛’的方法，是使它高出地面一尺五寸。以上这些兵器，都可用以击败敌人的步兵、骑兵，拦截陷于穷途末路的残寇，阻遏撤退逃跑的残寇。

“在隘路、小道和低洼的地形上作战，可以张设‘铁械锁参连’，共一百二十具。它可以用来击败敌人的步骑，拦截陷于穷途末路的敌人，阻遏撤退逃跑的敌人。

“如守卫军营营门，则动用‘矛戟小橹’十二具，并附带设置绞车连弩。

“军队进行守御时，应设置‘天罗虎落锁连’，每部宽一丈五尺，高为八尺，共计一百二十具。同时还要设置‘虎落剑刃扶胥’，每具宽一丈五尺，高八尺，共五百二十具。

“渡越沟堑，则要装备‘飞桥’。每间宽度为一丈五尺，长两丈以上。‘飞桥’上装有转关辘轳，一共八具，使用铁环和长绳架设。

“横渡江河，要使用‘飞江’。它的宽度为一丈五尺，长在两丈以上。共八具，用铁环和长绳把它们连接起来。‘天浮’和‘铁螳螂’内为圆形，外径四尺以上，并附有连接用的‘环络’，总共二十二具。用‘天浮’架设‘飞江’，可以横渡大海。这种渡河工具叫作‘天潢’，另一个名称叫作‘天舡’。

“军队在山林旷野地区驻扎，应结筑‘虎落柴营’。结此种营垒需要使用铁锁链，每条长两丈以上，共需一千二百条。带铁环的粗大绳索，铁环大四寸，绳长四丈以上，共六百条；带铁环的中号绳索，铁环大二寸，绳长四丈以上，共二百条；小号绳索，每条长二丈以上，共一万二千条。

“天下雨的时候，辎重车要盖上车顶板，板上契刻齿槽，使它能与车子互相契合，每张木板宽为四尺，长度在四丈以上，每辆车配置一张，并用‘铁杙’加以固定。

“砍伐树木用的大斧子，重量为八斤，柄长三尺以上，共三百把；‘棨䦆’，刃宽为六寸，柄长五尺以上，共三百把；‘铜筑固为垂’，长五尺以上，共三百把；‘鹰爪方胸铁杷’，柄长七尺以上，共三百把；‘方胸铁叉’，柄长七尺以上，共三百把；‘方胸两枝铁叉’，柄长七尺以上，共三百把。

“剪除草木用的大镰，柄长七尺以上，共三百把；‘大橹刃’，重为八斤，柄长六尺，共三百把；带环的铁橛子，长三尺以上，共三百根；钉铁橛子用的大铁锤，重五斤，柄长二尺以上，共一百二十把。

“军队万人，需要装备强弩六千张，戟和大盾二千套，矛和楯两千套。还需要配备修理攻城器械和磨砺兵器的能工巧匠共三百人。以上就是兴师作战所需要的武器装备的大略数目。”

武王说：“的确就是这样！”

三陈第三十二

武王问太公曰：“凡用兵为天陈[1]、地陈[2]、人陈[3]，奈何？”

太公曰："日月、星辰、斗杓[4]，一左一右，一向一背，此谓天陈；丘陵、水泉，亦有前后左右之利，此谓地陈；用车用马，用文用武[5]，此谓人陈。"

武王曰："善哉！"

【注释】

[1]天陈：依照天象布列阵势。

[2]地陈：依照地形布列阵势。

[3]人陈：根据人事为阵。

[4]斗杓：指斗与杓，斗即斗魁，杓即斗柄。这是对北斗星形状的描绘。

[5]用文用武：指或斗计谋，或拼勇力。

【译文】

武王问太公说："用兵打仗时所布设的所谓天阵、地阵、人阵，是怎么回事？"

太公回答说："根据日月、星辰、斗（北斗星）杓在我前后左右的具体运行位置来布阵，这就是所谓的'天阵'。利用丘陵、水泽等地形条件为依托来布阵，这就是所谓的'地阵'；根据所使用的战车、骑兵等兵种和政治诱降或武力夺取等不同战法来布阵，这就是所谓的'人阵'。"

武王说："讲得很好！"

疾战第三十三

武王问太公曰："敌人围我，断我前后，绝我粮道，为之奈何?”

太公曰:“此天下之困兵[1]也,暴[2]用之则胜,徐用之则败。如此者,为四武冲陈[3],以武车骁骑[4],惊乱其军,而疾击之,可以横行。”

武王曰:“若已出围地,欲因以为胜,为之奈何?”

太公曰:“左军疾左,右军疾右,无与敌人争道,中军迭前迭后,敌人虽众,其将可走。”

【注释】

[1]困兵:指处于极端困难境地的军队。

[2]暴:迅速勇猛。

[3]四武冲陈:四面都用戎车部队进行警戒的战斗阵形。武冲,即《虎韬·军用第三十一》所言的“武冲大扶胥”。

[4]武车骁骑:武车,指各类兵车;骁骑,勇猛善战的骑兵。

【译文】

武王问太公说:“如果敌人四面包围住我军,切断我前后之间的联络,断绝我军的粮道,应当怎么处置?”

太公回答道:“这是天下处境最为困难的军队。在这种情况下,迅速突围就能取得胜利,行动迟缓就会招致失败。突围的方法是,把军队布置成‘四武冲阵’,动用强大的战车和骁勇的骑兵,打击敌军,使其陷入混乱,然后迅猛实施突击,这样就可以横行无阻地突围了。”

武王又问:“如果我军已成功突出重围,还想要乘势击败敌军,又该怎么办呢?”

太公答道:“应当以我左军迅速向左发起攻击,以我右军迅速向右发起攻击,不要和敌人争夺道路[,以免分散兵力],同时令我中军向敌轮番突击,或击其前,或抄其后。这样敌军虽多,也将会被打败。”

必出第三十四

武王问太公曰:“引兵深入诸侯[1]之地,敌人四合而围我,断我归道,绝我粮食,敌人既众,粮食甚多,险阻又固,我欲必出,为之奈何?”

太公曰:“必出之道,器械[2]为宝,勇斗为首。审知敌人空虚之地,无人之处,可以必出。将士人持玄旗[3],操器械,设衔枚[4],夜出。勇力、飞足、冒将之士[5]居前,平垒[6]为军开道;材士强弩为伏兵居后;弱卒车骑居中。陈毕徐行,慎无惊骇。以武冲扶胥前后拒守,武翼大橹[7]以备左右。敌人若惊,勇力、冒将之士疾击而前,弱卒车骑以属其后,材士强弩隐伏而处。审候敌人追我,伏兵疾击其后,多其火鼓,若从地出,若从天下,三军勇斗,莫我能御。”

武王曰:“前有大水、广堑[8]、深坑,我欲逾渡,无舟楫之备,敌人屯垒,限我军前,塞我归道,斥候[9]常戒,险塞尽中,车骑要我前,勇士击我后,为之奈何?”

太公曰:“大水、广堑、深坑,敌人所不守,或能守之,其卒必寡。若此者,以飞江、转关与天潢[10]以济吾军。勇力材士从我所指,冲敌绝陈,皆致其死。先燔吾辎重,烧吾粮食,明告吏士:勇斗则生,不勇则死。已出者,令我踵军[11]设云火[12]远候,必依草木、丘墓、险阻,敌人车骑必不敢远追长驱。因以火为记,先出者令至火而止,为四武冲陈。如此,则吾三军皆精锐勇斗,莫我能止。”

武王曰:“善哉!”

【注释】

[1]诸侯:古代对中央政权所分封各国国君的统称,这里是指敌对国家。

[2]器械:指各种兵器和器材。

[3]玄旗:黑色的旗帜。

[4]衔枚:古时军队在夜行军时,让士兵口中含一小棍,以防发出声音。

[5]冒将之士:敢冒险犯难的将士。

[6]平垒:攻占敌垒。

[7]武翼大橹:一种防卫型战车。

[8]广堑:宽阔的壕沟。

[9]斥候:侦察人员、观察哨。

[10]飞江、转关与天潢:均为渡河工具的名称。

[11]踵军:指后卫部队。踵,脚后跟。

[12]云火:烟火,形容火光高升入云的样子。

【译文】

武王问太公说:“统率军队深入敌国境内,敌人从四面合围我军,截断我军的退路,断绝我军的粮道,而敌军数量既众多,粮食又充足,同时还占领了险阻地形,守御坚固,我想要突出敌人的包围,那应该怎么办?”

太公答道:“突出敌人包围的方法,兵器装备至关重要,而奋勇战斗则占有首要的位置。应仔细查明敌人兵力薄弱的地方,找到无人防守的处所,乘虚而击,就可以突出敌人的包围。突围时,将士们都拿着黑色的旗帜,手持器械,口中衔枚,乘着黑夜行动。使勇敢有力、行动敏捷、敢于冒险犯难的将士充当先锋,攻占某些敌人营垒,为我大军打开通道;使有技能而勇敢的武士使用强弩,作为伏兵,隐匿殿后,进行掩护;而让老弱的士卒和战车、骑兵在中间行进。部署完毕后，要沉着行动，谨慎从事，而不要自相惊扰，并使用‘武冲扶胥’战车在前后护卫，用‘武翼大橹’战车守御、掩护左右。如果敌惊觉我军的突围行动，我勇敢有力的先头部队就发起突击，迅速向前；老弱士卒和车骑在后面跟进；有技能而配备强弩的武士则隐蔽地埋伏起来。当敌人前来追击时，我伏兵就迅猛地攻击它的侧后，并大量使用火光、鼓声[，以扰乱敌人的耳目]，使其感到我军好像从地下而出，又如从天而降。全军奋勇战斗，敌人就无法抵御我军的突围。”

武王又问：“如果面前遇到大河、宽堑、深坑，我军想要摆渡过去，可是没有准备好船只。敌人屯集兵力，构筑营垒，阻止我军前进，阻塞我军的退路，敌人的哨兵戒备不懈，险要的地形又尽在敌人掌握之中，敌人的战车、骑兵在前面阻截，勇士又攻击我军的侧后，这种情况下应当怎样处置？”

太公说：“凡是大河、宽堑、深沟，敌人一般是不设防的，即使进行防守，兵力也一定不多。这样，就可以用‘飞江’‘转关’‘天潢’等浮桥、船只将我军摆渡过去。派遣勇敢机智的武士按照我军主将所指定的方向，冲锋陷阵，殊死战斗。摆渡时，应先焚毁我军的辎重，烧掉我军的粮食，并明白告谕全军将士：奋勇战斗就能生存，畏葸怯战就是死亡。摆脱了危险之后，就让我军后卫部队设置烟火信号，派出远方侦察兵，同时一定要占领丛林、坟墓和险阻的地形[，以准备阻击敌人]。这样，敌人的战车骑兵就必定不敢长驱远追了。所以用火作为信号，是为了指示先期突围的部队到有火的地方集结，并编布成‘四武冲阵’。这样，我全军就都会锐不可当，勇猛战斗，敌人也就无法阻止我军前进了。”

武王说：“说得好极了！”

军略第三十五

武王问太公曰：“引兵深入诸侯之地，遇深谿、大谷、险阻之水，吾三军未得毕济，而天暴雨，流水大至，后不得属于前，无有舟梁[1]之备，又无水草[2]之资，吾欲必济，使三军不稽留，为之奈何？”

太公曰：“凡帅师将众，虑不先设，器械不备，教不素信，士卒不习，若此，不可以为王者之兵也。凡三军有大事，莫不习用器械。攻城围邑，则有轒辒、临冲[3]；视城中，则有云梯[4]、飞楼[5]；三军行止，则有武冲[6]、大橹，前后拒守；绝道遮街，则有材士强弩，冲其两旁；设营垒，则有天罗、武落[7]、行马、蒺藜。昼则登云梯远望，立五色旗旌；夜则设云火万炬，击雷鼓[8]，振鼙铎，吹鸣笳[9]；越沟堑，则有飞桥、转关、辘轳、鉏铻[10]；济大水，则有天潢、飞江；逆波上流，则有浮海、绝江[11]。三军用备，主将何忧！”

【注释】

[1]梁：桥梁。

[2]水草：此处指用以堵塞水流的干草。

[3]轒辒、临冲：攻城器具名，轒辒为古代的一种攻城兵车，临车为从上视下的车辆，冲车为冲撞城门之车。

[4]云梯：古代攻城时用来攀登城墙的长梯。

[5]飞楼：用以登高观察的望楼。

[6]武冲：指武冲大战车。

[7]武落：指虎落、绳索与木桩。

[8]雷鼓：古时祭天所用之鼓，此处指军中使用的大鼓。

[9]笳：古代管乐器名。

[10]鉏铻：这里指带齿轮的机具。

[11]浮海、绝江：均为古代的渡河器材。

【译文】

武王问太公说：“领兵深入敌对诸侯国境内，遇到深溪、大谷和难以通过的河流，我全军还没有全部摆渡过去，这时忽然天降暴雨，洪水滔滔涌来，后面的军队被水所隔断，既没有准备船只、桥梁，又找不到堵水用的干草。在这种情况下，我想使所有人马都摆渡过去，保证三军不至停留过久，应当如何处置？”

太公回答说：“大凡统率军队行动，如果计划不事先拟定，器械不预做准备，平时训练没有落实，士卒动作不熟练，那就不能算作是成就王业的军队。凡军队有大的军事行动，没有不训练军队熟练使用各种器械的。像攻城围邑，就动用‘轒辒’‘临车’‘冲车’；观察监视城中动静，就用‘云梯’‘飞楼’；三军进止，就用‘武冲’‘大橹’在前后进行掩护；断绝交通，遮隔街道，就用有技能而勇敢的士卒，使用强弩守御，控制两侧；设置营垒，就使用‘天罗’‘武落’‘行马’‘蒺藜’，以进行拒守。白天就登上‘云梯’向远方瞭望，并树立五色旌旗，以迷惑敌人；在夜晚就设置众多的‘云火’，并击‘雷鼓’，敲‘鼙鼓’，摇大铎，高吹鸣笳，作为指挥信号；翻越沟堑，就用‘飞桥’‘转关’‘辘轳’‘钽铻’；横渡大河，就用‘天潢’‘飞江’；逆流而上，就用‘浮海’‘绝江’。三军所需的器材用具齐备了，做主将的还有什么可忧虑的呢？”

临境第三十六

武王问太公曰：“吾与敌人临境相拒，彼可以来，我可以往，陈皆坚固，莫敢先举。我欲往而袭之，彼亦可来，为之奈何？”

太公曰：“分兵三处：令我前军，深沟增垒而无出，列旗，击鼙鼓，完为守备；令我后军，多积粮食，无使敌人知我意；发我锐士，潜袭其中，击其不意，攻其无备。敌人不知我情，则止不来矣。”

武王曰:“敌人知我之情,通我之谋,动而得我事,其锐士伏于深草,要隘路,击我便处,为之奈何?”

太公曰:“令我前军,日出挑战,以劳其意;令我老弱,曳柴扬尘[1],鼓呼[2]而往来;或出其左,或出其右,去敌无过百步,其将必劳,其卒必骇。如此,则敌人不敢来。吾往者不止,或袭其内,或击其外,三军疾战,敌人必败。”

【注释】

[1]曳柴扬尘:拖曳树枝奔驰,使尘土飞扬,来迷惑敌人。城濮之战中,晋军即运用这一方法击败楚左军。

[2]鼓呼:擂鼓呐喊,以壮大声势,震慑敌人。

【译文】

武王问太公说:“我们和敌人在国境线上互相对峙。敌人可以前来攻我,我们也可以前去攻敌。双方的阵势都很坚固,谁也不敢率先采取行动。我想要前去袭击敌人,但又顾虑敌人前来袭击我军,这应当如何处置?”

太公说:“在这种情况下,应将我军分为前、中、后三部。令我前军进入阵地,深挖沟堑,高筑壁垒,不得出战。遍插旌旗,敲击鼙鼓,做好充分的守卫准备。令我后军多多积存粮食,并且不要让敌人侦知我军的行动意图。然后,出动我中军精锐部队偷袭敌军的指挥中枢,做到出其不意,攻其无备。敌人无法了解我军情况,自然就停止行动,不敢前来进攻了。”

武王又问道:“如果敌人已经掌握我军情况,彻底了解我军的企图,我军一有行动,敌人就知道我们要做什么,因而派遣其精锐部队埋伏于林深草密地带,在我军必经的隘路上实施阻截,在于其有利的地形上向我军攻击,这又该怎样处置呢?”

太公说:“命令我之前军,每天前去向敌人挑战,使敌人的斗志疲惫懈怠;命令我方老弱士卒拖动树枝,扬起尘土,击鼓呐喊,来回奔跑,以壮声势;进行挑战时,我方部队或出现在敌人的左边,或出现在敌人的右边,距离敌人不要超过一百步。在这种情况下,敌人的将领必定疲劳不堪,敌军的士卒必定恐骇失措。这样,敌人就不敢前来进攻我军了。我军如此不断地袭扰敌军,或袭击他们的内部,或攻击他们的外部,然后全军迅捷勇猛地投入战斗,敌人必定陷于失败。"

动静第三十七

武王问太公曰:"引兵深入诸侯之地,与敌之军相当,两陈相望,众寡强弱相等,未敢先举。吾欲令敌人将帅恐惧,士卒心伤,行陈不固,后陈欲走,前陈数顾[1];鼓噪[2]而乘之,敌人遂走,为之奈何?"

太公曰:"如此者,发我兵去寇十里而伏其两旁,车骑百里而越其前后,多其旌旗,益其金鼓。战合,鼓噪而俱起,敌将必恐,其军惊骇,众寡不相救,贵贱不相待,敌军必败。"

武王曰:"敌之地势,不可以伏其两旁,车骑又无以越其前后,敌知我虑,先施其备,我士卒心伤,将帅恐惧,战则不胜,为之奈何?"

太公曰:"微[3]哉,王之问也!如此者,先战五日,发我远候,往视其动静,审候其来,设伏而待之。必于死地[4],与敌相遇[5],远我旌旗,疏我行陈[6],必奔其前,与敌相当。战合而走,击金无止[7],三里而还,伏兵乃起,或陷其两旁,或击其前后,三军疾战,敌人必走。"

武王曰:"善哉!"

【注释】

[1]数顾:屡次回头观望。此处指军心动摇,缺乏斗志。

[2]鼓噪:擂鼓呐喊。此处指军队出战时大张声势,以迷惑或震骇敌人。

[3]微:微妙、精深的意思。

[4]死地:地形条件十分恶劣,军队遇之易遭败亡的地域。

[5]遇:底本作“避”,疑误,据《直解》校改。

[6]疏我行陈:疏散我军的行阵,给敌人造成我方兵力庞大的错觉。

[7]击金无止:故意发出退兵的信号,引军佯走,诱敌深入,尔后予以打击的意思。

【译文】

武王问太公说:“统率军队深入敌国境内,敌我之间势均力敌,双方阵垒相对,兵力众寡强弱相等,谁也不敢率先采取行动。在这种情况下,我想使敌人将帅心怀恐惧,士卒士气低落,行阵不能稳固,后阵的士卒想逃跑,前阵的士卒畏葸动摇。然后,再擂鼓呐喊,乘势进击,以迫使敌人溃退逃跑,那应该怎么办?”

太公说:“要想做到这样,就必须派遣兵力,隐蔽地绕到距离敌阵十里的地方,在道路两侧埋伏起来。另派遣战车和骑兵远出百里,迂回到敌阵的前后,并使各部队多张旗帜,增设金鼓,在双方展开战斗后,擂鼓呐喊,各军同时向敌人发起进攻。这样,敌军将帅必然恐惧不安,敌军士卒必然惊慌惧怕,致使大小部队互不救援,官兵之间自顾不暇。如此,敌人也就必败无疑了。”

武王又问:“假如敌人所处的地势不便我军在其两旁设置埋伏,战车和骑兵又不能够迂回到敌阵的前后,而敌人则掌握了我军行动企图,预先进行了充分的准备。在这种情况下,我军士卒悲观沮丧,我军将帅心存恐惧,与敌交战就无法取胜。遇此情况,应当怎样处置?”

太公说:“君王所问的真是非常的微妙!像这种情况,应当在交战前五天，先向远方派出侦探，前去窥探敌人的动静，审视敌军前来进攻的征兆，预先设下伏兵等待敌人的来犯。必须选择在敌军最不利的地形上同敌进行交战。这时，要疏散我军的旌旗，拉长我行列的间距，并以与敌人相当的兵力向敌进击，刚一交战就即行撤退，故意鸣金收兵，这样后退三里再回头反击，这时候伏兵也要乘机而起，或攻击敌人的两侧，或袭击敌军的前后，全军将士奋力作战，敌人就必定失败，仓皇逃走。”

武王说：“真是太好了！”

金鼓第三十八

武王问太公曰：“引兵深入诸侯之地，与敌相当，而天大寒甚暑[1]，日夜霖雨，旬日不止，沟垒悉坏，隘塞不守，斥候懈怠，士卒不戒，敌人夜来，三军无备，上下惑乱，为之奈何？”

太公曰：“凡三军以戒为固，以怠为败。令我垒上，谁何[2]不绝，人执旌旗，外内相望，以号相命[3]，勿令乏音，而皆外向[4]。三千人为一屯[5]，诫而约之，各慎其处。敌人若来，视我军之警戒，至而必还，力尽气怠，发我锐士，随而击之。”

武王曰：“敌人知我随之，而伏其锐士，佯北不止，过伏而还，或击我前，或击我后，或薄[6]我垒，吾三军大恐，扰乱失次，离其处所，为之奈何？”

太公曰：“分为三队，随而追之，勿越其伏，三队俱至，或击其前后，或陷其两旁，明号审令，疾击而前，敌人必败。”

【注释】

[1]甚暑：酷暑。甚，很、厉害。

[2]谁何:指以口令相问答。战地之警戒区域内,每人都用暗号口令以相识别。

[3]以号相命:通过号令相联络,传达命令。

[4]外向:指担任警戒任务的士卒,始终面向敌方。喻高度警惕。

[5]一屯:指一个驻军单位。

[6]薄:逼近、逼迫,此处指军队进攻。

【译文】

武王问太公说:"率军深入到敌国境内,敌我之间兵力相当,恰巧遇上严寒天气或酷暑时节,又适逢日夜大雨倾盆,十来天内连绵不止,造成沟垒全部塌毁,山险要隘不能守备,侦察哨兵麻痹懈怠,一般士卒疏于戒备。这时,敌人乘夜前来袭击,三军上下皆无准备,官兵之间迷惑混乱,对此应当怎样处置?"

太公说:"凡军队,有所戒备就能获得巩固,倘若懈怠就会遭到失败。所以,要使我军营垒之上口令呼应之声不绝,执勤人员手持旗帜进行营垒内外信号的联络,以号令前后呼应,不使声音间断,使士卒始终面向敌方,随时准备投入战斗。每三千人编为一屯,谆谆告诫,严加约束,使他们各自慎重守备。敌人如果前来进犯,看到我军戒备森严,到了我军阵前也必会因害怕而撤退。这时,我军就乘敌人力尽气竭之际,出动精锐部队紧随敌后实施攻击。"

武王问:"如果敌人探知我军要跟踪追击,而预先埋伏下精锐部队,然后假装退却不止,当我军进到伏击圈时,敌人就掉转头来配合其伏兵向我反击。有的袭击我前军,有的袭击我后队,有的进逼我营垒,致使我三军大为恐慌,自相惊扰,行列混乱,纷纷擅离自己的职守,面对这种情况应当怎样处置?"

太公说:"应该把我军分为三队,分头向敌人跟踪追击,注意不要进入敌人的伏击阵地,在到达敌人伏击圈前,三支部队要同时追击敌人。有的攻击敌人的前后,有的攻击敌人的两侧,并严明号令,使士卒迅猛出击,一往无前。这样,敌人就一定会被打败。"

绝道第三十九

武王问太公曰:“引兵深入诸侯之地,与敌相守,敌人绝我粮道,又越我前后[1],吾欲战则不可胜,欲守则不可久,为之奈何?”

太公曰:“凡深入敌人之地,必察地之形势,务求便利,依山林、险阻、水泉、林木而为之固,谨守关梁[2],又知城邑、丘墓地形之利。如是,则我军坚固,敌人不能绝我粮道,又不能越我前后。”

武王曰:“吾三军过大陵、广泽、平易之地,吾盟误失,卒与敌人相薄[3],以战则不胜,以守则不固,敌人翼我两旁,越我前后,三军大恐,为之奈何?”

太公曰:“凡帅师之法,当先发远候,去敌二百里,审知敌人所在。地势不利,则以武冲为垒而前,又置两踵军于后,远者百里,近者五十里,即有警急,前后相救,吾三军常完坚,必无毁伤。”

武王曰:“善哉!”

【注释】

[1]越我前后:指敌人迂回绕到我军侧后,从前后两面对我军实施夹击。

[2]关梁:指水陆交通要道上的关隘、桥梁。

［3］相薄：相迫近。此处是狭路相逢的意思。

【译文】

武王询问太公说："统率军队深入敌国境内，与敌人相守对峙。敌人这时截断了我军的粮道，并且迂回到我军后方，进行夹击。我想和他作战但不易取胜，想要防守但不能持久，这应该怎么办？"

太公说："凡是深入到敌国境内作战，必须观察清楚地理形势，务求先占领有利地形，依托山林、险阻、水泉、林木以求得阵势的巩固，谨慎守卫关隘桥梁，同时还应熟知城邑、丘墓等地形之利。这样，我军就能防守稳固，敌人就不能截断我军的粮道，也不能迂回到我军的后方，从两面夹击我军了。"

武王又问："我军通过高大的山陵、广阔的沼泽地和平坦的地段时，由于我方侦察的情况有误，以至于仓促中与敌军遭遇，我想要进攻恐怕不能取胜，想要防守又担心不稳固，这时敌人包围住我军两侧，迂回到我军前后，致使我三军大为恐惧，在这种情况下，应当怎样处置？"

太公回答说："大凡统军作战的方法，应当先向远方派出侦察人员，在距离敌人二百里之外，就需要详细掌握敌人所在的位置。如果地形对我军行动不利，那么就用武冲车结成营垒向前推进，同时设置两支'踵军'在后跟进，'踵军'和主力的间隔远的可达百里，近的则为五十里，一旦遇有紧急情况，即可前后互相救援。我三军如能经常保持这种完善而坚固的部署，就一定不会遭受伤亡和失败了。"

武王说："讲得太好了！"

略地第四十

武王问太公曰："战胜深入，略其地，有大城不可下，其别军[1]守险，与我相拒。我欲攻城围邑，恐其别军卒至而击我，中外相合，击我表里，三军大乱，上下恐骇，为之奈何？”

太公曰：“凡攻城围邑，车骑必远，屯卫警戒，阻其外内，中人[2]绝粮，外不得输，城人[3]恐怖，其将必降。”

武王曰：“中人绝粮，外不得输，阴为约誓，相与密谋。夜出，穷寇死战，其车骑锐士，或冲我内，或击我外，士卒迷惑，三军败乱，为之奈何？”

太公曰：“如此者，当分军为三军，谨视地形而处，审知敌人别军所在及其大城别堡[4]，为之置遗缺之道[5]，以利其心，谨备勿失。敌人恐惧，不入山林，即归大邑。走其别军，车骑远要其前，勿令遗脱，中人以为先出者得其径道，其练卒材士必出，其老弱独在。车骑深入长驱，敌人之军，必莫敢至。慎勿与战，绝其粮道，围而守之，必久其日。无燔人积聚，无坏人宫室，冢树[6]社丛[7]勿伐，降者勿杀，得而勿戮，示之以仁义，施之以厚德，令其士民曰：‘罪在一人[8]。’如此，则天下和服。”

武王曰：“善哉！”

【注释】

[1]别军：敌人的另一支部队，通常是指敌人的机动部队。

[2]中人：指敌困守在城中的军队。

[3]城人：指被围城邑内的军民。

[4]大城别堡：大城，此处指围城附近的大城邑。别堡，指围城附近的堡垒据点。堡，土筑的小城。

[5]遗缺之道：故意空出而不加封锁的通道。竹简本《孙子·军争》：“围师遗阙。”

[6]冢树：坟墓上的树木。

[7]社丛：社神祠庙旁边的树林。社，古代祭祀土地神的场所。

[8]罪在一人：意思是所有的罪恶均在敌国君主一人的身上，而与普

通民众无关。

【译文】

武王问太公说："我军乘胜进入敌国，占领其地，但还有大城未能攻下，敌人另有部队在城外占领险要地形与我军相对峙。我军想要围攻城邑，但恐怕敌人城外部队猝然逼近向我发起攻击，与城内敌人里应外合，对我形成夹击之势，致使我全军大乱，官兵惊恐震骇。遇到这种情况，应当怎样处置？"

太公回答说："凡攻城围邑时，应将战车、骑兵配置在离城较远的地方，以担任守卫和警戒，从而隔绝敌人内外之间的联系。城内敌人旷日持久断绝军粮，而外面又不能输入粮食。这样，城内守军和民众就会发生恐怖，守城的将领就必然会投降。"

武王说："城内敌人断粮，城外粮食又不得输入城中，这时敌人就会暗中联系，约定时间和信号，密谋向外突围。尔后乘着黑夜出城，拼命死战，敌人的车骑精锐部队有的突击我军内部，有的进攻我军外围，致使我军士卒恐惧惶惑，三军混乱大败，遇有这种情况，应当如何处置？"

太公说："在这种情况下，应把我军分为三支部队，并根据地形条件审慎地屯集驻扎，同时仔细察明敌人城外部队所在的位置以及附近大城别堡的状况，然后为被围之敌虚留一条道路，以引诱敌军外逃，但要注意严密戒备，不要使敌人跑掉。突围外逃的敌人肯定惊恐慌乱，他们不是逃入山林，就是撤向其他城邑。这时我军首先要赶走敌人城外的'别军'，接着要动用战车、骑兵，在距城较远的地方阻击敌人突围的先头部队，千万不要让他们逃脱。在这种情况下，守城敌军就会误认为其前头部队已突围成功，打通了撤退的通道，敌人的精锐士卒就必定会继续出城突围，使城内只剩下一些老弱士卒。我军的战车和骑兵深入长驱，直插敌人侧后。如此，敌人的守城军队就必定不敢继续突围。这时我军要谨慎从事，不要急于同敌人交战，只要断绝其粮道，长期围困，时间一长，敌人必然投降。[攻克城邑之后，]不可焚烧占领区的粮食，不得毁坏敌国民众的房屋，不可砍伐坟地的树木和社神祠庙的丛林，不可杀戮已经投降的敌军士卒，不可虐待被俘人员，对敌国民众要表示仁慈，施以恩德，并向敌国军民郑重宣告：‘有罪的只是无道君主一个人。’这样，天下就会心悦诚服了。”

武王说：“说得很好！”

火战第四十一

武王问太公曰：“引兵深入诸侯之地，遇深草蓊秽[1]，周[2]吾军前后左右，三军行数百里，人马疲倦休止。敌人因天燥疾风之利，燔吾上风，车骑锐士，坚伏吾后，吾三军恐怖，散乱而走，为之奈何？”

太公曰：“若此者，则以云梯、飞楼，远望左右，谨察前后，见火起，即燔吾前而广延之[3]，又燔吾后。敌人若至，则引军而却。按黑地[4]而坚处，敌人之来，犹在吾后，见火起，必还走。吾按黑地而处，强弩材士卫吾左右，又燔吾前后。若此，则敌不能害我。”

武王曰：“敌人燔吾左右，又燔吾前后，烟覆吾军，其大兵按黑地而起，为之奈何？”

太公曰：“若此者，为四武冲陈，强弩翼吾左右。其法无胜亦无负。”

【注释】

[1]蓊秽：草木茂盛之貌。

[2]周：围绕、环绕。

[3]即燔吾前而广延之：意谓敌人在我军前方放火，我军也在前方适

当地放点火,以隔断敌人的火势,使火烧不到我军。

[4]黑地:大火烧过之地呈现一片黑色,故名。

【译文】

武王问太公说:“统率军队深入到敌国境内,遇到茂密草丛林木,遍布于我军前后左右,我军已行军数百里,人困马乏,需要驻营休息。这时敌人利用天气干燥、风速很大的有利条件,在上风口放火,其军车、骑兵又埋伏在我军的侧后,致使我三军恐惧,散乱逃跑,遇到这种情况,应当怎样处置?”

太公回答说:“在这种情况下,应该竖起云梯、飞楼,登高瞭望和观察前后左右的情况。如发现大火烧起,就立即在我军阵前开阔地上放火,把火烧成一片,[让大火把敌我两军隔离开来,]同时也在我军侧后放火[,以便烧出一块‘黑地’]。若是敌人前来进攻,我就指挥部队向后撤退,退到烧光草木的‘黑地’上进行坚守。前来围攻的敌人行动迟缓,失却战机,又看到大火烧起,必定退走。我军在燃烧过的地方布设阵势,并以材士强弩掩护左右两翼,又用火继续烧掉我军阵地前后的草丛。这样,敌人就不能加害于我了。”

武王又问:“敌人既在我军左右放火,又在我军前后放火,以致浓浓黑烟覆盖了我军阵地,而敌人大军则突然向我据守的‘黑地’发起攻击。对此应当如何处置呢?”

太公说:“如遇到这种情况,就应当将我军结成‘四武冲阵’,并用强弩掩护我左右两翼。这种办法虽然不能取胜,但也不会导致失败。”

垒虚第四十二

武王问太公曰:“何以知敌垒之虚实,自来自去[1]?”

太公曰:“将必上知天道,下知地理,中知人事。登高下望,以观敌之变动;望其垒,即知其虚实;望其士卒,则知其去来。”

武王曰:“何以知之?”

太公曰:“听其鼓无音,铎无声,望其垒上多飞鸟而不惊,上无氛气[2],必知敌诈而为偶人[3]也。敌人卒去不远,未定而复返者,彼用其士卒太疾也。太疾,则前后不相次;不相次,则行陈必乱。如此者,急出兵击之,以少击众,则必胜矣。”

【注释】

[1]来:指前来进攻。去:指撤离后退。

[2]氛气:指灰土或烟尘。

[3]偶人:指用稻草或土木所制成的假人。

【译文】

武王问太公说:“怎样才能知道敌人营垒的虚实和敌军来来去去调动的情况呢?”

太公说:“作为将帅,必须上知天时的顺逆,下知地形的险易,中知人事的得失。登上高处远望,来观察敌情的变化;眺望敌人的营垒,就可知道其内部的虚实;观察士卒的动态,就可知道其调动的情况。”

武王又问:“怎么才可以知道这些情况呢?”

太公答道:“如果听不到敌营的鼓声,也听不到敌营的铃声,又望到敌人营垒上空有许多飞鸟而没有惊恐的样子,空中也没有尘土飞扬,这就可以判断是敌人在用假人欺骗我们。如果敌人仓促撤退不远,还没有停下而又返回来的,这是敌人调动军队太忙乱的现象。太忙乱,他的前后就没有秩序;没有秩序,其行列和阵势就必然混乱。在这样的情况下,我们可急速出兵打击敌人,即使以少击众,也必定会取得胜利。”

卷第五 豹韬

林战第四十三

武王问太公曰："引兵深入诸侯之地，遇大林，与敌分林[1]相拒。吾欲以守则固，以战则胜，为之奈何？"

太公曰："使吾三军分为冲陈[2]，便兵所处[3]，弓弩为表，戟楯为里，斩除草木，极广吾道，以便战所[4]；高置旌旗，谨敕[5]三军，无使敌人知吾之情，是谓林战。林战之法：率吾矛戟，相与为伍；林间木疏，以骑为辅，战车居前，见便则战，不见便则止；林多险阻，必置冲陈，以备前后；三军疾战，敌人虽众，其将可走；更战更息[6]，各按其部，是谓林战之纪[7]。"

【注释】

[1]分林：指各占据一部分森林地带。

[2]冲陈：指四武冲阵，见《虎韬·疾战第三十三》注[3]。

[3]便兵所处：便于展开战斗行动之处所。

[4]以便战所：便利于展开作战行动。

[5]谨敕：严格地约束。敕，同"饬"。

[6]更战更息：轮番战斗，轮番休整。这是使军队保持充足战斗力的有效方法。

[7]纪：原则、准则。

【译文】

武王问太公说："率军深入敌国境内，遇到森林，与敌人各自占据一部分森林地带相对峙。我想做到进行防御就能巩固，实施进攻就能取胜，应该怎么办才好？"

太公回答说："将我军分别部署为'冲阵'，配置在便于作战的地方，弓弩布设在外层，戟楯布设在里层，并斩除草木，广辟道路，以便利我军战场行动。高高悬挂旗帜，严格地约束全军将士，不要让敌人察知我方军情，这就是森林地带的作战行动。森林地带作战的方法是：将我军使用矛、戟等兵器的士卒，混合编组为战斗小分队；如森林中树木稀疏，就动用骑兵辅助作战，并把战车配置在前面，发现有利的战机就打，没有发现有利的战机就停止行动；如森林中多是险阻地形，就必须部署'冲阵'，以防备敌人攻击我军前后；务使我军迅猛英勇地进行战斗，这样敌人虽然人数众多，但也将被击败逃走；我军要轮番作战，轮番休息，各部都要按编组行动。这就是森林地带作战的一般原则。"

突战第四十四

武王问太公曰："敌人深入长驱，侵掠我地，驱我牛马；其三军大至，薄我城下，吾士卒大恐，人民系累[1]，为敌所虏。吾欲以守则固，以战则胜，为之奈何？"

太公曰："如此者，谓之突兵[2]，其牛马必不得食，士卒绝粮，暴击而前。令我远邑别军[3]，选其锐士，疾击其后；审其期日，必会于晦[4]。三军疾战，敌人虽众，其将可虏。"

武王曰："敌人分为三四，或战而侵掠我地，或止而收我牛马，其大军未尽至，而使寇薄我城下，致吾三军恐惧，为之奈何？"

太公曰："谨候敌人未尽至，则设备而待之。去城四里而为垒，金鼓旌旗，皆列而张，别队为伏兵；令我垒上多积强弩，百步一突门[5]，门有行马，车骑居外，勇力锐士隐伏而处。敌人若至，使我轻卒[6]合战而佯走。令我城上立旌旗，击鼙鼓，完为守备。敌人以我为守城，必薄我城下。发吾伏兵，以冲其内，或击其外。三军疾战，或击其前，或击其后。勇者不得斗，轻者不及走，名曰突战。敌人虽众，其将必走。"

武王曰："善哉！"

【注释】

[1]系累：縶缚、拘禁的意思。《孟子·梁惠王下》："系累其子弟。"

[2]突兵：担任突击任务的部队。

[3]远邑别军：驻扎在远地的另一支部队。

[4]晦：农历每月的三十日为晦日，此处作无月光之夜解。

[5]突门：指预先准备的供部队出击的暗门。

[6]轻卒：轻装步兵。

【译文】

武王问太公说："敌人发动进攻，长驱直入，侵占我土地，抢夺我牛马；敌人大军蜂拥而至，迫近我方城下，我军士卒大为恐惧，民众被拘禁，沦为俘虏。在这种情况下，我想要进行防守则能稳固，实施战斗则可取胜，应该怎么办？"

太公回答说："像这一类的敌军，可叫作善于突袭作战的敌军，他们的牛马必定会缺乏饲料，他们的士卒也肯定会断绝粮食，所以一味凶猛地向我军进攻。在这样的情况下，应命令我军远方驻地的其他部队，挑选精锐的士卒，迅速而猛烈地袭击敌人的后方，同时详细计算确定会攻的时间，务必使其在夜色昏暗时分与我主力会合。尔后,我全军上下迅速猛烈地同敌交战,那么即便敌人人数众多,其主将也可被我军俘虏。”

武王又问太公说:“如果敌人分军为三四部分,其中一部对我进攻以侵占我方土地,另一部暂时驻扎以掠夺我方牛马,其主力部队还没有完全到达,而使部分兵力进逼我方城下,致使我军上下恐惧不安,这应该怎么办为好?”

太公回答说:“这时就应该仔细观察情况,趁敌人还没有完全到达之前就完成战备,严阵以待。其方法是:在离城四里的地方构筑营垒,将我军金鼓旗帜都一一布设起来,并派遣一部分兵力作为伏兵。命令在营垒中的守卫部队多集中强弩,每百步设置一预备临时出入的‘突门’,门前安设拒马等障碍物,战车、骑兵配置在营垒外侧,勇锐士卒隐蔽埋伏以等待敌人来犯。敌人如果来到,先使我轻装步兵与敌交战,随即佯装战败退走,并令我守军在城上竖起旌旗,敲击鼙鼓,充分做好防守准备。敌人因此而将认为我方在防守城邑,于是其军必定进逼到我方城下。这时我方应突然出动伏兵,或突击敌军的中枢,或攻击敌人的外围。同时再令我全军迅猛出击,奋勇战斗,既攻击敌人的正面,又攻击敌人的后方,使得敌军中勇敢的将士无法同我格斗,步履轻快的将士来不及逃跑。这种战法称为‘突战’。敌人虽然众多,但其主将必然失败逃走。”

武王说:“讲得很好!”

敌强第四十五

武王问太公曰:“引兵深入诸侯之地,与敌人冲军[1]相当,敌众我寡,敌强我弱,敌人夜来,或攻吾左,或攻吾右,三军震动。吾欲以战则胜,以守则固,为之奈何?”

太公曰："如此者，谓之震寇[2]。利以出战，不可以守。选吾材士强弩，车骑为之左右，疾击其前，急攻其后，或击其表，或击其里，其卒必乱，其将必骇。"

武王曰："敌人远遮我前，急攻我后，断我锐兵，绝我材士，吾内外不得相闻，三军扰乱，皆散而走，士卒无斗志，将吏无守心，为之奈何？"

太公曰："明哉！王之问也。当明号审令，出我勇锐冒将之士，人操炬火[3]，二人同鼓，必知敌人所在。或击其表，或击其里，微号[4]相知，令之灭火，鼓音皆止，中外相应，期约皆当，三军疾战，敌必败亡。"

武王曰："善哉！"

【注释】

[1]冲军：指担任突击任务的部队。

[2]震寇：使我军感到震恐的敌军，可理解为实施夜间强袭之敌。

[3]炬火：火把。

[4]微号：暗号的意思。

【译文】

武王问太公说："率军深入敌国境内，与敌人的突击部队正面接触，在兵力上敌众我寡，敌强我弱，而敌人又利用夜色掩护前来攻打我军，或攻击我之左翼，或攻击我之右翼，致使我全军震骇惊恐。我想要实施进攻就能取胜，进行防守就能稳固，应该怎样处置？"

太公答道："以这种方式用兵作战的敌人，叫作'震寇'。对付这种敌人，我军利于出战，而不适宜于防守。所以，要挑选材士强弩，以战车、骑兵作为左右两翼，迅猛攻击敌人的正面，急速攻击敌人的侧后，有的攻击敌人的外围，有的攻击敌人的中坚。这样，敌人士卒必然乱成一团，敌人将帅也必然惊惧害怕而被打败。"

武王又问："如果敌人在远处阻截我军的前方，急速地攻击我军的后方，截断我军的精锐部队，阻绝我军材士前赴增援，致使我军前方后方失去联系，三军上下惊扰混乱，纷纷脱离队伍各奔东西，士卒没有战斗意志，各级军官失去固守决心，面临这种处境应该怎么办呢？"

太公说："君王提这样的问题真是高明！在这样的情况下，应当首先明审号令，并出动勇猛精锐的士卒对付敌人，使每个人手持火炬，二人同击一鼓，这样就必然能探知敌人的准确位置。这时便可发起攻击，或攻击敌军的外围，或攻击敌人的中坚。攻击时，要让部队约定暗号，便于互相识别，并令部队扑灭火炬，停止击鼓。然后内外策应，按预先约定的计划展开行动。全军迅猛出击，奋勇作战，敌人必然遭到失败。"

武王说："说得真好！"

敌武第四十六

武王问太公曰："引兵深入诸侯之地，卒遇敌人，甚众且武，武车骁骑绕我左右，吾三军皆震，走不可止，为之奈何？"

太公曰："如此者，谓之'败兵'，善者[1]以胜，不善者以亡。"

武王曰："用之奈何？"

太公曰："伏我材士强弩，武车骁骑为之左右，常去前后三里。敌人逐我，发我车骑，冲其左右。如此，则敌人扰乱，吾走者自止。"

武王曰："敌人与我车骑相当，敌众我少，敌强我弱，其来整治[2]精锐，吾陈不敢当，为之奈何？"

太公曰："选我材士强弩，伏于左右，车骑坚陈而处。敌人过我伏兵，积弩[3]射其左右，车骑锐兵，疾击其军，或击其前，或击其后，敌人虽众，其将必走。”

武王曰：“善哉！”

【注释】

[1]善者：善于用兵打仗的人。

[2]整治：整齐不乱的意思。

[3]积弩：前后重叠而射击的箭矢。

【译文】

武王问太公说：“统率军队深入敌国境内，突然遭遇敌人。敌人人数众多而且勇猛凶狠，并以强大的战车和骁勇的骑兵对我军实施左右包围。我全军上下均为震惊，纷纷逃跑，无法加以制止。这种情况应该怎么办？”

太公回答道：“处于这种境地的部队称为‘败兵’。善于用兵的人，可以因此而取胜；不善于用兵的人，也可能因此而败亡。”

武王又问：“处置这种情况应该怎么办？”

太公答道：“应当巧妙埋伏我方的材士强弩，并把强大的战车和骁勇的骑兵配置在左右两翼，伏击地点通常设在距离我主力约前后三里远的地方。敌人如果前来追击，就出动我方的战车和骑兵，攻击敌人的左右两侧。这样，敌人就会陷入混乱，我军逃跑的士卒见此情况也就会自动停止逃跑。”

武王再问：“敌我双方的战车和骑兵相遇，在兵力上敌众我寡，敌强我弱。敌人前来进攻，阵势整齐，士卒精锐，我想同敌人对阵作战而难以抵挡，面临这种情况，应该怎么处置？”

太公说：“在这种情况下，应当挑选我军的材士强弩，使之埋伏于左右两侧，并把战车、骑兵布列坚固阵势进行防守。当敌人通过我伏兵所在之处时，就用密集的强弩射击敌人的左右两翼，并出动战车、骑兵和勇锐士卒猛烈地攻击敌军，或攻击敌人的正面，或攻击敌人的侧后。这样，敌人虽然人数众多，也必定将被我击败。”

武王说:“说得太好了!”

鸟云山兵第四十七

武王问太公曰:“引兵深入诸侯之地,遇高山盘石,其上亭亭[1],无有草木,四面受敌,吾三军恐惧,士卒迷惑。吾欲以守则固,以战则胜,为之奈何?”

太公曰:“凡三军处山之高,则为敌所栖[2];处山之下,则为敌所囚[3]。既以被山而处,必为鸟云之陈[4]。鸟云之陈,阴阳皆备。或屯其阴,或屯其阳。处山之阳,备山之阴;处山之阴,备山之阳;处山之左,备山之右;处山之右,备山之左。其山敌所能陵[5]者,兵备其表,衢道通谷,绝以武车,高置旌旗,谨敕三军,无使敌人知吾之情,是谓山城。行列已定,士卒已陈,法令已行,奇正已设,各置冲陈于山之表,便兵所处,乃分车骑为鸟云之陈。三军疾战,敌人虽众,其将可擒。”

【注释】

[1]亭亭:山峰高兀耸峙之貌。

[2]栖:如鸟栖于树上,犹言为敌所逼而不能下来。

[3]囚:囚禁,为敌所围困的意思。

[4]鸟云之陈:如鸟雀之聚散无常,行云之流动不定,时分时合,四处流动之战斗阵形。

[5]陵:攀登。

【译文】

武王问太公说："统率军队深入敌国境内，遇上高山巨石，山峰高耸，没有杂草林木，四面受敌攻击。我全军因而产生恐惧，士卒迷惑不知所措。我想要进行防守就能稳固，实施进攻就能获胜，应该怎么办才好？"

太公回答道："凡是我三军处于山顶位置，就容易为敌人所孤悬隔绝；凡是我三军处在山麓的位置，就容易为敌人所围困囚禁。我军既然处于山地作战的环境之中，那就必须布成'乌云之阵'。所谓'乌云之阵'，就是在部署军队时，要对山南山北各个方面均进行戒备。既要防守山的北面，又要防守山的南面。军队部署在山的南面，同时要注意戒备山的北面；军队部署在山的北面，同时要注意戒备山的南面；军队部署在山的左面，同时要注意戒备山的右面；军队部署在山的右面，同时要注意戒备山的左面。凡是该山敌人所能攀登的地方，都应当派兵进行防守。交通要道和能通行的谷地，要用战车加以阻塞，并高挂旗帜，以便联络。同时要谨饬整治全军上下，做到严阵以待，不要让敌人察知我军的情况。能做到这些，就称得上是建成了一座'山城'。部队的行列已经排定，作战的士卒已经列阵，军中的法令已经颁行，奇正方略也已经确定，这时就把各部队编成'冲阵'部署在山上比较突出的高地上，部署时要考虑到应该便于军队作战的需要。然后再把战车、骑兵分布成'乌云之阵'。这样，三军猛烈地同敌人作战，敌人即便人数众多，也必然会被打败，而其将领也将为我所擒获。"

乌云泽兵第四十八

武王问太公曰："引兵深入诸侯之地，与敌人临水相拒，敌富而众,我贫而寡,逾水击之则不能前,欲久其日则粮食少。吾居斥卤之地[1],四旁无邑,又无草木,三军无所掠取,牛马无所刍牧[2],为之奈何?”

太公曰:“三军无备,牛马无食,士卒无粮,如此者,索便诈敌[3]而亟去之,设伏兵于后。”

武王曰:“敌不可得而诈,吾士卒迷惑,敌人越我前后,吾三军败乱而走,为之奈何?”

太公曰:“求途之道,金玉为主[4],必因敌使,精微为宝[5]。”

武王曰:“敌人知我伏兵,大军不肯济。别将分队以逾于水,吾三军大恐,为之奈何?”

太公曰:“如此者,分为冲陈,便兵所处,须其毕出,发我伏兵,疾击其后;强弩两旁,射其左右。车骑分为鸟云之陈,备其前后,三军疾战。敌人见我战合,其大军必济水而来,发我伏兵,疾击其后,车骑冲其左右,敌人虽众,其将可走。凡用兵之大要,当敌临战,必置冲阵,便兵所处,然后以车骑分为鸟云之陈,此用兵之奇也。所谓鸟云者,鸟散而云合,变化无穷者也。”

武王曰:“善哉!”

【注释】

[1]斥卤之地:盐碱地带。此处通指荒芜贫瘠的地方。斥,碱;卤,盐。

[2]刍牧:这里是割草放牧的意思。刍,为牛马所食之草。

[3]索便诈敌:寻求有利时机以欺诈敌人,伺机予以坚决的打击。

[4]金玉为主:以金玉财货欺诱敌人为主要手段。

[5]精微为宝:指谋划或行动时做到精细秘密,不使敌人察觉,并把它奉为上乘的用兵手段。

【译文】

武王问太公说："统率军队深入敌国境内，与敌人隔河相对峙，敌人资材充足，兵力众多；我军资材贫乏，兵力寡少。我想要渡河进攻敌人，但无力向前；我想要拖延时日，但粮食缺乏。而且我军又处于荒芜贫瘠的盐碱地带，附近一带既没有城邑，也没有草木，军队没有地方可以掠取物资，牛马没有地方可以放牧。在这种情况下，应当怎么办？"

太公回答道："军队没有战备器械，牛马没有饲料，士卒没有粮食，在这种情况下，应当寻找机会欺诈敌人，迅速向别处转移，并在后面设置伏兵[，以对付追击我的敌人]。"

武王说："如果敌人不受我军的欺诈，我军士卒迷惑惊恐，敌人开进到我军前后，我全军败逃溃退。在这种情况下，应当怎么办？"

太公说："这时候寻求退路的方法，主要是将金银财宝暴露给敌军[，引诱其产生掠夺之心]，同时要贿赂敌方的使者[，以了解敌方军情]。进行这些工作时必须精细秘密，这至关重要。"

武王又问："敌人已知道我方设有伏兵，大军不肯渡河，而另派一支小部队渡水攻我，我三军大为震恐。对此应当怎么办？"

太公答道："遇到这种情况，我军应该部署为'四武冲阵'，并部署在便于作战的地域，等待敌人全部渡河后，出动我方伏兵，猛烈地攻击敌军侧后，强弩从两旁射击敌人的左右两翼。同时把战车、骑兵布设为'鸟云之阵'，作为机动，戒备前后，然后迅速发起攻击。敌人发现我军与他们的小部队交战，其大军必将渡河前来，这时就出动我方伏兵，猛烈地攻击敌大军侧后，并用战车、骑兵冲击敌军左右两翼。这样，敌人即使众多，也是会被打败的。大凡用兵打仗的基本原则是，在正对敌人面临战斗时，必须设置'冲阵'，把它部署在便于作战的地方，然后再将战车和骑兵分别布成'鸟云之阵'，这就是用兵上出奇制胜的方法。所谓的'鸟云'，就是借鉴鸟散云合的现象，从而使作战指挥灵活机动，变化无穷。"

武王赞叹道："说得太好了！"

少众第四十九

武王问太公曰:“吾欲以少击众,以弱击强,为之奈何?”

太公曰:“以少击众者,必以日之暮,伏于深草,要之隘路;以弱击强者,必得大国之与、邻国之助。”

武王曰:“我无深草,又无隘路,敌人已至,不适日暮;我无大国之与,又无邻国之助,为之奈何?”

太公曰:“妄张诈诱,以荧惑[1]其将,迂其道,令过深草,远其路,令会日暮,前行未渡水,后行未及舍。发我伏兵,疾击其左右,车骑扰乱其前后,敌人虽众,其将可走。事大国之君,下邻国之士,厚其币,卑其辞。如此,则得大国之与、邻国之助矣。”

武王曰:“善哉!”

【注释】

[1]荧惑:本义是火星,这里是炫惑、迷惑的意思。

【译文】

武王问太公说:“我想要以少击众,以弱击强,应该怎么办呢?”

太公答道:“要以少击众,必须利用日暮昏暗之际,把军队埋伏在杂草丛生的地带,截击敌人于隘路。而要以弱击强,就必须得到大国的支持和邻国的声援。”

武王又问:“我军没有深草地带可供设伏,又没有隘路险阻可供利用,敌军抵达时,又正巧不在日暮之际。我方既没有大国的支持,也没有邻国的援助，应该怎么办？”

太公说：“当用虚张声势、引诱诈骗等手段来迷惑敌方将领。引诱敌人迂回行进，使其通过杂草丛生地带；引诱敌人多绕远路，耽误时间，使得他们正好在日暮时分与我军交战。要乘敌人先头部队尚没有全部渡水，后续部队还来不及宿营的有利时机，出动我方伏击部队，猛烈地攻击敌人的左右两翼，并令我方战车和骑兵扰乱敌人的前后。这样，敌人即使众多，也会被我们所击败。恭敬侍奉大国的君主，礼遇邻国的贤士，多送金钱，言词谦逊，这样就能得到大国的支持与邻国的援助了。”

武王说：“说得真好！”

分险第五十

武王问太公曰：“引兵深入诸侯之地，与敌相遇于险阨[1]之中，吾左山而右水，敌右山而左水，与我分险相拒，各欲以守则固，以战则胜，为之奈何？”

太公曰：“处山之左，急备山之右；处山之右，急备山之左。险有大水无舟楫者，以天潢济吾三军。已济者，亟广吾道，以便战所。以武冲为前后，列其强弩，令行陈皆固。衢道谷口，以武冲绝之，高置旌旗，是谓车城[2]。凡险战[3]之法，以武冲为前，大橹[4]为卫，材士强弩翼吾左右。三千人为屯，必置冲陈，便兵所处。左军以左，右军以右，中军以中，并攻而前。已战者还归屯所，更战更息，必胜乃已。”

武王曰：“善哉！”

【注释】

[1]阨:同“隘”。

[2]车城:指古代军队中通过连接战车的方式而构筑起来的营寨。

[3]险战:险隘地带的战斗。

[4]橹:大盾牌。《孙子·谋攻》:“修橹轒辒。”

【译文】

武王问太公说:“统率军队深入敌国境内,同敌人相遇于险要隘塞的地域。我军所处的地形是左依山丘右临水泽,而敌军所处的地形则是右傍山丘左靠水泽,敌我双方各据险要,相互对峙。在这种情况下,双方都想要进行防守就能稳固,展开进攻就能胜利,应该怎么办?”

太公答道:“当我军占领了山的左侧时,应迅速戒备山的右侧;占领了山的右侧时,则应迅速戒备山的左侧。险要地带内的大河大江,如果没有船只可资利用,就用‘天潢’把我军摆渡过去。已经渡过河去的先头部队,要迅速开辟前进道路,扩大战场,以便于主力跟进展开战斗。要用武冲战车策应我前后部队,广泛布列强弩,以使我军行列和阵形完全稳固。凡交通要道和山谷的入口处,都要用武冲战车加以阻绝,并且高高地插上旌旗,这样就构成了一座‘车城’。大凡险要地带作战的方法是,把武冲战车配置在前面,以大盾牌作为防护,并配备材士强弩以保障我左右两翼的安全。每三千人为一个战斗单位,编成攻击型的冲阵,部署在便于作战的地形上。战斗时,左军用于左翼,右军用于右翼,中军用于中央,三军并肩作战,努力向前。已战的部队回到集结地域休整,未战的部队依次投入战斗。轮番作战,轮番休息,一直到取得最终胜利为止。”

武王说:“讲得很好!”

卷第六 犬韬

分兵第五十一

武王问太公曰："王者帅师，三军分为数处，将欲期会合战[1]，约誓[2]赏罚，为之奈何？"

太公曰："凡用兵之法，三军之众，必有分合之变。其大将先定战地、战日，然后移檄书[3]与诸将吏，期攻城围邑，各会其所；明告战日，漏刻有时[4]。大将设营而陈，立表[5]辕门[6]，清道而待。诸将吏至者，校其先后，先期至者赏，后期至者斩。如此，则远近奔集，三军俱至，并力合战。"

【注释】

[1]期会合战：指约定时日、地点与敌交战。

[2]誓：古代作战前夕，统帅集结部队，宣布作战的目的、原因，申明战场纪律。这就是誓命的仪式。

[3]檄书：这是古代官府用以征召、晓谕或声讨的文书。

[4]漏刻有时：意谓规定军队到达的时间。漏刻，一种古代的计时器。其法用两铜壶，分置上下，上壶置水，使漏入下壶。下壶设有浮标，标杆上刻有分画。上壶之水漏入下壶时，浮标渐渐升起，则可知时间几时几刻。

[5]立表：古代立木为表，观察日影正斜来计算时间，故称立表。

[6]辕门：古时军营之正门。古时军队屯驻时，四周以车辆为围垣，

在营门用两车仰置,以车上系马之辕杆两条,立于两侧以为门,故称作“辕门”。

【译文】

武王问太公说:“君王率军出征,三军分散在数处,主将要按期集结军队与敌交战,并申诫全军上下,明定赏罚原则,应该怎么办?”

太公说:“通常用兵的原则,由于三军人数众多,必然会有兵力分散或集中等部署上的变化。主将首先要事前确定作战的地点和时间,然后下达战斗文书,晓谕部下各将佐。文书的内容包括:明确规定要围攻的城邑,各军应集中会合的地点;明告作战的日期,规定到达的时间。[到三军集中那天,]主将提前设筑营垒,布成阵势,在辕门内立起标杆以观测日影,计算时间。禁止行人通行,等待将吏前来报到。将吏们到达时,要核对其先后次序,先期到达的予以奖赏,逾期到达的杀头示众。这样,不论远近都会按期赶来会集。待三军全部到达后,就可以集中兵力与敌交战了。”

武锋第五十二

武王问太公曰:“凡用兵之要,必有武车骁骑,驰陈选锋,见可则击之,如何则可击?”

太公曰:“夫欲击者,当审[1]察敌人十四变。变见则击之,敌人必败。”

武王曰:“十四变可得闻乎?”

太公曰:“敌人新集可击,人马未食可击,天时不顺可击,地形未得可击,奔走可击,不戒可击,疲劳可击,将离士卒可击,涉长路可击，济水可击，不暇可击，阻难狭路可击，乱行可击，心怖可击。”[2]

【注释】

[1]审：认真、仔细。

[2]以上内容也见于《吴子·料敌第二》。

【译文】

武王问太公说：“用兵的重要原则之一，就是必须拥有强大的战车，骁勇的骑兵，能够冲锋陷阵的突击部队，一旦发现敌人有可乘之机就发起攻击。那么，究竟什么样的时机才可以攻打呢？”

太公说：“要想攻击敌人，就应当仔细察明不利于敌的十四种情况。这些情况一经出现，就可以发起攻击，这样敌人就必定会被打败。”

武王说：“这十四种对敌不利的情况，可以讲给我听听吗？”

太公说：“敌人刚集结时可以打，敌军人马没有进食时可以打，气候季节对敌不利可以打，地形条件对敌不利可以打，敌人奔走仓促可以打，敌人没有戒备时可以打，敌人疲劳倦怠时可以打，敌人上下分隔失去指挥时可以打，敌人长途跋涉时可以打，敌人渡河时可以打，敌人忙乱不堪时可以打，敌人通过险阻隘路时可以打，敌人行列散乱不整时可以打，敌人军心恐怖不安时可以打。”

练士第五十三

武王问太公曰：“练士之道[1]奈何？”

太公曰："军中有大勇、敢死、乐伤者，聚为一卒[2]，名曰冒刃[3]之士。有锐气、壮勇、强暴者，聚为一卒，名曰陷陈之士。有奇表、长剑、接武[4]齐列者，聚为一卒，名曰勇锐之士。有拔距、伸钩[5]、强梁[6]多力、溃破金鼓、绝灭旌旗者，聚为一卒，名曰勇力之士。有逾高绝远、轻足善走者，聚为一卒，名曰寇兵之士。有王臣失势，欲复见功者，聚为一卒，名曰死斗之士。有死将之人子弟，欲与其将报仇者，聚为一卒，名曰敢死之士。有赘婿[7]、人虏，欲掩迹扬名者，聚为一卒，名曰励钝[8]之士。有贫穷愤怒，欲快其心者，聚为一卒，名曰必死之士。有胥靡[9]免罪之人，欲逃其耻者，聚为一卒，名曰幸用之士[10]。有材技兼人，能负重致远者，聚为一卒，名曰待命之士。此军之服习，不可不察也。"

【注释】

[1]练士之道：挑选士卒的方法。练，古同"拣"，选择、挑选的意思。

[2]卒：古代军队编制的一级单位。这里可理解为"队"。

[3]冒刃：敢于冒险。刃，刀口、刀锋，喻指危险。

[4]接武：前后足迹相连接。这里是形容步伐稳健整齐。武，足迹。

[5]拔距、伸钩：此处是形容孔武有力，膂力过人。拔距，古代练习武功的活动。《汉书·甘延寿传》："投石拔距绝于等伦。"注云："拔距者，有人连坐相把据地，距以为坚而能拔取之，皆言其有手掣之力。"伸钩，力大能把弯钩拉直。

[6]强梁：强横、强悍、强暴。《老子》第四十二章："强梁者不得其死。"

[7]赘婿：男到女家成婚者。古人认为这是一种耻辱。

[8]励钝：激励迟钝萎靡之人，使其振作起来。

[9]胥靡：古代服劳役的刑徒。《庄子·庚桑楚》："胥靡登高而不惧，遗死生也。"

[10]幸用之士：追求侥幸立功的人。

【译文】

武王问太公说："选编士卒的方法应该怎样？"

太公说："军队中那些勇气超人、不怕牺牲、不怕挂彩的人，可以编为一队，称之为'冒刃之士'。那些锐气旺盛、强壮勇敢、强横凶狠的人，可以编为一队，称之为'陷阵之士'。那些体态奇异、善使长剑、步履稳健、动作整齐的人，可以编为一队，称之为'勇锐之士'。那些膂力过人足以拉直铁钩，强壮有力足能冲入敌阵捣毁金鼓、折断旌旗的人，可以编为一队，称之为'勇力之士'。那些能翻越高山、行走远路、脚轻善走的人，可以编为一队，称之为'寇兵之士'。那些曾为王公大臣而如今已经失势没落，想要重建功勋的人，可以编为一队，称之为'死斗之士'。那些身为阵亡将帅的子弟，急于要为自己父兄报仇的人，可以编为一队，称之为'敢死之士'。那些曾被招赘为婿或当过俘虏，如今想要扬名遮丑的人，可以编为一队，称之为'励钝之士'。那些对自己的贫穷处境怀有愤怒不满情绪，汲汲于立功称心的人，可以编为一队，称之为'必死之士'。那些曾为免罪刑徒，想要隐匿自己过去耻辱的人，可以编为一队，称之为'幸用之士'。那些材技胜人，能够任重致远的人，可以编为一卒，称之为'待命之士'。以上就是军队中选编士卒的方法，是不可不加以仔细考察的。"

教战第五十四

武王问太公曰："合三军之众，欲令士卒练士，教战之道奈何？"

太公曰："凡领三军，有金鼓之节[1]，所以整齐士众者也。

将必先明告吏士，申之以三令，以教操兵起居[2]、旌旗指麾[3]之变法。故教吏士，使一人学战，教成，合之十人；十人学战，教成，合之百人；百人学战，教成，合之千人；千人学战，教成，合之万人；万人学战，教成，合之三军之众；大战之法，教成，合之百万之众。故能成其大兵，立威于天下。”

武王曰：“善哉！”

【注释】

[1]节：节制、指挥。

[2]操兵起居：意谓操持武器，练习熟悉各种战斗动作。操兵，指使用兵器；起居，指坐、站、进、退、分、合、解、结。

[3]麾：古同“挥”，指挥。

【译文】

武王问太公说：“集合组成全军部队，想要使士卒们娴熟掌握战斗动作，具体的训练方法应该怎样？”

太公答道：“凡是统率三军，必须用金鼓来指挥，这是为了使军队的行动整齐划一。将帅首先必须明确告诉官兵该怎样进行操练，并且要反复申明以求人人听懂，然后再训练他们实际操作兵器，熟悉战斗动作，掌握用旌旗指挥的变化方法。所以，在训练军队时，要先进行单兵教练，单兵教练完成了，再进行十人合练；十人学习战法，教练会了，再进行百人合练；百人学习战法，教练会了，再进行千人合练；千人学习战法，教练会了，再进行万人合练；万人学习战法，教练会了，再三军一齐合练；然后进行大军作战之法的训练，教练完了，再百万大军进行合练。这样就能够组织起强大的军队，立威横行于天下。”

武王说：“真是好极了！”

均兵第五十五

武王问太公曰:“以车与步卒战,一车当几步卒?几步卒当一车?以骑与步卒战,一骑当几步卒?几步卒当一骑?以车与骑战,一车当几骑?几骑当一车?”

太公曰:“车者,军之羽翼也,所以陷坚陈,要[1]强敌,遮走北也。骑者,军之伺候[2]也,所以踵[3]败军,绝粮道,击便寇[4]也。故车骑不敌战[5],则一骑不能当步卒一人。三军之众,成陈而相当,则易战[6]之法:一车当步卒八十人,八十人当一车;一骑当步卒八人,八人当一骑;一车当十骑,十骑当一车。险战[7]之法:一车当步卒四十人,四十人当一车;一骑当步卒四人,四人当一骑;一车当六骑,六骑当一车。夫车骑者,军之武兵也,十乘败千人,百乘败万人;十骑败百人,百骑走千人。此其大数也。”

武王曰:“车骑之吏数[8]、陈法奈何?”

太公曰:“置车之吏数:五车一长,十车一吏,五十车一率[9],百车一将。易战之法:五车为列,相去四十步,左右十步,队间六十步。险战之法:车必循道,十车为聚[10],二十车为屯,前后相去二十步,左右六步,队间三十六步;五车一长,纵横相去二里,各返故道。置骑之吏数:五骑一长,十骑一吏,百骑一率,二百骑一将。易战之法:五骑为列,前后相去二十步,左右四步,队间五十步。险战者:前后相去十步,左右二步,队间二十五步。三十骑为一屯,六十骑为一辈[11]。十骑一吏,纵横相去百步,周环[12]各复故处。”

武王曰:“善哉!”

【注释】

[1]要:邀击。

[2]军之伺候:意谓骑兵在军队中的地位,如侦察人员一样,是窥探敌人、乘敌之隙的。

[3]踵:跟踪追击。

[4]便寇:敌人的游击机动部队。

[5]车骑不敌战:其意思是指战车、骑兵使用的地形不适宜或战车、骑兵的编制配合不恰当。

[6]易战:平坦地形上的作战。

[7]险战:见《豹韬·分险第五十》注[3]。

[8]吏数:军官的数目。

[9]率:指车兵的一级单位。

[10]聚:与下文的“屯”一样,都是车兵的一种战斗编组。

[11]辈:骑兵的一种战斗编组。

[12]周环:撤出战斗,复归原阵的意思。

【译文】

武王问太公说:“用战车同步兵作战,一辆战车能抵几名步兵?几名步兵能抵一辆战车?用骑兵同步兵作战,一名骑兵能抵几名步兵?几名步兵能抵一名骑兵?用战车同骑兵作战,一辆战车能抵几名骑兵?几名骑兵能抵一辆战车?”

太公回答说:“战车,是军队的‘翅膀’,具有强大的战斗力,可以被用来攻坚陷阵,截击强敌,断敌退路。骑兵,是军队的侦察人员和先锋,具有很大的机动性,可以被用来追击溃逃之敌、断敌粮道和袭击敌人机动部队。所以,战车、骑兵如果不能恰当运用,那么战斗中一名骑兵就抵不上一名步兵。如果三军之众布列成阵,战车、骑兵、步兵配合得当,那么在平坦地形上作战的法则是:一辆战车可抵步兵八十名,八十名步兵相当战车一辆;一名骑兵能抵步兵八名,八名步兵可当骑兵一名;一辆战车能抵骑兵十名,十名骑兵可当一辆战车。在险阻地形上作战的法则是:一辆战车可抵步兵四十名,四十名步兵可当战车一辆;一名骑兵能抵步兵四人,四名步兵能当骑兵一名;一辆战车能抵骑兵六名,六名骑兵可当战车一辆。战车和骑兵,是军队中最具威力的战斗力量,十辆战车能够击败千名敌人,一百辆战车可以击败万名敌人;十名骑兵能够击退百名敌人,百名骑兵可以击退千名敌人。以上这些都是大约的数字。”

武王又问道:“战车和骑兵的军官数额配置以及作战方法是怎样的呢?”

太公答道:“战车应配备军官的数量是:每五辆战车设一长,每十辆战车设一吏,每五十辆战车设一率,每百辆战车设一将。在平坦地形上作战的方法是:五辆战车为一列,前后相距四十步,左右间隔为十步,队与队之间的前后距离和左右间隔各六十步。在险阻地形上作战的方法是:战车必须沿道路行进,十辆战车为一聚,二十辆战车为一屯,车与车之间前后相间二十步,左右间隔六步,队与队之间的前后距离和左右间隔各为三十六步。五辆战车设一长,活动范围前后左右各二里,战车撤出战斗后仍由原路返回。骑兵应配备军官的数量是:五名骑兵设一长,十名骑兵设一吏,百名骑兵设一率,二百名骑兵设一将。在平坦地形作战的方法是:五名骑兵为一列,前后相距为二十步,左右间隔为四步,队与队之间的前后距离和左右间隔各为五十步。在险阻地形上作战的方法是:前后相距为十步,左右间隔为二步,队与队之间的前后距离和左右间隔各为二十五步。三十名骑兵为一屯,六十名骑兵为一辈。每十名骑兵设一吏,活动范围前后左右各百步,撤出战斗后各自返回原来的位置。”

武王说:“讲得真好!”

武车士第五十六

武王问太公曰:“选车士[1]奈何?”

太公曰:“选车士之法:取年四十已下,长七尺五寸已上,走能逐奔马,及驰而乘之,前后、左右、上下周旋[2],能缚束[3]旌旗;力能彀[4]八石弩[5],射前后左右,皆便习者,名曰武车之士,不可不厚也。”

【注释】

[1]车士:乘车战斗的武士。

[2]周旋:应战的意思。

[3]缚束:捆绑。此处引申为擎举旌旗。

[4]彀:张满弓弩。

[5]八石弩:拉力为九百六十斤的强弩。石,古代计量单位,古时一百二十斤为一石。

【译文】

武王问太公说:“选拔车上武士的方法应该怎样?”

太公答道:“选拔车上武士的标准是:取其年龄在四十岁以下,身高七尺五寸以上;奔跑能追得上飞驰的马,能在奔驰中跳上战车,并能在战车上前后、左右、上下各方应战自如;能够执掌旌旗;力大能拉满八石弓弩,并能向前后、左右熟练地射箭的人。这种人称为武车士,给他们的待遇不可不优厚。”

武骑士第五十七

武王问太公曰:“选骑士[1]奈何?”

太公曰:“选骑士之法:取年四十已下,长七尺五寸已上,壮健捷疾,超绝伦等[2],能驰骑彀射,前后左右,周旋进退,越沟堑,登丘陵,冒险阻,绝大泽[3],驰[4]强敌,乱大众者,名曰武骑之士,不可不厚也。”

【注释】

[1]骑士:骑马作战的武士。

[2]超绝伦等:身怀特异才能,本领远远超过同辈。

[3]泽:聚水的洼地,如湖泽、沼泽等。

[4]驰:追逐、追赶。

【译文】

武王问太公说:“选拔骑士的方法应该怎样?”

太公回答说:“选拔骑士的标准是:取其年龄在四十岁以下,身高在七尺五寸以上,身强力壮,行动敏捷超过常人,会骑马疾驰并能在马上挽弓射箭,能前后、左右各方应战自如,进退娴熟,能策马逾越沟堑,攀登丘陵,冲过险阻,横渡大泽,追逐强敌,打乱敌人的人。这种人称为武骑士,给予他们的待遇不可不优厚。”

战车第五十八

武王问太公曰:“战车奈何?”

太公曰:“步贵知变动,车贵知地形,骑贵知别径奇道[1],三军同名而异用也。凡车之死地[2]有十,其胜地有八。”

武王曰:“十死之地奈何?”

太公曰:“往而无以还者,车之死地也。越绝险阻,乘敌远行[3]者,车之竭地[4]也。前易后险者,车之困地也。陷之险阻而难出者,车之绝地也。圮下渐泽[5]、黑土黏埴[6]者,车之劳地也。左险右易,上陵仰阪[7]者,车之逆地也。殷[8]草横亩,犯历深泽者,车之拂[9]地也。车少地易,与步不敌者,车之败地也。后有沟渎,左有深水,右有峻阪者,车之坏地也。日夜霖雨,旬日不止,道路溃陷,前不能进,后不能解者,车之陷地也。此十者,车之死地也。故拙将之所以见擒,明将之所以能避也。”

武王曰:“八胜之地奈何?”

太公曰:“敌之前后,行陈未定,即陷之。旌旗扰乱,人马数动,即陷之。士卒或前或后,或左或右,即陷之。陈不坚固,士卒前后相顾,即陷之。前往而疑,后恐而怯,即陷之。三军卒惊,皆薄而起[10],即陷之。战于易地,暮不能解,即陷之。远行而暮舍,三军恐惧,即陷之。此八者,车之胜地也。将明于十害、八胜,敌虽围周[11],千乘万骑,前驱旁驰,万战必胜。”

武王曰:“善哉!”

【注释】

[1]别径奇道：幽僻的小径和奇险的道路。

[2]地：地形、处境。本节中“十死之地”“八胜之地”都提及“地”字，但两处“地”字含义有异。“十死之地”的“地”主要指地形，“八胜之地”的“地”主要指情况（处境）。

[3]乘敌远行：远距离追击敌人。

[4]竭地：指会导致力量耗尽的境地。

[5]圮下渐泽：毁塌积水的意思。圮，毁坏；下，低下；渐，浸水；泽，洼沼。

[6]黏埴：泥泞的黏土。

[7]仰阪：迎着山坡。

[8]殷：茂盛貌。

[9]拂：违背，这里引申为不利的地形条件。

[10]薄而起：意谓惊骇而起，乱成一团。

[11]围周：指四面重重包围。

【译文】

武王问太公说：“战车的作战方法怎么样？”

太公回答说：“步兵作战，贵在掌握情况变化；战车作战，贵在熟悉地形条件；骑兵作战，贵在熟悉岔路捷径。战车、步兵、骑兵同是作战部队，但是用法不同。战车作战有十种死地，也有八种有利的情况。”

武王问：“十死之地是什么？”

太公说：“只可以前进，而不能退回的，这是战车的死地。逾越险阻，长途跋涉追逐敌人的，这是战车的竭地。前面平坦易行，后面险阻不通的，这是战车的困地。陷入险阻而难以出来的，这是战车的绝地。坍塌积水、泥泞湿滑地带，这是战车的劳地。左面险阻，右面平坦，前驰时又需要爬坡的，这是战车的逆地。茂草遍地，还要渡过深水大泽的，这是战车的拂地。战车数量稀少，地形平坦，战车又不能同步兵很好配合的，这是战车的败地。后面有沟渠，左面有深水，右面有高坡的，这是战车的坏地。昼夜连降大雨，多日不停，道路被毁坏，前不能进，后不能退的，这是战车的陷地。这十种地形环境都是战车的死地。愚将之所以被擒杀，是因为不了解十种死地的危害；聪明的将帅之所以成功，是因为能避开这类死地。”

武王又问：“八种有利的情况又是什么？”

太公答道：“敌人前后行阵尚未稳定，这时动用战车就能乘机攻破他们。敌人旗帜紊乱，人马不断调动，这时动用战车就能乘机攻破他们。敌军士卒有的向前，有的退后，有的往左，有的朝右，这时动用战车就能乘机打败他们。敌军阵势不稳固，其士卒前后互相观望，这时动用战车就能乘机攻破他们。敌人前进时犹豫不决，后退时害怕惊恐，这时动用战车就能打败他们。敌人全军突然惊乱，挤成一团乱撞乱碰，这时动用战车就能乘机攻破他们。敌人与我军交战于平地，战至日暮还不能撤出战斗，这时动用战车就能乘机攻破他们。敌人长途行军，直到天黑才宿营，三军上下恐惧不安，这时动用战车就能乘机攻破他们。这八种情况，都是对战车作战有利的情况。将帅如果了解了战车作战十种弊端和八种有利情况，那么即使敌人把我重重包围，并用千乘万骑向我正面进攻、两侧突击，我们也能够从容应付，每战必胜。”

武王说：“说得太好了！”

战骑第五十九

武王问太公曰：“战骑奈何？”

太公曰：“骑有‘十胜’‘九败’[1]。”

武王曰：“‘十胜’奈何？”

太公曰："敌人始至，行陈未定，前后不属，陷其前骑，击其左右，敌人必走。敌人行陈整齐坚固，士卒欲斗，吾骑翼而勿去，或驰而往，或驰而来，其疾如风，其暴如雷，白昼而昏，数更旌旗，变易衣服，其军可克。敌人行陈不固，士卒不斗，薄其前后，猎[2]其左右，翼而击之，敌人必惧。敌人暮欲归舍，三军恐骇，翼其两旁，疾击其后，薄其垒口[3]，无使得入，敌人必败。敌人无险阻保固，深入长驱，绝其粮路，敌人必饥。地平而易，四面见敌，车骑陷之，敌人必乱。敌人奔走，士卒散乱，或翼其两旁，或掩其前后，其将可擒。敌人暮返，其兵甚众，其行陈必乱，令我骑十而为队[4]，百而为屯；车五而为聚，十而为群，多设旌旗，杂以强弩，或击其两旁，或绝其前后，敌将可虏。此骑之'十胜'也。"

武王曰："'九败'奈何？"

太公曰："凡以骑陷敌，而不能破陈，敌人佯走，以车骑返击我后，此骑之败地也。追北逾险，长驱不止，敌人伏我两旁，又绝我后，此骑之围地也。往而无以返，入而无以出，是谓陷于'天井'，顿于'地穴'[5]，此骑之死地也。所从入者隘，所从出者远，彼弱可以击我强，彼寡可以击我众，此骑之没地也。大涧深谷，翳薉林木，此骑之竭地也。左右有水，前有大阜，后有高山，三军战于两水之间，敌居表里[6]，此骑之艰地[7]也。敌人绝我粮道，往而无以返，此骑之困地也。污下沮泽[8]，进退渐洳[9]，此骑之患地[10]也。左有深沟，右有坑阜[11]，高下如平地，进退诱敌，此骑之陷地[12]也。此九者，骑之死地也。明将之所以远避，暗将之所以陷败也。"

【注释】

[1]十胜：十种制胜的战机。原文只有八胜，疑有脱简。九败：九种致败的地形。

[2]猎:此处指袭击。

[3]垒口:营垒的入口。

[4]队:与下文的“屯”“聚”“群”均为古代骑兵和战车部队的战斗编组。

[5]地穴:地之下陷者为地穴。

[6]表里:指内外有利的地形。

[7]艰地:行动艰难的地形。

[8]沮泽:水草所聚的地方。

[9]渐洳:低湿泥泞的地形。

[10]患地:灾难性的地形。

[11]坑阜:喻地形高低凹凸不平。坑,凹陷地;阜,土山。

[12]陷地:一经陷入即难以摆脱的地形。

【译文】

武王问太公说:“骑兵作战的方法应该怎样?”

太公回答说:“骑兵作战有‘十胜’和‘九败’。”

武王问:“‘十胜’是怎么回事?”

太公说:“敌人刚到,行列阵势还没有稳定,前后部队不相衔接,这时用骑兵攻破敌人先头骑兵部队,迂回夹击其两翼,敌人就必然溃逃。敌人行列整齐,阵势坚固,士卒急于求战,这时我军骑兵应夹击敌人两翼并且要死死缠住不放,一会儿奔驰过去,一会儿奔驰回来,迅捷有如飓风,凶猛有如雷霆,从白天一直打到黄昏,并多次更换旗帜,改穿衣服,[使敌疑惑惊恐,]这样敌军就可以被打败。敌军行列阵势不坚固,士卒缺乏斗志,这时用骑兵进逼敌人的正面和后方,突袭其左右两翼进行打击,敌人必定会震骇惊恐。敌人日暮想要返回营舍,三军心存恐怖,这时动用骑兵夹击其两翼,并迅速袭击敌人的断后部队,迫近其营垒的入口,不让其进入营垒,这样敌人就一定会失败。敌人没有险阻地形可用来固守,这时动用骑兵深入长驱,截断敌军粮道,敌人就一定会陷于饥饿的境地。敌军处于平坦地形,四面都容易遭到攻击,这时我用战车和骑兵协同打击敌人,敌人必定全线溃乱。敌人败退奔逃，士卒零乱分散，这时用骑兵一边夹击敌军两翼，一边穿插分割敌军前后，敌军将帅就可以被擒获。敌军日暮返回营垒，部队人数很多，队形一定非常混乱，这时就让我骑兵十人编为一队、百人编为一屯，战车五辆编为一聚、十辆编为一群，多多插竖旗帜，并配备一定数量的强弩，或者突击其两翼，或者断绝其前后，这样，敌人的将领就可以被俘虏。以上这些，就是骑兵作战十种取胜的战机。”

武王又问：“所谓‘九败’又是怎么回事？”

太公说：“凡是用骑兵攻击敌人而不能攻破敌阵，敌人假装逃跑，而用战车和骑兵攻打我后方，这就是骑兵作战上的‘败地’。追击败逃之敌，翻越险阻狭隘之地，长驱深入而不停止，敌人埋伏于我左右两旁，又断绝我的退路，这就是骑兵作战的‘围地’。只可前往而不能退回，只可进入而无法出来，这叫作陷于‘天井’之内，困在‘地穴’之中，这就是骑兵作战上的‘死地’。进军的道路狭隘，退归的道路迂远，敌军可以以弱击强、以少击多的地区，这就是骑兵作战上的‘没地’。大涧深谷，林木茂盛，这种地域就是骑兵作战上的‘竭地’。左右两边都有水泽，前面有大山，后面有高岭，三军在两水之间同敌人交战，敌人又控制了内外有利地形，这就是骑兵作战上的‘艰地’。敌人截断我方粮道，我军只能前进而不能退回的，这就是骑兵作战上的‘困地’。低洼泥泞，沼泽遍布，进退困难重重的，这就是骑兵作战上的‘患地’。左有深沟，右有坎坷，高低不平，看上去却像是平地，无论进退都会招致敌人袭击的，这就是骑兵作战上的‘陷地’。以上这九种情况都是骑兵作战上的不利条件。这是明智的将帅所要竭力避开的困厄，也是愚庸的将帅之所以陷于失败的原因。”

战步第六十

武王问太公曰：“步兵车骑战奈何？”

太公曰："步兵与车骑战者，必依丘陵、险阻，长兵、强弩居前，短兵、弱弩居后，更发更止。敌之车骑，虽众而至，坚陈疾战，材士强弩，以备我后。"

武王曰："吾无丘陵，又无险阻，敌人之至，既众且武，车骑翼我两旁，猎我前后，吾三军恐怖，乱败而走，为之奈何？"

太公曰："令我士卒为行马、木蒺藜，置牛马队伍，为四武冲阵。望敌车骑将来，均置蒺藜，掘地匝后[1]，广深五尺，名曰'命笼'[2]。人操行马进退，阑车以为垒，推而前后，立而为屯[3]，材士强弩，备我左右。然后令我三军，皆疾战而不解[4]。"

武王曰："善哉！"

【注释】

[1]掘地匝后：指四周开掘壕沟。

[2]命笼：指沟堑、障碍物等构筑而成的环形防御枢纽。

[3]屯：军屯、营寨。

[4]解：通"懈"，松懈、懈怠。

【译文】

武王问太公说："步兵与战车、骑兵作战的方法应该怎样？"

太公回答说："步兵与敌人的战车、骑兵作战，必须依托丘陵、险阻等地形列阵，把长兵器和强弩配置在前面，把短兵器和弱弩配置在后面，轮流作战，更番休整。敌人的战车、骑兵即便是大批到达，我军也要坚守阵地，努力作战，并动用材士强弩戒备守御后方。"

武王又问："我军既无丘陵又没有险阻可以依托，敌军到达的兵力既众多又强大，敌人战车、骑兵夹击我军两翼，突袭我军前后，而我全军上下恐怖震骇，溃败逃跑，这该怎么办？"

太公回答说："命令我军士卒制作行马和木蒺藜，把牛、马集中在一起统一使用，步兵列成‘四武冲阵’。望见敌军战车、骑兵将要来袭，就广泛布设蒺藜，并在周围挖掘环形的壕沟，宽和深各为五尺，这叫作‘命笼’。步兵带着行马进退，并把车辆连接起来，组成临时性的营垒，推动它时即可前后移动，停止下来即可成为营寨。另以材士强弩戒备左右两翼，然后号令我全军上下勇猛战斗，不得有丝毫的松懈。”

武王说：“说得真好啊！”

黄石公三略

旧题[汉]黄石公　撰

宫玉振　注译

《黄石公三略》,又名《三略》。旧题黄石公(又称下邳神人、圯上老人)撰,而文义不古,实系伪托。《汉书·艺文志》无《三略》一书著录。《后汉书·臧宫传》所载光武帝诏中引《黄石公记》之文,与今本《三略》大致相同。这说明《三略》原名《黄石公记》,当成书于西汉中、晚期,作者已不可考。《三略》之名始见于东汉末建安年间陈琳所著《武军赋》。三国魏明帝时,李康《运命论》中有"张良受黄石之符,诵《三略》之说"的话。《魏书》载,刘昞曾注《黄石公三略》。《隋书·经籍志》始著录《黄石公三略》三卷,题下邳神人撰。唐初魏徵曾将《三略》部分内容收入《群书治要》。宋元丰年间《三略》被列入《武经七书》。

《三略》共分《上略》《中略》《下略》三卷。其中"《上略》设礼赏,别奸雄,著成败;《中略》差德行,审权变;《下略》陈道德,察安危,明贼贤之咎"。全书以道家哲学为骨干,杂采儒家、法家、阴阳家等学派的思想,带有明显的黄老学派色彩。其主要军事思想为:

第一,以义兵必胜为核心的战争观。《三略》认为,兵为不祥之器,"圣王"不得已而用之。"圣王"之用兵,目的是"诛暴讨乱","以义诛不义"。而"以义诛不义,若决江河而溉爝火,临不测而挤欲堕,其克必矣"。

第二,以将为国命、为核心的将帅观。《三略》认为,"统军持势者,将也","将能制胜,则国家安定"。将帅必须做到"十二能""八患""四戒",并具有清醒的政治头脑和历史意识。"廊庙之语，兴衰之事”，皆“将所宜闻”。

第三，以刚柔兼济为核心的军事辩证法思想。《三略》认为，“能柔能刚，其国弥光；能弱能强，其国弥彰。纯柔纯弱，其国必削；纯刚纯强，其国必亡”。因而刚、柔、强、弱四者，应当“柔有所设，刚有所施，弱有所用，强有所加。兼此四者，而制其宜”。它注意到了对立面之间的联系与统一，在一定程度上避免了片面性。

本次注译，以《续古逸丛书》影宋本《黄石公三略》为底本，参校了宋代施子美《施氏七书讲义·三略讲义》（以下简称《讲义》）、明代刘寅《武经七书直解·三略直解》（以下简称《直解》）、清代朱墉《武经七书汇解·三略汇解》（以下简称《汇解》）。

卷上

上略

夫主[1]将之法，务揽英雄之心，赏禄有功，通志与众。故与众同好靡不成，与众同恶靡不倾。治国安家，得人也。亡国破家，失人也。含气之类[2]，咸愿得其志。

《军谶》[3]曰：柔能制刚，弱能制强。柔者德也，刚者贼也。弱者人之所助，强者怨之所攻。柔有所设，刚有所施，弱有所用，强有所加。兼此四者，而制其宜。

端末未见，人莫能知。天地神明，与物推移。变动无常，因敌转化。不为事先，动而辄随。故能图制无疆，扶成天威，匡定八极，密[4]定九夷[5]。如此谋者，为帝王师。

故曰：莫不贪强，鲜能守微。若能守微，乃保其生。圣人存之，动应事机。舒之弥四海，卷之不盈怀。居之不以室宅，守之不以城郭。藏之胸臆，而敌国服。

《军谶》曰：能柔能刚，其国弥光；能弱能强，其国弥彰。纯柔纯弱，其国必削；纯刚纯强，其国必亡。

夫为国之道，恃贤与民。信贤如腹心，使民如四肢，则策无遗。所适如肢体相随，骨节相救，天道自然，其巧无间。

军国之要，察众心，施百务。危者安之，惧者欢之，叛者还之，冤者原[6]之，诉者察之，卑者贵之，强者抑之，敌者残之，贪者丰之，欲者使之，畏者隐之，谋者近之，谗者覆之，毁者复之，反者废之，横者挫之，满者损之，归者招之，服者居之，降者脱之。获固守之，获阨塞之，获难屯之，获城割之，获地裂之，获财散之。敌动伺之，敌近备之，敌强下之，敌佚去之，敌陵待之，敌暴绥之，敌悖义之，敌睦携[7]之。顺举挫之，因势破之，放言过之[8]，四网罗之。得而勿有，居而勿守，拔而勿久，立而勿取。为者则己，有者则士，焉知利之所在。彼为诸侯，己为天子。使城自保，令士自取。

世能祖祖[9]，鲜能下下。祖祖为亲，下下为君。下下者，务耕桑不夺其时，薄赋敛不匮其财，罕徭役不使其劳，则国富而家娭[10]，然后选士以司牧之。夫所谓士者，英雄也。故曰：罗其英雄，则敌国穷。英雄者，国之干；庶民者，国之本。得其干，收其本，则政行而无怨。

夫用兵之要，在崇礼而重禄。礼崇则智士至，禄重则义士轻死。故禄贤不爱财，赏功不逾时，则下力并而敌国削。夫用人之道，尊以爵，赡以财，则士自来。接以礼，励以义，则士死之。

夫将帅者，必与士卒同滋味而共安危，敌乃可加。故兵有全胜，敌有全因。昔者良将之用兵，有馈箪醪者，使投诸河与士卒同流而饮。夫一箪之醪不能味一河之水，而三军之士思为致死者，以滋味之及己也。《军谶》曰：军井未达，将不言渴。军幕[11]未办，将不言倦。军灶未炊，将不言饥。冬不服裘，夏不操扇，雨不张盖[12]。是谓将礼。与之安，与之危，故其众可合而不可离，可用而不可废，以其恩素蓄、谋素和也。故曰：蓄恩不倦，以一取万。

《军谶》曰：将之所以为威者，号令也。战之所以全胜者，军政也。士之所以轻战者，用命也。故将无还令，赏罚必信。如天如地，乃可御人。士卒用命，乃可越境。

夫统军持势者,将也。制胜破敌者,众也。故乱将不可使保军,乖众不可使伐人。攻城则不拔,图邑则不废,二者无功,则士力疲弊。士力疲弊,则将孤众悖,以守则不固,以战则奔北,是谓老兵[13]。兵老则将威不行,将无威则士卒轻刑,士卒轻刑则军失伍,军失伍则士卒逃亡,士卒逃亡则敌乘利,敌乘利则军必丧。

《军谶》曰:良将之统军也,恕己而治人。推惠使恩,士力日新。战如风发,攻如河决。故其众可望而不可当,可下而不可胜。以身先人,故其兵为天下雄。

《军谶》曰:军以赏为表,以罚为里。赏罚明,则将威行。官人[14]得,则士卒服。所任贤,则敌国震。《军谶》曰:贤者所适,其前无敌。故士可下而不可骄,将可乐而不可忧,谋可深而不可疑。士骄则下不顺,将忧则内外不相信,谋疑则敌国奋。以此攻伐,则致乱。

夫将者,国之命也。将能制胜,则国家安定。《军谶》曰:将能清,能静,能平,能整,能受谏,能听讼,能纳人,能采言,能知国俗,能图[15]山川,能表[16]险难,能制军权。故曰:仁贤之智,圣明之虑,负薪之言,廊庙之语,兴衰之事,将所宜闻。

将者能思士如渴,则策从焉。夫将拒谏,则英雄散。策不从,则谋士叛。善恶同,则功臣倦。专己[17],则下归咎。自伐,则下少功。信谗,则众离心。贪财,则奸不禁。内顾,则士卒淫。将有一,则众不服。有二,则军无式[18]。有三,则下奔北。有四,则祸及国。

《军谶》曰:将谋欲密,士众欲一,攻敌欲疾。将谋密,则奸心闭。士众一,则军心结。攻敌疾,则备不及设。军有此三者,则计不夺。将谋泄,则军无势。外窥内,则祸不制。财入营,则众奸会。将有此三者,军必败。

将无虑,则谋士去。将无勇,则吏士恐。将妄动,则军不重。

将迁怒，则一军惧。《军谶》曰：虑也，勇也，将之所重；动也，怒也，将之所用。此四者，将之明诫也。

《军谶》曰：军无财，士不来。军无赏，士不往。《军谶》曰：香饵之下，必有悬鱼；重赏之下，必有死夫。故礼者，士之所归；赏者，士之所死。招其所归，示其所死，则所求者至。故礼而后悔者士不止，赏而后悔者士不使。礼赏不倦，则士争死。

《军谶》曰：兴师之国，务先隆恩。攻取之国，务先养民。以寡胜众者，恩也。以弱胜强者，民也。故良将之养士，不易于身。故能使三军如一心，则其胜可全。

《军谶》曰：用兵之要，必先察敌情。视其仓库，度其粮食，卜其强弱，察其天地，伺其空隙。故国无军旅之难而运粮者，虚也。民菜色者，穷也。千里馈粮，民有饥色，樵苏[19]后爨[20]，师不宿饱。夫运粮千里，无一年之食；二千里，无二年之食；三千里，无三年之食，是谓国虚。国虚则民贫，民贫则上下不亲。敌攻其外，民盗其内，是谓必溃。

《军谶》曰：上行虐则下急刻。赋敛重数[21]，刑罚无极，民相残贼，是谓亡国。

《军谶》曰：内贪外廉，诈誉取名，窃公为恩，令上下昏，饰躬正颜，以获高官，是谓盗端。

《军谶》曰：群吏朋党，各进所亲，招举奸枉，抑挫仁贤，背公立私，同位相讪，是谓乱源。

《军谶》曰：强宗聚奸，无位而尊，威无不震。葛藟[22]相连，种德立恩，夺在位权，侵侮下民，国内哗喧，臣蔽不言，是谓乱根。

《军谶》曰：世世作奸，侵盗县官[23]，进退求便，委曲弄文，以危其君，是谓国奸。

《军谶》曰：吏多民寡，尊卑相若。强弱相虏，莫适禁御，延及君子，国受其咎。

《军谶》曰：善善不进，恶恶不退，贤者隐蔽，不肖在位，国受其害。

《军谶》曰：枝叶强大，比周[24]居势，卑贱陵贵，久而益大，上不忍废，国受其败。

《军谶》曰：佞臣在上，一军皆讼。引威自与，动违于众。无进无退，苟然取容。专任自己，举措伐功。诽谤盛德，诬述庸庸。无善无恶，皆与己同。稽留行事，命令不通。造作奇政，变古异常。君用佞人，必受祸殃。

《军谶》曰：奸雄相称，障蔽主明。毁誉并兴，壅塞主聪。各阿所私，令主失忠。

故主察异言，乃睹其萌。主聘儒贤，奸雄乃遁。主任旧齿[25]，万事乃理。主聘岩穴[26]，士乃得实。谋及负薪[27]，功乃可述。不失人心，德乃洋溢。

【注释】

[1]主：动词，驾驭。一说为名词，指君主，与“将”并列。

[2]含气之类：有生命的东西，此处专指人类。

[3]谶：音 chèn，预言、征兆。《军谶》是一部谈军中胜负先兆的兵书，已佚。

[4]密：通“宓”，安定。

[5]九夷：泛指周边少数民族。

[6]原：平反、纠正。

[7]携：离间。

[8]放言过之：散布假情报以造成敌人的过失。

[9]祖祖：前一“祖”为动词，以尊祖之礼祭祀祖先；后一“祖”为名词，指祖先。下文“下下”亦同。

[10]娭：音 xī，同“嬉”，欢乐。

[11]军幕：行军宿营用的帐篷。

[12]盖:雨伞。

[13]老兵:士气低落的军队。

[14]官人:以官职任人。

[15]图:图画,引申为掌握。

[16]表:标明,引申为了解。

[17]专己:一意孤行。

[18]式:法纪。

[19]苏:打草。

[20]爨:音 cuàn,烧饭。

[21]数:音 shuò,频繁。

[22]葛藟:皆为蔓生藤本植物。

[23]县官:指天子。

[24]比周:互相勾结。

[25]旧齿:故旧耆老之臣。

[26]岩穴:隐士。

[27]负薪:打柴之人,泛指平民百姓。

【译文】

统率将领的办法,是务必要争取英雄归心,把禄位赏赐给有功的人,使众人理解自己的志向。所以,与众人追求的目标相同,则这个目标没有不实现的;与众人憎恨的敌人相同,则这个敌人没有不被消灭的。国治家安,是因为得到了人心;国破家亡,是因为失去人心。因为所有的人,都愿意实现自己的志向。

《军谶》说:柔能制服刚,弱能制服强。柔是一种美德,刚是一种祸害。弱小者容易得到人们的同情和帮助,强大者易于受到人们的怨恨和攻击。有时候要用柔,有时候要用刚,有时候要示弱,有时候要示强。应该把这四者结合起来,根据情况的发展变化而运用得恰如其分。

事物的本末没有显示出来之前,一般人是难以认识其本质的。天地运行的玄妙规律,可以通过万物的变化表现出来。敌我双方的形势也是变化无常的,必须根据敌情的变化而制定不同的方略。在形势没有发展成熟之前不要贸然行事,一旦时机到来,便应立即采取相应的对策。这样,就可以百战百胜,辅佐君王取威定霸、一统天下、安定四方。这样谋划的人,便可以做帝王的老师了。

所以说,没有不贪强好胜的,却很少有人掌握刚柔强弱这个幽深精微的道理。如果能掌握这个道理,也就可以明哲保身了。圣人掌握了这个道理,他的行动总能抓住时机。这个幽深精微的道理,舒展开来足以遍布四海,收拢起来却不满一怀。无须用房舍去安置它,无须用城郭去守护它。只需要藏在心中,就可以使敌国屈服了。

《军谶》说:既能柔,又能刚,则国运光明;既能弱,又能强,则国势昌盛。单纯用柔用弱,则国势必然削弱;单纯用刚用强,则国家必然灭亡。

治理国家的原则,在于依赖贤士与民众。信任贤者如同自己的心腹,使用人民如同自己的手足,政令便不会有什么纰漏了。这样,行动起来便会像四肢与躯干一样协调,像各个关节一样互相照应,像天道运行一样顺乎自然,灵巧得没有一点造作痕迹。

统军治国的关键,在于体察众人的心理,采取相应的措施。处境危险的要使之安全,心存畏惧的要使之欢愉,离乡逃亡的要加以招还,含冤受屈的要予以昭雪,上告申诉的要调查清楚,地位卑贱的要加以提拔,恃强行暴的要加以抑制,与我为敌的要加以清除,贪图钱财的要厚给赏赐,自愿效力的要予以任用,怕人揭短的要替其隐讳,善于谋划的要与之亲近,爱进谗言的要弃之不用,诋毁之言要反复核实,反叛之人要坚决消灭,蛮横之人要挫其锋芒,骄傲自满的要警告之,愿意归顺的要招徕之,已被征服的要予以安置,战败投降的要给予宽大。占领了坚固的地方要注意守卫,占领了险隘的地方要加以阻塞,占领了难攻的地方要驻兵把守,占领了城邑要分赏有功之臣,占领了土地要分封出力之士,获得了财物要赏赐给众人。敌人行动要密切监视,敌人接近要严加防备,敌人强大要卑而骄之,敌人安逸要引而避之,敌人盛气凌人要静待其衰,敌人凶暴要暂时退却,敌人悖逆要伸张正义,敌人和睦要分化离间。顺应敌人的行动来挫败他们,利用敌人的情势来击破他们,散布假情报以造成敌人的过失,四面包围将其歼灭。胜利时不要将功劳归于自己,获得财物不要自己独占,攻打城池不要旷日持久,立其国之人为君而不要取而代之。决策出于自己,功劳归于将士,哪里知道这才是真正的大利啊！让别人做诸侯,由自己做天子。使他们各保城邑,让他们各自征收财赋。

世上的君主能以礼祭祀祖先,却很少能爱护自己的民众。尊敬祖先是亲亲之道,爱护民众才是为君之道。爱护民众的君主,重视农桑,不违农时,减轻赋税,民众不贫。于是国家富足,民众安乐,然后再选拔贤士去管理他们。所谓的贤士,就是人们所说的英雄。所以说,网罗了敌国的英雄,敌国就会陷入困窘的境地。英雄是国家的主干,民众是国家的根本。得到了主干,获取了根本,便能够政令畅通,民无怨言。

用兵的要义,在于注重礼节,厚给俸禄。注重礼节,智谋之士便会前来投奔;厚给俸禄,忠义之士便会视死如归。所以,给予贤士俸禄时不应吝惜财物,奖赏有功之臣时不应拖延时日。这样,部属便会同仇敌忾,削弱敌国。用人的原则,应是用封爵来尊崇他,用厚禄来赡养他,这样贤士就会自动来归。用礼节来接待他,用大义来激励他,贤士便会以死相报。

身为将帅,必须与士卒同甘苦,共死生,这样才可与敌交战,才会我军大获全胜,敌人全军覆没。以往良将用兵,有人送给他一坛美酒,他让人倒在河中,与士卒同流而饮。一坛酒不能使一河之水都有酒味,而三军将士都想以死相报,这是因为将帅与自己同甘共苦而感激奋发啊。《军谶》说:军井没有打好,将帅不说口渴。帐篷没有搭好,将帅不说疲劳。饭菜没有烧好,将帅不说饥饿。冬日不独自穿皮衣,夏日不独自用扇子,下雨不独自打雨伞。这就是所说的“将礼”。能与士卒同甘苦,共患难,军队便会万众一心,不可分离,南征北战,不觉疲劳。这是由于将帅平日里积蓄恩惠、上下一心的缘故。所以说:不断地施恩惠于士卒,便可以赢得千万人的拥护。

《军谶》说:将帅的威严源于号令,作战的胜利在于军政,士卒的敢战根于听命。因此,将帅要令出必行,赏罚必信,像天地时令那样不可更易。这样,将帅才能统御士卒。士卒服从命令,才可以出境作战。

统率军队、把握形势的是将领,夺取胜利、打败敌人的是士卒。所以,治军无方的将领不能用来统率三军，离心离德的士卒不能用来攻伐敌国。这样的军队，攻打城池难以拔取，图谋市镇难以占领。两件事都做不到，反而会使军力疲惫不堪。军力疲惫不堪，就会使将领更加孤立，士卒更加抗命。这样的军队，用来守卫则阵地必不稳固，用来作战则士卒必然溃逃。这就叫作“师老兵疲”。师老兵疲，将领就没有威信。将领没有威信，士卒就不怕刑罚。士卒不怕刑罚，军队就必然混乱。军队混乱，士卒就必然逃亡。士卒逃亡，敌人就必然乘机进攻。敌人进攻，军队就必然大败。

《军谶》说：良将统率军队，以恕己之道治理部下。广施恩惠，军队的战斗力就会日新月异，交战时就像狂风骤起一样迅疾，进攻时就像河流决堤一样猛烈。敌人只能眼睁睁地看着这样的军队攻上来，却根本无力抵挡。敌人只能俯首向我投降，却没有任何取胜的希望。将领能身先士卒，他的军队便可以称雄天下了。

《军谶》说：治军应当以奖赏为表，以惩罚为里。赏罚分明，将领的威信才能树立起来。选官用人得当，士卒才会心悦诚服。重用德才兼备的人，敌国就会惧怕。《军谶》说：贤士归附的国家，一定会所向无敌。所以，对待贤士要谦恭而不可简慢，对待将帅要令其心情愉快而不可使之有隐忧，对于谋略要深思熟虑而不可犹豫不决。对士简慢，下属就不会悦服；将有隐忧，君主与将领之间便互不信任；谋略犹豫，敌国就会乘机得势。这样去打仗，必然招致祸乱。

将帅是国家命运的掌握者。将帅能率军战胜敌人，国家才会安定。《军谶》说：将帅应能清廉，能沉静，能公平，能严肃，能接受劝谏，能明断是非，能容纳人才，能博采众议，能知各国风俗，能通山川形势，能明险关要隘，能把握三军的形势。所以说，举凡贤臣的睿智，君主的远虑，民众的议论，官员的意见，以及天下兴衰的往事，都是将帅所应当了解的。

将帅能思贤如渴，有谋略的人就会聚集在他周围。将帅不听下属的意见，杰出的人才就会散去。不采纳谋士的良策，谋士就会叛离。善恶不分，功臣就会灰心。一意孤行，下属就会归咎于上。自我炫耀，下属就不愿多建战功。听信谗言，军队就会离心离德。贪图钱财，坏的东西就无法禁止。贪恋女色，士卒就会淫乱无度。将帅如有上面的一条，士卒就不会心悦诚服。有了两条，军队就没了法纪。有了三条，全军就会溃败。有了四条，就会给国家带来灾祸。

《军谶》说：将帅的谋划要秘密，士卒的意志要统一，攻击的行动要迅速。将帅的谋划秘密，奸细便无机可乘。士卒意志统一，军心便团结不离。攻击行动迅速，敌军便来不及防备。做到了这三条，军队的行动计划便不会失败了。将帅谋划泄露，军队的有利态势便失去了。奸细窥得内情，军队的祸患便无法制止了。不义的财物进入军营，各种坏事便一齐发生了。将帅有了这三条，军队一定会溃败。

将帅谋浅虑短，谋士就会离去。将帅怯懦无勇，官兵就会惶恐。将帅轻举妄动，军心便不稳定。将帅迁怒于人，上下就会畏惧。《军谶》说：谋深虑远，坚定勇敢，是将帅高贵的品德；适时而动，当怒而怒，是将帅用兵的艺术。这四项，都是将帅要经常提醒自己的。

《军谶》说：军中没有资财，士就不来归附。军中没有奖赏，士就不勇往直前。《军谶》说：在香美鱼饵的引诱下，必定有上钩之鱼；在厚重赏赐的引诱之下，必定有敢死之士。所以，使士倾心归附的是礼，使士乐于效死的是赏。以礼来招徕重视礼节者，以赏来吸引追求赏赐者，那么所需要的人才就会来到。所以，先以礼相待，后来又反悔的，士就不会留在营中；先以赏示人，后来又后悔的，士就不会为之效命。只有礼、赏始终如一，士才会争着为其赴死。

《军谶》说：要进行战争，务必事先厚施恩惠。要进攻别国，务必事先与民休息。能以少胜多，是厚施恩惠的结果。能以弱胜强，是得到民众拥护与支持的结果。所以，优秀的将帅像对待自己一样对待士卒，这样就能全军上下万众一心，在战争中百战百胜。

《军谶》说：用兵的关键，在于首先查明敌情。了解其库存的实虚，估计其粮食的多少，判断其兵力的强弱，调查其天候与地形情况，寻找其薄弱环节。所以，国家没有战事而运送粮食的，说明其国势空虚。百姓面黄肌瘦的，说明其民众贫穷。从千里之外运粮，百姓就会饥饿。临时砍柴做饭，军队便无隔宿之粮。千里之外运粮，说明国家缺一年之粮；二千里之外运粮，说明国家缺两年之粮；三千里之外运粮，说明国家缺三年之粮。这正是国势空虚的表现。国势空虚，百姓就会贫穷。百姓贫穷，上下就不会亲睦。敌人从外面进攻，百姓在内部生变，国家就必然崩溃。

《军谶》说：君主暴虐无道，官吏便会苛刻诛求、横征暴敛、滥用酷刑，老百姓便会起来反抗，这就是人们所说的亡国之兆。

《军谶》说：内心贪婪而外表廉洁，以欺骗的手段猎取好的名声，盗用朝廷的爵禄以行私惠，使上上下下都认不清真相，伪为谦恭而外示正直，以此骗取高官，这就是人们所说的窃国之始。

《军谶》说：官吏结党营私，各自引进亲信，网罗奸邪之徒，压制仁人贤士，背弃公道，谋取私利，同僚之间攻讦不已，这就是人们所说的大乱之源。

《军谶》说：强宗大族，相聚为奸，虽然没有国家授予的官职，却十分显赫，威风所至，无人不惧，彼此勾结，如同葛藤盘根错节一样，私布小恩小惠，侵夺朝廷大权，欺压穷苦百姓，国内怨声载道，骚动不安，群臣却隐蔽实情不敢直言，这就是人们所说的大乱之根。

《军谶》说：世世代代，为奸作恶，侵蚀天子的权威，一举一动皆为自己谋取私利，歪曲文法，连高高在上的君主都受到了威胁，这就是人们所说的国之奸贼。

《军谶》说：官多民少，尊卑不分，以强凌弱，无力禁止，连君子也受到牵连，这样，国家必定要蒙受其难。

《军谶》说：喜爱好人而不任用，厌恶坏人而不贬斥，有才有德的人被迫隐退，品行恶劣的人却当权执政，这样国家必定要蒙受其害。

《军谶》说：宗室势力强大，互相勾结，窃居要位，欺下犯上，时间久了，势力将越来越大，而君主又不忍心铲除，这样国家必定要遭到败坏。

《军谶》说：奸佞之徒当权，全军上下都会愤愤不平。他们倚仗权势，炫耀自己，一举一动，辄违众意。他们进退毫无原则，只知附和、讨好君主。他们刚愎自用，夸功自傲。他们诽谤有德之士，诬陷有功之臣。他们没有善恶标准，只求符合自己的心意。他们积压政务，使上令不能下达。他们造作苛政，变乱古制，更易常法。君主好用这种奸佞，必定会遭受祸害。

《军谶》说：奸雄互相标榜，蒙蔽君主的眼睛，使其是非不分。诽谤与吹捧同时兴起，堵塞君主的耳朵，使其善恶难辨。各自庇护自己的亲信，使君主失去忠臣。

因此，君主能明察诡异之言，才能看出祸乱的萌芽。君主聘用儒士贤才，奸雄便会远遁。君主重用故旧耆老之臣，政事才能井井有条。君主征召山林隐士，才能得到有真才实学的贤士。君主谋事能倾听黎民百姓的意见，才能建立可以书诸竹帛的功业。君主不失去民心，他的德泽便可以洋溢天下。

卷中

中　略

夫三皇无言,而化流四海,故天下无所归功。帝者,体天则地,有言有令,而天下太平。君臣让功,四海化行,百姓不知其所以然。故使臣不待礼赏有功,美而无害。王者,制人以道,降心服志,设矩备衰[1],四海会同[2],王职[3]不废。虽有甲兵之备,而无斗战之患。君无疑于臣,臣无疑于主,国定主安,臣以义退[4],亦能美而无害。霸者,制士以权,结士以信,使士以赏。信衰则士疏,赏亏则士不用命。

《军势》[5]曰:出军行师,将在自专。进退内御,则功难成。

《军势》曰:使智,使勇,使贪,使愚。智者乐立其功,勇者好行其志,贪者邀[6]趋其利,愚者不顾其死。因其至情而用之,此军之微权[7]也。

《军势》曰:无[8]使辩士谈说敌美,为其惑众。无使仁者主财,为其多施而附于下。

《军势》曰:禁巫祝,不得为吏士卜问军之吉凶。

《军势》曰:使义士不以财。故义者不为不仁者死,智者不为暗主谋。

主不可以无德,无德则臣叛;不可以无威,无威则失权。臣不可以无德,无德则无以事君;不可以无威,无威则国弱,威多则身蹶。

故圣王御世，观盛衰，度得失，而为之制。故诸侯二师，方伯三师，天子六师。世乱则叛逆生，王泽竭则盟誓相诛伐。德同势敌，无以相倾，乃揽英雄之心，与众同好恶，然后加之以权变；故非计策无以决嫌定疑，非谲奇[9]无以破奸息寇，非阴谋[10]无以成功。

圣人体天，贤者法地，智者师古。是故《三略》为衰世作。《上略》设礼赏，别奸雄，著成败；《中略》差[11]德行，审权变；《下略》陈道德，察安危，明贼贤之咎。故人主深晓《上略》，则能任贤擒敌；深晓《中略》，则能御将统众；深晓《下略》，则能明盛衰之源，审治国之纪。人臣深晓《中略》，则能全功保身。

夫高鸟死，良弓藏；敌国灭，谋臣亡。亡者，非丧其身也，谓夺其威，废其权也。封之于朝，极人臣之位，以显其功。中州善国[12]，以富其家。美色珍玩，以说[13]其心。

夫人众一合而不可卒[14]离，威权一与而不可卒移。还师罢军，存亡之阶。故弱之以位，夺之以国。是谓霸者之略。故霸者之作，其论驳[15]也。存社稷、罗英雄者，《中略》之势也，故世主秘焉。

【注释】

[1]设矩备衰：制定各种法规以防衰败。矩，法度、规矩。

[2]会同：古代诸侯以事朝见帝王曰会，众见曰同。泛指朝会。

[3]职：常。《尔雅·释诂》："典、彝、法、则、刑、范、矩、庸、恒、律、戛、职、秩，常也。"

[4]臣以义退：《汇解》引《直解》："成功知止，致仕而退也。"

[5]《军势》：古代兵书，已佚。

[6]邀：希求。

[7]微权：微妙的权术。

[8]无:通“勿”。

[9]谲奇:谲,音 jué,欺诈、诡诈;奇,出奇。

[10]阴谋:秘密地谋划。

[11]差:音 cī,区别等级。

[12]中州善国:中州,指中原地区;善国,好的封国。

[13]说:同“悦”。

[14]卒:音 cù,突然。

[15]驳:杂而不纯。

【译文】

三皇不需要任何言论,教化便流布四海,所以天下的人不知道该归功于谁。五帝效法天地运行,增设言教,制定政令,天下因此太平。君臣之间互相推让功劳,四海之内,教化顺利实现,黎民百姓却不知其中的原因。所以,使用臣属不需要依靠礼法和奖赏,就能做到君臣和美无间。三王用道德治理民众,使民众心悦诚服。三王制定法规,以防衰败,天下诸侯按时朝觐,天子的法度实行不废。虽然有了军备,但并没有战争的祸患。君主不怀疑臣属,臣属也不怀疑君主。国家稳定,君位巩固。大臣适时功成身退,君臣之间也能和睦相处而无猜疑。五霸用权术统御士,以信任结交士,靠奖赏使用士。失去信任,士就会疏远了。缺少奖赏,士便不会用命了。

《军势》说:出兵作战,重在将帅有专断指挥之权。军队的进退如果都受君主控制,是很难打胜仗的。

《军势》说:对智者、勇者、贪者、愚者的使用方法各有不同。有智谋的人喜欢建功立业,勇敢的人喜欢实现自己的志向,贪财的人追求利禄,愚鲁的人不惜性命。根据他们各自的特点来使用他们,这就是用人的微妙权术。

《军势》说:不要让能说会道的人谈论敌人的长处,因为这样会惑乱人心。不要用仁厚的人管理财务,因为他会曲从于下属的要求而浪费钱财。

《军势》说:军中要禁绝巫祝,不准他们为将士们预测吉凶。

《军势》说:使用侠义之士不能靠钱财。所以,义士是不会替不仁不义的人去卖命的，明智的人是不会替昏聩的君主出谋划策的。

君主不能没有道德，没有道德大臣就会背叛；君主不能没有威势，没有威势就会丧失权力。大臣不能没有道德，没有道德就无法辅佐君主；大臣也不能没有威势，没有威势国家就会衰弱；但是大臣威势过了头则会害了自己。

所以，圣明的君王治理天下，观察世道的盛衰，衡量人事的得失，然后制定典章制度。所以，诸侯辖二军，方伯辖三军，天子辖六军。世道乱了，叛逆便产生了。天子的德泽枯竭了，诸侯之间的结盟立誓、互相攻伐也就出现了。诸侯之间，势均力敌，谁也没有办法战胜对手，于是便争相延揽英雄豪杰，与之同好同恶，然后再运用权术。所以，不运筹谋划，是没有办法决嫌定疑的；不诡诈出奇，是没有办法破奸平寇的；不秘密谋划，是没有办法取得成功的。

圣人能够体察天之道，贤人能够取法地之理，智者能够以古为师。所以，《三略》一书是为衰世而作的。《上略》设置礼赏，辨识奸雄，揭示成败之理；《中略》区分德行，明察权变；《下略》陈述道德，考察安危，说明残害贤人的罪过。所以，君主深通《上略》，就可以任用贤士、制服敌人了；君主深通《中略》，便可以驾驭将帅、统领兵众了；君主深通《下略》，就可以明辨兴衰的根源、熟知治国的纲纪了；人臣深通《中略》，就可以成就功业、保全身家了。

高飞的鸟儿死完了，良弓就要收起来了；敌对的国家灭亡了，谋臣就要被消灭了。所谓的消灭，并不是消灭他们的肉体，而是要削弱他们的威势，剥夺他们的权力。在朝廷上给他封赏，给他人臣中最高的爵位，以此来表彰他的功劳。封给他中原肥沃的土地，以使他的家中富有。赏给他美女珍玩，使他心情愉悦。

军队一旦编成，是无法仓促解散的；兵权一经授予，是无法马上收回的。战争结束，将帅班师，对于君主来说，这是生死存亡的关键时刻。所以，要以封爵为名削弱他的实力，要以封土为名剥夺他的兵权。这就是霸者统御将帅的方略。因此，霸者的行为，是驳杂而不纯的。保全国家，收罗英雄，就是《中略》所论述的权变。历代做君主的，对此都是秘而不宣的。

卷下

下　略

夫能扶天下之危者,则据天下之安;能除天下之忧者,则享天下之乐;能救天下之祸者,则获天下之福。故泽及于民,则贤人归之;泽及昆虫,则圣人归之。贤人所归,则其国强;圣人所归,则六合[1]同。求贤以德,致圣以道。贤去,则国微;圣去,则国乖。微者危之阶,乖者亡之征。

贤人之政,降人以体[2]。圣人之政,降人以心[3];体降可以图始,心降可以保终。降体以礼,降心以乐[4]。所谓乐者,非金石丝竹也,谓人乐[5]其家,谓人乐其族,谓人乐其业,谓人乐其都邑,谓人乐其政令,谓人乐其道德。如此君人者,乃作乐[6]以节之,使不失其和。故有德之君,以乐[7]乐人;无德之君,以乐[8]乐身。乐人者,久而长;乐身者,不久而亡。

释[9]近谋远者,劳而无功;释远谋近者,佚而有终。佚政[10]多忠臣,劳政[11]多怨民。故曰:务广地者荒,务广德者强,能有其有者安,贪人之有者残。残灭之政,累世受患。造作过制,虽成必败。舍己而教人者逆,正己而教[12]人者顺。逆者乱之招,顺者治之要。

道、德、仁、义、礼,五者一体也。道者人之所蹈[13],德者人之所得,仁者人之所亲,义者人之所宜,礼者人之所体,不可无一焉。故夙兴夜寐，礼之制也；讨贼报仇，义之决[14]也；恻隐之心，仁之发也；得己得人，德之路也；使人均平，不失其所，道之化也。

出君下臣名曰命，施于竹帛名曰令，奉而行之名曰政。夫命失，则令不行。令不行，则政不正。政不正，则道不通。道不通，则邪臣胜。邪臣胜，则主威伤。

千里迎贤其路远，致不肖其路近。是以明王舍近而取远，故能全功尚贤，而下尽力。

废一善则众善衰，赏一恶则众恶归。善者得其祐，恶者受其诛，则国安而众善至。

众疑无定国，众惑无治民。疑定惑还，国乃可安。

一令逆则百令失，一恶施则百恶结。故善施于顺民，恶加于凶民，则令行而无怨。使怨治怨[15]，是谓逆天；使仇治仇[16]，其祸不救。治民使平，致平以清，则民得其所，而天下宁。

犯上者尊，贪鄙者富，虽有圣王[17]，不能致其治。犯上者诛，贪鄙者拘，则化行而众恶消。

清白之士，不可以爵禄得；节义之士，不可以威刑胁。故明君求贤，必观其所以而致焉。致清白之士，修其礼；致节义之士，修其道。而后士可致，而名可保。

夫圣人君子，明盛衰之源，通成败之端，审治乱之机，知去就之节。虽穷不处亡国之位，虽贫不食乱邦之禄[18]。潜名抱道者，时至而动，则极人臣之位。德合于己，则建殊绝之功。故其道高，而名扬于后世。

圣王之用兵，非乐之也，将以诛暴讨乱也。夫以义诛不义，若决江河而溉爝火[19]，临不测而挤欲堕[20]，其克必矣。所以优游恬淡而不进者，重伤人物也。夫兵者，不祥之器，天道恶之。不得已而用之，是天道也。夫人之在道，若鱼之在水，得水而生，失水而死。故君子者，常畏惧而不敢失道。

豪杰[21]秉职，国威乃弱。杀生在豪杰，国势乃竭。豪杰低首，国乃可久。杀生在君，国乃可安。四民用虚，国乃无储。四民用足，国乃安乐。

贤臣内，则邪臣外。邪臣内，则贤臣毙。内外失宜，祸乱传世。

大臣疑[22]主，众奸集聚。臣当君尊，上下乃昏。君当臣处，上下失序。

伤贤者殃及三世，蔽贤者身受其害，嫉贤者其名不全，进贤者福流子孙。故君子急于进贤而美名彰焉。

利一害百，民去城郭。利一害万，国乃思散。去一利百，人乃慕泽。去一利万，政乃不乱。

【注释】

[1]六合：天地四方。

[2]降人以体：使人从行动上顺从。降，屈服，引申为使顺从。

[3]降人以心：使人从内心里顺从。

[4]乐：此处音 yuè，与“礼”对应，指乐教。

[5]乐：此处音 lè，喜爱。

[6][7][8]乐：此处音 yuè，指音乐。

[9]释：他本作“舍”。

[10]佚政：休养生息的政策。佚，通“逸”。

[11]劳政：劳民伤财的政策。

[12]教：底本作“化”，据他本改。

[13]蹈：履行。

[14]决：决断。

[15]使怨治怨：用民众所怨恨的政令去治理怀有怨气的民众。

[16]使仇治仇：用民众所仇恨的政令去治理怀有仇恨的民众。

[17]圣王：《直解》《汇解》作“圣主”。

[18]禄:《直解》《汇解》作“粟”。

[19]爝火:小火炬之火,形容火光之小。爝,音 jué。

[20]堕:《直解》《汇解》作“坠”。

[21]豪杰:此处指专权跋扈之臣。

[22]疑:通“拟”。

【译文】

能拯救天下倾危的,就能得到天下的安宁;能解除天下忧患的,就能享受天下的快乐;能解救国家灾祸的,就能得到天下的幸福。所以,恩泽遍及于百姓,贤人就会归附他;恩泽遍及于万物,圣人就会归附他。贤人归附的,国家就能强盛;圣人归附的,天下就能统一。使贤人归附要用“德”,使圣人归附要用“道”。贤人离去,国家就要衰弱了;圣人离去,国家就要混乱了。衰弱是通向危险的阶梯,混乱是即将灭亡的征兆。

贤人执政,能使人从行动上顺从;圣人执政,能使人从内心里顺从。从行动上顺从,便可以开始创业了;从内心里服从,才可以善始善终。使人从行动上顺从靠的是礼教,使人从内心里顺从靠的是乐教。所谓的乐教,并非指金、石、丝、竹,而是使人们喜爱自己的家庭,喜爱自己的宗族,喜爱自己的职业,喜爱自己的城邑,喜爱国家的政令,喜爱社会的伦理道德。这样治理民众,然后再制作音乐来陶冶人们的情操,使社会不失和谐。所以,有道德的君主,是用音乐来使天下快乐;没有道德的君主,是用音乐来使自己快乐。使天下快乐的,国家便会长治久安;使自己快乐的,不久便会亡国。

不修内政而向外扩张的,劳而无功;不事扩张而修明内政的,逸而有终。实行与民生息的政策,民众渴望报答君主,国家就会出现许多忠义之臣;实行劳民伤财的政策,民众心中抱怨君主,就会出现许多怨恨之民。所以说,热衷于扩张领土的,内政必然荒废;尽力于扩充德行的,国家就会强盛。能保全自己本来所有的,国家就会平安;一味垂涎别人所有的,国家就会残破。统治残酷暴虐,世世代代都要受害。事情超过了限度,即使一时成功,最终也要失败。不正己而正人者其势拂逆,先正己而后正人才顺乎常理。行为拂逆是招致祸乱的根源,顺乎常理是国家安定的关键。

道、德、仁、义、礼，五者是一个整体。道是人们所应遵循的，德是人们从道中所得到的，仁是人们所亲近的，义是人们所应做的，礼是人们的行为规范。这五条缺一不可。所以，起居有节，是礼的约束；讨贼报仇，是义的决断；怜悯之心，是仁的发端；修己安人，是德的途径；使人均平，各得其所，是道的教化。

君主下达给臣下的指示叫"命"，书写在竹帛上叫"令"，执行命令叫"政"。"命"有失误，"令"就不能推行。"令"不推行，"政"便出现偏差。"政"有偏差，治国之"道"便不能通畅。"道"不通畅，奸邪之臣便会得势。奸邪之臣得势，君主的威信就要受到损害。

千里之外去聘请贤人，路途十分遥远；招引不肖之徒，路途却十分近便。所以，英明的君主总是舍弃身边的不肖之徒，不远千里寻求贤人。如此则既能够保全功业，尊崇贤人，臣下也能尽心竭力。

弃置一个贤人，众多的贤人便会引退；奖赏一个恶人，众多的恶人便会蜂拥而至。贤人得到保护，恶人受到惩罚，就会国家安定，群贤毕至。

民众都对政令怀有疑虑，国家就不会得到安定；民众都对政令困惑不解，社会就不会得到治理。疑虑消失，困惑解除，国家才会安宁。

一项政令违背民意，其他政令也就无法推行；一项恶政得到实施，无数恶果也就从此结下。所以，对顺民要实施仁政，对刁民要严加惩治，这样政令就会畅通无阻而人无怨言了。用民众所怨恨的政令去治理怀有怨气的民众，叫作"违背天道"；用民众所仇恨的政令去治理怀有仇恨的民众，灾祸将无法挽救。治理民众要依靠贫富均平，贫富均平要依靠政治清明。这样，民众便会各得其所，天下也就安宁了。

犯上的人反而更加高贵，贪鄙的人反而更加富有，虽然有圣明的君王，也无法把国家治理好。犯上的受到惩处，贪鄙的受到拘禁，这样教化才能得到推行，各种邪恶也就自然消匿。

品德高尚的人，是无法用爵禄收买的；讲究节操的人，是无法用威刑屈服的。所以圣明的君主征求贤人，必须根据他们的志趣来罗致。罗致品德高尚的人，要讲究礼节；罗致崇尚节操的人，要依靠道义。这样，贤士便可以聘到，君主的英名也可以保全了。

圣人君子能够明察兴衰的根源，通晓成败的端倪，洞悉治乱的关键，懂得去就的时节。虽然穷困，也不会贪图将亡之国的高位；虽然贫苦，也不会苟取衰乱之邦的厚禄。隐姓埋名、胸怀经邦治国之道的人，时机到来后一旦行动，便可以位极人臣。君主的志向一旦与自己相投，便可以建立绝世的功勋。所以，他的道术高明，美名流芳千古。

圣明的君主进行战争，并不是出于喜好，而是用来诛灭残暴，讨伐叛乱。用正义讨伐不义，就像决开江河之水去淹灭小小的火炬一样，就像在无底的深渊旁边去推下一个摇摇欲坠的人一样，其胜利是必然的。圣明的君主之所以安静从容而不急于进兵，是因为不愿造成过多的人员和物资损耗。战争是不吉祥的东西，天道是厌恶战争的。只有在迫不得已时进行战争，才是顺乎天道的。人和天道的关系，就像鱼与水一样。鱼得到水便可以生存，失去水肯定要死亡。所以，君子们常常是心存敬畏，一刻也不敢背离天道。

专权跋扈的大臣执政，国君的威望就会受到伤害。生杀大权操于其手，国君的权势也就衰竭了。专权跋扈之臣俯首从命，国家才能长久。生杀之权操于国君，国家才能安定。百姓穷困，国家就没有储备。百姓富足，国家才会安乐。

重用贤臣，奸臣就会被排斥在外。重用奸臣，贤臣就会被置于死地。亲疏不当，祸乱就会延传到后世。

大臣自比君主，众奸就会乘机聚集。人臣享有君主那样的尊贵，君臣名分就会昏昧不明。君主沦为臣子那样的地位，上下秩序就会颠倒混乱。

伤害贤人的，祸患会殃及子孙三代；埋没贤人的，自身就会遭到报应；妒忌贤人的，名誉就不会保全；举荐贤人的，子孙后代都会受惠于他的善行。所以，君子总是热心于推荐贤人，因而美名显扬。

政令对一个人有好处，对一百个人有害处，民众就会离开城邑。政令对一个人有好处，对一万个人有害处，全国就会人心离散。除掉一个人而有利于一百个人，人们就会感慕他的恩泽。除掉一个人而有利于一万个人，政治从此就不会发生混乱。

唐太宗李卫公问对

旧题[唐]李世民、李靖　撰

黄朴民　注译

《唐太宗李卫公问对》简称《李卫公问对》，亦称《唐李问对》《李靖问对》，中国古代著名兵书，北宋神宗元丰年间被列为《武经七书》之一。

《唐太宗李卫公问对》是一部用问答体形式写成的兵书，主要记载唐太宗李世民和卫国公李靖的军事思想。其论题广泛，内容丰赡，见解深刻，在中国古代军事思想发展史上占有重要的地位。概略而言，其重要军事学术价值体现在四个方面：第一，它是隋唐五代时期兵学文化的主要载体之一，是今天人们了解和认识隋唐五代时期军事思想基本内容、主要特点以及发展脉络的第一手材料。第二，它内容丰富翔实，论点新颖、独到，尤其对中国古典兵学中的许多重要范畴（诸如奇正、虚实、主客、攻守、形势等）做出了精辟的阐发，对中国古代兵学的丰富完善和发展具有十分重要的意义。它所提出的"善用兵者，无不正，无不奇，使敌莫测，故正亦胜，奇亦胜"和"攻是守之机，守是攻之策"等一系列重要论断，发前人所未发，给后人从事军事理论建树、开展军事实践活动以重要启示。第三，它侧重于探讨战役战术问题，反映出中国古典兵学的重点正开始由战略的层次向战役战术的层次转移的历史倾向，为宋元以后综合性大型军事类书和专题性兵书的大量涌现创造了条件，这说明随着战争实践的日益丰富，人们的军事理性认识也趋于多元、复杂、缜密并日益深化。第四，它或多或少修正了古代兵书"舍事而言理"的传统，开始注重于"事理并重"，结合历史上重要战例阐发兵学的基本原理，即以理系事，以事明理。所有这些情况，都表明《唐太宗李卫公问对》在《武经七书》中具有自己的鲜明特色和独到价值。郑瑗《井观琐言》称道它“兴废得失，事宜情实，兵家术法，灿然毕举，皆可垂范将来”，《四库全书总目提要》强调它“分别奇正，指画攻守，变易主客，于兵家微意时有所得”，都是恰如其分的分析和评价。

关于《唐太宗李卫公问对》一书的作者与成书年代，历来有不同的意见。有人认为它是宋人阮逸的伪托之作，有人认为它是唐太宗与李靖君臣之间多次讨论军事问题的言论辑录，也有人认为它是唐末以及五代期间无名氏的论兵之作，但主要反映唐太宗、李靖等人的军事思想。我们的看法与第三类观点接近，并肯定《唐太宗李卫公问对》与《卫公兵法》之间存在着一定的联系。

《唐太宗李卫公问对》现存宋、明、清以来《武经七书》系统诸本数十种。其中比较好的版本有南宋刻《武经七书》本、《续古逸丛书》影宋《武经七书》本以及《四库全书》抄本等。今以《续古逸丛书》影宋《武经七书》本《唐太宗李卫公问对》为底本，底本中个别明显的错讹衍脱之处，则据《武经七书讲义》《武经七书直解》《武经七书汇解》（以下分别简称《讲义》《直解》《汇解》）等予以校改，增补文字均以“[ ]”标示之，并作简略扼要的注释，译成白话，以飨读者。

卷上

太宗[1]曰:“高丽数侵新罗[2],朕遣使谕,不奉诏。将讨之,如何?”

靖[3]曰:“探知盖苏文[4]自恃知兵,谓中国[5]无能讨,故违命。臣请师三万擒之。”

太宗曰:“兵少地遥,以何术临之?”

靖曰:“臣以正兵。”

太宗曰:“平突厥[6]时用奇兵,今言正兵,何也?”

靖曰:“诸葛亮七擒孟获[7],无他道也,正兵而已矣。”

太宗曰:“晋马隆讨凉州[8],亦是依八阵图[9],作偏箱车[10]。地广,则用鹿角车营[11];路狭,则为木屋施于车上,且战且前。信乎,正兵古人所重也!”

靖曰:“臣讨突厥,西行数千里。若非正兵,安能致远?偏箱、鹿角,兵之大要。一则治力,一则前拒,一则束部伍,三者迭相为用,斯马隆所得古法深矣。”

太宗曰:“朕破宋老生[12],初交锋,义师少却。朕亲以铁骑自南原驰下,横突之,老生兵断后,大溃,遂擒之。此正兵乎,奇兵乎?”

靖曰:“陛下天纵圣武,非学而能。臣案兵法,自黄帝[13]以来,先正而后奇,先仁义而后权谲。且霍邑之战,师以义举者,正也;建成[14]坠马,右军少却者,奇也。”

太宗曰："彼时少却，几败大事，曷谓奇邪？"

靖曰："凡兵以前向为正，后却为奇。且右军不却，则老生安致之来哉？《法》曰：'利而诱之，乱而取之。'[15]老生不知兵，恃勇急进，不意断后，见擒于陛下。此所谓以奇为正也。"

太宗曰："霍去病[16]暗与孙、吴合，诚有是夫！当右军之却也，高祖失色[17]，及朕奋击，反为我利，孙、吴暗合，卿实知言。"

太宗曰："凡兵却，皆谓之奇乎？"

靖曰："不然。夫兵却，旗参差而不齐，鼓大小而不应，令喧嚣而不一，此真败却也，非奇也；若旗齐鼓应，号令如一，纷纷纭纭[18]，虽退走，非败也，必有奇也。《法》曰'佯北勿追'[19]，又曰'能而示之不能'[20]，皆奇之谓也。"

太宗曰："霍邑之战，右军少却，其天乎？老生被擒，其人乎？"

靖曰："若非正兵变为奇，奇兵变为正，则安能胜哉？故善用兵者，奇正在人而已。变而神之，所以推乎天也。"

太宗俯首。

【注释】

[1]太宗：指唐太宗李世民(599—649 年)，唐高祖李渊之次子，在创建唐帝国战争中功勋卓著。公元 626 年，他发动"玄武门之变"，弑兄杀弟，逼父退位，登基为帝。

[2]高丽、新罗：均为朝鲜半岛上的古国名。唐太宗时，发兵灭高丽、百济，其地悉归新罗。

[3]靖：指李靖(571—649 年)，唐初著名军事家。原为隋臣，后入唐。

[4]盖苏文：指高丽国权臣渊盖苏文(603—666 年)，曾独揽朝政，把持国君废立，联合百济，屡伐新罗，并与唐王朝相抗衡。

[5]中国：泛指今中原地区。上古时，华夏族主要活动于黄河流域一带，以为居天下之中，故称"中国"。

［6］平突厥：指唐贞观四年（630 年），李靖率李勣等部击破东突厥军队一事。突厥，我国古代北方地区少数民族名。隋开皇初年分为东突厥与西突厥。文中所指实为东突厥。

［7］诸葛亮七擒孟获：诸葛亮（181—234 年），字孔明，东汉末琅邪阳都（今山东沂南）人，三国时期蜀汉政权杰出的政治家、军事家。孟获，三国时蜀汉建宁（今云南曲靖）人，当地少数民族首领。刘备去世后，他和豪强雍闿起兵反蜀。雍闿败亡后，他成为叛军统帅。建兴三年（225 年），诸葛亮率军南征，采纳参军马谡"攻心为上"的策略，对孟获七擒七纵，终于使他心悦诚服，归降蜀汉。

［8］马隆讨凉州：马隆，西晋初年名将。西晋咸宁五年（279 年），他率军征讨威胁西晋边境安全的鲜卑族首领秃发树机能，经过激烈战斗，终于击杀秃发树机能，平定了凉州。凉州，古州名，魏晋时期其辖境相当于今甘肃黄河以西地区。

［9］八阵图：特指诸葛亮所创制的攻防兼备的作战阵法。据研究，它用纵横排列的六十四个战术单位合成一个大方阵，阵后设二十四队游骑，机动配合大方阵作战，是我国冷兵器时代最典型的集团方阵。一说，八阵是方、圆、牝、牡、冲、轮、浮沮、雁行等八种阵形的代称。

［10］偏箱车：又作"扁箱车"，古代一种可在狭隘地形上行进的带扁平车厢的战车。一说，不同于普通战车有两厢，而只设置一厢的小车。

［11］鹿角车营：以偏箱车首尾相接，围成一圈，架设削尖的树枝以及刀、戟于车上，锋刃向外，以为防御之物。因其形状如同鹿角，故称"鹿角车营"，多用于战场防御。

［12］宋老生：隋朝将领，公元 617 年霍邑之战中兵败被杀。

［13］黄帝：部落联盟首领，中华文明的奠基者，姬姓，号轩辕氏。相传其曾败炎帝于阪泉，诛蚩尤于涿鹿，并北逐荤粥，统一黄河流域，"合符釜山"，被尊为中华民族的共同祖先。

［14］建成：指唐高祖李渊长子李建成，随父起兵反隋，在灭隋与随后的平定群雄战争中战功卓著。唐武德元年（618 年）被立为皇太子，在公元 626 年发生的"玄武门之变"中为预有准备的李世民所杀。

［15］利而诱之，乱而取之：语出《孙子·始计》，是孙子“诡道十二法”的内容。

［16］霍去病（前 140—前 117 年）：西汉武帝时杰出将领，官至骠骑将军，封冠军侯。他曾六次统兵出击匈奴，屡建战功，为武帝时反击匈奴之战的胜利做出重大的贡献。

［17］高祖失色：高祖，即唐高祖李渊（566—635 年），唐王朝的创立者；失色，指神色因紧张而失去常态。

［18］纷纷纭纭：指人马纷纭，似乱非乱。纷纷，盛多貌；纭纭，繁多而混乱貌。

［19］佯北勿追：语出《孙子·军争》，原文为“佯北勿从”，为“用兵八法”之一。

［20］能而示之不能：语出《孙子·始计》，为“诡道十二法”之一。

【译文】

唐太宗问道：“高丽曾多次侵犯新罗，我派遣使臣前去传谕让它罢兵，可它却拒不奉诏。我准备派兵征讨，你以为如何？”

李靖答道：“据侦探的情报表明，渊盖苏文自以为通晓军事，认为中原天朝没有能力讨伐他，所以才敢违抗圣旨。臣下我请求统兵三万前去擒拿他。”

唐太宗问：“兵力寡少，路途遥远，你打算用什么方法对付他？”

李靖说：“臣下我准备使用正兵。”

唐太宗又问：“你平定突厥时用的是奇兵，现在讨伐高丽却准备使用正兵，这是为什么？”

李靖回答说：“当年诸葛亮七擒孟获，没有采用其他的方法，不过是运用正兵罢了。”

唐太宗说：“晋朝的马隆征讨凉州，也是依照诸葛亮的八阵图布阵，使用偏箱车攻敌。战场地形开阔，就用偏箱车架起刀枪结成鹿角车营；道路狭窄时，便在偏箱车上架设木屋与敌接战，一边战斗一边前进。毫无疑义，运用正兵是古人所最为重视的。”

李靖说:“臣下我讨伐突厥时,向西长途进军数千里。如果不是运用正兵,怎么可能进行远距离的作战呢?使用偏箱车、鹿角车营作战,是用兵上的要则。这样做的优点,第一是能充分发挥自己部队的战斗力,第二是能在前进中抵御敌人的攻击,第三是可以很好地约束自己的部队。这三个方面交相使用,互为补充,由此可见,马隆他对古代兵法的理解是何等的深刻!”

唐太宗问道:“当年我在霍邑大破隋将宋老生的战斗中,两军刚刚交锋,我方的右翼部队就稍向后退,[隋军乘机出击。]这时,我亲自统率精锐骑兵从南原急驰而下,从侧后对隋军右翼实施突击,宋老生部队的后路被切断,随即大败溃乱,因而擒杀了宋老生。这是属于正兵呢,还是属于奇兵呢?”

李靖答道:“陛下的英明神武是上天赋予的,绝不是凭学习可以获得的。根据兵法所说,自从黄帝以来,用兵作战都是先用正兵,而后讲求出奇制胜;先用仁义,而后运用诡诈权谋。在霍邑之战中,我军以正义出师,这就是正兵;建成在战场上突然落马,右翼部队稍向后退,这就是奇兵。”

唐太宗又问:“当时右翼部队稍向后退,几乎败坏了大事,怎么能说是奇兵呢?”

李靖答道:“凡是用兵打仗,通常都是以前进攻击为正兵,向后退却为奇兵。如果右翼部队不退却,怎么会诱使宋老生贸然全力出击呢?《孙子兵法》上说:‘敌人贪利,就用小利引诱他;敌人混乱,就乘机攻取他。’宋老生不懂得用兵的道理,恃匹夫之勇贸然出击,不料被切断后路,被陛下您所擒杀。这就是所谓变奇兵为正兵了。”

唐太宗说:“汉代霍去病用兵经常与孙、吴兵法原理不谋而合,看来是真有其事!当右翼部队后退时,先父高祖皇帝大惊失色,等到我从敌人侧后突袭得手后,形势反而变得对我们十分有利了,这也是同孙、吴兵法原理不谋而合的。你的分析实在是精辟极了。”

唐太宗问道:“凡是军队向后退却,都可以说是用奇兵吗?”

李靖回答说:“不是这样的。当军队退却之时,如果旗帜参差不齐、东倒西歪,鼓声有大有小而又不能互相呼应,号令喧嚣而不统一,这是真正的败退之兵，而不是奇兵；如果退却时旗帜整齐，鼓声呼应，号令统一，虽然表面上显得纷纭杂乱，向后败退，却不是真正的败退，其中必定有奇。《孙子兵法》上说‘敌人假装败退不要去跟踪追击’，又说‘能打却装作不能打’，这些都是关于使用奇兵制胜的论述。”

唐太宗又问道：“在霍邑之战中，右翼部队稍向后退，这是出于天意吗？宋老生兵败被擒，这又是人力所为吗？”

李靖答道：“倘若不是使正兵变化成为奇兵，奇兵变化成为正兵，那么又怎么能够克敌制胜呢？所以，善于用兵打仗的人，用奇用正全在于人的指挥运用而已。由于奇正变化达到了神妙莫测的境界，所以人们常常把它归结为天意。”

唐太宗点头表示赞同。

太宗曰：“奇正素分之欤？临时制之欤？”

靖曰：“案《曹公新书》[1]曰：‘己二而敌一，则一术为正，一术为奇；己五而敌一，则三术为正，二术为奇。’[2]此言大略耳。唯孙武云：‘战势不过奇正，奇正之变，不可胜穷。奇正相生，如循环之无端，孰能穷之。’[3]斯得之矣，安有素分之邪？若士卒未习吾法，偏裨未熟吾令，则必为之二术。教战[4]时，各认旗鼓，迭相分合[5]，故曰分合为变[6]，此教战之术尔。教阅既成，众知吾法，然后如驱群羊[7]，由将所指，孰分奇正之别哉？孙武所谓‘形人而我无形’[8]，此乃奇正之极致。是以素分者，教阅也；临时制变者，不可胜穷也。”

太宗曰：“深乎，深乎！曹公必知之矣。但《新书》所以授诸将而已，非奇正本法。”

太宗曰：“曹公云：‘奇兵旁击。’[9]卿谓若何？”

靖曰：“臣案曹公注《孙子》曰：‘先出合战为正，后出为奇。’[10]此与旁击之说异焉。臣愚谓大众[11]所合为正，将所自出为奇,乌有先后旁击之拘哉?"

太宗曰:"吾之正,使敌视以为奇;吾之奇,使敌视以为正:斯所谓'形人者'欤?以奇为正,以正为奇,变化莫测:斯所谓'无形者'欤?"

靖再拜曰:'陛下神圣,迥出古人,非臣所及。"

太宗曰:"分合为变者,奇正安在?"

靖曰:"善用兵者,无不正,无不奇[12],使敌莫测,故正亦胜,奇亦胜。三军之士,止知其胜,莫知其所以胜[13]。非变而能通,安能至是哉?分合所出,唯孙武能之,吴起而下,莫可及焉。"

太宗曰:"吴术若何?"

靖曰:"臣请略言之。魏武侯[14]问吴起两军相向。起曰:'使贱而勇者前击,锋始交而北,北而勿罚。观敌进取,一坐一起,奔北不追,则敌有谋矣。若悉众追北,行止纵横[15],此敌人不才,击之勿疑。'[16]臣谓吴术大率多此类,非孙武所谓以正合也。"

太宗曰:"卿舅韩擒虎[17]尝言,卿可与论孙、吴,亦奇正之谓乎?"

靖曰:"擒虎安知奇正之极?但以奇为奇、以正为正耳。曾未知奇正相变、循环无穷者也。"

太宗曰:"古人临阵出奇,攻人不意,斯亦相变之法乎?"

靖曰:"前代战斗,多是以小术而胜无术,以片善而胜无善,斯安足以论兵法也?若谢玄之破苻坚[18],非谢玄之善也,盖苻坚之不善也。"

太宗顾侍臣检《谢玄传》阅之,曰:"苻坚甚处是不善?"

靖曰:"臣观《苻坚载记》[19]曰:'秦诸军皆溃败,唯慕容垂[20]一军独全。坚以千余骑赴之,垂子宝[21]劝垂杀坚,不果。'此有以见秦师之乱,慕容垂独全,盖坚为垂所陷明矣。夫为人所陷而欲胜敌，不亦难乎？臣故曰无术焉，苻坚之类是也。”

太宗曰：“《孙子》谓‘多算胜少算’[22]，有以知少算胜无算，凡事皆然。”

【注释】

[1]《曹公新书》：曹操所撰的兵学著作，已佚。曹公，即曹操（155—220年），东汉末年著名政治家、军事家。

[2]“己二而敌一”六句：语出《孙子·谋攻》曹操注。意谓若敌我兵力为一比二，我即分兵为二，一部为正兵，另一部为奇兵；若敌我兵力为一比五，我即以五分之三的兵力为正兵，五分之二的兵力为奇兵。

[3]“战势不过奇正”等六句：语出《孙子·兵势》。战势，指兵力部署和作战方式；孰，谁、哪一个。

[4]教战：指军事训练和实兵演习。《六韬·犬韬》有《教战》篇。

[5]迭相分合：指轮流进行分散和集中兵力的训练。迭，更替、轮流。

[6]分合为变：语出《孙子·军争》。意谓兵力分散或集中必须根据战场形势灵活加以处置。

[7]如驱群羊：语出《孙子·九地》。意谓愚弄士卒，像驱赶羊群一样驱使他们去战斗，以实现指挥者的意图。

[8]形人而我无形：语出《孙子·虚实》。意谓要设法使敌人暴露真情而我军不露任何痕迹。

[9]奇兵旁击：语出《孙子·兵势》曹操注。原文是“正兵当敌，奇兵从傍击不备也”，即正兵从正面实施攻击，而奇兵则从敌人侧后出其不意实施攻击。

[10]先出合战为正，后出为奇：语出《孙子·兵势》曹操注。意谓率先同敌人交战的部队为正兵，尔后再出击的部队为奇兵。

[11]大众：指主力部队。

[12]无不正，无不奇：谓无处不是正，无处不是奇，奇正浑然一体，不可人为区分。

[13]止知其胜，莫知其所以胜：语意近似《孙子·虚实》所云：“因形

而措胜于众,众不能知,人皆知我所以胜之形,而莫知吾所以制胜之形。”

[14]魏武侯:指魏击,战国前期魏国的国君,魏文侯之子,公元前395年至公元前370年在位。

[15]行止纵横:指军队进退无秩序,队列一片混乱。行止,前进或停止;纵横,指没有秩序,队列混乱。

[16]“使贱而勇者前击”等十一句:语出《吴子·论将》,两者文字略有不同。

[17]韩擒虎:隋代名将,李靖舅父,有文武才。在公元589年的隋灭陈之役中,他统率隋军一部从南路攻入陈都城建康(今江苏南京),俘获陈后主陈叔宝,灭亡了陈国。

[18]谢玄之破苻坚:指东晋太元八年(383年)谢玄率兵在淝水大败前秦苻坚大军的战役。谢玄,东晋名将,谢安之侄,淝水之战中晋军的统帅。苻坚,氐族人,前秦皇帝,曾在谋臣王猛辅佐下灭亡前燕、前凉、代国,初步统一北方地区。王猛去世后,他一意孤行发动伐晋之役,结果惨败于淝水,后为羌族首领姚苌所杀,前秦灭亡。

[19]《苻坚载记》:苻坚的史传,见于《晋书》卷一一三、一一四。按《晋书》等旧史为曾立名号而非正统者所作的传记称“载记”,以区别于本纪、列传。

[20]慕容垂:十六国时期后燕的建立者,鲜卑族,曾为前燕国吴王,后投奔前秦。淝水之战后,他乘机恢复燕国,定都中山,史称后燕。

[21]宝:指慕容宝,慕容垂之四子。慕容垂去世后,他嗣位登基,公元396年至398年在位。

[22]多算胜少算:语意出自《孙子·始计》。

【译文】

唐太宗问道:“奇兵和正兵是平时早就先行分开的呢,还是根据情况的需要而在战场上临时决定的呢?”

李靖回答说:“按照《曹公新书》上的说法:‘当我方的兵力两倍于敌人时,我就以一部为正兵,一部为奇兵;当我方的兵力五倍于敌人时,就以五分之三的兵力为正兵，五分之二的兵力为奇兵。’这其实只是一个大概的说法。唯独孙武他说：‘作战的方式方法不过奇、正两种，可是奇、正上的变化，却永远未可穷尽。奇、正之间的互相转化，就像是顺着圆环旋绕似的，无始无终，又有谁能够穷尽它的奥妙呢。’这话才是真正说透了运用奇正的道理，哪有平时就对奇正加以区分的呢？如果士兵还不熟习我的战法，部将还不熟悉我的号令，那么首先就必须区分为奇、正两个部分来训练他们。在训练过程中，要让各个部队识别指挥的旗帜和鼓音，反复进行分散和集中的演练，所以说分散与集中的变化，只是平时训练部队学习和掌握奇正的方法。训练和校阅完成后，部将士兵都掌握了我的战法，然后就能像驱赶羊群一样，任凭将帅得心应手加以指挥，谁还能分得清奇正的区别呢？孙武所说的‘要使敌人显露真情而我军不露痕迹’，这正是运用奇正已进入了最高的境界。所以说，平时区分奇正，那只是为了便于训练；而在战场上根据情况变化灵活运用奇正，这才是深邃奥妙不可穷尽的啊！”

唐太宗说：“真是深奥啊！深奥啊！曹操一定是知道这层奥秘的。但《曹公新书》仅仅是用来教授诸将一些基本方法而已，并不是论述奇正的根本法则。”

唐太宗问道：“曹公讲：‘所谓奇兵就是从侧背打击敌人。’您认为这种说法如何？”

李靖回答说：“根据曹操注释《孙子》时所说：‘率先同敌人交战的部队是正兵，然后再出击的部队为奇兵。’这里说的就同奇兵是从侧背打击敌人的说法不同。我认为主力同敌人正面交战就是正兵，将帅使用机动部队出奇制胜就是奇兵，哪能拘泥于以出击先后或侧击与否来区别奇正呢？”

唐太宗说：“我本来使用正兵，却能使敌人误以为我使用奇兵；我本来使用奇兵，却能使敌人误以为我使用正兵：这就是所谓的‘形人’吧？以奇兵为正兵，以正兵为奇兵，变化莫测：这就是所谓‘无形’吧？”

李靖再拜说：“陛下神明圣智，实在远远超过了古人，更不是臣下我所能企及的。”

唐太宗问道:“作战中按照分散或集中兵力的方式来变换战术,这时奇正表现在哪里呢?”

李靖回答说:“善于用兵的人,无处不是正,无处不是奇,使得敌人莫测高深。所以,他们用正兵能取胜,用奇兵也能取胜。全军官兵,只知道战斗取得了胜利,却不知道是如何取胜的。若不是将帅变化奇正,灵活运用臻于化境,怎么能有这样好的效果呢?由兵力运用上的分散或集中而产生奇正变化,只有孙武他能够做到,吴起以下没有人能赶得上他。”

唐太宗又问:“吴起用兵的方法是怎样的?”

李靖答道:“请允许我概略地说明一下。魏武侯曾经问过吴起:两军对垒之时,[怎样才能了解敌方将领的用兵才能?]吴起回答说:‘派遣一位勇敢善战的下级军官率兵向前出击,刚一交锋便假装战败退却,对败退下来的部队不要责怪和处罚,借此观察敌军的种种表现。如果敌人的前进和停止都很有节制,对我败退下来的部队也不穷追不舍,就说明敌方将领很有智谋。如果敌人倾巢出动全力追击我方部队,并且进止不一,队列纵横不齐,秩序混乱,这就说明敌方将领胸无韬略,毫无才能。这时我军应该毫不迟疑地对他们发起攻击。’臣下我认为吴起的战法大都是这样的,并不是孙武所说的用正兵同敌人交战的方法。”

唐太宗问道:“你的舅舅韩擒虎曾经说过,只有你才能够和他一起讨论孙武和吴起的兵法。你们讨论的也是奇正变化的问题吗?”

李靖回答说:“擒虎他哪里懂得奇正变化的奥妙呢?不过是仅仅知道奇兵就是奇兵、正兵就是正兵的区分罢了,从来不了解奇正之间相互变化、循环无穷的道理。”

唐太宗又问:“古人在战场上出奇变化,在敌人意料不到时发起攻击,这也是奇正互相变化的法则吗?”

李靖答道:“古代的战斗,大多数都是稍有一点谋略的人战胜毫无谋略的人,稍懂一点用兵之道的人战胜用兵无方的人,这些人哪里能谈得上真正懂得兵法呢?譬如东晋时的谢玄在淝水之战中大破前秦的苻坚,这并不是因为谢玄善于用兵,而是因为苻坚实在是不会用兵罢了。”

于是唐太宗让左右侍臣找出《谢玄传》,阅完之后问道:“苻坚用兵在哪些地方处理不当呢？”

李靖回答说：“我看《苻坚载记》上说：前秦各支部队都溃败了，唯独慕容垂一支部队完整无损。苻坚率领残军千余骑前去投奔他，慕容垂的儿子慕容宝却劝慕容垂乘机杀掉苻坚，这事后来虽然没有做成，但由此可以看到前秦军队的内部是何等混乱。慕容垂一军独自得以保全，这说明苻坚为慕容垂所陷害乃是明显的事实。受到自己人的陷害，而还想在战场上打败敌人，这不就是难乎其难了吗？所以我说，用兵而无谋略的，就是苻坚这一类人。”

唐太宗说：“《孙子》认为‘谋划周密的能够打败谋划不周的’，由此可知，稍有谋划的就能战胜毫无成算的。一切事情大概都是这个道理。”

太宗曰：“黄帝兵法，世传《握奇文》，或谓为《握机文》[1]，何谓也？”

靖曰：“‘奇’音‘机’，故或传为‘机’，其义则一。考其词云：‘四为正，四为奇，余奇为握机。’[2]奇，余零[3]也，因此音‘机’。臣愚谓兵无不是机，安在乎握而言也？当为余奇则是。夫正兵受之于君，奇兵将所自出。《法》曰，‘令素行以教其民者则民服’[4]，此受之于君者也。又曰，‘兵不豫言，君命有所不受’[5]，此将所自出者也。凡将，正而无奇，则守将也；奇而无正，则斗将也；奇正皆得，国之辅也。是故握机握奇，本无二法，在学者兼通而已。”

太宗曰：“陈数有九，中心零者，大将握之[6]，四面八向[7]，皆取准焉。陈间容陈，队间容队；以前为后，以后为前；进无速奔，退无遽走；四头八尾[8]，触处为首；敌冲其中，两头皆救；数起于五[9]，而终于八[10]。此何谓也？”

靖曰：“诸葛亮以石纵横布为八行[11]，方陈之法即此图也。臣尝教阅，必先此陈。世所传《握机文》，盖得其粗也。”

太宗曰："天、地、风、云、龙、虎、鸟、蛇[12]，斯八陈何义也？"

靖曰："传之者误也。古人秘藏此法，故诡设八名尔。八陈本一也，分为八焉。若天、地者，本乎旗号；风、云者，本乎幡[13]名；龙、虎、鸟、蛇者，本乎队伍之别。后世误传，诡设物象[14]，何止八而已乎？"

太宗曰："数起于五而终于八，则非设象，实古制也。卿试陈之。"

靖曰："臣案黄帝始立丘井之法[15]，因以制兵。故井分四道，八家处之，其形井字，开方九焉。五为陈法，四为间地，此所谓数起于五也。虚其中，大将居之，环其四面，诸部连绕，此所谓终于八也。及乎变化制敌，则纷纷纭纭，斗乱而法不乱；混混沌沌，形圆而势不散[16]，此所谓散而成八，复而为一者也。"

太宗曰："深乎，黄帝之制兵也！后世虽有天智神略，莫能出其阃阈[17]，降此孰有继之者乎？"

靖曰："周之始兴，则太公[18]实缮其法：始于岐都[19]，以建井亩；戎车三百辆，虎贲三千人[20]，以立军制；六步七步，六伐七伐[21]，以教战法。陈师牧野[22]，太公以百夫致师[23]，以成武功，以四万五千人胜纣七十万众[24]。周《司马法》[25]，本太公者也。太公既没，齐人得其遗法。至桓公[26]霸天下，任管仲[27]，复修太公法，谓之节制之师[28]，诸侯毕服。"

太宗曰："儒者多言管仲霸臣而已，殊不知兵法乃本于王制[29]也。诸葛亮王佐之才，自比管、乐[30]，以此知管仲亦王佐也。但周衰时，王不能用，故假齐兴师尔。"

靖再拜曰："陛下神圣，知人如此，老臣虽死，无愧昔贤也。臣请言管仲制齐之法：三分齐国，以为三军[31]；五家为轨[32]，故五人为伍；十轨为里[33]，故五十人为小戎[34]；四里为连[35]，故二百人为卒[36]；十连为乡[37]，故二千人为旅[38]；五乡一师[39]，故万人为军[40]。亦犹《司马法》'一师五旅,一旅五卒'之义焉。其实皆得太公之遗法。"

【注释】

[1]《握机文》:又名《握奇文》《握奇经》,中国古代论述八阵的兵书,一卷,旧题黄帝臣风后撰。

[2]四为正,四为奇,余奇为握机:这三句话是《握机文》的原文。历来对其解释多有分歧。一说,天、地、风、云为四正,龙、虎、鸟、蛇为四奇。八阵为一整体,而每阵各有其独立性,故合而为一,离而为八。每阵八队,八阵共六十四队。八阵之外,另有少量兵力为游军,称为"余奇"或"握机",即机动兵力,由主将直接调遣。一说,八阵为天、地、风、云、龙、虎、鸟、蛇等八个以不同旗幡为标志的小方阵组合而成的一个大方阵。四方为四正,四隅为四奇,即部署在前、后、左、右四方之小方阵为正兵,当四方正兵向四隅隙地机动时便是奇兵,故四正为体,四奇为用。"余奇"为主将居中控御的机动兵力,掌握此奇零之兵称为"握机(奇)"。

[3]余零:余奇,指八阵中由主将掌握和调度的机动兵力。

[4]令素行以教其民者则民服:语出《孙子·行军》。

[5]兵不豫言,君命有所不受:今本《孙子》无"兵不豫言"四字。君命有所不受,语出《孙子·九变》。全句主旨是强调将帅应拥有作战中的机断指挥权限。

[6]陈数有九,中心零者,大将握之:这是对握机阵的描述。握机阵外有四正四奇,内有中军,合在一起其数共有九阵(九军)。

[7]四面八向:四面,指四方正兵;八向,四方正兵加上四隅奇兵。

[8]四头八尾:四头,指握机阵四奇或四正小方阵之中,任何一阵受敌攻击时即为头部;八尾,指握机阵中有一阵受敌攻击时,其余八阵均为尾部。

[9]五:指东、西、南、北和中央军阵。

[10]八:指东、西、南、北及东南、西南、东北、西北八阵。这是由五阵之前后左右四个方阵演变而来的八个方阵。

［11］诸葛亮以石纵横布为八行：八行，即诸葛亮八阵图。相传诸葛亮曾聚石布成八阵图形。据《水经注·沔水》等史籍记载，八阵图遗址共有三处：一在陕西勉县东南诸葛亮墓东；一在重庆奉节县南江边；一在四川成都市青白江区弥牟镇。

［12］天、地、风、云、龙、虎、鸟、蛇：此八阵名始见于李筌《太白阴经》，这是对古代八阵的一种附会穿凿之说。

［13］幡：长方形而下垂的旗帜，如长幡，也常用以统称旗帜。

［14］物象：指天、地、风、云、龙、虎、鸟、蛇一类的自然现象与动（植）物。

［15］丘井之法：丘、井均是古代划分土地、区域的基本单位。丘井之法即指古代划分土地、区域的一种制度。相传殷商时国家将土地按井字形划为九区，一井九百亩，共九区，中央百亩为公田，由八家助耕，其他八区由八家分受耕种。八家同井，四井为邑，四邑为丘，故称丘井之法。

［16］纷纷纭纭……形圆而势不散：语意出自《孙子·兵势》。

［17］阃阈：门槛，此处引申为范围、界限。阃，底本作"闞"，疑误，今据《讲义》校改。

［18］太公：指吕尚，姓姜，字子牙，俗称姜太公，又称太公望。周初官至太师，故也称师尚父。曾辅佐文王、武王翦灭殷商王朝，因功分封于齐，为齐国的始祖。

［19］岐都：古都邑之名，在今陕西岐山县东北。周族首领古公亶父曾将族众由豳地迁徙到岐山下的周原，在那里筑城郭，建居室，使周族的发展进入到一个新的阶段。

［20］虎贲三千人：虎贲，古代勇士的代称，形容其雄壮威武如同猛虎；三千人，底本作"三百人"，显误，今据《史记·周本纪》校改。

［21］六步七步，六伐七伐：这是周武王在牧野誓师中对周军将士所颁布的作战要领，见于《尚书·牧誓》与《史记·周本纪》。意谓在作战中，部队每前进六步七步，每击刺六次七次就要暂停一下，以保持阵形的整齐。它反映了当时步兵大方阵作战的基本特点。

［22］牧野：古地名，在今河南淇县西南，周武王率军在此歼灭殷商军

队的主力，进而攻克殷都朝歌（今河南淇县），建立周朝。

[23]致师：以少量兵力对敌人军阵进行挑战。

[24]胜纣七十万众：纣，商纣王，殷商王朝的末代君主。传说他嗜酒好色，残忍暴虐，导致百姓怨恨、诸侯离心。他又穷兵黩武，连年对东夷用兵，终为西方属国周国所推翻，自焚身死。七十万众，见《史记·周本纪》记载，但疑当为十七万众（参见陈子龙《史记测义》）。

[25]《司马法》：详见本书《司马法》之说明。

[26]桓公：指齐桓公，春秋时期齐国国君，公元前685年至前643年在位，曾任用管仲、鲍叔牙等贤能之士，实行改革，成为春秋时期第一位霸主。

[27]管仲：春秋时期杰出政治家，曾辅佐齐桓公改革政治，发展经济，扩充军备，使齐国国力大振，称霸中原，被尊为仲父。

[28]节制之师：指纪律严明、训练有素、骁勇善战的军队。

[29]王制：先王的制度。《礼记》《荀子》皆有《王制》篇。《礼记·王制》疏云："王制者，以其记先王班爵、授禄、祭祀、养老之法度。"

[30]管、乐：管仲、乐毅。管仲已见前注。乐毅，战国时期著名军事家，先仕于赵、魏，后入燕为亚卿，继任上将军，曾率燕、赵、韩、魏、秦五国联军伐齐，大破之，下齐七十余城，受封为昌国君。后受谗出奔赵国，郁郁而终。

[31]三分齐国，以为三军：《国语·齐语》等史籍称管仲辅佐齐桓公改革军制，建立三军。其中设乡二十一，五乡为一军，桓公亲领中军，上卿国子、高子分领其他两军。

[32]五家为轨：《国语·齐语》："五家为轨，故五人为伍，轨长帅之。"韦昭注："居则为轨，出则为伍。"

[33]里：古代民户的一种编制单位，后来也成为一级基层行政机构。按《国语·齐语》，齐国以五十家为一里。

[34]小戎：齐国以兵车成员为计算单位的军队一级编制。小戎，原义为兵车，齐以五十人为一乘，多于西周定制三十人，少于春秋晚期一乘七十五人制。

[35]连:古代民户的一种编制单位,齐国以二百家为一连。

[36]卒:古代军队的一级编制单位,通常以一百人为一卒,但齐国以二百人为一卒。

[37]乡:古代行政区域名称,指靠近都城的近郊地区。齐国有二十一乡,每乡二千家。

[38]旅:古代军队的一级编制单位,通常以五百人为旅,但齐国以二千人为一旅。

[39]师:古代军队或行政区域的名称。齐国以一万家为一师。师,底本作“帅”,疑误,今据《讲义》等校改。

[40]军:原指军队屯驻,后引申为古代军队的最高编制单位。齐国以一万人为一军。

【译文】

唐太宗问道:“黄帝的兵法,后世传说为《握奇文》,或者称为《握机文》,这怎么讲?”

李靖回答说:“奇,读音为‘机’,所以也将‘奇’传为‘机’,它们的意思是一样的。按《握奇文》上说:‘四方为正兵,四隅为奇兵,中央的余奇之兵就是由主将所掌握的机动部队。’所谓‘奇’,就是剩余的意思,因此,‘奇’读音为‘机’。臣下我以为在战场上战机无处不在,哪有什么专门掌握的战机呢?应当理解为掌握机动力量,并用来随机应变才是正确的。正兵通常是用以执行国君总的战略意图的部队,奇兵则是将领按照战场情况灵活使用的兵力。《孙子兵法》说:‘平素能严格贯彻命令,管教士卒,士卒就会养成服从的习惯。’这是按照君主的命令行事的正兵。《孙子兵法》又说:‘用兵作战的具体方法不能在事先刻板规定,国君有的命令可以拒绝执行。’这是指将帅机动指挥、见机行事而言。大凡将领,只会用正而不知用奇的,那便是墨守成规的将领;只知用奇而不会用正的,那便是浮躁好斗的将领;既会用正又会用奇的,那才是辅佐国家的良将。所以说掌握战机和掌握机动兵力,这两者本来不是可截然分开的方法,关键在于学习者能够融会贯通而已。”

唐太宗说："一般的军阵区分为九个小的方阵，中央的一阵为余零之兵，由大将自己亲自掌握，四方四隅各阵都向中阵看齐取准。大阵之中包容许多小阵，大队之中包容许多小队。前阵可以做后阵，后阵也可以做前阵。前进时不快跑，后退时不急走。整个方阵四头八尾，哪一部分受到攻击，哪一部分就立即变为阵首迎击敌人。如果敌人拦腰冲击方阵，那么方阵的头尾都来救应。布阵的数目最初是五个，后来演变成为八个。这是什么道理呢？"

李靖回答说："诸葛亮曾用石块纵横排列成八行，八阵的布阵方法，就如同上述黄帝九阵一样。我过去教练部队阵法，总是先教会此阵。现在世上所流传的《握机文》，不过是说明一些梗概罢了。"

唐太宗问道："天、地、风、云、龙、虎、鸟、蛇，作为八阵的名称，它们的含义是什么？"

李靖回答说："这是后人在讹传中发生的错误。古人为了保守这一阵法的秘密，便故意给它安上八个神秘的名称。其实八阵乃是一个整体，具体分为八个部分罢了。比如天、地和风、云，原本是几种旌旗的名称；而龙、虎、鸟、蛇，则不过是各个部队的序列之别。后人辗转相传发生错误，给各个大阵小阵都以各种物象命名，其实又何止上述那八种呢？"

唐太宗说："布阵的数目初始是五个，到最终推演成八个，这并非是由于假设物象的缘故，而是一种古代的传统制度。你可以详细谈一谈这一问题。"

李靖说："从历史上看，黄帝最早创立丘井之法，并根据井田之法确立军事制度。一井共有四条相互交叉的道路，八家居民共处一井，它的形状就像一个'井'字，正好将土地分为九个方块。以井田与八阵相类比，那么前、后、左、中、右即为五块阵地，余下的东南、西南、西北、东北四块角落则为闲地。这就是所谓布阵之数开始于五阵的由来。空出中央阵地，由大将居中指挥，以前、后、左、右加上四个角落环绕相连列阵，便成了八阵，这就是所谓阵数最后演变为八个的由来。等到变换队形打击敌人的时候，则部队频繁机动，旌旗招展，虽然阵地上纷乱厮杀，看似混乱，但阵法不错乱；部队行动有如江河奔流，混混沌沌，迷迷蒙蒙，阵形浑圆而阵势不散。这就是所谓分散开来成为八阵,而组合起来就是一个大阵。"

唐太宗说:"黄帝所创立的兵制,真是深奥啊!后人虽然有高超的智慧、深远的谋略,但谁也没有能够超越他的思想。自黄帝之后,又有谁继承了他的兵法呢?"

李靖回答说:"西周刚刚兴起之时,姜太公就曾整理修订过黄帝兵法,开始在岐都建立井田制度,拥有战车三百辆,虎贲三千人,创建了周朝的军事制度,确立了六步七步、六伐七伐的作战方法。于是,牧野一战,姜太公以百名勇士组成的前锋冲击敌阵,成就了武功,取得了以四万五千人战胜商纣七十万大军的辉煌胜利。周代的兵书《司马法》,就是根据太公兵法而写成的。姜太公去世之后,齐国人得到了他遗传下来的兵法。到了齐桓公称霸天下时,任用管仲为宰相,重新整理太公兵法,齐国的军队被称为纪律严明、训练有素的军队,使得当时各诸侯国全部畏服归附。"

唐太宗说:"儒家人物大多认为管仲不过是一个以霸道治天下的谋臣而已,殊不知他的兵法实际上却是立足于王道之治的。诸葛亮是辅佐帝王的贤才,当年他常将自己比作管仲和乐毅,由此可知管仲也是辅佐帝王的贤才。只不过当时周王室已经衰微,周王不能任用管仲,所以他只好转而凭借齐国的力量兴师以匡正天下。"

李靖再拜说:"陛下神武圣明,知人如此透彻,我即使现在就死去,也觉得无愧于先贤了。请允许臣下我说一说管仲治理齐国的方法:他把齐国的民众划分为三个部分,建立三军。具体地说:行政上五家组成一轨,每家出兵一人,所以军制上相应地以五人组成一伍;行政上十轨组成一里,所以军制上以五十人组成一个小戎;行政上四里为一连,所以军制上二百人组成一卒;行政上十连为一乡,所以军制上以二千人组成一旅;行政上五乡为一师,所以军制上一万人组成一军。这就如同《司马法》中所规定的军制一样,一师下分五个旅,一旅下分五个卒。其实,这都是来源于姜太公的遗法。"

太宗曰:"《司马法》,人言穰苴[1]所述,是欤?否也?"

靖曰："案《史记·穰苴传》，齐景公[2]时，穰苴善用兵，败燕、晋之师，景公尊为司马[3]之官，由是称司马穰苴，子孙号司马氏。至齐威王[4]追论古《司马法》，又述穰苴所学，遂有《司马穰苴书》数十篇。今世所传兵家[5]者流，又分权谋[6]、形势[7]、阴阳[8]、技巧[9]四种，皆出《司马法》也。"

太宗曰："汉张良[10]、韩信[11]序次兵法，凡百八十二家，删取要用，定著三十五家[12]。今失其传，何也？"

靖曰："张良所学，太公《六韬》[13]、《三略》[14]是也；韩信所学，穰苴、孙武是也。然大体不出三门四种而已。"

太宗曰："何谓'三门'？"

靖曰："臣案《太公·谋》[15]八十一篇，所谓阴谋[16]，不可以言穷；《太公·言》七十一篇，不可以兵穷；《太公·兵》八十五篇，不可以财穷。此三门也。"

太宗曰："何谓'四种'？"

靖曰："汉任宏[17]所论是也。凡兵家者流，权谋为一种，形势为一种，及阴阳、技巧二种，此四种也。"

太宗曰："《司马法》首序蒐狩[18]，何也？"

靖曰："顺其时而要之以神，重其事也。《周礼》[19]最为大政：成有岐阳之蒐[20]，康有酆宫之朝[21]，穆有涂山之会[22]，此天子之事也。及周衰，齐桓有召陵之师[23]，晋文有践土之盟[24]，此诸侯奉行天子之事也。其实用九伐之法[25]以威不恪。假之以朝会[26]，因之以巡狩，训之以甲兵，言无事兵不妄举，必于农隙，不忘武备也。故首序蒐狩，不其深乎！"

太宗曰："春秋楚子[27]二广之法[28]云：'百官象物而动，军政不戒而备。'[29]此亦得周制欤？"

靖曰："案左氏[30]说，楚子乘广三十乘[31]，广有一卒[32]，卒偏之两[33]，军行，右辕，以辕为法，故挟辕而战。皆周制也。臣谓百人曰卒,五十人曰两,此是每车一乘,用士百五十人,比周制差多尔。周一乘步卒七十二人,甲士三人[34]。以二十五人为一甲,凡三甲,共七十五人。楚山泽之国,车少而人多[35],分为三队,则与周制同矣。”

太宗曰:“春秋荀吴伐狄,毁车为行[36],亦正兵欤?奇兵欤?”

靖曰:“荀吴用车法耳,虽舍车而法在其中焉。一为左角,一为右角[37],一为前拒[38],分为三队,此一乘法也,千万乘皆然。臣案《曹公新书》云:‘攻车七十五人,前拒一队,左、右角二队;守车一队,炊子十人,守装五人,厩养五人,樵汲五人,共二十五人。攻、守二乘,凡百人。’兴兵十万,用车千乘,轻、重二千,此大率荀吴之旧法也。又观汉、魏之间军制:五车为队,仆射[39]一人;十车为师,率长一人;凡车千乘,将吏二人。多多仿此。臣以今法参用之,则跳荡[40],骑兵也;战锋队[41],步骑相半也;驻队[42],兼车乘而出也。臣西讨突厥,越险数千里,此制未尝敢易。盖古法节制,信可重也。”

【注释】

[1]穰苴:指司马穰苴,本姓田,为田完后裔,春秋时期齐国著名军事家。曾率齐军驱逐入侵的燕、晋之师,因功官居大司马,故又称司马穰苴。撰有军事著作,后人称作《司马穰苴兵法》。

[2]齐景公:春秋晚期齐国国君,公元前547年至公元前490年在位。

[3]司马:官名,西周时期设置,大司马为六卿之一。西周晚期起,与司徒、司空合称为“三有司”,主要掌管军政、军赋及军法事宜。

[4]齐威王:战国中期齐国著名国君,公元前356年至公元前320年在位。他任用贤能,改革政治,发展经济,增强军备,繁荣文化,并在桂陵、马陵之战中大破魏军,使齐国威震天下。

[5]兵家:中国古代专门研究军事问题用以指导战争实践的学派。

[6]权谋:《汉书·艺文志》将兵家区分为四大类,居首者即兵权谋家。其特点是"以正守国,以奇用兵,先计而后战,兼形势,包阴阳,用技巧者也"。

[7]形势:指兵形势家,其特点为"雷动风举,后发而先至,离合背乡,变化无常,以轻疾制敌者也"。即善于实施战场机动。

[8]阴阳:指兵阴阳家,其特点为"顺时而发,推刑德,随斗击,因五胜,假鬼神而为助者也"。

[9]技巧:指兵技巧家,侧重于军事技术和战术运用,即所谓"习手足,便器械,积机关,以立攻守之胜者也"。

[10]张良:汉初著名政治家、谋略家。秦末农民战争中聚众投效刘邦,成为其重要谋士,为之运筹帷幄,功勋卓著,刘邦称帝后受封为留侯。

[11]韩信:汉初杰出军事家。秦末农民战争中,他先后投效项羽、刘邦。楚汉战争中,他被刘邦任命为大将,辅佐刘邦灭楚。汉朝建立后,改封为楚王,后贬为淮阴侯,公元前196年为吕后所杀。

[12]"汉张良、韩信序次兵法"四句:语出《汉书·艺文志·兵书略》。

[13]《六韬》:先秦时期著名兵书,《武经七书》之一。

[14]《三略》:又名《黄石公三略》,中国古代著名兵书,《武经七书》之一。

[15]《太公·谋》:《汉书·艺文志·诸子略·道家》著录有《太公》237篇,分谋、言、兵三部分,其书已佚。

[16]阴谋:与今天"阴谋"一词多含贬义不同。古人所说的"阴谋",主要是指隐蔽筹划军事方略,机密灵活地用兵,以达到克敌制胜的目的。

[17]任宏:汉成帝时人,曾任步兵校尉,受命校理兵书,对古代兵书的整理与流传做出过重要的贡献。

[18]蒐狩:指古人通过田猎活动训练军队,进行实兵演习。春猎为蒐,冬猎为狩。春秋中后期,"蒐"演变为较单纯的检阅练兵。

[19]《周礼》:书名,又称《周官》,儒家经典之一。

[20]成有岐阳之蒐:成,周成王,西周著名国君;岐阳之蒐,指周成王在岐山南面进行的以春猎为方式的军事演练。

[21]康有酆宫之朝：康，周康王，成王之子，在位时励精图治，与其父成王一起造就著名的“成康之治”；酆宫之朝，指周康王曾在酆宫（今陕西西安市鄠邑区东）田猎以朝会诸侯。

[22]穆有涂山之会：穆，周穆王；涂山之会，指周穆王曾在涂山（今安徽怀远东南）进行田猎演练，会见诸侯。

[23]召陵之师：公元前656年，齐桓公率诸侯联军南下侵蔡伐楚。楚国派屈完与诸侯交涉，双方结盟于召陵（今河南偃师东南）。

[24]晋文有践土之盟：晋文，春秋时晋国著名国君晋文公，春秋五霸之一。在位期间任贤使能，革新政治，发展军力，并经城濮之战击败楚军，取威定霸。践土之盟，指晋文公在城濮之战取胜后，在践土（今河南原阳西南）与诸侯会盟，继齐桓公而成为中原诸侯盟主。

[25]九伐之法：指周天子征伐不臣诸侯的九条基本原则。具体内容见于《周礼·夏官·大司马》以及《司马法·仁本》。

[26]朝会：指诸侯或臣属朝见天子。按礼家的解释，春见曰朝，时见曰会。

[27]楚子：此处指楚庄王，春秋时期楚国国君，春秋五霸之一。

[28]二广之法：楚兵制，战车十五辆为一广。二广之法，《左传·宣公十二年》：“其君之戎，分为二广，广有一卒，卒偏之两。”即楚庄王的亲兵战车队分为左右二队。

[29]“百官象物而动”两句：语出《左传·宣公十二年》。百官，泛指在军中有职务者；物，古代军队中的杂色旗帜，用以标识各级军官的地位与职司；戒，通“诫”，指敕令、诫令。

[30]左氏：指《春秋左氏传》，相传为鲁国左丘明所撰，故名，又称《左氏春秋》，是中国古代第一部成熟的编年体史书。

[31]乘广三十乘：乘广，战车。按，战车以乘为计算单位。三十乘，左、右广各十五乘，合为一个战术单位，有兵车三十乘。

[32]广有一卒：意谓每广有一卒（一百人）、三十辆战车。一说，楚国军队战车一广（乘）配备步兵一卒。

[33]卒偏之两：意谓每卒又分为左右两偏。偏，先秦时战车的基本

编队单位，可大可小，有以九乘为一小偏，十五乘为大偏，也有以二十五乘为一偏。两，古代军队的编制单位，一般五伍为一两，一两二十五人。下言五十人为两，当是楚国独有的编制。

[34]一乘步卒七十二人，甲士三人：春秋中后期每乘战车的编制人数（七十五人制）。

[35]车少而人多：楚国等南方国家，受丘陵多、湖泽广等特殊地形条件的制约，战车与步兵的比例要较中原诸侯国为高。

[36]荀吴伐狄，毁车为行：荀吴，春秋时期晋国中军元帅。公元前541年，他率军伐狄（古代北方少数民族）于大卤（今山西太原一带），因地形险厄，不便车战，遂采纳部下魏舒的建议，变车兵为步兵，以对付狄人的步兵，提高了军队的机动性，因而大破狄军，成为中国历史上由车战全盛向步战复归的转折点。

[37]左角、右角：指左、右翼进攻性的小方阵。《左传·昭公元年》："五乘为三伍……两于前，伍于后，专为右角，参为左角，偏为前拒，以诱之。"

[38]前拒：指充当前锋的战斗小方阵。

[39]仆射：官名，此处指统率一队的军官。

[40]跳荡：指用以出奇制胜的精锐突击分队。《新唐书·百官志一》："矢石未交，陷坚突众，敌因而败者，曰跳荡。"

[41]战锋队：指骁勇善战的前锋部队。

[42]驻队：指暂时持重待机，不投入战斗的部队。

【译文】

唐太宗问道："人们都说《司马法》一书是司马穰苴所著，这种说法是对还是不对呢？"

李靖回答说："根据《史记·司马穰苴列传》记载，齐景公时，田穰苴善于用兵，曾击败过燕国和晋国的军队，因战功卓著被齐景公加封司马之官，由于这个原因，人们称他为司马穰苴，他的子孙也号称司马氏。到了齐威王时，研讨古代的《司马兵法》，并整理穰苴的有关军事论述，于是就产生了《司马穰苴书》数十篇。现在流传下来的军事学流派,又区分为兵权谋、兵形势、兵阴阳、兵技巧等四种,其实它们都源出于古代的《司马法》。”

唐太宗又问:“汉代张良、韩信整理和编次当时存在的各种兵法,一共得到一百八十二家。经过筛选取舍,最后定为三十五家。现在,这些兵书大都已经失传,这是什么缘故?”

李靖答道:“其实张良所学习的就是太公的《六韬》以及《三略》,韩信所学的便是司马穰苴和孙武的军事学说。而这些古代兵书,就其类别而言,大体不外乎三门四种。”

唐太宗问:“什么叫‘三门’?”

李靖回答说:“我认为是:《太公·谋》八十一篇为第一门,上面所讲的诡秘的计谋,不可以言尽其意;《太公·言》七十一篇为第二门,上面所讲的深奥玄理,不可以兵穷其妙;《太公·兵》八十五篇为第三门,上面所说的用兵之道,不可以财穷其术。这就是古代兵书中的三门。”

唐太宗接着问:“什么又叫‘四种’呢?”

李靖回答:“这就是汉代任宏所论述的兵学分类法。所有的兵家学派可以划分为四种:权谋为一种,形势为一种,再加上阴阳和技巧两种,这就是所说的四种。”

唐太宗问道:“《司马法》首先论述春冬时节的田猎问题,这是为什么?”

李靖答道:“利用农闲季节进行田猎,训练军队,同时祭祀宗庙求神庇佑,这是表示对武备的重视。《周礼》一书将田猎列为最重要的制度。周成王曾有在岐山南面进行田猎的壮举,周康王曾有在酆宫接受诸侯朝觐的盛况,周穆王也曾有在涂山举行大会的典礼,这都是天子分内应做的事情。待到周王室衰微之后,齐桓公曾与诸侯会师于召陵,晋文公曾和诸侯结盟于践土,这都是诸侯假天子之命做的事情。其目的在于用‘九伐之法’来震慑那些不听王命的诸侯,只是借用了朝会的名义,利用巡猎的机会,进行军事训练,旨在强调天下太平无事,不要轻易大兴干戈。而田猎之所以一定要在农闲之时进行,这又体现了和平时期不忘战备的意思。

所以说,《司马法》首先叙述田猎问题,其用意不正是十分深远的吗?”

唐太宗问道:“春秋时期楚庄王的二广之法说:‘各级军官按照旌旗的指令而行动,全军上下不待命令即做好战斗准备。’这也来源于周朝的军制吗?”

李靖回答说:“根据《左传》的记载,楚庄王的战车一广三十辆,共有左右两广,每广为一卒,每卒分为两偏。军队行进之时,步兵在战车右辕一侧展开,左右进退都以右辕为准,所以称作围绕战车右辕而进行战斗,这是周朝的制度。我认为配属步兵一百人为一卒,五十人为一两。这样每辆战车即为一乘,共一百五十人,比周朝战车编制的人数要稍稍增多了。周朝兵制的规定是,一乘战车配属徒兵七十二人,甲士三人。以二十五人为一甲,总共三甲,合计七十五人。楚国是一个多山林沼泽的国家,战车少,人数多,但是它仍采用卒、偏、乘的三级编制,其军队编制的基本方法还是与周朝的制度相同的。”

唐太宗问:“春秋时期晋国荀吴征伐狄人,舍弃战车改用步兵作战,这是正兵还是奇兵?”

李靖回答道:“荀吴用的仍是车战的方法,虽然他舍弃战车而用步兵作战,但使用的仍是车战的基本方法。当时他以一队为左翼,一队为右翼,一队为前卫,共分三队,这正是一乘战车的战斗队形。就是千乘万乘,其战斗队形也都是以此类推的。根据《曹公新书》的说法,攻车一乘共计七十五人,其中有前卫一队,左、右翼各一队;守车一乘,配属有炊事人员十人,守护武器装备的五人,饲养人员五人,负责砍柴打水的人五人,共计二十五人。这样,攻、守两车恰好有士卒一百人。因此,出兵十万,就需要动用战车一千辆、辎重车一千辆,也就是一共需要轻、重战车二千辆,这就是荀吴旧式车战编制的大概情况。再考察汉、魏时期的军队编制:通常以五车为一队,设仆射一人;十车为一师,设率长一人;凡一千乘战车,设将吏二人。如再增加战车,则以此类推。我用今天的编制来参照古法,那么跳荡就是骑兵部队,战锋队就是由步兵和骑兵各半混合编组的部队,驻队就是由步兵和车兵混合编组而成的部队。当年我西进讨伐突厥时,翻越险阻转战千里,也不敢轻易改变这种编制方法。这是因为古代军制完整谨严，富有功效，确实值得推重啊！”

太宗幸[1]灵州[2]回，召靖，赐坐。曰：“朕命道宗[3]及阿史那社尔[4]等讨薛延陀[5]，而铁勒[6]诸部乞置汉官，朕皆从其请。延陀西走，恐为后患，故遣李勣[7]讨之。今北荒悉平，然诸部蕃汉杂处，以何道经久，使得两全安之？”

靖曰：“陛下敕自突厥至回纥[8]部落，凡置驿[9]六十六处，以通斥候[10]，斯已得策矣。然臣愚以谓，汉戍宜自为一法，蕃落宜自为一法，教习各异，勿使混同。或遇寇至，则密敕主将临时变号易服，出奇击之。”

太宗曰：“何道也？”

靖曰：“此所谓‘多方以误之’[11]之术也。蕃而示之汉，汉而示之蕃，彼不知蕃汉之别，则莫能测我攻守之计矣。善用兵者，先为不可测，则敌‘乖其所之’[12]也。”

太宗曰：“正合朕意，卿可密教边将。只以此，蕃汉便见奇正之法矣。”

靖再拜曰：“圣虑天纵，闻一知十，臣安能极其说哉！”

太宗曰：“诸葛亮言：‘有制之兵，无能之将，不可败也；无制之兵，有能之将，不可胜也。’[13]朕疑此谈非极致之论。”

靖曰：“武侯[14]有所激云尔。臣案《孙子》曰：‘教道不明，吏卒无常，陈兵纵横，曰乱。’[15]自古乱军引胜，不可胜纪。夫教道不明者，言教阅无古法也；吏卒无常者，言将臣权任无久职也；乱军引胜者，言己自溃败，非敌胜之也。是以武侯言：兵卒有制，虽庸将未败；若兵卒自乱，虽贤将危之。又何疑焉？”

太宗曰：“教阅之法，信不可忽。”

靖曰：“教得其道，则士乐为用；教不得法，虽朝督暮责，无益于事矣。臣所以区区[16]古制皆纂以图者,庶乎成有制之兵也。”

太宗曰:“卿为我择古陈法,悉图以上。”

太宗曰:“蕃兵唯劲马奔冲,此奇兵欤?汉兵唯强弩[17]犄角[18],此正兵欤?”

靖曰:“案《孙子》云:‘善用兵者,求之于势,不责于人,故能择人而任势。’[19]夫所谓择人者,各随蕃汉所长而战也。蕃长于马,马利乎速斗[20];汉长于弩,弩利乎缓战。此自然各任其势也,然非奇正所分。臣前曾述蕃汉必变号易服者,奇正相生之法也。马亦有正,弩亦有奇,何常之有哉?”

太宗曰:“卿更细言其术。”

靖曰:“先形之,使敌从之,是其术也。”

太宗曰:“朕悟之矣!《孙子》曰:‘形兵之极,至于无形。’[21]又曰:‘因形而措胜于众,众不能知。’[22]其此之谓乎?”

靖再拜曰:“深乎!陛下圣虑,已思过半矣。”

太宗曰:“近契丹[23]、奚[24]皆内属,置松漠、饶乐二都督[25],统于安北都护[26]。朕用薛万彻[27],如何?”

靖曰:“万彻不如阿史那社尔及执失思力[28]、契苾何力[29],此皆蕃臣之知兵者也。因常与之言松漠、饶乐山川道路,蕃情逆顺,远至于西域[30]部落十数种,历历可信。臣教之以阵法,无不点头服义。望陛下任之勿疑。若万彻,则勇而无谋,难以独任。”

太宗笑曰:“蕃人皆为卿役使!古人云:以蛮夷攻蛮夷,中国之势也[31]。卿得之矣。”

【注释】

[1]幸:巡幸。封建时代称帝王亲临为幸。

[2]灵州:唐代州名,治所在今宁夏灵武西南。

［3］道宗：指李道宗，唐初著名将领。

［4］阿史那社尔：唐初大将，突厥族，贞观九年（635 年）率众归唐，次年入朝被封为左骁卫大将军。

［5］薛延陀：古族名与国名，为铁勒之一部。

［6］铁勒：我国古代北方少数民族名。公元 5 世纪时，北魏太武帝迁徙东部铁勒数十万众于漠南，渐习农耕。突厥兴起，铁勒分属于东、西突厥，其中以回纥、薛延陀诸部最为著名。

［7］李勣：唐初著名将领。本姓徐，名世勣，字懋公。初为瓦岗军将领，后归唐，赐姓李，因避太宗讳，单名勣。与李靖齐名。

［8］回纥：古族名与国名。其先匈奴，先后称袁纥、韦纥，散居漠北。大业元年（605 年），与仆固、同罗、拔野古等建立联盟，总称回纥。它与唐室一直保持较友好与从属的关系。

［9］驿：驿站，古代供过往官员和传递政府文书的人中途换马或休息、暂住的地方。

［10］斥候：指瞭望观察敌情的哨所，也指侦察敌情的士兵。斥，远；候，侦察。

［11］多方以误之：语出《左传·昭公三十年》。

［12］乖其所之：语出《孙子·虚实》。乖，相背、不一致。

［13］“有制之兵”六句：语出诸葛亮《兵要》。

［14］武侯：指三国时期蜀汉杰出政治家、军事家诸葛亮，因其曾受封为武乡侯，故有此称。

［15］“教道不明”四句：语出《孙子·地形》。教道，指对军队的教育、训练与指挥；无常，没有法纪、常规。

［16］区区：小、少。一说区区犹“拳拳”，忠爱专一的意思。

［17］强弩：力量很大的弓弩。弩是古代冷兵器作战中一种主要的射远兵器。

［18］犄角：或作“掎角”。《左传·襄公十四年》：“譬如捕鹿，晋人角之，诸戎掎之。”角，指抓住角；犄，指拉住后腿。后以犄角喻指分兵牵制或前后夹击敌人。

[19]"善用兵者"四句:语出《孙子·兵势》。责,求、苛求。《说文》:"责,求也。"择,选择。一说,择当为"释"。

[20]马利乎速斗:此句概括骑兵作战的特点以及优势。

[21]"形兵之极"两句:语出《孙子·虚实》。形兵,指军队部署过程中的伪装佯动。

[22]"因形而措胜于众"两句:语出《孙子·虚实》。因,通过、依靠;措,放置、安置的意思。

[23]契丹:我国古族名,源出东胡。北魏时自号契丹。唐时在其地置松漠都督府,并任命其首领为都督。

[24]奚:我国古族名,源出东胡。原居辽水上游。汉时称乌桓。南北朝时称库莫奚,分布于饶乐水(今内蒙古西拉木伦河)流域,唐时内附。

[25]松漠、饶乐二都督:均为唐代羁縻都督府名,分别为契丹、奚两部落所设置。

[26]安北都护:唐代都护府名,统领塞北铁勒诸部族府州,其辖境约当今蒙古国及俄罗斯西伯利亚南部一带。

[27]薛万彻:唐初将领,隋涿郡太守薛世雄之子,后归唐。

[28]执失思力:唐初少数民族将领,突厥族。

[29]契苾何力:唐初少数民族将领,铁勒部契苾族人。贞观六年(632年)归唐。

[30]西域:自汉代起对玉门关(今甘肃敦煌西北)以西广大地区的总称。唐时曾在西域设置安西、北庭两大都护府。

[31]以蛮夷攻蛮夷,中国之势也:蛮夷,古代中原王朝统治者对各少数民族的侮蔑性称呼。以蛮夷攻蛮夷,即所谓"以夷制夷",这是中原王朝统治者驾驭、控制少数民族的重要手段。

【译文】

唐太宗巡幸灵州后回到京城,召见李靖并赐坐,然后说:"我命令李道宗和阿史那社尔等将领率兵讨伐薛延陀,而铁勒各部落请求派汉人官吏前去管理,我已满足了他们的请求。薛延陀部族向西逃窜而去,日后恐怕会成为我们的后患，所以我又派李勣率兵去讨伐他们。如今北部荒漠地区都已平定，然而各个部落里少数民族和汉族混杂居住在一起，应该用什么方法使得双方做到长期友好相处，保持该地区的长治久安？”

李靖回答说：“陛下曾下令从突厥到回纥的各个部落里，共设置驿站六十六处，以便利于斥候往来传递情报，这已是一个很好的办法了。但是我还认为，戍边的汉族部队应该自有一套管理和训练的办法，少数民族部队也应该有一套特殊的管理和训练的办法，他们的训练方法必须有区别，一定不能混同起来。倘若遇到敌寇的侵扰，就秘密地给主将下达命令，使汉族士兵和少数民族士兵临时变换旗号，换穿服装，出其不意地打击敌人。”

唐太宗又问：“这是什么道理呢？”

李靖回答说：“这就是古人所说的‘采用各种手段来迷惑欺骗敌人’的方法。少数民族士兵装作是汉族士兵，汉族士兵装作是少数民族士兵，敌寇分不清这两者之间的区别，那么就不能正确地判断我方的攻守方略了。善于用兵打仗的人，首先要使作战意图变得莫测高深，这样，就能够使敌人在行动时发生失误。”

唐太宗说：“你说的办法正合我的心意，你可用它秘密地教授守边将领。只凭这套办法，蕃汉部队就能够表现出奇正的变化之道。”

李靖再拜称颂道：“圣上的英明是天赋的，闻一而知十，我哪里能透彻地阐述其中的无穷奥妙啊！”

唐太宗说：“诸葛亮曾经讲过：‘训练有素、军纪严明的军队，即使将领无能，也是无法被打败的；缺乏训练、军纪松弛的军队，即使将领有才能，也是不可能打胜仗的。’我怀疑这种说法并不是正确的观点。”

李靖说：“诸葛亮说这番话是有感而发。《孙子》上说：‘训练教育没有章法，官兵关系混乱紧张，列兵布阵杂乱无序，因此而致败的，叫作乱。’自古以来，自乱其军、自取覆亡的事例，真是不可胜数。所谓管理教育不严明，说的是军队训练没有遵循古代良好的做法；所谓官兵关系混乱紧张，说的是军官的职务和权责经常变动[，不能树立威信]；所谓乱军引胜，说的是自己先行溃败，而不是被敌人打败的。因此诸葛亮说：军队训练有素,纪律严明,虽然是庸将指挥,也不会打败仗;如果自己不战自乱,虽然是贤将带兵,也难免发生危险。这又有什么可怀疑的呢?”

唐太宗说:“看来教育和训练是否得法,确实是不可忽视的。”

李靖答道:“教习方法得当,士卒就会乐于听从命令;教习方法不当,即便是早晚不停地督促责备,也必定无济于事。臣下我之所以专心一致地把古人练兵制度一条条编纂成阵图,就是希望通过这些将部队训练成节制之师。”

唐太宗说:“那么就请你为我选择古代阵法,并全部绘成阵图,然后呈送上来。”

唐太宗问:“蕃兵作战经常凭借骁勇的战马奔突冲杀,这是所谓的奇兵吗?汉兵作战则常常凭借强弓劲弩夹击敌人,这是所谓的正兵吗?”

李靖回答说:“据《孙子》说:‘善于用兵打仗的人,总是努力创造有利的态势,而不对部属求全责备,所以他能够选择人才去利用和创造有利的态势。’这里所说的选择人才,就是让蕃汉士兵都能在战场上充分发挥自己的特长进行战斗。蕃兵擅长骑马,而骑兵适宜于快速解决战斗;汉兵擅长于强弓劲弩,而弓弩适合于稳重作战。这就是顺其自然发挥他们各自的优势,然而这并不是奇正的区分。我在前面曾讲过蕃汉士兵变换旗号和服装,那才是奇正相互变化的方法。骑战有正也有奇,弩战有奇也有正,哪里会有一成不变的道理呢?”

唐太宗说:“你就再详细谈谈这种方法。”

李靖说:“先做出假象迷惑敌人,使敌人听从我的调动,就是这种方法。”

唐太宗说:“我已经领悟了!《孙子》说:‘佯动示形进入最高的境界,就再也看不出任何痕迹。’又说:‘根据敌情变化而灵活运用战术,即便把胜利摆放在众人面前,众人仍然不能看出其中的奥妙。’说的就是这种情况吧?”

李靖再拜说:“兵法中的道理是多么深奥啊!陛下天赋圣明,对此早已领悟过半了!”

唐太宗说:“最近契丹和奚两个部落都归顺我大唐。朝廷已设置了松漠、饶乐两个都督府，统属安北都护府管辖。我想起用薛万彻担任都护，你觉得如何?”

李靖回答说:“薛万彻不如阿史那社尔、执失思力和契苾何力等人。这几位都是少数民族官员中熟谙军事的人。我曾经同他们谈论过松漠、饶乐地区的山川道路，当地少数民族的人心向背，甚至远在西域的十多个部落的情况，他们都能说得一清二楚，令人信服。臣下我向他们传授用兵阵法，他们也无不点头佩服。所以，我希望陛下您放心任用他们，不要有任何疑虑。至于说薛万彻，则是有勇无谋，难以独自担当重任。”

唐太宗笑着说道:“少数民族的官员都能为你所使用了。古人说:利用蛮夷来制服蛮夷，这是由中国的情势所决定的。看来你已经懂得这个道理了。”

卷中

太宗曰："朕观诸兵书，无出孙武[1]；孙武十三篇，无出虚实。夫用兵，识虚实[2]之势，则无不胜焉。今诸将中，但能言背实击虚[3]，及其临敌，则鲜识虚实者。盖不能致人，而反为敌所致故也。如何？卿悉为诸将言其要。"

靖曰："先教之以奇正相变之术，然后语之以虚实之形可也。诸将多不知以奇为正，以正为奇，且安识虚是实，实是虚哉？"

太宗曰："'策之而知得失之计，作之而知动静之理，形之而知死生之地，角之而知有余不足之处。'[4]此则奇正在我，虚实在敌欤？"

靖曰："奇正者，所以致敌之虚实也。敌实，则我必以正；敌虚，则我必为奇。苟将不知奇正，则虽知敌虚实，安能致之哉？臣奉诏，但教诸将以奇正，然后虚实自知焉。"

太宗曰："以奇为正者，敌意其奇，则吾正击之；以正为奇者，敌意其正，则吾奇击之。使敌势常虚，我势常实。当以此法授诸将，使易晓耳。"

靖曰："千章万句，不出乎'致人而不致于人'[5]而已。臣当以此教诸将。"

太宗曰："朕置瑶池都督[6]，以隶安西都护[7]，蕃汉之兵，如何处置？"

靖曰："天之生人，本无蕃汉之别。然地远荒漠，必以射猎而生，由此常习战斗。若我恩信抚之，衣食周之，则皆汉人矣。陛下置此都护，臣请收汉戍卒处之内地，减省粮馈[8]，兵家所谓治力之法也。但择汉吏有熟蕃情者，散守堡障[9]，此足以经久。或遇有警，则汉卒出焉。"

太宗曰："《孙子》所言治力者如何？"

靖曰："'以近待远，以佚待劳，以饱待饥。'[10]此略言其概尔。善用兵者，推此三义而有六焉：以诱待来，以静待躁，以重待轻，以严待懈，以治待乱，以守待攻[11]。反是则力有弗逮。非治力之术，安能临兵哉？"

太宗曰："今人习《孙子》者，但诵空文，鲜克[12]推广其义。治力之法，宜遍告诸将。"

【注释】

[1]观诸兵书，无出孙武：这是对古代最著名兵书《孙子》的崇高评价。从某种意义上说，《孙子》在兵学理论上的建树和境界，后来的兵书是无法企及的，故明代茅元仪在《武备志·兵诀评》中提到："前孙子者，《孙子》不遗；后孙子者，不能遗《孙子》。"

[2]虚实：参见《孙子·兵势》注[7]。

[3]背实击虚：指避实击虚，古代兵法中的重要作战原则之一，语出《孙子·虚实》。

[4]"策之而知得失之计"四句：语出《孙子·虚实》。策，策划、测算；作，兴起，此处指挑动；形之，以伪形示敌；死生之地，指敌人之优势和短处；角，量、校；有余，指实(强)之处；不足，指虚(弱)之处。

[5]致人而不致于人：语出《孙子·虚实》。意谓要积极调动敌人而不被敌人所调动，牢牢掌握作战主动权。

[6]瑶池都督：官署名。唐贞观二十三年(649年)二月设置，治所在庭州莫贺城(今新疆维吾尔自治区阜康市境内)，隶属于安西都护府。

[7]安西都护:唐代六大都护府之一。贞观十四年(640年),唐灭高昌国(今新疆吐鲁番东南达克阿奴斯城)以后,将其地改名西州,设交河、天山等县,并设安西都护府于交河城(在今新疆吐鲁番西北),统辖安西四镇(龟兹、疏勒、于阗、焉耆),属陇右道。

[8]减省粮馈:削减节省粮秣供给和运输费用。馈,赠送、馈赠,此处是补给运输的意思。

[9]堡障:指用土木筑成的城堡型防御工事。

[10]"以近待远"三句:是《孙子》关于治力的方法,见于《孙子·军争》。

[11]以守待攻:指以己方的固守来对付敌人的进攻,即古代兵家所谓的"为主不为客"。

[12]鲜克:鲜,很少、稀少的意思;克,能、能够。《诗·大雅·荡》:"靡不有初,鲜克有终。"

【译文】

唐太宗说:"在我所看过的各种兵书中,没有超过《孙子》的;在《孙子》十三篇中,又没有超过其中的《虚实篇》的。用兵作战,如果能真正认清和把握敌我双方的虚实形势,就没有不打胜仗的。现在的将领当中,仅仅是口头上会讲避实击虚,等到真的临敌作战,就很少有人能看清战场的虚实形势了。这大概是他们不但不能调动敌人,而反而被敌人所左右摆布的缘故。我这个看法你认为对吗?请你为将领们详尽地讲解一下识别虚实的要领。"

李靖说:"首先教会他们奇正相互变化的方法,然后再告诉他们识别虚实的各种情形,这样就容易领悟了。将领们大多不懂得奇兵变正兵、正兵变奇兵的道理,又怎么能识破敌人的虚是实、实是虚呢?"

唐太宗说:"要通过认真的筹算,来分析敌人作战计划的优劣得失;要通过挑动敌人,来了解敌人的活动规律;要通过佯动示形,来试探敌人的生死命脉所在;要通过小规模交锋,来了解敌人兵力的虚实强弱。这是否就是说变化奇正在我们一方,是虚是实在敌人一方?"

李靖回答说："所谓变化奇正，目的是为了察明和对付敌人的虚实。敌人兵力强大，那我就用正兵去对付他们；敌人兵力虚弱，那我就用奇兵去打击他们。假如将领不懂得奇正变化，那么即便是知道了敌人的虚实，又怎么能调动敌人而取胜呢？我遵照您的旨意，只要教会将领们如何运用奇正，然后他们自然就会懂得识别虚实的道理了。"

唐太宗说："我把奇兵变作正兵使用，敌人误认为我是奇兵，仍用对付奇兵的方法对付我，这时我就用正兵去打击他们；我把正兵变作奇兵使用，敌人误认为我是正兵，仍用对付正兵的方法对付我，这时我就趁机用奇兵去打击他们。如此，就能使敌人经常处于虚弱被动的地位，而使自己经常处于坚实主动的地位。应该把这种方法传授给将领，使他们容易明白。"

李靖说："兵法千章万句，不外乎'调动敌人而不为敌人所调动'罢了。我当本着这个根本原理去教授诸位将领。"

唐太宗问道："我设置瑶池都督，隶属于安西都护府。那里蕃汉士兵杂处在一起，应该怎么治理呢？"

李靖回答说："人刚生下来的时候，本来并不存在蕃汉的差别。然而，由于蕃人居住在边远荒漠的地区，必须以打猎为生，因此也就非常擅长于格杀战斗。如果我们在政治上抚慰他们，在衣食方面周济他们，那么他们就会和汉人一样了。陛下既然设置了安西都护府，我建议将驻扎在那里的汉军戍卒撤出，移防于内地，以减省粮秣供给和运输费用，这就是兵家所说的'治力'的方法呀！只要挑选熟悉蕃人地区情况的汉族官吏，让他们分散防守边防城堡，这样就足以做到长久无患。即使一旦发生紧急情况，汉兵也可立即出动控制局面。"

唐太宗问道："《孙子》所说的'治力'是怎么一回事？"

李靖回答说："'以自己部队的接近战场来对付远道而来的敌人，以自己部队的安逸休整来对付疲于奔命的敌人，以自己部队的粮饷充足来对付饥饿不堪的敌人。'这只是约略地说说治力的大概。善于用兵打仗的人，可以把这三条引申发展为六条：以诱诈来使敌人落入圈套，以冷静来对付敌人急躁冒进，以持重来对付敌人轻举妄动，以严整来对付敌人懈怠松弛，以整治来对付敌人的混乱，以固守来对付敌人的进攻。反之，战斗力就会难以保持。如果不懂得‘治力’的方法，又怎么能领兵作战呢？”

唐太宗说：“现在学习《孙子》的人，仅仅知道背诵条文，很少有人能够加以引申发挥。‘治力’的方法，应当普遍地告诉每一位将领。”

太宗曰：“旧将老卒，凋零殆尽，诸军新置，不经陈敌。今教以何道为要？”

靖曰：“臣尝教士，分为三等[1]：必先结伍法[2]，伍法既成，授之军校[3]，此一等也；军校之法[4]，以一为十，以十为百，此一等也；授之裨将，裨将乃总诸校之队，聚为陈图[5]，此一等也。大将军察此三等之教，于是大阅，稽考制度[6]，分别奇正[7]，誓众行罚[8]。陛下临高观之，无施不可。”

太宗曰：“伍法有数家，孰者为要？”

靖曰：“臣案《春秋左氏传》云‘先偏后伍’[9]，又《司马法》曰‘五人为伍’，《尉缭子》[10]有《束伍令》[11]，汉制有尺籍伍符[12]。后世符籍，以纸为之，于是失其制矣。臣酌其法，自五人而变为二十五人，自二十五人而变为七十五人，此则步卒七十二人、甲士三人之制也。舍车用骑，则二十五人当八马，此则五兵五当之制也。是则诸家兵法，唯伍法为要。小列之五人，大列之二十五人，参列之七十五人。又五参其数，得三百七十五人。三百人为正，六十人为奇。[13]此则百五十人分为二正，而三十人分为二奇，盖左右等也。穰苴所谓五人为伍，十伍为队，至今因之，此其要也。”

太宗曰：“朕与李勣论兵，多同卿说，但勣不究出处尔。卿所制六花陈法[14]，出何术乎？”

靖曰：“臣所本诸葛亮八陈法也。大陈包小陈，大营包小营，隅落钩连，曲折相对[15]。古制如此，臣为图因之。故外画之方，内环之圆[16]，是成六花，俗所号尔。”

太宗曰：“内圆外方，何谓也？”

靖曰：“方生于正，圆生于奇[17]。方所以矩其步，圆所以缀其旋。是以步数定于地，行缀应乎天。步定缀齐，则变化不乱。八陈为六，武侯之旧法焉。”

太宗曰：“画方以见步[18]，点圆以见兵[19]。步教足法，兵教手法，手足便利，思过半乎？”

靖曰：“吴起云：‘绝而不离，却而不散。’[20]此步法也。教士犹布棋于盘，若无画路，棋安用之？孙武曰：‘地生度，度生量，量生数，数生称，称生胜。胜兵若以镒称铢，败兵若以铢称镒。’[21]皆起于度量方圆也。”

太宗曰：“深乎，孙武之言！不度地之远近、形之广狭，则何以制其节乎？”

靖曰：“庸将罕能知其节者也。‘善战者，其势险，其节短，势如彍弩，节如发机。’[22]臣修其术，凡立队[23]，相去各十步，驻队[24]去前队二十步，每隔一队立一战队[25]。前进以五十步为节。角[26]一声，诸队皆散立，不过十步之内。至第四角声，笼枪跪坐[27]。于是鼓之，三呼三击，三十步至五十步以制敌之变。马军从背出，亦五十步临时节止。前正后奇，观敌如何。再鼓之，则前奇后正，复邀敌来，伺隙捣虚，此六花大率皆然也。”

【注释】

[1]等：等次、等级。这里是阶段、步骤的意思。

[2]伍法：古代编组和训练军队的基本方法。周代兵制规定，五人为伍，历代多相沿袭。

[3]军校：指古代任辅助之职的基层军官，一般负责十伍或百伍。

[4]军校之法:此“军校”与上句“军校”义有不同,乃指军队的编制单位。按,古代军之一部曰“一校”。校的编成,或以五十人(十伍)为一单位,或以五百人(百伍)为一单位。

[5]聚为陈图:指把各校之兵集结在一起,进行阵法的训练。

[6]稽考制度:指检查并考核各项制度的贯彻执行情况。稽考,稽查、考核的意思。

[7]分别奇正:指区别正兵(主力部队)与奇兵(机动兵力)的划分和使用方法。奇正在这里是指兵力的部署,而非战术的变换。

[8]誓众行罚:举行誓师,执行军法。春秋时齐国司马穰苴辕门立表诛斩庄贾,就是这方面典型的例子。

[9]先偏后伍:指公元前707年周郑缥葛之战中郑军“鱼丽阵”的基本作战队形。其特点是,把战车(以一偏二十五辆为单位)布列在前面,将步兵疏散配置于战车两侧及后方,步兵利用车辆的间隙作战,从而形成战车与步兵协同配合、攻防灵活自如的整体。

[10]《尉缭子》:先秦时期著名兵书,《武经七书》之一。

[11]《束伍令》:是《尉缭子》的一篇。束伍,即约束部伍。

[12]尺籍伍符:尺籍,书写军令的尺书簿册。一说,汉代将杀敌立功的成绩书写在一尺长的竹、木牍上,称为尺籍。伍符,伍内互相连保的一种凭证。

[13]五参其数:指五个参列的人数。按,五个参列之人数应为三百七十五人,然《问对》统计为三百人为正,六十人为奇,疑似从中扣除了十五名军官人数。

[14]六花陈法:李靖根据诸葛亮八阵法而革新创制的一种阵法。它由方阵变为内圆外方,由八阵变为六阵,加上中军共为七阵,故又称七军阵。

[15]隅落钩连,曲折相对:隅,指阵的各个攻守正面。落,指阵的四角,即各小阵的衔接处。隅落钩连,指六花阵各小阵间互相衔接,无破绽。曲折,指各小阵间的交叉和转变处。曲折相对,指各小阵结合和交叉的地方互相对称。

[16]外画之方，内画之圆：指六花阵外面六阵呈现为方形，里面的中央军阵呈现为圆形。

[17]方生于正，圆生于奇：意谓外面六阵是正兵，故呈现方形；里面的中央军阵为奇兵，故呈现圆形。

[18]画方以见步：指外呈方形可以显示士卒进退的步法。步，此处是指阵中每个士兵之间所保持的距离，以供练习步法用。

[19]点圆以见兵：谓内画圆形可以显示士卒运用兵器的方法。兵，此处指兵器。

[20]"绝而不离"两句：语出《吴子·治兵》。原文为"虽绝成陈，虽散成行"。

[21]"地生度"等七句：语出《孙子·军形》。

[22]"善战者"等五句：语出《孙子·兵势》。彍，弩弓张满之貌。彍弩，即张满待发之弩。机，弩之机钮(弩牙)。发机，即引发弩机的机钮，将箭突然射出。

[23]立队：指部署军队。

[24]驻队：暂停前进的部队，相当于今日战场上的预备队。

[25]战队：指战锋队。《直解》："战队，疑即前所谓战锋队，步骑相半者也。"

[26]角：号角。古代军队的作战指挥信号之一，有时也用来壮大军势。

[27]笼枪跪坐：笼枪，举枪、荷枪的意思；跪，指单膝着地的一种战斗预备姿势；坐，指双膝着地，臀部靠在足上的一种战斗预备姿势。

【译文】

唐太宗问道："经历过战争的旧将老兵，现在剩下的已是寥寥无几；各部队都是新近组建起来的，没有经历过实战，如今对他们进行训练，采用什么方法最为重要呢？"

李靖答道："我过去训练部队，常分为三个阶段来进行：首先是将五人编成一伍进行伍法训练。伍法练好后，再进行更大编组的军校训练。这是第一个阶段。军校训练的方法，是把一个单位当作十个单位，十个单位当作百个单位，从小到大，由低级向高级进行推演训练。这是第二个阶段。然后交给裨将训练。裨将在训练好各校部队的基础上，将部队集结起来进行阵法的训练。这是第三个阶段。大将军看到这三个阶段的训练内容完成后，于是进行大检阅，检查并考核各项制度的执行情况，区分奇兵和正兵的划分和使用方法，举行誓师，严明赏罚。此时如果陛下登上高台观看部队演练，那么就会看到部队听从指挥、令行禁止的场面了。”

唐太宗问：“古代训练伍法的方法有好几家，哪家是主要的？”

李靖回答说：“据我所知，《春秋左氏传》主张战车在前，步兵配置在后；《司马法》则强调五人为伍，十人为队；《尉缭子》记载有约束部队的条令；汉朝的军事制度中有关于尺籍和伍符的规定。自那以后的军中符籍，都是用纸做成的，这样就失去了古代制度的原貌。我在研究这些说法后看到：由五人而逐渐变为二十五人，再由二十五人而逐渐变为七十五人，这就是一乘战车有步兵七十二人、甲士三人的春秋编制。当舍弃战车而用骑兵作战时，那么步兵二十五人相当于八名骑兵的战斗力，这就是根据‘五兵五当’的原则运用车、步、骑的方法。所以，各家兵法中，只有伍法训练是最为重要的。最小的战术编组是五人，最大的战术单位是二十五人，三个最大战术单位共七十五人构成一个战术群，五个战术群合在一起，人数共有三百七十五人。[除掉各级军官十五人外，]其余三百人当作正兵，六十人用为奇兵。然后三百人中又各以一百五十人分为左右二正，六十人中各以三十人分为左右二奇，这样左右兵力正好相等。司马穰苴所说的五人为伍，十伍为队，乃是基本的军队编组办法，直到现在还在沿用，这就是伍法的大概情况。”

唐太宗说：“我曾同李勣讨论兵法，他的见解大多与你相同，只是李勣他没有考究出处罢了。你所创制的六花阵法，是根据什么而来的呢？”

李靖答道：“我的六花阵是根据诸葛亮的八阵法推演而来的。其基本原则是大阵包容小阵，大营包含小营，四方四角相互衔接，一曲一折彼此对应。古代八阵法本来就是这样，我创制的阵图继承了这一原则。因此我的阵法外面六阵呈现为方形，里面中央军阵呈现为圆形，因其总体形状像六角花瓣,所以俗称六花阵。"

唐太宗问:"内圆而外方,这是为什么?"

李靖回答说:"外面六阵是正兵,所以呈现方形;里面的中央军阵是奇兵,所以呈现圆形。方是用来规定战场的范围,圆是用来连接各方机动的路线。所以,规定战场范围的步数要像大地一样固定,确定机动的路线要像天体运转一样灵活。步数固定,回旋整齐,就可以随意变化而不会发生混乱。从八阵演变为六花阵,仍然是源于诸葛亮的布阵原理。"

唐太宗说:"外画方形以显示士卒进退的步法,内画圆形以显示兵器的运用。步幅要行进准确,就得加强足法训练;兵器要运用应手,就应教习手上功夫。手巧足捷达到随心所欲的境界,古人用兵布阵的道理就算掌握了一大半了吧?"

李靖说:"吴起曾经讲过:'虽然兵陷绝境,阵形依然不乱;队伍虽在退却,行列仍然整齐。'这就是指步法训练有素而言。训练士兵犹如在棋盘上摆放棋子一样,如果不先画好棋路,棋子怎么走动呢?孙武说:'敌我所处地域的不同,产生双方土地幅员大小不同的度;敌我地幅大小度的不同,产生了双方物质资源丰瘠不同的量;敌我物质资源丰瘠量的不同,产生了双方兵员多寡不同的数;敌我兵员多寡数的不同,产生了双方军事实力强弱不同的称;敌我军事实力强弱称的不同,最终决定了战争的胜负成败。胜利的军队较之于失败的军队,有如以镒比铢那样,占有绝对的优势;而失败的军队较之于胜利的军队,则就像用铢比镒那样,处于绝对的劣势。'这些都是从国家的幅员和地形出发,对战争做出正确的判断。"

唐太宗感叹道:"孙武的话,讲得十分精辟深刻!不考虑距离的远近、地形的广狭,怎么能正确地决定军队的行动呢?"

李靖说道:"庸将是很少懂得根据距离和地形来决定军队行动的。孙武说:'善于指挥作战的人,他所造成的态势险峻逼人,他进攻的节奏短促有力。险峻的态势就像张满的弓弩,迅疾的节奏犹如击发弩机。'我曾研究过这种战术:凡是部署军队,每队之间以相距十步为宜,驻队与前队之间应保持二十步的距离。每隔一队设一战锋队。每次前进,以五十步为一节,[然后停顿下来整齐队列,]第一次角声响过,各队都要就地立正,彼此的间隔不得超过十步。待听到第四次角声，各队都要保持荷枪跪坐的预备姿势。于是击鼓前进，三次呼喊，三次击刺，前进到距敌三十至五十步时，要掌握敌军阵形的变化。与此同时，骑兵从阵后向前机动，也是前进到距敌五十步时停止，然后布阵，前阵布列正兵，后阵布列奇兵，观察敌人的动向。再次击鼓为号，则前阵变为奇兵，后阵变为正兵，再次向敌挑战，把其引诱出来，乘敌之隙，攻击其虚弱之处。六花阵法的战术运用大概就是如此。"

太宗曰："《曹公新书》云：'作陈对敌，必先立表[1]，引兵就表而陈。一部受敌，余部不进救者斩[2]。'此何术乎？"

靖曰："临敌立表，非也，此但教战时法耳。古人善用兵者，教正不教奇，驱众若驱群羊，与之进，与之退，不知所之也[3]。曹公骄而好胜，当时诸将奉《新书》者，莫敢攻其短。且临敌立表，无乃晚乎？臣窃观陛下所制《破陈乐舞》[4]，前出四表，后缀八幡，左右折旋[5]，趋步金鼓[6]，各有其节，此即八陈图四头八尾之制也。人间但见乐舞之盛，岂有知军容如斯焉！"

太宗曰："昔汉高帝[7]定天下，歌云'安得猛士兮守四方'[8]，盖兵法可以意授，不可以语传。朕为《破陈乐舞》，唯卿已晓其表矣，后世其知我不苟作也。"

太宗曰："方色五旗[9]为正乎？幡麾折冲[10]为奇乎？分合为变[11]，其队数曷为得宜？"

靖曰："臣参用古法，凡三队合，则旗相倚而不交[12]；五队合，则两旗交；十队合，则五旗交。吹角，开五交之旗，则一复散而为十；开二交之旗，则一复散而为五；开相倚不交之旗，则一复散而为三。兵散则以合为奇，合则以散为奇。三令五申，三散三合，复归于正，四头八尾[13]，乃可教焉。此队法所宜也。"

太宗称善。

太宗曰:“曹公有战骑[14]、陷骑[15]、游骑[16],今马军何等比乎?”

靖曰:“臣案《新书》云:‘战骑居前,陷骑居中,游骑居后。’[17]如此则是各立名号,分为三类尔。大抵骑队八马,当车徒二十四人,二十四骑当车徒七十二人,此古制也。车徒常教以正,骑队常教以奇[18]。据曹公,前后及中分为三覆[19],不言两厢[20],举一端言也。后人不晓三覆之义,则战骑必前于陷骑、游骑,如何使用?臣熟用此法,回军转陈,则游骑当前,战骑当后,陷骑临变而分,皆曹公之术也。”

太宗笑曰:“多少人为曹公所惑。”

【注释】

[1]表:标识、标志。此处指列阵对敌时,标识方位、进退的旗帜。

[2]“作陈对敌”等五句:语出曹操《步战令》。

[3]“驱众若驱群羊”等四句:语出《孙子·九地》。

[4]《破陈乐舞》:唐朝宫廷乐舞,原名《秦王破阵乐》,贞观七年(633年)被改编为表现战阵之事的大型军事音乐舞蹈。

[5]左右折旋:指《破阵乐舞》在表演过程中,舞蹈者或左或右,进退回旋。

[6]趋步金鼓:指舞蹈者随着金鼓之声或快步小跑,或缓缓进退。趋,小步快跑;金,也叫钲,金属制作的打击乐器;鼓,战鼓。

[7]汉高帝:汉高祖刘邦(前256—前195年)。

[8]安得猛士兮守四方:这是刘邦《大风歌》中的一句歌词。全篇是:“大风起兮云飞扬,威加海内兮归故乡,安得猛士兮守四方。”

[9]方色五旗:意谓按照东、南、西、北、中五个方位,分别使用青、赤、白、黑、黄五种颜色的旗帜。方,方向、方位;色,颜色。

[10]幡麾折冲:幡、麾,均为古代军队用来指挥作战或作为标识的旗帜。折,挫折,此处引申为击退的意思。冲,战车的一种。有“折冲销敌”

“折冲樽俎”等成语。

［11］分合为变：语出《孙子·军争》。

［12］旗相倚而不交：谓旗帜并列相靠而不互相交叉。倚，挨、靠，此处指旗帜相靠并列；交，交叉重叠。

［13］四头八尾：此指八阵图。

［14］战骑：用于发动冲锋、突击敌阵的骑兵。

［15］陷骑：指利用战骑的初战成果，突入敌阵之内进行厮杀的轻骑兵。

［16］游骑：指处于机动状态，准备随时出击、驰援或担任警戒任务的骑兵。

［17］“战骑居前”三句：参见曹操《步战令》。其云：“临战，陈骑皆当在军两头，前陷，陈骑次之，游骑在后。”

［18］车徒常教以正，骑队常教以奇：谓对于车兵、步兵，应经常教授他们正兵的战法；对于骑兵，则一般应向他们传授奇兵的战法。

［19］三覆：指曹操将麾下骑兵部队分作前、中、后三个部分，作战时灵活运用，序列可以互变。

［20］两厢：两旁，这里指左右两旁的军队。唐代兵制，诸军分左右厢而统之。

【译文】

唐太宗问道：“《曹公新书》上说：‘布阵对敌，必定要先设立标识，然后指挥部队按照一定的标识布阵。当其中的一部遭到敌人攻击时，其余部队如不前去救援，就要问罪斩首。’这是什么战术？”

李靖回答说：“临到同敌人交战时再去设立标识布阵，这种做法显然不对。设立标识布阵这只不过是平时训练部队的方法。古代善于用兵的人，只教练正兵的战法，而不教练奇兵的战法，指挥士兵就如同驱赶羊群一样，叫他们进就进，叫他们退就退，而不让他们知道究竟要到哪里去。由于曹操为人骄傲而又争强好胜，当时那些按照《曹公新书》规定行动的将领，没有一个人敢于针砭其缺陷的。更何况到了临敌交锋时才去设立标识布阵，不是也太晚了吗？我私下里认为，陛下所创制的《破阵乐舞》，首先在前出示四面标识，然后在后排列八幅长幡，舞蹈的人或左或右，进退回旋，随着金鼓之声或快步小跑，或缓缓向前，各按照一定的节奏，这就是模仿八阵图中四头八尾的制度。一般人只是看到了音乐舞蹈的宏伟场面，又哪里能知道军队的阵容也会是如此壮观？”

唐太宗说：“当年汉高祖刘邦平定天下之后，[曾作《大风歌》]高声吟唱：‘怎样才能得到勇士啊，为我镇守四方？’通常兵法只可以心领神会，却不可以用语言说尽它的深义。我所创制的《破阵乐舞》，唯有你已领悟了它所包含的深意，后世的人们大概能够了解我并不是随便创作这首乐舞的。”

唐太宗问道：“按照东、南、西、北、中五个方位，分别使用青、赤、白、黑、黄五色旗帜布阵，这是正兵吗？应用各种旌旗来灵活指挥部队，这是奇兵吗？部队在进行分散和集中的变化时，用多少队数配置才算是适宜呢？”

李靖回答说：“我参照古人用兵的方法：凡是三队合为一队，旗帜只是并列而不交叉；当五队合为一队时，则两旗交叉；当十队合为一队时，则五旗交叉。吹响角声，分开交叉的五面旗帜，一队又分散成为原来的十队；分开交叉的二面旗帜，一队又分散成为原来的五队；分开并列而不交叉的旗帜，一队又分散成为原来的三队。兵力分散使用时，就以集中为奇；兵力集中使用时，就以分散为奇。经过三令五申，反复多次演练分散与集中，然后再回归到正兵的训练，这时四头八尾的阵法教练便可以开始进行了。这就是训练阵法所适宜的方法。”

唐太宗对此表示赞赏。

唐太宗问道：“曹操将骑兵区分为战骑、陷骑、游骑三大类，我们今天所用的骑兵如何同它进行类比呢？”

李靖回答说：“我考察《曹公新书》，上面说：‘战骑在前，陷骑居中，游骑在后。’这只不过是给它们各立名称，分成三大类罢了。其大概的情况是：骑队的八骑相当于随车的步兵二十四人，二十四骑相当于随车的步兵七十二人，这是古代的定制。对于随车的步兵，通常应当教授他们正兵的战法；对于骑兵，则一般应教以奇兵的战法。据曹操的说法，把骑兵分为前、中、后三个梯队，而没有谈及左、右两翼，这是仅仅举一种战术而言。后人不懂得三覆的真正含义是三层埋伏的战术，而拘泥于战骑一定摆放在陷骑和游骑之前，这样怎么能运用得好呢？我常常使用这些方法，当回军转阵之时，就让游骑列于前面，战骑列为后阵，陷骑则根据情况的变化而灵活加以使用。这都是曹操的用兵之法呀！”

唐太宗笑道：“有多少人在这个问题上被曹操的说法弄得迷惑不解呀！”

太宗曰：“车、步、骑三者一法也，其用在人乎？”

靖曰：“臣案春秋鱼丽陈[1]，先偏后伍，此则车步无骑，谓之左右拒[2]，言拒御而已，非取出奇胜也。晋荀吴伐狄，舍车为行，此则骑多为便，唯务奇胜，非拒御而已。臣均其术[3]：凡一马当三人，车步称之，混为一法，用之在人。敌安知吾车果何出，骑果何来，徒果何从哉？或潜九地，或动九天[4]，其知如神，唯陛下有焉，臣何足以知之？”

太宗曰：“太公书[5]云：地方六百步，或六十步，表十二辰[6]。其术如何？”

靖曰：“画地方一千二百步，开方[7]之形也。每部占地二十步之方，横以五步立一人，纵以四步立一人。凡二千五百人，分五方，空地四处[8]，所谓阵间容阵者也。武王伐纣，虎贲[9]各掌三千人，每阵六千人，共三万之众，此太公画地之法也。”

太宗曰：“卿六花陈，画地几何？”

靖曰：“大阅[10]，地方千二百步者，其义六陈，各占地四百步，分为东西两厢，空地一千二百步为教战之所[11]。臣常教士三万，每陈五千人，以其一为营法，五为方、圆、曲、直、锐之形[12]，每陈五变，凡二十五变而止。”

太宗曰:“五行陈[13]如何?”

靖曰:“本因五方色立此名[14]。方、圆、曲、直、锐,实因地形使然。凡军不素习此五者,安可以临敌乎?兵,诡道也[15]。故强名五行焉,文之以术数相生相克之义[16]。其实兵形象水,因地制流[17],此其旨也。”

太宗曰:“李勣言牝牡[18]、方圆伏兵法,古有是否?”

靖曰:“牝牡之法,出于俗传,其实阴阳[19]二义而已。臣按范蠡[20]云:‘后则用阴,先则用阳。尽敌阳节,盈吾阴节而夺之。’[21]此兵家阴阳之妙也。范蠡又云:‘设右为牝,益左为牡,早晏以顺天道。’[22]此则左右早晏,临时不同,在乎奇正之变者也。左右者,人之阴阳;早晏者,天之阴阳;奇正者,天人相变[23]之阴阳。若执而不变,则阴阳俱废。如何?守牝牡之形而已。故形之者,以奇示敌,非吾正也;胜之者,以正击敌,非吾奇也。此谓奇正相变。兵伏者,不止山谷草木伏藏。所以为伏也,其正如山,其奇如雷,敌虽对面,莫测吾奇正所在。至此,夫何形之有焉?”

太宗曰:“四兽[24]之陈,又以商、羽、徵、角[25]象之,何道也?”

靖曰:“诡道也。”

太宗曰:“可废乎?”

靖曰:“存之所以能废之也。若废而不用,诡愈甚焉。”

太宗曰:“何谓也?”

靖曰:“假之以四兽之陈,及天、地、风、云之号,又加商金、羽水、徵火、角木之配,此皆兵家自古诡道。存之则余诡不复增矣,废之则使贪使愚之术从何而施哉?”

太宗良久曰:“卿宜秘之,无泄于外。”

【注释】

[1]鱼丽陈:春秋初期郑国在周、郑繻葛之战中所创制的一种著名阵法。其阵形就三军阵的特点而言,是军队部署两翼靠前、中军稍后的倒“品”字形,攻击敌人有如张网打鱼;就各自军阵内部兵力部署特点而言,是把战车布列在前,步兵疏散配置于战车的两侧及后方,从而形成战车与步兵协同配合、攻防灵活自如的整体。

[2]左右拒:左右两个方阵。拒,通“矩”,方阵。

[3]均其术:谓综合这些方法。均,调和、折中、综合。

[4]或潜九地,或动九天:语意出自《孙子·军形》。

[5]太公书:指太公兵法,《史记·留侯世家》中曾提及,已失传。一说,太公书即指《六韬》。

[6]表十二辰:意谓根据十二干支的顺序加以标识区别。辰,十二支的通称。古代以干支纪日,干称为日,支称为辰。从甲至癸为十日,自子至亥为十二辰。

[7]开方:古代指周边长一千二百步见方,即每边为三百步之正方形为开方之形。

[8]分五方,空地四处:谓在一个大正方形内,区划面积相等的九个小正方形,中央与东南、东北、西南、西北五个小正方形中部署兵力,正东、正南、正西、正北四个小正方形为空地(闲地)。是为五军阵法。

[9]虎贲:此处指指挥三千人的军官,与前注(指勇猛之士)含义不同。

[10]大阅:对部队进行检阅,以考核军事训练的效果,并显示军容军威。

[11]地方千二百步者……为教战之所:意谓在边长一千二百步的大方阵中,九等分划为九个小方形。其中左、右两侧六个小方形中部署军队,是为六阵;中间三个小方形为空地,作为教战的场所。

[12]方、圆、曲、直、锐之形:指根据地形或作战对象而变化、攻守各有侧重的五种阵形。

[13]五行陈：指按照金、木、水、火、土五行来表示五个方位的阵形，实质上就是五军阵。

[14]本因五方色立此名：谓五行阵原是按五个方位及与之相配的五种颜色加以命名的。此系阴阳家故弄玄虚。

[15]兵，诡道也：语出《孙子·始计》。

[16]文之以术数相生相克之义：指用阴阳五行相生相克的术数之说对五军阵加以文饰阐述。

[17]兵形象水，因地制流：语出《孙子·虚实》。

[18]牝牡：此处用来表示阴阳这一范畴。牝，雌性动物；牡，雄性动物。

[19]阴阳：古代哲学的重要范畴。可参见本书《孙子·始计》注[9]。

[20]范蠡：春秋晚期著名政治家、军事家、经济家。楚人，曾辅佐越王勾践灭亡吴国。后弃官而去，游历天下，以经商致富，号称陶朱公。《汉书·艺文志》著录有《范蠡》两篇，已佚。

[21]"后则用阴"四句：见于《国语·越语下》，突出反映了范蠡后发制人的战略指导思想。

[22]"设右为牝"三句：语见《国语·越语下》。意谓要在右侧方向（次要方向）配置必要兵力作为"牝阵"，在左侧方向（主要方向）集中优势兵力作为"牡阵"，行动的早晚要顺应天时变化的规律。

[23]天人相变："天人合一"是中国古代哲学的重要命题。根据这一理论，天时与人事互为关系，彼此相称，天时的变化也同时势必导致相应的人事方面的变化。

[24]四兽：指青龙、白虎、朱雀、玄武（龟蛇合体物）。《礼记·曲礼上》："行前朱雀而后玄武，左青龙而右白虎，招摇在上，急缮其怒。"郑玄注云："以此四兽为军阵，象天也。"按阴阳家的观点，四兽分别代表四方：南方朱雀，东方青龙，西方白虎，北方玄武。

[25]商、羽、徵、角：我国古代五声中的四声（另一声为宫）。阴阳家以五声配五行，其中用四声代表四方，并象征四兽。商为西方之音，属金，代表白虎。徵为南方之音，属火，代表朱雀。角为东方之音，属木，代表青

龙。羽为北方之音,属水,代表玄武。另一声“宫”为中央之音,属土。

【译文】

唐太宗问道:“战车、步兵、骑兵这三者运用的方法是一致的,那么,运用的好坏就取决于人本身吧?”

李靖回答说:“春秋时期,郑庄公创制鱼丽阵,列战车于前,置步兵于后,这就是说只是用战车、步兵而没有用骑兵。称之为‘左拒’和‘右拒’,说的是分作左右两翼以抵御敌人罢了,而并非是用以出奇制胜。晋国荀吴征伐狄人时,舍弃战车,改为步战,这时骑兵越多越便于机动作战,其目的就专在于出奇制胜,而并非单纯地为了抵御。我综合了这些办法,以一个骑兵相当于三个步兵,同时配置相应数量的战车和步兵,三者混合编组,由将帅灵活加以使用。这样,敌人怎么能知道我们的战车在哪里投入战斗,骑兵从何处袭来,步兵以何种方式协同车骑作战呢?军队的行动,或者如同是深藏在九地之下[令敌无法察觉],或者像是从九霄而降[令敌猝不及防],这样用兵如神的智慧才能,只有陛下您才具备,我哪里能完全知道其中的奥妙呢?”

唐太宗问道:“太公兵法书上说:布设方阵,周边长六百步,或为六十步,并按照十二干支的顺序加以标示。其具体的方法是怎样的呢?”

李靖回答说:“画定阵基,四边之长共为一千二百步,成为一个正方形。每一个小方阵占有纵横各二十步的正方形,其中横向每五步站立一人,纵向每四步站立一人。一共二千五百人,分为五阵布列于东、南、西、北、中五方,在方阵的四角上有空地四块,这就是所谓的大阵之中包容有小阵。周武王讨伐商纣王之时,虎贲之士各率三千人,每阵为六千人,五阵共为三万人,这就是姜太公画地布阵的方法。”

唐太宗问道:“你所创立的六花阵,画地是多少呢?”

李靖答道:“在进行大规模检阅时,全阵每边长一千二百步,其中包容有六个小阵。每个小阵占有边长四百步的正方形,并把六个小方阵分东西两厢,中间空地为一千二百步见方,作为教战的场所。我曾经用士兵三万人教练六花阵,每阵五千人,用其中一个方阵演练驻营的方法,其余五阵演练方、圆、曲、直、锐等各种阵形的变化，每阵变化五次，五阵共变化二十五次。”

唐太宗问：“五行阵又是怎么一回事呢？”

李靖回答：“五行阵本来是根据五个方位和五种颜色加以命名的。方、圆、曲、直、锐等五种阵形，这实际上是根据不同地形而布列的不同阵势。军队如果不熟悉和掌握这五种阵形，怎么可以临敌交战呢？用兵打仗以诡诈为原则，因此故意把五阵安上五行的名称，并且用五行相生相克的术数之说对它加以文饰阐说。其实，军队的阵形如同流水，要依地势高低而决定其奔流方向，[阵形的设置和运用的道理也一样，]这才是五阵的本旨所在。”

唐太宗问：“李勣说雌雄、方圆之中都隐含着用兵的道理，古人有这种说法吗？”

李靖答说：“雌雄之法，出自于世俗流传，其实就是军事上讲的阴阳这一对范畴。我根据范蠡所说：‘后发制人是用潜力，先敌制胜是用锐气。要完全挫折敌人的锐气，最大限度地发挥自己的潜力以消灭敌人。’这就是兵家所讲的运用阴阳的奥妙所在。范蠡还曾说过：‘布设在右方的为牝阵，增设在左方的为牡阵，行动的早晚要顺应天时变化的规律。’这就是说，布阵的左右、行动的早晚因情况而有所不同，其均在于奇正的变化。左右，这是指人的阴阳；早晚，这是指天的阴阳；奇正，这是指天时与人事相互变化的阴阳。如果拘泥固执而不知变通，那么阴阳也就不复存在了。这会怎么样呢？就会只剩下牝牡的形式罢了。所以，伪装和佯动的方法是，用奇兵当作正兵去迷惑敌人，而实际上并不是我的正兵；战胜敌人的方法是，把正兵当作奇兵去打击敌人，而实际上并不是我的奇兵。这就是所谓的奇正之间的相互变化。至于伏兵，不仅仅是指利用山谷草木等有利的地形条件隐蔽设伏而言。真正的伏兵，是指运用正兵时能像山岳那样雄伟沉稳，运用奇兵时能像雷霆那样迅疾凌厉。敌人虽然近在对面，也无法判明我方奇在哪里，正在何处。如果奇正的运用达到了这种境界，哪里还会有奇正变化的形迹可寻呢？”

唐太宗问：“[龙、虎、鸟、蛇]四兽之阵，又用商、羽、徵、角四音来表示，这是什么道理呢？”

李靖回答说：“这乃是兵家的诡诈之道。”

唐太宗又问：“可以把它给废除吗？”

李靖答道：“把它保存下去，这样才能真正废除它。如果废而不用，那么诡诈之术就会愈演愈烈了。”

唐太宗说：“这是为什么啊？”

李靖回答：“假借龙、虎、鸟、蛇四兽的阵名，以及天、地、风、云的名号，再加上商金、羽水、徵火、角木等五行的相匹配，这都是兵家自古以来使用的玄虚诡诈方法。把它们保存下来，那么其他诡诈的名目就不会再增加了；如果废除了它们，那么驱使那些贪婪、愚蠢之徒的办法又从何处实施呢？”

唐太宗沉默许久才说道：“你应该保守这个秘密，不要向外泄露。”

太宗曰：“严刑峻法，使人畏我而不畏敌，朕甚惑之。昔光武[1]以孤军当王莽[2]百万之众，非有刑法临之，此何由乎？”

靖曰：“兵家胜败，情状万殊，不可以一事推也。如陈胜[3]、吴广[4]败秦师，岂胜、广刑法能加于秦乎？光武之起，盖顺人心之怨莽也，况又王寻、王邑[5]不晓兵法，徒夸兵众，所以自败。臣案《孙子》曰：‘卒未亲附而罚之，则不服；已亲附而罚不行，则不可用。’[6]此言凡将先有爱结于士，然后可以严刑也。若爱未加而独用峻法，鲜克济焉。”

太宗曰：“《尚书》[7]言：‘威克厥爱，允济；爱克厥威，允罔功。’[8]何谓也？”

靖曰：“爱设于先，威设于后，不可反是也。若威加于前，爱救于后，无益于事也。《尚书》所以慎戒其终，非所以作谋于始也。故《孙子》之法，万代不刊[9]。”

太宗曰：“卿平萧铣[10]，诸将皆欲籍[11]伪臣家以赏士卒，独卿不从,以谓蒯通[12]不戮于汉。既而江汉归顺,朕由是思古人有言曰'文能附众,武能威敌'[13],其卿之谓乎?"

靖曰:"汉光武平赤眉[14],入贼营中案行。贼曰:'萧王推赤心于人腹中。'[15]此盖先料人情本非为恶,岂不豫虑哉?臣顷讨突厥,总蕃汉之众,出塞千里,未尝戮一杨干[16],斩一庄贾[17],亦推赤诚存至公而已矣。陛下过听,擢臣以不次之位[18],若于文武则何敢当。"

【注释】

[1]光武:指东汉王朝建立者汉光武帝刘秀(前5—57年)。

[2]王莽:新王朝建立者。原为西汉外戚,公元8年代汉自立为皇帝,改国号为新。公元23年,新朝被推翻,王莽本人被杀。

[3]陈胜:秦末农民大起义领袖,后为叛徒庄贾所杀害。

[4]吴广:秦末农民大起义领袖,参与领导大泽乡起义,后为部将田臧假借陈胜命令杀害。

[5]王寻、王邑:均为王莽政权中的重要大臣,王寻殒命于昆阳之战,王邑于义军攻入长安时被杀。

[6]"卒未亲附而罚之"四句:语出《孙子·行军》。

[7]《尚书》:亦称《书》《书经》,儒家经典之一,我国上古时期历史文件和部分追述古代事迹著作的汇编。

[8]"威克厥爱"四句:语出伪《古文尚书·胤征》。克,胜过、胜于;厥,其;允,诚然、确实;罔,无、没有。

[9]万代不刊:永远不可改易。刊,删改、修订。成语有"不刊之论"。

[10]萧铣:隋唐之际封建割据势力首领之一。公元621年为唐军所败,就戮于长安。

[11]籍:籍没,指登记并没收全部财产归公。

[12]蒯通:指蒯彻,秦汉之际著名策士,多智善辩。韩信用其策,遂定齐地。韩信蒙冤被杀后亦受牵连,险遭烹杀,终因善辩而幸免。

[13]文能附众,武能威敌:语出《史记·司马穰苴列传》,是晏婴颂扬

司马穰苴的话。此处是唐太宗借来称赞李靖文武双全,人才难得,堪为国家之栋梁。

[14]赤眉:西汉末年农民起义军名称。王莽统治末年,樊崇等人在莒县(今属山东)起义,聚众数万人,因用赤色染眉作为标识,故称赤眉军。

[15]萧王推赤心于人腹中:语出《后汉书·光武帝纪》。萧王,刘秀在称帝之前,曾被更始帝赐封为萧王。推赤心于人腹中,谓对人开诚相见,无条件予以信任。

[16]杨干:晋悼公之弟。在鸡泽之会(前570年)上,因车夫违犯军纪、扰乱军阵而受到中军司马魏绛的惩处。

[17]庄贾:春秋时齐景公之宠臣,曾任齐军监军。因违犯军纪、失期后至而为主帅司马穰苴诛杀。

[18]不次之位:指不按正常的次序而晋升到很高的职位,即不按资历越级提拔。

【译文】

唐太宗问道:"通过实行严酷的刑罚和峻厉的法律,来使得全军上下怕我而不怕敌人,我对这种说法深感疑惑。从前汉光武帝刘秀以一支孤立无援的部队,抵挡王莽的百万大军,并不是用严刑峻法去威逼部队作战的,这又该作何样的解释呢?"

李靖回答说:"军事上的胜与败,情况千差万别,各不相同,不可以由一件事例去简单推断。比如说陈胜、吴广打败秦朝的军队,难道是陈胜、吴广的刑法要比秦朝的刑法更为严苛吗?汉光武帝当初兴兵起事,是因为顺应了天下民众人心普遍怨恨王莽统治的形势。更何况王莽所任用的将领王寻、王邑又不懂得兵法,只知道夸耀自己兵多势众,结果自取败亡。我根据《孙子》所说:'士卒还没有亲近依附就施行刑罚,那么他们就会不服;士卒已经亲近依附,而军纪军法仍得不到执行,那也无法用他们去作战。'这就是说,大凡将领首先必须要爱抚和交结士卒,然后才可以执行严厉的刑法。如果对士卒未加以爱抚,便单纯用严刑峻法去约束他们,那是极少能够取得成功的。”

唐太宗又问：“可是《尚书》上说：‘威严超过爱抚，就可以成功；爱抚胜过威严，就不会成功。’这又该怎么解释呢？”

李靖答道：“爱抚施行于先，刑罚动用在后，这顺序是不可以颠倒的。如果先用刑罚，后施爱抚，那将是无益于事的。《尚书》所说，是告诫人们要重视刑法，注意后果，而不是指刑罚要作为先于爱抚的教育方法。所以，《孙子》先爱后罚的原则，是万世不可更改的。”

唐太宗说：“当年你平定萧铣时，将领们都主张没收萧铣及其下属的家产来犒赏士卒，只有你一个人不同意这么做。并引用历史上汉王刘邦不杀蒯通的事例说服大家，结果使得江汉流域的民众很快归顺我朝。我由此联想到古人所说的：‘在政治上能够团结众人，在军事上则能威慑制服敌人。’这不正是在说你吗？”

李靖说：“汉光武帝平定赤眉军以后，骑马进入赤眉军营中巡视，按辔缓缓而行。赤眉军官兵就此议论说：‘萧王他开诚相见，对人推心置腹，信任我们。’因此对光武帝心悦诚服。其实汉光武帝事先就预料赤眉军士卒是不会与他为敌的，哪里是他没有预先考虑过呢？我不久前征讨突厥，统率蕃汉官兵，出塞千里，没有诛杀一位像杨干那样的人，也没有处斩一个像庄贾那样的人，也不过是推诚待人、秉公办事罢了。陛下过分信任，把我提拔到这样高的地位，如果说我文武兼备，那就实在是愧不敢当了。”

太宗曰：“昔唐俭[1]使突厥，卿因击而败之。人言卿以俭为死间[2]，朕至今疑焉，如何？”

靖再拜曰：“臣与俭比肩事主，料俭说必不能柔服，故臣因纵兵击之，所以去大恶不顾小义也。人谓以俭为死间，非臣之心。案《孙子》，用间最为下策[3]，臣尝著论其末云：水能载舟，亦能覆舟。或用间以成功，或凭间以倾败。若束发[4]事君，当朝正色，忠以尽节，信以竭诚，虽有善间，安可用乎？唐俭小义，陛下何疑？”

太宗曰："诚哉！非仁义不能使间[5]，此岂纤人所为乎？周公大义灭亲[6]，况一使人乎？灼无疑矣。"

太宗曰："兵贵为主，不贵为客[7]；贵速，不贵久[8]。何也？"

靖曰："兵，不得已而用之，安在为客且久哉？《孙子》曰：'远输则百姓贫。'[9]此为客之弊也。又曰：'役不再籍，粮不三载。'[10]此不可久之验也。臣校量主客之势，则有变客为主、变主为客之术。"

太宗曰："何谓也？"

靖曰："'因粮于敌'[11]，是变客为主也。'饱能饥之，佚能劳之'[12]，是变主为客也。故兵不拘主客迟速，唯发必中节，所以为宜。"

太宗曰："古人有诸？"

靖曰："昔越伐吴[13]，以左右二军鸣鼓而进，吴分兵御之。越以中军潜涉不鼓，袭败吴师，此变客为主之验也。石勒与姬澹战[14]，澹兵远来，勒遣孔苌为前锋，逆击澹军，孔苌退而澹来追，勒以伏兵夹击之，澹军大败，此变劳为佚之验也。古人如此者多。"

太宗曰："铁蒺藜[15]、行马[16]，太公所制，是乎？"

靖曰："有之，然拒敌而已。兵贵致人，非欲拒之也。太公《六韬》言守御之具尔，非攻战所施也。"

【注释】

[1]唐俭：唐初大臣，曾多次出使突厥，抚慰颉利可汗归降。李靖突袭突厥后，他幸得脱身而还，后因功官至户部尚书。

[2]死间：间谍类型的一种，指在敌国从事间谍活动，故意泄露假情报以扰乱敌方，诱其上当。在这种情况下，事发之后，该间谍难免一死，故称死间。一说，死间乃打入敌方长期固定潜伏之间谍。

[3]用间最为下策：用间，《孙子》十三篇，最后一篇以"用间"为题，论

述在战争中使用间谍的重要性、间谍种类、关于用间的原则和方法。按,《问对》云《孙子》认为用间最为下策,不见今本《孙子》的记载,且与《孙子》有关“用间”的观点相违背。

[4]束发:古代男孩子到成童时,将头发束成一髻,因此束发就成为成童的代称和标志,此处可理解为年轻之时。

[5]非仁义不能使间:语出《孙子·用间》。

[6]周公大义灭亲:周公,西周初年杰出政治家,武王之弟。曾辅佐武王灭商。武王死,成王年幼,由他摄政。摄政期间他曾挥师东征,平定武庚与三叔的叛乱,尔后大规模分封诸侯,营建雒邑(今河南洛阳)为东都,制礼作乐,成为西周古典文明的创建者。大义灭亲,周公在东征平叛战争中,诛杀充任叛乱首领的兄长管叔,并放逐蔡叔,使西周统治转危为安,故称为大义灭亲。

[7]兵贵为主,不贵为客:主、客,古代兵学的重要范畴之一。一般而言,以逸待劳、本土防御的一方为主,劳师袭远、越境进攻的一方为客;内线作战为主,外线作战为客;主动有利为主,被动不利为客;等等。然而主客关系可以互相转化,为客一方可以运用各种手段,夺取主动权,是谓“反客为主”。

[8]贵速,不贵久:语出《孙子·作战》。

[9]远输则百姓贫:语出《孙子·作战》。

[10]役不再籍,粮不三载:语出《孙子·作战》。役,兵役;籍,本义为名册,此处是登记、征集的意思;再,第二次;三,多次。

[11]因粮于敌:语出《孙子·作战》。因,依靠、凭借。

[12]饱能饥之,佚能劳之:语出《孙子·虚实》。能,此处作乃、就解;饥、劳,均用作使动,使……饥(劳)。

[13]越伐吴:越、吴均为先秦时期南方地区重要诸侯国。越伐吴,指公元前478年越破吴笠泽之战。

[14]石勒与姬澹战:石勒,十六国时期后赵政权的建立者。西晋末年大乱中,石勒投身军旅,逐渐崛起,公元319年自称皇帝,建立政权,史称后赵,建都襄国(今河北邢台)。姬澹,晋太尉刘琨的部将。公元316

年，石勒率兵围攻乐平(今山西昔阳西南)，太守韩据向刘琨求救。刘琨命姬澹率兵驰援。石勒一面控制险要，预设两层埋伏；一面派孔苌率少数轻骑出战诱敌。姬澹纵兵追击，结果中伏大败。

[15]铁蒺藜：亦称“渠答”，古代军用障碍物，一种用尖锐的铁片连缀而成，形状如同蒺藜的多刺钉，故名。它通常被布设在地上或浅水中，用以阻碍敌方人马、车辆的通行。

[16]行马：中国古代军事上的防御性设置名。将木制的箭与刀剑之刃结合起来装置在车上，刃锋朝外，主要用来阻碍车骑及步兵的通行。

【译文】

唐太宗问道：“当年我派遣唐俭出使突厥，你却乘他和突厥头领会见之机发动突袭，从而击败突厥。人们都说你这是把唐俭当作了死间用，我直到今天对此仍抱有怀疑。这到底是怎么一回事呢？”

李靖再拜之后回答说：“我和唐俭一起辅佐陛下，预料他必定不能用言辞说服突厥归顺，因此我才乘机出兵袭击突厥，这是为了铲除国家的大患而顾不得保全个人的小义了。人们以为我把唐俭当作死间来用，这绝不是我的本意。根据《孙子》所说：用间最为下策。我曾在《用间》篇后面批注说：水能载舟，也能覆舟。有用间而获得成功的，也有用间而招致失败的。如果一个人从年轻时起辅佐君主，在朝政事务中公正坦直，忠心耿耿克尽臣节，信实不欺竭尽赤诚，那么即使是高明能干的间谍，又怎么能发挥作用呢？像唐俭这样的事，乃是小义，陛下又何必怀疑呢？”

唐太宗说：“的确是如此！不是仁慈慷慨的人不能指使间谍，这岂是平庸的小人所能做到的？周公尚且为大义而灭亲，更何况是对于一个使臣呢！现在我明白无疑了。”

唐太宗说：“用兵作战，最好是采取主动，避免被动；最好是做到速战速决，避免出现持久不决，这是为什么呢？”

李靖说：“战争，只有在不得已的情况下才能进行，怎么可以被动作战而又久拖不决呢？《孙子》说：‘远道运输，就会使百姓陷于贫困。’这就是被动作战的不利之处。《孙子》又说：‘兵员不再次征集，粮草不多回运送。'这就是不宜持久作战的经验总结。我经过仔细分析攻防双方的形势,找到了变进攻为防御、变防御为进攻的具体方法。"

唐太宗问道:"此话怎么讲?"

李靖回答说:"'军队的粮食给养在敌国补充。'这是改变我方的被动为主动。'敌人粮食充足,就设法使他们饥饿;敌人休整良好,就设法使他们疲劳。'这是改变敌人的主动为被动。所以,用兵作战不必拘泥于防御进攻、缓战速决,只要做到指挥把握时机,行动恰到好处,就是正确高明的。"

唐太宗问:"古人有这方面的先例吗?"

李靖答道:"从前越王勾践讨伐吴国,以左右两军鸣鼓进击,吴军分兵两路进行抵御。这时越军却以主力中军偃旗息鼓,潜渡笠泽,实施突袭,结果打败了吴国的军队。这是变消极被动为积极主动的验证。西晋末年石勒同姬澹交战,姬澹率军远来,石勒派遣孔苌为前锋迎击姬澹的部队。孔苌故意退却,引诱姬澹追击,石勒乘机用伏兵进行夹击,结果姬澹惨遭大败。这是变疲劳为安逸的验证。古代像这一类的事例是很多的。"

唐太宗问道:"铁蒺藜和行马,据说是由姜太公所创制的,是这样吗?"

李靖回答:"是的,然而那只是单纯为了抵御敌人而已。用兵打仗,贵在能够调动敌人加以击破,而不仅仅是为了阻止和顶住敌人。姜太公《六韬》中所说的铁蒺藜、行马,只是用于守御的工具,而不是主动进攻作战时所使用的东西。"

卷下

太宗曰："太公云：'以步兵与车骑战者，必依丘墓险阻。'[1]又《孙子》云：'天隙[2]之地，丘墓故城，兵不可处。'[3]如何？"

靖曰："用众在乎心一，心一在乎禁祥去疑[4]。倘主将有所疑忌，则群情摇；群情摇，则敌乘衅而至矣。安营据地，便乎人事而已。若涧、井、陷、隙之地[5]，及如牢如罗[6]之处，人事不便者也，故兵家引而避之，防敌乘我。丘墓故城，非绝险处，我得之为利，岂宜反去之乎？太公所说，兵之至要也。"

太宗曰："朕思凶器无甚于兵者，行兵苟便于人事，岂以避忌为疑？今后诸将有以阴阳拘忌失于事宜者，卿当丁宁诫之。"

靖再拜谢曰："臣按《尉缭子》云：'黄帝以德守之，以刑伐之。'[7]是谓刑德，非天官时日之谓[8]也。然诡道可使由之，不可使知之。后世庸将泥于术数，是以多败，不可不诫也。陛下圣训，臣即宣告诸将。"

太宗曰："兵，有分有聚，各贵适宜。前代事迹，孰为善此者？"

靖曰："苻坚总百万之众，而败于淝水，此兵能合不能分之所致也。吴汉[9]讨公孙述[10]，与副将刘尚[11]分屯，相去二十里，述来攻汉，尚出合击，大破之，此兵分而能合之所致也。太公曰：'分不分，为縻军；聚不聚，为孤旅。'[12]"

太宗曰："然。苻坚初得王猛[13]，实知兵，遂取中原；及猛卒，坚果败，此縻军之谓乎？吴汉为光武所任，兵不遥制，故汉果平蜀，此不陷孤旅之谓乎？得失事迹，足为万代鉴。”

【注释】

[1]“以步兵与车骑战者”两句：语出《六韬·犬韬·战步第六十》。丘墓，坟墓。

[2]天隙：指两旁断岩绝壁林立，狭窄难以通行的山间谷地。

[3]“天隙之地”三句：不见于今本《孙子》，疑出自唐人所见《孙子》佚文。

[4]禁祥去疑：语出《孙子·九地》。祥，妖祥，此处指占卜之类的迷信活动；去，消除、抛弃。

[5]涧、井、陷、隙之地：涧，绝涧，指两岸峭峻、水流其间的险恶地形；井，天井，指四周高峻、中间低洼的地形；陷，天陷，指地势低洼、泥泞易陷的地形；隙，天隙，指绝壁林立的山间谷地。

[6]如牢如罗：指《孙子·行军》所提到的“六败之地”中的“天牢”“天罗”。牢，天牢，指山险环绕、有如牢狱的地形；罗，天罗，指荆棘丛生，军队进入后如陷罗网、无法摆脱的地形。

[7]黄帝以德守之，以刑伐之：语出《尉缭子·天官》。

[8]天官时日：天官，即天文星象。古人把天上星座按人间官位命名，区分尊卑，故称天星为天官。时日，是否适于用兵的日子。古人迷信，往往依据星象时日的某些征候以判断能否出兵作战，故有“兵忌日”（如晦日）之说。

[9]吴汉：东汉初年大将。

[10]公孙述：初为王莽导江卒正（蜀郡太守），后趁世乱割据益州称帝，国号成家。公元36年兵败身死。

[11]刘尚：吴汉的副将，在平定公孙述割据势力的战役中作战勇猛，战功赫赫。

[12]分不分，为縻军；聚不聚，为孤旅：言当分散而不能分散的，是受束缚而无机动性的部队；当集中而不能集中的，是孤立无援的部队。

[13]王猛:十六国时期著名政治家、军事家。曾为前秦苻坚谋士,临终前曾劝诫苻坚不要伐晋,惜未为苻坚采纳。

【译文】

唐太宗问道:“太公说:‘用步兵迎战战车和骑兵,一定要依托丘陵、墓地以及险阻的地形。’可是《孙子》说:‘在沟谷之地和丘陵、墓地以及无人居住的废墟地区,军队不可停驻。’这该怎样理解?”

李靖回答说:“指挥部队作战,关键在于全军上下统一意志;统一意志的关键又在于禁止迷信,消除疑虑。倘若主帅有所疑虑顾忌,那么军心就会动摇;军心一旦动摇,敌人就会趁机而入。安营扎寨,据守阵地,要以便利于军队行动为原则。如像绝涧、天井、天陷、天隙以及天牢、天罗等地形,都不便于军队展开行动,所以作战指挥者都要引兵离开它,避开这些地方,以防备敌人乘机攻击我们。至于那些丘陵、墓地和废弃的城池,并不是十分险阻的地方,我们如果先于敌人占领它,那是有利于战斗的,怎能离而远之呢?太公的观点,是用兵中最重要的原则。”

唐太宗说:“我想,天底下最凶险的事情无过于战争。作战时只要有利于军队行动,又怎么能由于避讳猜忌而疑窦丛生、犹豫不决呢?今后,诸将中如果有人因拘泥于阴阳术数而贻误战机的,你应当耐心叮咛告诫他们。”

李靖再拜说:“根据《尉缭子》所说:‘黄帝用仁德治理国家,用战争讨伐敌人。’这就是所谓的刑德,而不是阴阳术数家们所说的天官时日。然而诡诈之道,可以使人们去做,却不能使人们知道为什么要那样去做。后代那些平庸的将领往往拘泥于阴阳术数,所以多有失败,这不可不引以为戒。陛下圣明的训诲,我将马上向各位将领宣告。”

唐太宗说:“兵力的使用,有时要分散有时又要集中,贵在根据具体情况灵活处置,各得其宜。从以往的历史事实中看,哪一位统帅善于做到这一点呢?”

李靖回答说:“当年苻坚统率百万大军,却被击败于淝水,这是由于他使用兵力过于集中而未能分散的缘故。东汉将领吴汉征讨公孙述时,与副将刘尚分兵屯驻，彼此相距二十里地。当公孙述前来进攻吴汉所部之时，刘尚出兵与吴汉合击，结果大败公孙述的军队，这是用兵既能分散又能集中的缘故。姜太公说：‘当分散而不能分散的，就是被束缚而无机动性的部队；当集中而不能集中的，就是孤立无援的部队。’”

唐太宗说：“确是如此。苻坚最初任用王猛，由于王猛深知用兵之道，所以就夺取了中原地区；等到王猛去世之后，苻坚果然失败了。这就是所说的‘縻军’情况吧？吴汉受到汉光武帝的信任，指挥作战不受朝廷的干预掣肘，所以吴汉果真平定了公孙述的西蜀政权。这就是说没有陷入孤立无援的境地吧？历史上的得失成败事例，足以成为世世代代用兵者的有益借鉴。”

太宗曰：“朕观千章万句，不出乎‘多方以误之’[1]一句而已。”

靖良久曰：“诚如圣语。大凡用兵，若敌人不误，则我师安能克哉？譬如弈棋，两敌均焉，一着或失，竟莫能救。是古今胜败，率由一误而已，况多失者乎？”

太宗曰：“攻守[2]二事，其实一法欤？《孙子》言：‘善攻者，敌不知其所守；善守者，敌不知其所攻。’[3]即不言敌来攻我，我亦攻之；我若自守，敌亦守之。攻守两齐，其术奈何？”

靖曰：“前代似此相攻相守者多矣，皆曰‘守则不足，攻则有余’[4]。便谓不足为弱，有余为强，盖不悟攻守之法也。臣案《孙子》云：‘不可胜者，守也；可胜者，攻也。’[5]谓敌未可胜，则我且自守；待敌可胜，则攻之尔，非以强弱为辞也。后人不晓其义，则当攻而守，当守而攻。二役既殊，故不能一其法。”

太宗曰：“信乎！有余不足，使后人惑其强弱。殊不知守之法，要在示敌以不足；攻之法，要在示敌以有余也。示敌以不足，则敌必来攻，此是敌不知其所攻者也；示敌以有余，则敌必自守，此是敌不知其所守者也。攻守一法，敌与我分为二事。若我事得，则敌事败；敌事得，则我事败。得失成败，彼我之事分焉。攻守者，一而已矣，得一者百战百胜[6]。故曰'知彼知己，百战不殆'。其知一之谓乎？"

靖再拜曰："深乎，圣人之法也！攻是守之机，守是攻之策，同归乎胜而已矣[7]。若攻不知守，守不知攻，不唯二其事，抑又二其官[8]，虽口诵《孙》《吴》[9]而心不思妙，攻守两齐之说，其孰能知其然哉？"

太宗曰："《司马法》言：'国虽大，好战必亡；天下虽平，忘战必危。'[10]此亦攻守一道乎？"

靖曰："有国有家者，曷尝不讲乎攻守也。夫攻者，不止攻其城击其陈而已，必有攻其心之术[11]焉。守者，不止完其壁坚其陈而已，必也守吾气而有待焉。大而言之，为君之道；小而言之，为将之法。夫攻其心者，所谓知彼者也；守吾气者，所谓知己者也。"

太宗曰："诚哉！朕常临陈，先料敌之心与己之心孰审，然后彼可得而知焉；察敌之气与己之气孰治，然后我可得而知焉。是以知彼知己，兵家大要。今之将臣，虽未知彼，苟能知己，则安有失利者哉？"

靖曰："孙武所谓'先为不可胜'者[12]，知己者也；'以待敌之可胜'者[13]，知彼者也。又曰：'不可胜在己，可胜在敌。'[14]臣斯须不敢失此诫。"

太宗曰："《孙子》言三军可夺气之法：'朝气锐，昼气惰，暮气归。善用兵者，避其锐气，击其惰归。'[15]如何？"

靖曰："夫含生禀血，鼓作斗争，虽死不省者，气使然也。故用兵之法，必先察吾士众，激吾胜气，乃可以击敌焉。吴起'四机'[16]，以气机为上，无他道也，能使人人自斗，则其锐莫当。所谓朝气锐者，非限时刻而言也，举一日始末为喻也。凡三鼓[17]而敌不衰不竭，则安能必使之惰归哉？盖学者徒诵空文，而为敌所诱。苟悟夺之之理，则兵可任矣。”

【注释】

[1]多方以误之：意谓采取各种方法诱使敌人出现失误。语出《左传·昭公三十年》。

[2]攻守：中国古代兵学的重要范畴之一，主要阐述进攻与防御之间的内在辩证统一关系。

[3]“善攻者”四句：语出《孙子·虚实》。

[4]守则不足，攻则有余：语出《孙子·军形》。意谓实行防御，是由于兵力不足；实施进攻，是因为兵力有余。汉简本《孙子》此句作“守则有余，攻则不足”。意谓在同等兵力的情况下，用于防御则兵力有余，用于进攻则兵力不足。亦通。

[5]“不可胜者”四句：语出《孙子·军形》。

[6]得一者百战百胜：意谓如果能做到使进攻和防御辩证地统一起来，就可以百战百胜，达到预期的战略目标。

[7]“攻是守之机”三句：言进攻是防守的枢机，防守是进攻的手段，二者的目的都是为了夺取战争的胜利。这是《问对》对攻守辩证关系最透彻、深刻的阐发。

[8]“若攻不知守”四句：谓攻与守互相联系，如果把攻守对立起来认识，那么在指挥作战时，就会把攻守这两种互相联系、互相转化的作战样式对立起来，把它们同是以保存自己、消灭敌人为目的的职责，看成是互不相干的两件事情。

[9]《孙》《吴》：指《孙子》与《吴子》两部兵书。

[10]“国虽大”四句：语见《司马法·仁本》。

[11]攻其心之术：指从精神上瓦解敌人的斗志，使之放弃抵抗的心理战战法。《三国志·蜀书·马良传》附《马谡传》裴松之注引《襄阳记》云：“夫用兵之道，攻心为上，攻城为下；心战为上，兵战为下。”

[12][13][14]“先为不可胜”“以待敌之可胜”“不可胜在己,可胜在敌”:语出《孙子·军形》。这是古代兵家著名“先胜”理论的核心内涵。

[15]“朝气锐”等六句:语出《孙子·军争》。它是孙子著名“四治”理论中的“治气”之法。归,止息,《广雅》:“归,息也。”可理解为衰竭、消失。

[16]四机:语出《吴子·论将》。

[17]三鼓:三鼓之说源于春秋时齐鲁长勺之战。公元前684年,鲁军在长勺(今山东莱芜东北)打败来犯的齐军。战后曹刿向鲁庄公分析取胜原因时说:作战胜利在于勇敢,一鼓作气,再而衰,三而竭。敌人士气衰竭,我军士气旺盛,故一战而胜。

【译文】

唐太宗说:“我看兵书上尽管有千言万语,但其道理都没有超出‘采取各种办法以造成敌人失误’这句话。”

李靖沉思了很久后回答说:“确实如陛下您所说。大凡用兵打仗,倘若敌人没有失误,那么我军怎么能战胜敌人呢?这如同下棋,双方势均力敌,这时只要一着失误,就会导致全盘皆输。所以,古往今来战争的胜负成败,大都是由一着失误所造成的,更何况多次失误呢?”

唐太宗说:“进攻和防守虽然是两种作战形式,其实都是一种克敌制胜的方法吧?《孙子》说:‘善于进攻的,能使敌人不知道该如何防守;善于防御的,能使敌人不知道该怎么进攻。’但是没有讲到,敌人进攻我们,我们也去进攻他们;或者我们若是防守,敌人也防守这类问题。在这种相攻相守的情况下,该采用什么办法取胜呢?”

李靖回答说:“历史上像这类相攻相守的战例是很多的。但都归结为‘实行防御,是由于兵力不足;实施进攻,是因为兵力有余’。于是,有人便以为这里的‘不足’就是力量薄弱,这里的‘有余’就是力量强大。其实这是完全没有领会攻守的方法。我按《孙子》所说:‘想要不被敌人战胜,在于防守严密;想要战胜敌人,在于进攻得当。’这就是说,还没有战胜敌人的可能时,就暂时采取防守;待到出现战胜敌人的可能时,就果断采取进攻。可见进攻和防守并不是专指力量的强弱而言。后人不明白它的真实含义，以致在应该进攻时反而进行防守，应当防守时反而实施进攻，把攻守两种战法截然对立起来，因此便不能把两者有机地加以统一。”

唐太宗说：“的确是这样。‘有余’‘不足’使不少后人产生迷惑，误以为是指兵力的强弱而言。殊不知防守的方法，关键在于对敌人伪装兵力不足；进攻的方法，关键在于对敌人显示兵力有余。对敌人伪装兵力不足，那么敌人就必定会前来进攻，这就使敌人不知他们不应当进攻；对敌人显示兵力有余，那么敌人就必定会加强防守，这就使敌人不知他们不应当防守。进攻和防守本来是相互对立统一的方法，但是对敌我双方来说，就分为一攻一守两个方面了。如果我方运用得当，那么敌人就会失败；倘若敌方运用得当，那么我们就会失败。得失成败的结果如何，就可以区分出敌我双方作战指导的优劣高下。总之，进攻和防守，不过是克敌制胜方法的统一，掌握了这种方法，就能百战百胜。所以说，‘既了解敌人，又了解自己，历经百战都不会有任何危险’，讲的大概就是这个道理吧。”

李靖再拜说：“古代圣人的兵法原理真是深奥啊！进攻是防守的枢机，防守是进攻的手段，二者的目的都是为了夺取战争的胜利罢了。如果在进攻之中不知道运用防守，防守之中不知道运用进攻，这不仅是把攻守割裂开来，而且是把攻守各自孤立起来。这样，虽然能在口头上背诵《孙子》《吴子》的条文，但在思想上不考虑理解运用的奥妙，掌握攻守两种相辅相成的方法，那么又怎么能知道其真正的意义和价值呢？”

唐太宗问：“《司马法》上说：‘国家虽然强大，乐兵好战就必定灭亡；天下虽然太平，安恬忘战则必有危险。’这里讲的也是攻守统一的道理吗？”

李靖回答说：“凡是有国有家的，怎么能不讲求攻守之道呢？所谓进攻，不仅仅是指单纯的攻打敌人的城池和军阵，还必须拥有瓦解敌人军心的方法；所谓防守，也不是仅仅指完善壁垒的守备、巩固营阵的防御，还必须保持旺盛的士气，待机破敌。这从大的方面说，是作为国君应该熟谙的道理；从小的方面来说，是作为将领必须掌握的方法。能够瓦解敌人的军心，这就是所谓的知彼；能够保持己方旺盛的士气，这就是所谓的知己。”

唐太宗说："确是如此。我每逢临阵对敌，总是先分析敌人的作战企图与我方的作战意图谁更审慎周密，然后敌人作战企图是否高明就可以知道了；察明敌人的士气与我军的士气谁更旺盛，然后我方能不能夺取胜利就可以知道了。所以说，知彼知己是兵家所必须掌握的重要原则。现在的将领，即使是不了解敌人，但如果能够做到了解自己，怎么还会失利呢？"

李靖说："孙武所说的'先造成自己不会被敌人战胜的条件'，这便是知己；'等待捕捉能够战胜敌人的机会'，这就是知彼。孙武又说：'不会被敌人战胜的主动权操在自己的手中，能否战胜敌人则取决于敌人是否有隙可乘。'我时刻不敢违背这些警诫。"

唐太宗问："《孙子》中谈到瓦解剥夺敌军士气的方法是：'军队刚投入战斗时士气饱满，过了一段时间，士气就逐渐懈怠，到了最后，士气就完全衰竭了。所以善于用兵的人，总是先避开敌人初来时的锐气，而等到敌人士气懈怠衰竭时再去打击他们。'这种说法怎么样？"

李靖答道："一切有生命有血性的生灵，为了自己的生存鼓起勇气进行斗争，至死也不知惧怕，这是'气'使它这样的。所以，用兵的方法，一定要先考察我军官兵的心理，激发起敢打必胜的勇气，这样才可以去进击敌人。吴起所说的气机、地机、事机、力机等'四机'，'气机'是被放在首要的位置的。没有别的道理，因为只要能使每个士兵都敢于战斗，勇往直前，那么就会所向披靡，锐不可挡。所谓'朝气猛锐'，并不是专指一日之中某个特定时间来说的，而只是举一天的开始和结束作为形象的比喻。已经经过前后'三鼓'的激战，而敌人的士气仍然是不衰不竭，又怎能使敌人一定会暴露懈怠虚隙呢？学习兵法的人，只知道背诵书本上空洞的条文，结果必被敌人所欺骗诱惑。假如能领悟剥夺敌人士气的道理，那么就可以让他领兵作战了。"

太宗曰："卿尝言李勣能兵法，久可用否？然非朕控御，则不可用也，他日太子治[1]若何御之？"

靖曰："为陛下计，莫若黜勣，令太子复用之，则必感恩图报，于理何损乎？"

太宗曰："善！朕无疑矣。"

太宗曰："李勣若与长孙无忌[2]共掌国政，他日如何？"

靖曰："勣，忠义臣，可保任也。无忌佐命[3]大功，陛下以肺腑之亲[4]，委之辅相，然外貌下士，内实嫉贤，故尉迟敬德[5]面折其短，遂引退焉。侯君集[6]恨其忘旧，因以犯逆，皆无忌致其然也。陛下询及臣，臣不敢避其说。"

太宗曰："勿泄也，朕徐思其处置。"

太宗曰："汉高祖能将将，其后韩、彭[7]见诛，萧何下狱[8]，何故如此？"

靖曰："臣观刘、项[9]皆非将将之君。当秦之亡也，张良本为韩报仇，陈平[10]、韩信皆怨楚不用，故假汉之势自为奋尔。至于萧、曹[11]、樊[12]、灌[13]，悉由亡命，高祖因之以得天下。设使六国之后复立，人人各怀其旧，则虽有能将将之才，岂为汉用哉？臣谓汉得天下，由张良借箸之谋[14]、萧何漕挽之功[15]也。以此言之，韩、彭见诛，范增[16]不用，其事同也。臣故谓刘、项皆非将将之君。"

太宗曰："光武中兴，能保全功臣，不任以吏事，此则善于将将乎？"

靖曰："光武虽藉前构[17]，易于成功。然莽势不下于项籍，寇、邓[18]未越于萧、张，独能推赤心，用柔治，保全功臣，贤于高祖远矣！以此论将将之道，臣谓光武得之。"

太宗曰："古者出师命将，斋[19]三日，授之以钺[20]，曰：'从此至天，将军制之。'[21]又授之以斧，曰：'从此至地，将军制之。'[22]又推其毂[23]，曰：'进退唯时。'[24]既行，军中但闻将军之令，不闻君命[25]。朕谓此礼久废，今欲与卿参定遣将之仪，如何?”

靖曰:“臣窃谓圣人制作,致斋于庙者,所以假威于神也;授斧钺又推其毂者,所以委寄以权也。今陛下每有出师,必与公卿议论,告庙而后遣,此则邀以神至矣。每有任将,必使之便宜从事,此则假以权重矣,何异于致斋推毂邪?尽合古礼,其义同焉,不须参定。”

上曰:“善。”乃命近臣书此二事,为后世法。

【注释】

[1]太子治:指唐高宗李治,太宗第九子,公元643年被立为太子,公元649年即皇帝位。

[2]长孙无忌:唐初重臣,政治家、法律家,太宗长孙皇后之兄,曾助李世民发动“玄武门之变”夺得帝位。

[3]佐命:古代帝王建立王朝,自谓奉天承运受命,故称辅弼之臣为佐命。此处是指长孙无忌在玄武门之变中所发挥的作用。

[4]肺腑之亲:皇帝身边最亲近者。因长孙无忌为皇后之兄,故有此谓。

[5]尉迟敬德:名恭,唐初大将。隋末为刘武周部将,后归唐。

[6]侯君集:唐初名将。随太宗征伐有功,公元643年,因参与废太子承乾的谋反活动而被诛杀。

[7]韩、彭:韩信与彭越。韩信,注见卷上。彭越,军事家,汉初诸侯王。二人因受诬陷,被刘邦、吕后以谋反罪名目杀害。

[8]萧何下狱:萧何,汉初大臣,著名政治家。萧何下狱,指汉高祖十二年(前195年),萧何因奏请开放上林苑供民耕种,触怒刘邦,以致下狱之事。

[9]项:项羽(前232—前202年),名籍,秦末农民起义领袖,曾击破秦军主力于巨鹿(今属河北),为推翻秦朝残暴统治做出决定性贡献。灭秦后,与刘邦争战四年,终因战略指导上屡屡失误而被刘邦击败,最后自刎于乌江(今安徽和县东北)。

[10]陈平:汉初著名政治家、谋略家。汉朝建立后,被封为曲逆侯,并与周勃等人一起,铲除诸吕势力,巩固西汉的统治。

[11]曹:曹参,汉初著名政治家、军事家。萧何去世,他继任汉相国。

[12]樊:樊哙,汉初功臣。汉朝建立后,因军功及刘邦连襟的关系,任左丞相,封舞阳侯。

[13]灌:灌婴,汉初名将。刘邦称帝,他任车骑将军,封颍阴侯。后参与翦灭诸吕的斗争,事后任太尉,旋任丞相。

[14]张良借箸之谋:楚汉战争进入相持阶段后,刘邦处境不利,谋士郦食其劝他立六国之后,共同攻楚。刘邦在吃饭时向张良征询对此事的意见。张良当即借用刘邦的筷子(箸)来摆画当时的形势,分析立六国之后的弊端。刘邦醒悟,遂不用郦食其之策。

[15]萧何漕挽之功:楚汉战争中,萧何在关中安定后方,运送粮秣、壮丁支援前线,帮助刘邦扭转劣势,为最后战胜项羽提供了物质保障。漕挽,指运输粮饷。水运曰漕,陆运曰挽。

[16]范增:项羽的主要谋士,为人足智多谋,辅佐项羽称霸诸侯,被项羽尊称为"亚父"。后项羽中刘邦的反间之计,怀疑范增并稍削其权。范增灰心失望,忿然离去,卒于道。

[17]藉前构:藉,凭借、依靠;前构,前人缔造的事业、前人打下的基础。

[18]寇、邓:寇,寇恂,东汉开国功臣。从刘秀征战,多有军功。邓,邓禹,东汉开国功臣。刘秀称帝,他任大司徒,封酂侯。明帝时,拜为太傅。

[19]斋:斋戒。古人在祭祀或举行重大典礼之前沐浴更衣,不饮酒,不食荤,以示敬诚。

[20]钺:古代兵器,用于斫杀,状如大斧。春秋以后逐渐退出实战领域,与斧一起用来象征军权。

[21]从此至天,将军制之:谓将帅拥有战场机动指挥权限。《六韬·龙韬·立将第二十一》:"从此上至天者,将军制之。"

[22]从此至地,将军制之:《六韬·龙韬·立将第二十一》:"从此下

至渊者，将军制之。”与此同义。

[23]毂：车轮中心的圆木，中有圆孔，用以贯穿车轴，通常也用来作战车的通称。

[24]进退唯时：谓军队的进退攻防均要依据战场形势随时应变，灵活处置。《孙子·谋攻》曹操注引《司马法》：“进退唯时，无曰寡人。”

[25]军中但闻将军之令，不闻君命：意谓在军事行动中，主将拥有全权，不受君主遥相掣肘。

【译文】

唐太宗问道：“你曾经说过李勣他懂得兵法，天长日久还可以任用他吗？如果不是我亲自控御，就可能不好使用了。将来太子李治即位统治，又怎么使用他呢？”

李靖回答说：“为陛下考虑谋划，不如现在由您罢黜李勣的官爵，将来让太子重新起用他。这样，他一定会对太子感恩图报，这在情理上讲是没有任何妨碍的。”

唐太宗说：“很好！我再没有什么可疑虑了。”

唐太宗问道：“李勣如果和长孙无忌共同执掌国家大政，将来会怎么样呢？”

李靖回答：“李勣是忠义之臣，可以保证他能够胜任愉快。长孙无忌有辅佐陛下开创基业的大功，陛下又以肺腑之亲委任他做宰相。但是，此人外表上礼贤下士，其实内心深处却嫉贤妒能。所以，尉迟敬德曾由于当面指责过他的短处，害怕他报复而辞官退隐了。侯君集怨恨他忘掉旧情，以至于参与了废立太子的叛逆活动而遭诛戮。这都是长孙无忌所一手造成的。陛下既然问到我，我不敢避而不谈。”

唐太宗说：“此事不要泄露出去，待我慢慢考虑处置的办法。”

唐太宗问道：“人们都说汉高祖刘邦善于统御将领，可到后来韩信、彭越等人都被他杀掉了，萧何也被投入了监狱，为什么会弄到这般地步呢？”

李靖回答说：“据我观察，刘邦、项羽都不是善于统御将领的君主。当秦朝将要灭亡的时候，张良本来是为了替韩国报仇，陈平、韩信都因怨恨项羽不肯重用自己，所以才投靠刘邦，希望凭借其势力而使自己出人头地。至于萧何、曹参、樊哙、灌婴等人，起初都是一些亡命之徒，汉高祖刘邦就是借助这些人的力量才夺得了天下。假设让六国的后人复位立国，那么这些人就必然会各自怀念其故国旧主，在这种情况下即使刘邦有统御将领的才能，他们又怎么会为刘邦所任用、驱使呢？我认为汉朝之所以能得天下，是因为张良战略谋划的高明和萧何后勤保障的出色。从这个意义上来说，韩信、彭越的被杀与范增的不得重用，是同样性质的事情。所以我才说：刘邦、项羽两人都不是善于统御将领的君主。”

唐太宗问道：“汉光武帝刘秀中兴汉室以后，能够保全功臣，但又不让他们掌管政事。这就是善于统御将领吧？”

李靖答道：“光武帝虽然是凭借前人的基业，容易获得成功，然而王莽势力之大实不亚于项羽，寇恂、邓禹等人的才能也并不比萧何、张良来得高明。可是光武帝独能以至诚待人，用温和的柔道治理天下，保全功臣，这就比汉高祖英明多了。从这些事例来考察评论统御将领的方法，我认为光武帝他算是得到了真谛。”

唐太宗说：“古人出兵作战任命主帅时，君主都必须要事先斋戒三日，然后举行隆重的仪式，将象征权威的大钺授予将帅，并宣布说：‘从这里上至九天，一切事情都由将军裁决。’又把象征生杀之权的大斧授予将帅，并宣布说：‘从这里下至九地，一切事情均由将军裁决。’然后又推动将帅乘坐的车子，宣布说：‘军队的进攻或退却，都必须做到适时，恰到好处。’军队出发之后，军中只听从将军的命令，不再接受君主的指示。我认为这种礼仪制度已长久被废弃，今天我想要和你一起参照古代的礼制，制定新的遣将仪式，你认为如何？”

李靖回答道：“臣下我私下认为，古代圣贤制定在宗庙举行斋戒仪式，这是为了假借神灵的威力；授予将帅斧钺和推动将帅的座车，这是为了赋予将帅以机动指挥的权力。如今陛下每当出师作战时，都必定先同大臣们商议，并祭告于宗庙，然后再遣将出征，这样假威于神灵的礼仪已经完全做到了。每当您任命大将，总让他们机动处置，便宜行事，这样赋予将帅的权力已经足够充分了。这与古代的斋戒及推动将帅座车又有什么区别呢？完全合乎古代的礼仪，其意义是一样的。因此没有必要参照古制重新制定任将的仪式了。”

唐太宗说：“说得真好！”于是命令近臣将这两件事记录下来，作为后世命将出征所必须遵循的规范。

太宗曰：“阴阳术数，废之可乎？”

靖曰：“不可。兵者，诡道也，托之以阴阳术数则使贪使愚，兹不可废也。”

太宗曰：“卿尝言天官时日，明将不法，暗者拘之，废亦宜然？”

靖曰：“纣以甲子[1]日亡，武王以甲子日兴。天官时日，甲子一也。殷乱周治，兴亡异焉。又宋武帝[2]以往亡日起兵[3]，军吏以为不可。帝曰：‘我往彼亡。’果克之。以此言之，可废明矣。然而田单[4]为燕所围，单命一人为神，拜而祠之。神言：‘燕可破。’单于是以火牛出击燕，大破之。此是兵家诡道，天官时日亦犹此也。”

太宗曰：“田单托神怪而破燕，太公焚蓍龟而灭纣[5]，二事相反，何也？”

靖曰：“其机一也。或逆而取之，或顺而行之是也。昔太公佐武王，至牧野遇雷雨，旗鼓毁折[6]，散宜生[7]欲卜吉而后行，此则因军中疑惧，必假卜以问神焉。太公以谓腐草枯骨无足问，且以臣伐君[8]，岂可再乎？然观散宜生发机于前，太公成机于后，逆顺虽异，其理致则同。臣前所谓术数不可废者，盖存其机于未萌也，及其成功，在人事而已。”

太宗曰：“当今将帅，唯李勣、道宗、薛万彻。除道宗以亲属外，孰堪大用？”

靖曰："陛下尝言勣、道宗用兵，不大胜亦不大败；万彻若不大胜，即须大败。臣愚思圣言，不求大胜亦不大败者，节制之兵也；或大胜或大败者，幸而成功者也。故孙武云：'善战者，立于不败之地，而不失敌之败也。'[9]节制在我云尔。"

太宗曰："两陈相临，欲言不战，安可得乎？"

靖曰："昔晋师伐秦，交绥而退。[10]《司马法》曰：'逐奔不远，纵绥不及。'[11]臣谓绥者，御辔之索也。我兵既有节制，彼敌亦正行伍[12]，岂敢轻战哉？故有出而交绥，退而不逐，各防其失败者也。孙武云：'勿击堂堂之陈，无邀正正之旗。'[13]若两陈体均势等，苟一轻肆，为其所乘，则或大败，理使然也。是故兵有不战，有必战，夫不战者在我，必战者在敌。"

太宗曰："不战在我，何谓也？"

靖曰："孙武云：'我不欲战者，画地而守之，敌不得与我战者，乖其所之也。'[14]敌有人焉，则交绥之间未可图也，故曰不战在我。夫必战在敌者，孙武云：'善动敌者，形之，敌必从之；予之，敌必取之。以利动之，以本待之。'[15]敌无人焉，则必来战，吾得以乘而破之，故曰必战者在敌。"

太宗曰："深乎，节制之兵！得其法则昌，失其法则亡。卿为纂述历代善于节制者，具图来上，朕当择其精微，垂于后世。"

靖曰："臣前所进黄帝、太公二陈图，并《司马法》、诸葛亮奇正之法，此已精悉。历代名将，用其一二，成功者亦众矣。但史官[16]鲜克知兵，不能纪其实迹焉。臣敢不奉诏？当纂述以闻。"

【注释】

[1]甲子：甲，居十（天）干的第一位。子，居十二（地）支的第一位。古人以干支依次相配，如甲子、乙丑、丙寅……六十为一纪，循环往复，借以纪日，后又用以纪年、月。

[2]宋武帝:刘裕(363—422年),南朝宋的建立者。曾为东晋北府军将领。义熙元年(405年)击败桓玄,控制东晋实权。先后率兵攻灭南燕、后秦。官至相国,封宋王。元熙二年(420年),代晋称帝。

[3]往亡日起兵:往亡日,凶险不祥的日子,又称天门日。古人迷信,认为此日诸多禁忌。往亡日起兵,指义熙六年(410年)二月,时为晋军主帅的刘裕统兵攻打南燕时,定于丁亥日攻城。其部下有人认为该日为二月的"往亡日",不利出兵作战。刘裕却表示:"我往彼亡,何为不利?"遂按原计划攻城,果灭南燕。

[4]田单:战国时期齐国名将。在燕军攻打齐国并占领七十余城的局势下,他率众坚守即墨(今山东平度东南)孤城。后用火牛阵大破燕军,一举收复失地七十余城,使濒临灭亡的齐国转危为安。

[5]姜太公焚蓍龟而灭纣:见于《史记·齐太公世家》等史籍的记载。蓍龟,指卜筮。蓍草与龟甲均为古代占卜用的工具,筮用蓍草,卜用龟甲。

[6]毁折:毁坏。《孙子·兵势》:"鸷鸟之疾,至于毁折者,节也。"

[7]散宜生:西周初年大臣。初为文王四友之一和得力助手。文王被商纣囚禁于羑里时,散宜生等人把有莘氏之女、骊戎的宝马等进献给纣王,终使文王获释。后来他还曾协助武王伐纣灭商。

[8]以臣伐君:当时殷商王朝是天下共主,而周国则是臣属于殷商的方国,彼此间存在着一种名义上的君臣关系。武王伐纣,表面上是一种以臣伐君、犯上作乱的行为。

[9]"善战者"三句:语出《孙子·军形》。

[10]晋师伐秦,交绥而退:事见《左传·文公十二年》,但为秦师伐晋,而非晋师伐秦。绥,甲士在战车上手拉的绳索。

[11]逐奔不远,纵绥不及:语见《司马法·天子之义》。纵,同"从",跟踪追击;绥,这里指主动退却。

[12]正行伍:指队伍整肃、阵容严整的部队。行伍,古代军队的编制单位,引申为军队的代称。

[13]勿击堂堂之陈,无邀正正之旗:语出《孙子·军争》,是孙子"四治"中的"治变"之道。

[14]“我不欲战者”四句:语出《孙子·虚实》。画,界限,指画出界限。画地而守,即据地而守,喻指防守容易。乖,违、相反,此处是调动、改变的意思。

[15]“善动敌者”七句:语出《孙子·兵势》。

[16]史官:指古代宫廷中记载国事和君主言行的专职人员。

【译文】

唐太宗问道:“阴阳术数,废弃不用可以吗?”

李靖回答说:“不可以。用兵打仗,以诡诈奇谲为原则。假托阴阳术数,就可以驾驭和驱使那些贪婪或愚昧的人,所以不能废除。”

唐太宗又问:“你曾经说过:‘天官时日这一套东西,明智的将帅是从不依托取法的,只有愚昧昏庸的将领才会受它的拘束。’所以废掉它也是应该的吧?”

李靖答道:“从前商纣王在甲子日那天遭到灭亡,而周武王在甲子日那天获得成功。按照天官时日,同是甲子这一天,结果却是殷朝败乱周朝兴盛,截然不同。又如,南北朝时的宋武帝要在[阴阳术数家认为最不吉利的]‘往亡日’出兵征伐南燕,他手下的军官们都认为不应该出兵。宋武帝却说:‘我去进攻,他们灭亡。’果然打败了南燕。由这些事例来说,阴阳术数这一套可以废弃是显而易见的。然而战国时齐将田单被燕军围困在即墨孤城之中,田单便让一人假装神怪,亲自礼拜祠奉。这个装神的士兵故意预言道:‘燕军可以被打败。’于是田单就用火牛出击,大破燕军。这就是军事上的诡诈之道,利用天官时日,也就是这个道理。”

唐太宗接着问:“田单假托神怪显灵,结果击败了燕国军队;姜太公烧毁用于占卜的蓍草和龟甲,结果灭掉了商纣王。这两件事做法相反,[但获得成功的结局一样,]这是为什么?”

李靖回答:“他们在善于抓住事物契机这一点上是一致的。一个是采取了破除迷信的方法而取得了成功,另一个是采取了利用迷信的方法而赢得了胜利。当年姜太公辅佐周武王去讨伐商纣王,进军到牧野,忽然遇上雷雨,旗鼓都被折断毁坏了。大夫散宜生提出先占卜吉凶然后再行动,这是因为当时军中对雷雨毁坏旗鼓一事感到疑惑恐惧，所以必须假借占卜来安定军心。姜太公却认为腐草枯骨不值得一问，更何况周武王是以臣子的身份讨伐君主，怎么能等待吉日再行动呢？然而，看起来散宜生有意提出占卜问题在前，姜太公见机行事否定占卜在后，虽然他们的做法全然不同，但是随机应变、成就大事的动机和道理是一致的。我在前面所说的阴阳术数不可废弃，那是在事情还没有露出苗头时，利用它去控制人们的心理。至于事情的最后成功，却完全在于人的主观努力。”

唐太宗问道：“当今较杰出的将领，只有李勣、李道宗、薛万彻。在这三人中，除了道宗是亲属之外，谁还可以重用呢？”

李靖回答说：“陛下您曾经说过，李勣、道宗指挥作战，不能夺取大的胜利，但也不致遭到大的失败；薛万彻用兵打仗，如不是获得大胜，就一定会遭到大败。我想到圣上您曾说过：不求大胜也不遭大败的军队，是训练有素的军队；要么大胜要么大败的军队，是侥幸获得成功的军队。所以，孙武说：‘善于用兵打仗的人，总是确保自己立于不败之地，同时不放过任何击败敌人的机会。’说的就是部队能否训练有素，完全在于我们自己。”

唐太宗问道：“两军对阵，要想不交战，怎样才能办到呢？”

李靖回答说：“从前，晋国的军队去攻打秦国，双方刚一接触就退兵不战了。《司马法》上讲：‘追击战败溃逃的敌人不过远，追逐主动退却的敌人不迫近。’我认为，‘绥’就是驾驭马匹的缰绳。我方部队既是训练有素，敌方部队也是队列整肃，这样双方怎敢轻易交战呢？所以才出现临战而退、退而不追的情况，大家都是为了避免遭到失败。孙武说：‘不要去拦击旗帜整齐的敌人，不要去进攻阵容强大的敌人。’假若敌我双方势均力敌，一旦轻举妄动，为敌人所乘，就会惨遭大败，这乃是非常自然的道理。所以说，用兵作战，有时不能打，有时又必须打。不能打是因为我方胜利条件不充分，必须打是由于敌方有可乘之机。”

唐太宗又问道：“不同敌人交战，关键在于自己，这是什么意思呢？”

李靖回答说：“孙武说过：‘我军不想交战时，即使是画地防守，敌人也无法同我交锋，这是因为我们诱使敌人改变了进攻的方向。’如果敌人军中有善于指挥的人，那么在两军交锋未久之时是不能图谋打败敌人的。

所以说,不同敌人进行决战,是因为我方胜利的条件尚不充分。至于必须打是因为敌人有可乘之机。孙武说:‘善于调动敌人的将帅,伪装假象迷惑敌人,敌人便会听从调动;用小利引诱敌人,敌人就会来争夺。用这样的办法积极调动敌人,再预备重兵伺机掩击它。’如果敌军之中没有深明韬略的人,那么就必定会轻率地来交战,我正可乘机击破他们。所以说,必须打是在于敌人给我们提供了可乘之机。”

唐太宗说:“节制之兵的道理真是深奥极了!掌握了这个法则就会昌盛,背离了这个法则就会灭亡。请你把历史上善于节制军队的事例汇编起来,并绘制成图呈送上来,我要选择其中道理最深奥最精妙的内容,使之传于后世。”

李靖说:“我以前所进呈的黄帝、姜太公两种阵图,以及《司马法》、诸葛亮论述奇正的兵法,已经是很详备了。历代的名将,只运用其中的一两条道理而取得成功的,为数众多。但是,史官中很少有人懂得军事,所以没能把这方面的史实记载下来。我一定遵照您的旨意,把有关史实编纂成书,向您呈报。”

太宗曰:“兵法孰为最深者?”

靖曰:“臣常分为三等,使学者当渐而至焉。一曰道[1],二曰天地[2],三曰将法[3]。夫道之说,至精至微,《易》[4]所谓‘聪明睿智神武而不杀’[5]者是也。夫天之说阴阳,地之说险易。善于用兵者,能以阴夺阳,以险攻易。孟子[6]所谓‘天时地利’[7]者是也。夫将法之说,在乎任人利器,《三略》所谓‘得士者昌’,管仲所谓‘器必坚利’[8]者是也。”

太宗曰:“然。吾谓不战而屈人之兵[9]者,上也;百战百胜[10]者,中也;深沟高垒以自守[11]者,下也。以是较量,孙武著书,三等皆具焉。”

靖曰:“观其文,迹其事,亦可差别矣。若张良、范蠡、孙武,脱然高引，不知所往，此非知道，安能尔乎？若乐毅、管仲、诸葛亮，战必胜，守必固，此非察天时地利，安能尔乎？其次王猛之保秦，谢安[12]之守晋，非任将择材，缮完自固，安能尔乎？故习兵之学，必先由下以及中，由中以及上，则渐而深矣。不然，则垂空言，徒记诵，无足取也。”

太宗曰：“道家[13]忌三世为将[14]者，不可妄传也，亦不可不传也，卿其慎之。”

靖再拜出，尽传其书与李勣。

【注释】

[1]道：法则、规律。这里可以理解为人事兴衰成败的道理。

[2]天地：此处天指昼夜、寒暑、四季等自然条件的变化；地指地利条件，包括征途远近、地势险易、作战区域宽窄、地形对攻守的利弊等。

[3]将法：将，指将帅应具备的优良素质；法，指军队有关制度，包括军队的编制、将吏的管理、军需的掌管等。

[4]《易》：《易经》，儒家重要经典之一，内容包括《经》《传》两部分。

[5]聪明睿智神武而不杀：语出《易·系辞上》。聪，无所不闻；明，无所不见；睿，无所不通；智，无所不知；神，变化莫测；武，能戡定祸乱；不杀，谓不靠武力而以德服人，平定天下。

[6]孟子：名轲（约前372—前289年），战国时期杰出的儒家代表人物，思想家、教育家。著作有《孟子》七篇，其学说丰富和发展了孔子的思想，在后世产生深远的影响，有儒家“亚圣”之称。

[7]天时地利：语见《孟子·公孙丑下》。这是孟子战争观念的中心，即民心向背决定着战争的胜负成败。

[8]器必坚利：这是《管子》“凡兵有大论，必先论其器”思想的具体反映。

[9]不战而屈人之兵：语出《孙子·谋攻》。

[10]百战百胜：语出《孙子·谋攻》。

[11]深沟高垒以自守：语意出自《孙子·虚实》。

[12]谢安：(320—385年)，字安石，东晋著名政治家，晋孝武帝时官至宰相。公元383年，苻坚率前秦大军近百万南下攻晋，谢安命谢石、谢玄等率八万晋军拒敌，大破前秦军于淝水。后遭会稽王司马道子排挤，郁郁病卒。

[13]道家：以先秦老子、庄子关于“道”的学说为中心的学术流派，其名始见于汉代司马谈《论六家要旨》，《汉书·艺文志》将其列为“九流”之一。传统的看法，老子为道家的创始人，庄子则继承和发展了老子的思想。道家强调道为万物本源与事物发展的规律，政治上主张“无为而治”，伦理上主张“绝仁弃义”，策略上主张“柔弱胜刚强”，对中国历史文化的发展和民族精神的构建产生过深远的影响。

[14]忌三世为将：兵凶战危，其杀戮必多，有伤阴骘，故古人认为不宜累世为将。

【译文】

唐太宗问道：“古代的兵法中，哪一家最为精深？”

李靖回答说：“我曾经把兵法分为三等，以便让学习的人循序渐进，逐步达到精通的境界。这三等一是‘道’，二是‘天地’，三是‘将法’。所谓‘道’，那是最为微妙最为精深的理论，也就是《易经》中所说的‘无所不闻，无所不见，无所不知，无所不通，变化莫测，戡平祸乱而不用借助于刑威’的那种最高智慧。所谓‘天’，是指阴阳寒暑；所谓‘地’，是指远近险易。善于用兵作战的人，能以阴柔制伏阳刚，能立足于险要地形战胜占据平易地形的敌人。这也就是孟子关于上应天时、下顺地利的说法。所谓‘将法’，主要在于选用人才和完善武器装备。《三略》所说的得到贤能之士就昌盛，管仲所说的武器装备必须坚固锋利，指的就是这方面的道理。”

唐太宗说：“是这样。我认为不经过交战而使敌人屈服投降的，是上等；百战而百胜的，是中等；深沟高垒善于防守的，是下等。按照这个标准去衡量，在孙武的军事著作中，三等都已具备了。”

李靖说：“研究古人的著述，考察古人的事迹，也还可以看出古人之间的差别来。比如张良、范蠡、孙武三人，功成名就之后急流勇退，飘然高隐，不知所终。如果这不是深谙‘道’的精微，怎能做到这一步呢？又譬如乐毅、管仲、诸葛亮等人，在用兵上战必胜，守必固，如果这不是明察天时地利，又怎么能做到这样呢？再有如王猛之保全前秦，谢安之捍卫东晋，如果不是善于任用良将选拔人才，完善防御以求自固，又怎能做到这一点呢？因此，学习兵法，必须是先从下等到中等，再由中等臻于上等，这样就能由表及里，由浅入深了。不这样的话，就只会纸上谈兵，死背教条，那是完全不值得取法的。"

唐太宗说："道家忌讳三代人都担任将帅，意思是说兵法不可妄传，但也不能不传。你要谨慎从事，使兵法传得其人。"

李靖再一次执臣子之礼，跪拜之后告辞而退，将他的兵书战策全部传授给了李勣。

图书在版编目(CIP)数据

武经七书新译／李兴斌等注译. —济南：齐鲁书社，2018.6

ISBN 978-7-5333-3976-0

Ⅰ.①武… Ⅱ.①李… Ⅲ.①兵法—中国—古代②《武经七书》—译文 Ⅳ.①E892.2

中国版本图书馆 CIP 数据核字(2018)第 148711 号

武经七书新译

李兴斌等 注译

主管单位	山东出版传媒股份有限公司
出版发行	齐鲁书社
社　　址	济南市英雄山路 189 号
邮　　编	250002
网　　址	www.qlss.com.cn
电子邮箱	qilupress@126.com
营销中心	(0531)82098521　82098519
印　　刷	山东临沂新华印刷物流集团有限责任公司
开　　本	720mm×1020mm　1/16
印　　张	29
插　　页	3
字　　数	446 千
版　　次	2018 年 6 月第 1 版
印　　次	2018 年 6 月第 1 次印刷
印　　数	1—3000
标准书号	ISBN 978-7-5333-3976-0
定　　价	**98.00 元**